GUSTAVE AIMARD

LES
PEAUX-ROUGES
DE PARIS

III

PRIX
3 FRANCS

H. CATENACCI

E. DENTU, Éditeur, 3, Place de Valois, Palais

LES PEAUX-ROUGES DE PARIS

TROISIÈME PARTIE

LES MORTS-VIVANTS

(*Suite*)

IX

COMMENT LE COMTE ARMAND DE VALENFLEURS SE TROUVA MÊLÉ, A L'IMPROVISTE, A DES ÉVÉNEMENTS FORT GRAVES.

Le comte Armand de Valenfleurs, suivant à la lettre le conseil amical que lui avait donné sa mère, avait fait une longue promenade de plus de deux heures à travers les allées les plus solitaires du bois de Boulogne, qu'il avait suivies dans tous les sens et à toutes les allures de son cheval.

Mais ce remède, un peu violent, au lieu, comme il l'espérait, de changer le cours de ses idées et de ramener le calme dans son esprit, avait, au contraire, opéré dans un sens diamétralement opposé ; ainsi, du reste, que cela arrive la plupart du temps, lorsque l'on est sous le coup d'une forte émotion.

Le jeune homme n'avait pas cessé de penser à Vanda

et de retourner dans son esprit le long entretien qui avait eu lieu dans le salon d'études, entre la comtesse, la jeune fille et lui, essayant de rétablir mot pour mot cet entretien et d'en reconstituer tous les termes.

Afin d'atteindre plus facilement ce but désiré, et de ne pas être dérangé dans son travail mnémonique, le jeune comte s'était, ainsi que nous l'avons dit, lancé à travers les allées les plus désertes du bois, certain de ne rencontrer, dans ces parages éloignés et solitaires, aucun de ses nombreux amis, et d'être ainsi libre de rêver tout à son aise.

Cette manière, tant soit peu jésuitique, de suivre un excellent conseil, avait eu le seul résultat qu'elle devait avoir. C'est-à-dire qu'il n'avait pas cessé une seconde de songer à Vanda.

...Du reste, avouons-le, c'était surtout ce que désirait le jeune homme.

Essayez donc d'empêcher un amoureux de rêver à celle qu'il aime! Autant vouloir faire remonter un fleuve vers sa source!

L'image adorée est toujours présente à ses yeux; il la voit, il lui parle, il lui répond même, et cette douce illusion, dont il se berce avec volupté, lui fait éprouver une série ininterrompue d'inexprimables bonheurs.

L'amour vit surtout de ces illusions; ou plutôt l'amour, cette fascination de l'âme qui la ravit dans les sphères éthérées, n'est par lui-même qu'une illusion; et la preuve en est qu'aussitôt qu'elle cesse, pour une cause ou pour une autre, l'amour meurt sans retour.

On réussit bien quelquefois à le galvaniser, à lui donner, pendant un laps de temps plus ou moins long, les apparences trompeuses d'une vie fébrile; mais, quoi qu'on fasse, on ne le ressuscite jamais.

On n'aime bien et véritablement qu'une fois dans toute son existence.

Chacun a son heure; elle sonne tôt ou tard.

Les sceptiques qui prétendent n'avoir jamais aimé, mentent effrontément, et de parti pris.

Peut-être même ont-ils aimé plus violemment que d'autres dont ils feignent de se railler, et qu'en réalité ils envient tout bas.

De ce premier amour dépend presque toujours l'avenir de l'existence tout entière, selon qu'il est bien ou mal placé.

Malheureusement cet amour est une passion désordonnée, irrésistible, qui empêche et annihile tout raisonnement et toute logique.

Quand on reconnaît que l'on s'est trompé, et que l'on tente de l'arracher de son cœur, il est trop tard.

C'est la tunique de Nessus : vainement on essaie de s'en débarrasser, chaque effort cause des douleurs horribles et arrache des lambeaux du cœur, qu'il brise et déchire impitoyablement...

Après avoir erré pendant plus de deux heures à travers les allées les plus écartées du bois, le jeune comte songea qu'il était temps de retourner à l'hôtel.

Il s'orienta, car il savait à peine où il se trouvait.

Il se rapprocha des chemins fréquentés, et il se dirigea au galop de chasse vers l'avenue de la Grande-Armée, qu'il atteignit bientôt.

Tant qu'il lui avait fallu faire attention à la direction qu'il suivait afin de ne pas s'égarer, Armand s'était tenu ferme en selle et avait surveillé le chemin sur lequel il était engagé.

Mais aussitôt qu'il s'était retrouvé dans les parages connus avoisinant sa demeure, il était aussitôt retombé dans ses rêveries ; sa main n'avait plus que mollement tenu la bride ; il avait laissé son cheval, dont machinalement son corps suivait tous les mouvements, libre de marcher à sa guise.

Ce cheval était un magnifique étalon, pur-sang arabe, admirablement dressé, jeune et plein de feu.

Il connaissait parfaitement son chemin et ne s'en écarta pas une seule fois.

Mais, pour se divertir, il se mit à danser et à exécuter

une série de courbettes des plus fantaisistes, qui faisaient retourner les passants, qui se pâmaient d'aise.

Ils admiraient surtout l'élégance, la grâce, la désinvolture et l'insouciance du cavalier, qui semblait rivé à la selle, et ne se préoccupait en aucune façon des espiègleries de sa monture.

Quelques-uns de ces dignes badauds allaient même jusqu'à se dire de l'un à l'autre, tout bas et d'un air entendu, que ce cavalier était un des plus fameux écuyers du cirque Dejean, et qu'il répétait ainsi une partie des exercices qu'il devait exécuter à la représentation du soir.

Mais Armand ne se souciait guère de ce que l'on disait autour de lui; il n'entendait et ne voyait rien; il voyageait en plein pays du Tendre; toutes ses pensées étaient absorbées par son amour.

Le jeune homme s'en allait donc ainsi, rêvant sur son cheval, dansant et cabriolant, lorsqu'aux environs de l'avenue de Wagram, il fut réveillé en sursaut par les roulements de plus en plus forts d'une voiture de remise lancée à fond de train, et poursuivie par une foule haletante, criant, ou plutôt hurlant à pleins poumons :

— Arrêtez! arrêtez! à l'assassin! au meurtre! arrêtez!

Une des portières de cette voiture était ouverte et battait avec fracas; le cocher, debout sur son siège, rouait son cheval de coups, afin de l'exciter encore davantage, au lieu d'essayer de le maîtriser et de le retenir.

Le jeune comte jugea la position d'un coup d'œil.

Il se redressa sur la selle, rassembla les rênes d'une main ferme, et, calculant bien la distance, il lança vigoureusement son cheval, lui fit traverser la chaussée, et passa comme la foudre, presque à toucher les naseaux du cheval de remise.

L'animal, épouvanté par cette vision rapide, se jeta de côté, recula, rua, se cabra, et finalement il tomba sur un des brancards de la voiture qu'il mit en pièces.

Le cocher fut lancé, ou plus probablement il se lança lui-même du haut de son siège; car à peine eût-il touché terre que, rebondissant comme une balle élastique, il se mit à courir avec une rapidité telle, qu'après avoir fait quelques crochets, bien que plusieurs personnes se fussent précipitées à sa poursuite, il disparut et réussit à s'échapper, sans qu'il fût possible de découvrir où il était passé.

Ainsi que cela arrive toujours en pareille circonstance, en un instant la foule était devenue énorme; la circulation se trouva complètement interrompue.

Cependant c'était vainement que l'on cherchait autour de soi, et qu'on appelait à grands cris les agents de l'autorité, on ne voyait poindre à l'horizon aucun képi de sergent de ville.

Comme toujours, ces gardiens de la paix publique étaient autre part occupés sans doute, et cela n'était pas rare sous l'Empire, à traquer quelque pauvre diable de républicain, qui n'en pouvait mais, ou à essayer de fomenter quelque émeute aux environs de la route d'Allemagne ou de la Villette.

Pendant ce temps-là, les voleurs et les assassins, assurés de ne pas être dérangés dans leurs ébats, s'en donnaient à cœur joie, en plein soleil, même dans les quartiers les plus opulents et les plus riches de la ville.

A ce propos, je me permettrai d'ouvrir une courte parenthèse.

J'ai bien couru le monde, j'ai visité bien des pays civilisés, sans compter ceux qui ne le sont pas, et qui, à mon avis du moins, ne sont pas les plus mauvais, quoi qu'on en puisse dire; eh bien! partout, au nord, au sud, à l'est et à l'ouest, j'ai constaté avec surprise la ressemblance identique qui existe dans tous ces pays, et particulièrement à Paris, entre les agents de toutes les polices municipales et les trop fameux carabiniers des brigands de maître Offenbach, « qui, par un singulier hasard, arrivent toujours trop tard. »

Lisez les récits d'attaques nocturnes dans les journaux, vous verrez dix-neuf fois sur vingt les sergents de ville ou les gardiens de la paix, nommez-les comme il vous plaira, arriver lorsqu'il n'y a plus qu'un blessé ou un cadavre à relever sur la voie publique.

Exemple :

J'habite un quartier excentrique ; ma rue est surveillée le jour et la nuit par des agents qui se succèdent continuellement par deux et par trois, et se croisent mathématiquement à des points désignés.

S'il se produit le plus léger incident, c'est vainement que l'on cherche ces agents : ils ont disparu tout à coup, comme engloutis par une trappe anglaise.

Il est impossible d'en trouver un.

Mais aussitôt le calme rétabli, la rixe terminée, ou le voleur échappé, alors que l'on n'a plus besoin d'eux, ils reparaissent sans qu'on sache d'où ils sortent, calmes, impassibles, causant de leurs petites affaires, et recommençant leur promenade sur les trottoirs où ils gênent la circulation.

Ceci est à la lettre, je ne critique point, je constate un fait malheureusement trop prouvé.

A quoi tient cet état de choses ?

Ah, dame ! à bien des raisons : ces agents sont de braves et honnêtes soldats ; ils voudraient bien faire mieux, et cela leur serait très facile, si on les laissait libres ; mais la consigne ?

Et puis leur service est si admirablement réglementé.

C'est ainsi en France.

L'administration a la rage de réglementer à outrance ; elle pousse même cette manie déplorable jusqu'à réglementer les lois elles-mêmes, et cela de telle sorte, que nous ne sommes plus gouvernés par les lois, mais par des règlements presque toujours idiots.

Si bien, que lorsque vous êtes assez naïf pour invoquer une loi, un plumitif quelconque vous répond avec cet aplomb que l'on sait :

— La loi, c'est très bien, mais voyez d'abord les règlements qui régissent la matière.

Et voilà tout.

C'est charmant ; on n'a plus qu'à tirer son chapeau et saluer ; toute protestation serait inutile.

Donc la foule était nombreuse, mais les sergents de ville faisaient défaut comme toujours.

On ne les attendit pas, on se rue sur la voiture.

Les premiers qui arrivèrent reculèrent en poussant un cri d'horreur.

La voiture était à deux places ; sur la banquette, ils avaient aperçu, affaissée, immobile et baignant dans son sang, une femme, belle et jeune encore, et très élégamment vêtue.

Son corsage, brutalement déchiré, laissait voir au côté gauche de la poitrine, au dessous du sein, une large plaie béante, de laquelle s'échappaient encore quelques gouttes de sang.

Le coup avait été porté de haut en bas et il avait traversé le cœur. Il avait été si vigoureusement frappé, que la victime avait été littéralement foudroyée.

Elle n'avait poussé qu'un cri avant d'expirer, celui que la comtesse de Valenfleurs avait entendu.

On releva le cheval complètement calmé et sans blessure ; seul le brancard de gauche de la voiture était brisé en plusieurs endroits, et ne pouvait plus servir.

Sur ces entrefaites, on entendit dans la foule ces mots, prononcés de cet accent particulier que possédaient seuls les agents de l'Empire, fonctionnaires ou autres, à quelque classe qu'ils appartinssent d'ailleurs :

— Circulez ! circulez ! sacredieu ! circulez donc que l'on vous dit !

Et quelques bourrades furent impartialement distribuées à droite et à gauche.

C'étaient les sergents de ville qui arrivaient enfin.

Dans le premier moment, ils crurent à une émeute.

Mais bientôt ils reconnurent leur erreur.

Après quelques mots d'explication assez confus, car les sergents de ville ne sachant absolument rien, il leur fallait se renseigner, la voiture fut attelée tant bien que mal, un agent monta sur le siége pour conduire, les autres se placèrent aux portières de droite et de gauche, qu'ils gardaient ainsi contre la curiosité de la foule ; et l'on se rendit cahin-caha chez le commissaire de police du quartier des Champs-Élysées.

Les curieux suivirent, augmentant sans cesse, malgré les circulez ! circulez ! incessamment répétés par les agents.

Le comte Armand fit comme les autres ; il suivit, poussé comme malgré lui, par un sentiment dont il ne se rendait pas compte.

Il éprouvait une vive curiosité de savoir quelle était la victime de cet odieux attentat.

Mais son attente fut trompée ; il n'apprit rien.

Après avoir confié son cheval à son valet de pied, qui l'avait accompagné pendant sa promenade, le comte avait pénétré dans le bureau du commissaire de police, ainsi que plusieurs personnes des mieux renseignées.

Ce magistrat, avec cette urbanité correcte et un peu froide qui caractérise ces utiles et beaucoup trop méconnus protecteurs de la société, reçut les dépositions des témoins et ouvrit aussitôt une enquête sommaire, dont le résultat fut celui-ci :

La dame, morte maintenant, venant d'un lieu ignoré, était arrivée dans une voiture de remise à deux places, qu'elle occupait seule. Au boulevard de Courcelles, elle s'était fait arrêter devant un des plus beaux hôtels particuliers du boulevard.

Cet hôtel, ainsi qu'il fut facile de s'en assurer, était celui de madame de Valenfleurs, dame fort riche, n'habitant Paris que depuis peu d'années seulement, mais très estimée, et même aimée dans son quartier, à cause de son inépuisable bienfaisance.

L'inconnue était descendue de voiture et avait pénétré dans l'hôtel de madame de Valenfleurs, où elle était restée plus de deux heures en conférence avec la comtesse.

Pendant l'absence de sa cliente, le cocher était descendu de son siège et avait allumé sa pipe, qu'il fumait tout en se promenant devant la grille de l'hôtel.

Au bout d'un instant, un passant, dont personne ne put donner le signalement, lui avait demandé du feu, avait longuement causé avec lui, et probablement était monté dans la voiture du côté opposé à l'hôtel, car personne ne l'avait vu s'éloigner.

Sa pipe fumée, le cocher était aussitôt remonté sur son siège ; il avait repris ses guides et s'était tenu prêt à repartir au premier signal.

On avait remarqué surtout que, malgré le beau temps et la chaleur, cet homme avait relevé le collet de sa houppelande et enfoncé son chapeau sur ses yeux, de façon à cacher complètement son visage.

En sortant de l'hôtel, la dame inconnue s'était approchée du cocher et lui avait dit :

— Conduisez-moi où je vous ai pris.

Ces mots avaient été articulés difficilement, avec un fort accent étranger, et comme une leçon apprise d'avance.

Puis cette dame avait ouvert elle-même la portière et était montée dans la voiture.

Un cri horrible s'était aussitôt fait entendre, et le cheval, vigoureusement fouetté par le cocher, était parti à fond de train du côté de l'avenue de la Grande-Armée, dans la direction du pont de Neuilly.

On s'était élancé à la poursuite de la voiture.

Personne ne s'était aperçu de la fuite de l'assassin. On avait vu seulement la portière ouverte et battant avec fracas contre la caisse de la voiture, qui finalement avait été arrêtée par un cavalier près de l'avenue de Wagram.

Le commissaire de police se tourna alors vers le jeune comte, dont il tenait la carte à la main, et après lui avoir fait une courtoise salutation :

— Seriez-vous, monsieur, lui demanda-t-il, parent de madame la comtesse de Valenfleurs ?

— Je suis son fils, monsieur, répondit non moins courtoisement le jeune homme.

— Cela étant, monsieur, peut-être pourrez-vous me donner quelques renseignements et m'aider ainsi dans mes recherches.

— Je le voudrais, monsieur; mais j'étais absent de l'hôtel lorsque cette dame s'y est présentée; cependant, je crois pouvoir vous affirmer que cette dame n'est jamais venue voir madame de Valenfleurs, et qu'elle lui était inconnue ainsi qu'à moi. J'ajouterai que cette dame a dans sa physionomie, ses traits et la coupe de son visage, le type mexicain très prononcé. Madame de Valenfleurs a longtemps habité l'Amérique; elle a même résidé pendant quelque temps dans un des États mexicains du Pacifique, en Sonora. Peut-être cette dame, récemment arrivée à Paris, venait-elle remettre à madame de Valenfleurs une de ces lettres de recommandation dont se munissent les étrangers quand ils viennent dans un pays où ils ne connaissent personne; mais je ne me souviens pas de l'avoir vue ni au Mexique, ni à Paris; du reste, monsieur, en assignant ce but à la visite de cette dame, je ne vous donne qu'une appréciation toute personnelle, et je me tiens à votre disposition pour tous les renseignements que sans doute madame de Valenfleurs, ma mère, ne refusera pas de me donner sur son entrevue avec cette dame.

— Je vous remercie, monsieur, et j'accepte; un seul mot suffit bien souvent pour dissiper les ténèbres les plus épaisses dans une affaire aussi mystérieuse que semble l'être celle-ci.

Le jeune comte s'inclina, et comme il avait eu le temps de bien examiner le cocher, il donna au magistrat son signalement exact.

On procéda alors, en présence d'un médecin appelé à cet effet, à la visite du cadavre, afin de bien établir la façon dont le crime avait été commis, et découvrir, s'il était possible, l'identité de la personne assassinée.

Mais toutes les recherches furent inutiles.

L'inconnue ne portait sur elle aucuns papiers de nature à la faire reconnaître; elle avait seulement une bourse bien garnie de pièces d'or mexicaines et espagnoles; un magnifique collier au cou, des boucles d'oreilles en diamants, de riches bracelets et des bagues à tous les doigts, sauf à l'annulaire, dont toutes les bagues avaient été retirées, mais qui furent retrouvées dans la voiture.

Le médecin et le commissaire de police, après les avoir fait remettre, constatèrent qu'il restait une trace fortement creusée à la naissance du doigt, provenant selon toutes probabilités, d'un anneau de mariage; le commissaire de police le fit rechercher, mais on ne le trouva pas: l'assassin l'avait enlevé.

Mais on ne s'avise jamais de tout.

Le linge de la pauvre morte était marqué de trois lettres; ces trois lettres, entrelacées en forme de chiffre, étaient brodées en bleu sur les étoffes blanches.

Ces lettres étaient celle-ci: L. A. M.; cet indice était bien faible, mais c'était un commencement: le commissaire de police ne se tint plus pour battu.

On passa ensuite à l'examen de la voiture.

Elle ne portait de numéro ni à l'intérieur, ni à l'extérieur: à l'extérieur ce numéro avait été gratté et une couche de peinture avait été passée sur le grattage.

Ce meurtre était évidemment une vengeance, mais cette vengeance atroce était enveloppée du plus impénétrable mystère; et la marque du linge devait être d'un bien faible secours.

Après les constatations légales opérées, procès-verbal fut dressé et signé par tous les assistants, puis le cadavre de la victime fut transporté à la Morgue et la voiture conduite à la fourrière.

Le jeune comte, après avoir de nouveau assuré le commissaire de police qu'il se tenait à sa disposition, si besoin était, salua le magistrat, prit congé de lui et quitta enfin le bureau.

Au lieu de remonter à cheval, Armand congédia son valet de pied et reprit à pied le chemin de l'hôtel.

Mais comme il était fort préoccupé de la scène émouvante à laquelle il avait assisté dans le bureau du commissaire de police, et qu'il ne faisait pas attention à la direction qu'il suivait, au lieu de se rendre directement chez lui par le boulevard de Courcelles, le jeune homme fit un crochet, sans s'en apercevoir, et, lorsque par hasard il releva la tête, il reconnut qu'il longeait les murs de son parc, et que, par conséquent, il se trouvait sur les derrières de l'hôtel.

Le comte sourit de son étourderie et continua son chemin ; quelques pas de plus ou de moins lui importaient peu.

Le parc de l'hôtel de Valenfleurs avait, à son extrémité, une porte, ou plutôt un guichet percé dans la muraille, pour les besoins du service du jardinier et de ses aides.

On passait rarement par cette porte. Le comte Armand ne se souvenait pas de l'avoir vue une seule fois ouverte ; il croyait même avoir entendu dire que la clef avait été perdue, depuis un an ou deux, et qu'à la suite de cette perte, la porte avait été définitivement condamnée.

Aussi sa surprise fut-elle grande, lorsque, arrivé à quelques pas de cette porte, il aperçut une dame arrêtée devant elle.

Il pressa le pas ; mais en l'entendant venir, la dame inconnue ouvrit vivement la porte, s'élança dans l'entrebâillement et la referma aussitôt derrière elle.

Ce double mouvement avait été si prestement exécuté, qu'il avait été impossible à Armand de reconnaître cette dame, qu'il n'avait fait qu'entrevoir, et n'avait pu joindre, à cause de la surprise qu'il avait éprouvée, et qui l'avait également cloué à la place où il se trouvait.

Lorsque, revenu de sa surprise, il s'élança vers la porte et la poussa brusquement, elle resta immobile.

Elle était solidement refermée.

Le jeune homme avait cru un instant saisir une vague ressemblance entre cette inconnue aux allures si promptes et si mystérieuses et miss Lucy Gordon, la demoiselle de compagnie de sa chère Vanda.

Mais cette pensée, qui lui traversa l'esprit comme un jet de flamme, lui sembla si impossible, si absurde même, qu'il la rejeta aussitôt.

En effet, il n'était pas admissible que miss Lucy Gordon se fût ainsi hasardée à sortir seule et à pied, à travers les rues de cette immense ville de Paris, qu'elle connaissait à peine, et qu'elle n'avait jamais vue que par la portière d'une voiture.

Et puis, pourquoi cette sortie furtive? Dans quel but se serait-elle ainsi risquée dehors? Elle n'avait ni parent, ni ami, ni même de simples connaissances à Paris. Comment aurait-elle quitté l'hôtel à l'insu de la comtesse de Valenfleurs ou de Vanda, près desquelles elle restait constamment?

Cependant le jeune comte était dans une situation tellement bizarre, qu'il jugea prudent de prendre certaines précautions pour qu'un fait semblable ne se renouvelât pas.

Il était de la plus haute importance, à cause des événements survenus depuis quelques jours, que personne ne pût ni entrer dans l'hôtel, ni en sortir secrètement.

Aussitôt rentré, au lieu de se rendre dans son appartement pour changer de toilette, il se dirigea vers le jardin.

Le jardinier chef, aidé par ses garçons, était occupé à sortir de la serre les orangers et les plantes rares pour les distribuer à leurs places habituelles pendant l'été dans les massifs.

Le jeune homme s'approcha du maître jardinier, échangea quelques paroles avec lui, puis il lui dit sans transition :

— Mon cher monsieur Bardot, faites-moi donc le plaisir de prendre avec vous un ou deux de vos aides, avec quelques planches de chêne assez épaisses, de longs clous et des marteaux, et de me suivre jusqu'au fond du parc ; j'ai cru m'apercevoir tout à l'heure que la porte condamnée n'était pas solide; je voudrais la faire consolider devant moi, de telle sorte qu'il fût impossible de l'ouvrir.

— En effet, monsieur le comte, répondit le maître jardinier, il m'a semblé que cette porte, dont la clef est cependant perdue depuis deux ans, avait été récemment ouverte.

— Ah! fit le jeune homme avec une feinte surprise.

— Je me proposais même d'en parler à monsieur le comte, reprit le maître jardinier, mais je suis si accablé de besogne en ce moment par mes plantes de serre, que, ma foi, cela m'était complètement sorti de la tête.

— Oh! cela est de trop peu d'importance, reprit le eune homme en souriant; mais dans un quartier désert comme est le nôtre, on ne saurait prendre trop de précautions pour sa sûreté.

— Monsieur le comte a mille fois raison, répondit le maître jardinier, après avoir donné ses ordres à deux de ses garçons; pas plus tard qu'aujourd'hui, en plein jour, il y a à peine deux heures, un meurtre odieux a été commis presque devant l'hôtel.

— J'ai entendu parler de cette lamentable affaire, dit le jeune comte, en continuant la conversation tout en marchant vers l'extrémité du parc; je vous avoue que ce meurtre n'est pas tout à fait étranger à mon désir de m'assurer que nos portes sont bien closes. Mais dites-moi donc, cher monsieur Bardot, à quoi vous vous êtes aperçu que cette porte condamnée avait été ouverte?

— Oh! une chose bien simple qui m'a frappé, comme je suis certain qu'elle frappera monsieur le comte : toutes les portes que l'on n'ouvre que rarement ont les rainures de leur boiserie remplies de poussière, de feuilles sèches, et surtout de toiles d'araignées; la terre et les herbes parasites se pressent et se tassent dessous; de sorte qu'il faut toujours faire certains efforts pour ouvrir ces portes retenues et comme scellées à l'huisserie par toutes ces saletés. La porte condamnée était encore ainsi, il y a quelques jours à peine; les lierres mêmes de la muraille s'étaient, jusqu'à un certain point, accrochés à elle et commençaient à la recouvrir. Eh bien! monsieur le comte le verra, aujourd'hui cette porte est aussi propre et aussi nette que si elle n'avait été posée que depuis quinze jours;

la serrure elle-même, ainsi que je m'en suis assuré, a été graissée et huilée avec soin.

— Voilà qui est singulier, dit le jeune homme; dans quel but a-t-on fait cela, et qui peut l'avoir fait?

— Ah! quant à cela, je l'ignore, monsieur le comte; je ne voudrais dénoncer personne; cependant, je vois toujours rôder, sans motifs, les valets de pied par ici : je ne serais pas étonné que ce fût un de ces grands feignants de propres à rien, qui ait retrouvé la clef, ou en ait fait faire une autre neuve pour sortir en cachette, et courir la prétentaine pendant la nuit, à l'insu de tout le monde, et, pendant qu'on le croit honnêtement couché et endormi dans sa chambre.

Le père Bardot, le maître jardinier, détestait cordialement les valets de pied, qu'il traitait si bien de propres à rien.

Pourquoi cette haine? Seul, le père Bardot le savait, et il se gardait bien de le dire.

— Ce doit être cela, répondit le jeune comte, en adoptant aussitôt l'opinion du maître jardinier.

Non pas qu'il fût convaincu de sa justesse, mais parce qu'elle lui parut logique, et qu'elle ne manquait pas, en effet, de probabilité à ses yeux prévenus.

— C'est égal, si l'un d'eux a fait le coup, comme je le crois, il sera bien attrapé quand il viendra bêtement pour ouvrir la porte, et qu'il se cassera le nez contre la muraille! reprit le maître jardinier d'un air très goguenard.

— Oui, en effet, cela sera fort drôle; peut-être même cela nous aidera-t-il à trouver le, ou les coupables, car ils peuvent être plusieurs.

— Bon! monsieur le comte plaisante, mais partout où l'un a passé, les autres auront immédiatement passé ensuite : les coquins vont en troupe, ces propres à rien s'entendent entre eux comme larrons en foire. Mais nous voici au fond du parc, et précisément devant la porte en question : que monsieur le comte prenne la peine de la regarder.

Le jeune homme s'approcha et examina minutieusement la porte.

Elle était bien telle que le maître jardinier l'avait annoncé.

Il n'y avait pas à en douter : il était prouvé, jusqu'à l'évidence, que cette porte avait été ouverte plusieurs fois, et tout récemment.

Par qui? Pour quelles raisons? Voilà ce qu'il était plus difficile de savoir, et cependant ce que le jeune homme se promettait de découvrir.

— Il y a un mystère là-dessous, murmura-t-il entre ses dents ; je veillerai.

Cependant les deux garçons avaient rejoint leur maître, et ils s'étaient mis à l'œuvre sous la direction du père Bardot, enfonçant des clous et posant des planches partout où celui-ci le leur ordonnait.

Après un travail assidu de trente-cinq à quarante minutes, les ouvriers s'arrêtèrent.

Tout était terminé.

— Voilà qui est fait! dit le maître jardinier en riant ; qu'en pense monsieur le comte?

Le maître jardinier n'avait pas fait de grands efforts d'imagination : il avait tout simplement superposé une seconde porte sur la première, au moyen de planches clouées en haut, à droite et à gauche, sur l'huisserie même, et assurées par de fortes traverses ; des cailloux avaient été introduits de force dans la serrure, sur laquelle ensuite une planche avait été clouée.

Dans l'état où était maintenant la porte, il aurait fallu de l'artillerie pour la défoncer ; quant à l'ouvrir, c'était tout bonnement impossible.

Le jeune comte remercia chaleureusement les jardiniers qui avaient accompli cette utile besogne, leur recommanda le silence le plus absolu sur ce qu'ils venaient de faire par son ordre. Puis il les congédia et les renvoya à leur travail, non sans leur avoir distribué auparavant quelques louis pour boire à sa santé, générosité qui leur fit grand plaisir

Libre alors, Armand se hâta de se rendre à son appartement. L'heure du dîner approchait, et il lui fallait changer au plus vite de costume pour descendre dans la salle à manger.

Cependant, tout en marchant d'un pas rapide, il réfléchissait.

— Il est évident, murmurait-il, qu'un complot s'ourdit dans l'ombre contre ma mère et contre moi, et peut-être contre Vanda elle-même. Un ennemi nous guette sournoisement, dans notre hôtel même, il a des intelligences avec nos domestiques ; mais quel est le traître ? comment le découvrir ? Faut-il chasser toute la livrée en masse ? Non, cela ne vaudrait rien ; ce serait donner un coup d'épée dans l'eau. Mieux vaut garder le silence et veiller attentivement. Du reste, je consulterai mes amis, et je n'agirai que d'après leurs conseils ; je ne vois pas d'autre solution meilleure que celle-ci ; d'ailleurs, j'en suis convaincu, je réussirai, en m'y prenant adroitement, à contraindre le ou les coupables à se dénoncer eux-mêmes.

Au moment où Armand achevait ses réflexions et sa toilette, la cloche du dîner sonna.

Armand se hâta de descendre et de se rendre à la salle à manger.

La comtesse était pâle et triste ; elle n'était pas encore complètement remise de la douloureuse émotion qu'elle avait éprouvée, en entendant le cri d'agonie poussé par la malheureuse étrangère, au moment où elle avait été frappée par son assassin.

Armand, inquiet de cette pâleur, dont il devenait la cause, s'était empressé auprès de sa mère. Mais ne voulant et ne pouvant rien dire devant les deux jeunes filles, dans l'ignorance où il était de la connaissance qu'elles avaient du sinistre événement qui s'était accompli presque devant l'hôtel, il se borna à demander à sa mère ce qu'elle éprouvait, et si elle était malade, ou seulement indisposée.

La comtesse le remercia avec un doux sourire.

— Je me sens beaucoup mieux, mon enfant, répondit-elle avec effort : j'espère que demain je serai complètement remise.

— Mais que vous est-il donc arrivé, ma mère ? reprit-il avec intérêt.

— Rien, mon enfant, une crise nerveuse, voilà tout ; tu sais que j'y suis très sujette.

Mais comprenant sans doute que son fils n'était pas aussi ignorant qu'il feignait de l'être, elle prit le bras d'Armand, et se tournant vers les jeunes filles avec un sourire :

— Attendez-moi un instant, dit-elle ; j'ai deux mots à dire à Armand ; dans cinq minutes, nous serons de retour.

Et elle conduisit le jeune homme dans un boudoir attenant à la salle à manger, et, se laissant tomber dans un fauteuil :

— Tu sais quelque chose, n'est-ce pas ? lui demanda-t-elle avec anxiété.

— Je sais tout, ma mère, répondit nettement le jeune homme. C'est moi qui ai arrêté la voiture, dans laquelle le crime a été commis ; malheureusement, le misérable assassin s'était échappé.

— C'est effroyable ! s'écria la comtesse, dont les yeux se remplirent de larmes ; raconte-moi ce qui s'est passé sans rien omettre ; il importe que, moi aussi, je sache tout ; bientôt tu sauras pourquoi, hélas ! ajouta-t-elle avec un douloureux soupir.

Le jeune homme raconta alors la scène qui avait eu lieu au commissariat de police, et la tournure qu'il avait cru devoir donner à la visite de la malheureuse jeune femme.

— Tu as eu raison de dire cela ; j'écrirai dans le même sens au commissaire de police, reprit la comtesse lorsque le jeune homme eut achevé son récit : il ne faut pas que le mystère qui enveloppe cet affreux attentat soit dissipé. Hélas ! cette malheureuse femme prévoyait le sort qui la menaçait ; elle me l'avait répété à plusieurs reprises, et moi je n'avais pas voulu la croire !

— Mais, ma mère, quelle était donc cette malheureuse femme ? le savez-vous ?

Il y eut un silence.

La comtesse était en proie à une poignante douleur, les sanglots gonflaient sa poitrine et soulevaient son sein en spasmes affreux ; enfin, elle réussit à dominer son émotion.

— Tu vas tout savoir, dit-elle à son fils, mais jure-moi que jamais tu ne révéleras un mot de cette horrible histoire à Vanda ; cette révélation la tuerait peut-être.

— Vanda ? s'écria-t-il avec surprise ; comment peut-elle être mêlée à ce sinistre événement ?

— La malheureuse femme si lâchement assassinée était sa mère !

— Sa mère ! Oh ! pauvre femme ! Parlez, ma mère : jamais, je vous le jure, je ne révélerai cet horrible événement à ma chère et aimée Vanda. Mais je dois tout confier à nos amis. Garder le silence devant eux pourrait sans doute amener des complications graves, dont peut-être nous aurions tous à souffrir dans les circonstances où nous nous trouvons, vous le savez.

— Oui, et je t'engage à les instruire au plus vite de cette affreuse catastrophe.

— Ainsi ferai-je, ma mère, car nous aurons sans doute des mesures urgentes à prendre ; et maintenant je vous écoute ; parlez, ma mère.

La comtesse de Valenfleurs rapporta alors, dans les plus grands détails, ce qui s'était passé pendant le long entretien qu'elle avait eu avec la malheureuse doña Luz Allacuesta.

— A présent, ajouta-t-elle en terminant, tu sais tout, mon fils ; sois prudent, et ne laisse jamais échapper un mot, un seul, qui puisse mettre notre chère Vanda sur les traces de la vérité.

— Je vous le jure encore, ma mère, ce secret horrible mourra dans mon sein et dans celui de nos amis.

— Bien, mon fils ; j'y compte, je sais que je puis me fier à toi et à eux. Maintenant, essuyons nos larmes, renfermons notre douleur en nous-mêmes, et rentrons dans la salle à manger, où nos deux curieuses doivent s'impatienter à nous attendre.

Armand offrit le bras à sa mère ; et tous deux rentrèrent le visage souriant dans la salle à manger.

— Ah ! enfin, s'écria Vanda en riant, je croyais que vous nous aviez oubliées ; vous aviez donc bien des choses à vous dire ?

— Curieuse ! dit la comtesse en souriant.

— A propos, Armand, reprit la comtesse après un instant ; tu es resté bien longtemps dans ta promenade au bois de Boulogne.

— Mais non, chère mère, pardonnez-moi, ma promenade n'a duré que deux heures à peine ; j'étais rentré depuis longtemps, lorsque la cloche du dîner a sonné.

— Et je ne t'ai pas vu aussitôt après ton retour ? dit-elle avec un doux reproche.

— Je suis resté assez longtemps dans le parc.

— A te promener encore ?

— Oh ! non, ma mère ; ma promenade au Bois me suffisait.

Tout en semblant concentrer son attention sur son assiette, miss Lucy Gordon écoutait attentivement ; elle ne perdait pas une seule des paroles prononcées par le jeune comte, auquel, à la dérobée, et lorsqu'elle était certaine de ne pas être aperçue, elle lançait des regards d'une expression singulière.

— Que faisais-tu donc, alors ? demanda la comtesse pour ne pas laisser tomber la conversation.

— Chère mère, répondit-il, cela est toute une histoire.

— Raconte-nous-la, dit-elle en souriant, cela nous amusera.

— Je ne demande pas mieux, reprit-il sur le même ton ; seulement, je ne réponds pas de vous amuser, mais peut-être vous intéresserai-je ?

— Oh ! racontez cette histoire, mon frère, dit Vanda avec un délicieux sourire.

— Oui, voyons cette histoire, reprit la comtesse.

— M'y voici, chère mère. Sachez donc que, fatigué d'être depuis deux heures à cheval, en arrivant à la place de l'Arc-de-Triomphe, je sautai à terre, et, jetant la bride à Pierre, mon valet de pied, je lui dis de rentrer à l'hôtel, que je continuerai ma promenade à pied, et que je reviendrai seul. Je me mis effectivement en route pour accomplir ce beau projet ; mais, vous savez combien je suis étourdi et distrait : d'ailleurs, aujourd'hui j'ai une excuse : depuis je ne sais quelle heure, toutes mes pensés sont absorbées par un souvenir unique, et qui me rend si heureux qu'il me fait oublier tout le reste, ajouta-t-il en regardant Vanda.

La jeune fille rougit en souriant, et, toute confuse, elle baissa la tête.

— Pas de digressions, dit la comtesse avec un fin sourire, nous n'en finirions jamais.

— C'est juste, reprit-il gaiement ; sans m'en douter, je pris donc une rue pour une autre, de sorte que, au lieu de me trouver devant l'hôtel, ainsi que cela devait être logiquement, après un certain laps de temps, je m'aperçus, à ma grande surprise, en levant les yeux, que j'avais commis une nouvelle bévue : j'étais derrière le parc de l'hôtel, ce qui n'était pas du tout la même chose.

La comtesse et Vanda se mirent à rire.

— C'est bien, moquez-vous de moi tout à votre aise ; bientôt vous verrez, dit-il en riant lui aussi. Je n'étais qu'à quelques pas à peine de la porte condamnée qui se trouve au bout du parc ; en passant devant elle, je crus remarquer que cette porte bougeait, comme si l'on venait de la refermer.

Miss Lucy Gordon laissa échapper un cri étouffé.

Armand la regarda.

— Seriez-vous indisposée, miss Lucy ? lui demanda-t-il avec intérêt.

— Excusez moi, monsieur le comte, répondit-elle en rougissant jusqu'aux yeux ; je vous écoutais avec une si grande attention, que, ne m'occupant plus de ce que je mangeais, je me suis brûlée comme une sotte : la douleur que j'ai éprouvée m'a, bien malgré moi, arraché un cri.

— Il faut boire quelques gorgées d'eau froide, dit la comtesse distraitement.

Et, s'adressant à son fils :

— Eh bien ! Armand, cette porte ? ajouta-t-elle.

— Chère mère, sans doute c'était une illusion, car je m'appuyai fortement contre la porte, et je fus contraint de reconnaître que je m'étais trompé, et qu'elle était solidement fermée. Cependant je ne me déclarai pas vaincu, une sourde inquiétude persistait au fond de ma pensée, je vous l'avoue. La chose était trop singulière pour ne pas être tirée au clair ; je résolus de savoir tout de suite à quoi m'en tenir à ce sujet. Je me hâtai donc de rentrer à l'hôtel ; mais au lieu de monter chez moi, je me rendis tout droit au fond du parc, afin d'examiner sérieusement la porte à l'intérieur.

— Eh bien, as-tu fait quelque remarque importante ?

— Oui, ma mère, une seule. J'ai reconnu, à n'en pouvoir douter, que la porte avait été tout récemment ouverte.

Miss Lucy Gordon baissa la tête pour cacher sa rougeur, qui devenait de plus en plus grande.

— Tu en es sûr, mon fils ? demanda la comtesse.

— Très sûr, ma mère. Du reste, il ne fallait pas être grand clerc pour s'en apercevoir.

— Mais la clef de cette porte est perdue depuis je ne sais combien de temps.

— C'est vrai, ma mère, mais sans doute quelqu'un l'aura trouvée, ou ce qui est plus probable encore, en aura fait confectionner une neuve, car la porte a été certainement ouverte.

— Oh ! mon Dieu ! s'écria la comtesse.

— **Ne** vous effrayez pas, ma mère ; le père Bardot, votre maître jardinier et moi, nous nous sommes communiqués nos soupçons, et nous sommes arrivés à cette conclusion, que les valets de pied étaient seuls coupables de cette espièglerie, car ce n'est évidemment pas autre **chose.**

Miss Lucy Gordon sourit à ces derniers mots.

— Explique-toi, Armand, reprit la comtesse.

— Ma mère, je suis convaincu que ces mauvais sujets n'ont eu d'autre but, en faisant faire une nouvelle clef, que de se ménager ainsi la facilité de sortir la nuit et de rentrer à leur guise, sans être vus.

— Il faut les chasser tous à l'instant même !

— Non pas, ma mère, si vous le permettez ; malgré leur rage intempestive de promenade, ce sont de bons serviteurs et de braves gens ; d'ailleurs, ils emporteraient la clef avec eux, ce que je ne veux pas ; je tiens, au contraire, à ce qu'ils me la remettent eux-mêmes. Laissez-moi mener cette affaire à ma guise, je vous prie ; d'ailleurs, maintenant, tout danger a disparu, vous pouvez dormir sans crainte, ma mère : mes mesures sont prises ; je leur réserve une surprise très désagréable la première fois qu'ils essaieront de sortir en cachette de l'hôtel.

La gaieté de miss Lucy Gordon, complètement éclipsée au commencement du récit du jeune comte, était entièrement revenue ; elle causait à voix basse avec Vanda, et les deux charmantes jeunes filles riaient du meilleur cœur.

— Quelle est cette surprise, mon fils ? demanda curieusement la comtesse.

— Oh ! moins que rien, ma mère ; j'ai tout simplement fait clouer une seconde porte sur la première, seconde porte composée d'épaisses planches de chêne, et consolidée sur l'huisserie même par de lourdes traverses ; de sorte que la porte semble être murée : aucune force humaine ne réussirait à l'ouvrir ; le canon seul parviendrait peut-être à y faire brèche.

En ce moment, miss Lucy Gordon, qui, tout en feignant de causer avec Vanda, prêtait attentivement l'oreille à ce que disait le jeune comte, s'affaissa tout à coup pâlissante et à demi pâmée dans les bras de la jeune fille ; et malgré les soins affectueux que lui prodiguait son amie effrayée de cette attaque subite, elle perdit complètement connaissance, et il fallut la faire transporter dans son appartement.

— Serait-elle donc coupable ? se demanda le jeune comte en la suivant du regard, tandis qu'on l'emportait. Oh ! ajouta-t-il avec douleur, non ce n'est pas possible ; cette jeune femme nous doit tant !... Une telle trahison serait horrible ! Et pourtant, qui sait ?

Sans rien ajouter de plus, il prit son chapeau, quitta la salle à manger où il avait été laissé seul, et, descendant au jardin, il se dirigea vers la porte qui faisait communiquer l'hôtel de Valenfleurs avec celui d'Hérigoyen, et, l'ouvrant par un mouvement fébrile, il passa dans l'hôtel d'Hérigoyen, en murmurant entre ses dents serrées :

— Il faut éclaircir tous ces sombres mystères.

X

COMMENT, APRÈS AVOIR FAIT UN EXCELLENT SOUPER CHEZ BREBANT, LE MAYOR, MONSIEUR ROMIEUX ET LEUR AMI LE VICOMTE DE CARLHIAS ÉPROUVÈRENT LE BESOIN DE FAIRE UNE PROMENADE A LA CAMPAGNE.

Aucune promenade au monde ne saurait soutenir la comparaison avec les vieux boulevards intérieurs de Paris, dont l'admirable kaléidoscope déploie ses féeries jamais les mêmes, depuis l'église de la Madeleine jusqu'à la place de la Bastille, sur un parcours ininterrompu de près de deux lieues.

Commençant à une église d'aspect grandiose, ces boulevards se terminent par l'emblème le plus imposant de la liberté conquise à jamais : la place magnifique, sur l'emplacement de laquelle s'élevait comme une menace continuelle la hideuse Bastille, cette personnification du despotisme royal, remplacée maintenant par le Génie de la Liberté.

Ces deux points placés ainsi à chaque bout de cette

magnifique artère, ne marquent-ils pas la marche de l'esprit humain, et la victoire définitive remportée par le progrès des lumières et de la philosophie, sur l'obscurantisme, l'ignorance et le monstrueux bon plaisir des gouvernements personnels ?

Donc, pour les Parisiens, les grands boulevards sont non seulement la promenade préférée, mais surtout l'expression du progrès moderne et de sa marche incessante à travers toutes les ruines amoncelées par la sottise de nos pères ; en un mot, la revanche du bien contre le mal.

Ces boulevards se scindent, pour les véritables Parisiens, en plusieurs zones différentes, dont chacune a sa physionomie particulière, parfaitement tranchée, et qui ne se ressemblent en aucune façon.

Il y a les boulevards de la fashion, les boulevards politiques, commerçants, agioteurs, artistiques, bourgeois et prolétaires ; ceux où les promeneurs ne font que passer, tantôt d'un côté tantôt de l'autre ; ceux où l'on s'arrête, on s'assied et l'on cause ; ceux enfin affectionnés par les viveurs émérites.

Le vrai Parisien ne se trompe jamais à ces différentes dénominations, bien que parfois à certaines heures de la journée et surtout dans la soirée, elles semblent souvent se confondre.

Mais cette confusion n'est qu'apparente ; et la ligne idéale de démarcation reste toujours parfaitement tranchée pour l'habitué des boulevards.

Ils forment une kermesse et une foire perpétuelle, où tout se trouve et se rencontre, moyennant finance, depuis les prix les plus élevés jusqu'aux plus minimes. Les magasins, les cafés, les théâtres, les cabarets de la haute vie en font une fête permanente, splendide, ruisselante de lumière, de bruit, de vie, de luxe et de plaisirs, qui ne ressemble à rien de ce qui se voit autre part ; où les étrangers récemment arrivés à Paris perdent plante, sont assourdis, stupéfiés, ahuris et affolés, ne comprenant rien à cette exubérance de diable au corps, dont jusquelà ils ne se faisaient même pas une lointaine idée...

C'est pour eux une magie, un paradis retrouvé et un rêve féerique des Mille et une Nuits, réalisé dans des proportions inénarrables, qui les transporte sans transition dans un monde fantastique.

Parmi les nombreux cabarets de la haute vie, il en est un entre tous particulièrement affectionné par les véritables viveurs, et dont la réputation, aujourd'hui presque centenaire, n'a fait que s'accroître sous différents noms, et aujourd'hui a atteint l'apogée du confort et de l'élégance.

Ce restaurant est situé à l'angle du boulevard Poissonnière et du faubourg Montmartre; il se nomme le restaurant Brébant.

Tous les Parisiens dignes de ce titre le connaissent et l'apprécient, non seulement à cause de l'excellence de sa cuisine, et de l'élégance incomparable de son service, mais surtout pour l'aménité, la politesse exquise, la façon spirituelle et pleine de bonhomie et de bon goût avec lesquelles on y est traité.

Philippe restera dans le cœur de tous les artistes et des viveurs dont il s'est depuis longtemps fait des amis, comme l'expression la plus complète de toutes ces qualités réunies. Lorsqu'il quittera cette célèbre maison, sa disparition sera une immense perte et un véritable deuil pour tous.

Il était un peu plus de minuit, une vive animation régnait sur les boulevards.

Les théâtres finissaient et dégorgeaient sur l'asphalte la foule grouillante et bavarde de leurs spectateurs, les cafés se remplissaient; les cochers accouraient en criant et se disputant pour faire un dernier *chargement* avant de regagner l'écurie.

C'était un tohu-bohu indescriptible de cris, de huées, de rires et d'imprécations à ne pas s'entendre.

Le boulevard Poissonnière était comparativement sombre et désert.

Quelques bourgeois attardés se hâtaient de regagner leur domicile, en jetant au passage un regard de colère et d'envie aux groupes qui, à la sortie du théâtre, affluaient chez Brébant pour terminer la nuit en soupant.

Toutes les fenêtres du restaurant fameux étincelaient de lumières.

Devant la porte stationnait une longue file de voitures prêtes à emporter les blessés et les éclopés de ces agapes orgiaques, ou les amoureux couples en quête de silence et de mystère.

Chez Brébant, tous les cabinets étaient occupés ; toutes les salles remplies.

Depuis le haut jusqu'en bas, ce n'était qu'un brouhaha de rires, de chants, de cris des garçons, mêlés au cliquetis continuel des verres et des assiettes ; dans les escaliers, c'était un flux et un reflux continuel d'arrivants et de partants : les uns montant, les autres descendant ; les groupes encombraient les corridors, les uns essayant de se caser le moins mal possible, les autres se hâtant de sortir ; pour ces derniers, l'heure du berger avait sonné.

La chaude atmosphère des mets, maintenant qu'ils étaient rassasiés de bonne chère, affectait désagréablement leurs narines en se mêlant aux parfums violents s'exhalant à profusion des coquettes toilettes des brillantes hétaïres, dont les traînes interminables balayaient les tapis moelleux des corridors et des escaliers.

Philippe, alors dans l'exercice de ses fonctions, avait cette pose à la fois majestueuse et bienveillante que chacun lui connaît.

Il veillait à tout et réussissait, comment ? lui seul aurait su le dire, à n'indisposer personne et à satisfaire même les plus difficiles ; et Dieu sait à quelles exigences saugrenues il était parfois en butte !

Le cabinet portant le n° 25 est un des plus petits de l'établissement.

C'est un charmant boudoir contenant un piano, un sopha moelleux, quelques chaises, une table ronde, une petite table pour poser les vins et la vaisselle ; et au-dessus de la cheminée une grande glace rayée dans tous les sens, couverte, à profusion, de noms d'hommes et de femmes, plus ou moins baroques

Cette glace avait servi maintes fois à essayer les diamants offerts en présent aux fugitives locataires de ce cabinet, pour s'assurer de leur véritable origine ; manie particulière à ces dames : on les trompe si souvent !

L'aspect de cette glace était saisissant : c'était l'enseigne du lieu.

De doubles rideaux et un tapis complétaient l'ameublement de ce joli réduit, assez grand cependant pour que quatre personnes pussent y tenir à l'aise.

Ce cabinet était en ce moment occupé seulement par deux personnes : deux hommes, très élégamment vêtus, et dont les manières étaient celles de la meilleure compagnie.

L'un deux, le plus âgé, était connu dans l'établissement où il faisait assez souvent des parties fines avec des hétaïres en renom.

Pendant la journée, il avait fait arrêter sa voiture devant le restaurant et avait retenu le cabinet n° 25, il avait fait une carte de dîner-souper pour le soir, dont le menu avait fait sourire de plaisir l'impassible Philippe.

Celui-ci avait reconnu un gourmet et un fin connaisseur.

Le tout devait se régler par un billet de cinq cent francs au moins, et pourtant ce repas de Lucullus n'était que pour deux personnes.

Un peu avant minuit, les deux convives arrivèrent ; ils se firent immédiatement servir.

Ces deux hommes étaient le Mayor et Felitz Oyandi.

En s'asseyant, le Mayor avertit le garçon, attaché au service du cabinet numéro 25, que quelqu'un viendrait le demander, et qu'on eût à lui faire passer la carte de l'étranger dès qu'il se présenterait.

La chère était exquise : les deux hommes y firent fête.

Ils étaient gais et munis d'un excellent appétit.

Le premier service fut presque silencieux, mais dès que le second parut sur la table, la conversation devint peu à peu plus vive.

Le Mayor avait prévenu le garçon qu'ayant à causer d'affaires sérieuses avec son ami, il ne devait pas entrer sans être appelé ; il n'avait donc pas à redouter d'indiscrétion, et pouvait parler en toute franchise.

Les garçons de cabinet sont par état à cheval sur les consignes qu'ils reçoivent, sachant très bien que plus il y a de mystères dans les cabinets, pl. leur pourboire est élevé.

— Nous n'avons pas à nous gêner ici, n'est-ce pas ? dit Felitz Oyandi.

— Pas le moins du monde, nous sommes chez nous, répondit le Mayor ; d'ailleurs qui nous empêche de causer en notre langue maternelle ?

— Tu as ma foi raison, reprit Felitz Oyandi en ricanant, on ne saurait prendre trop de précautions.

— Oh ! toi, ce n'est pas la prudence qui te manque, dit le Mayor en riant, tu en as même trop, à mon avis.

— La prudence est une vertu, dit sentencieusement Felitz Oyandi en changeant d'idiome et adoptant la langue basque ; on ne peut pas en avoir trop.

— A ton aise, mon camarade, parlons donc basque, je ne demande pas mieux ; et, maintenant, qu'as-tu à me demander ?

— Tout simplement pourquoi je ne t'ai pas vu depuis près d'une semaine ? et pour quelle raison, toi qui semblais si pressé de mettre les fers au feu, d'après ta propre expression, tu m'as donné contre-ordre ? Et, au lieu de pousser jusque chez moi, tu m'as prévenu seulement ce matin par un mot, que nous souperions ensemble ce soir, et que tu m'attendrais au rond-point des Champs-Elysées, à onze heures un quart, dans une voiture de place, que du reste, nous avons quittée au coin de la rue Vivienne pour nous rendre ici à pied.

2.

— Voilà bien des questions à la fois, répondit le Mayor en riant. Au moins, est-ce tout ?

— Je ne sais. Quand tu auras répondu à toutes ces questions, je verrai si j'ai quelque chose à ajouter encore.

— Très bien ; je m'exécute. Tu ne m'as pas vu, tout simplement parce je n'avais rien à te dire d'intéressant. Je t'ai donné contre-ordre pour me conformer au conseil que tu m'as donné toi-même.

— Moi ? Lequel ?

— Celui-ci : qu'il n'est pas prudent de se mettre à la fois plusieurs affaires sur les bras ; que, avant d'en commencer une nouvelle, il faut aller d'abord au plus pressé et terminer les autres.

— Ainsi, d'après ton dire, tu aurais terminé plusieurs affaires importantes, reprit curieusement Felitz Oyandi.

— Oui, à peu près ; c'est-à-dire que l'une est complètement terminée, et que l'autre est en bonne voie de l'être bientôt. Du reste, c'est ce que nous dira la personne que j'attends.

— A propos, quelle est donc cette personne que je ne connais pas et qui s'appelle, m'as-tu dit, le vicomte de Carlhias ?

— Attaché à la légation de San Martino ?

— C'est cela même : où diable as-tu pêché ce vicomte-là ?

— Tu verras, c'est une surprise que je te ménage.

— Agréable ?

— Très agréable, puis-je t'en faire d'autre ?

— Hum ! enfin, comme il te plaira. Quelle est cette affaire que tu as terminée ?

— Attends que le garçon ait servi le dessert.

Il sonna.

Le garçon entra, desservit et plaça le dessert sur la table.

— Vous apporterez le café quand je sonnerai, dit le Mayor ; mais pas avant.

— Oui, monsieur ; mais si la personne que monsieur attend se présente ? demanda le garçon.

— Il est minuit et demi ; je n'attends pas cette personne avant une demi-heure. Cependant si elle se présentait, vous me remettriez aussitôt sa carte.

— Monsieur peut être tranquille.

Le garçon salua et sortit.

— Hein ! dit en riant le Mayor ; comme ces garçons de cabinet sont stylés ?

— C'est admirable ! Mais maintenant que nous sommes seuls...

— Tu es curieux comme une vieille femme, interrompit le Mayor en riant. Mais soit, tu vas être satisfait. Ne t'impatiente donc pas ; m'y voici, ajouta-t-il en remplissant son verre et celui de son convive : à ta santé ! Décidément, le champagne frappé est le roi des vins !

— Oui, il est exquis, fit l'autre avec une grimace de mauvaise humeur qui augmenta la gaieté de son amphitryon.

— Tu te souviens, sans doute, que je t'ai dit que depuis quelque temps j'avais comme des soupçons graves sur le compte de..

— Doña Luz ? interrompit Felitz Oyandi. Tu la soupçonnais, je crois, de vouloir quand même aller faire visite à madame de Valenfleurs pour lui révéler certains secrets que tu ne te soucies nullement de voir publier au grand jour.

— C'est cela ; j'ajoutais que le jour où ces soupçons se changeraient en certitude, j'en finirais avec elle.

— En effet, tu m'as dit cela ; eh bien ?

— Eh bien, cette certitude je l'ai acquise, plus complète même que je ne ne l'aurais désiré ; doña Luz m'a enlevé plusieurs papiers importants, entre autres un certain portefeuille qui peut me perdre.

— Oh ! oh ! voilà qui est grave !

— Très grave ; elle a tout porté à madame de Valenfleurs, du moins j'ai toute espèce de raisons de le supposer.

— Hum ! et alors ?...

— Alors, ainsi que je me l'étais juré à moi-même, j'en ai fini avec elle...

— Diable ! c'est raide ! Ainsi, cette affaire mystérieuse qui a produit une si vive émotion dans tout Paris ; cette femme assassinée dans une voiture ?

— Tout juste ! A ta santé, ajouta-il en vidant lentement son verre et semblant le déguster avec complaisance.

— Caraï ! fit en pâlissant Oyandi, tu as eu le courage de la tuer ainsi ? Pauvre femme ! Elle t'avait sauvé la vie, pourtant, à l'hacienda !

Le Mayor haussa les épaules.

— Tu es un niais, dit-il avec mépris ; qu'importe qu'elle m'ait sauvé la vie là-bas, si elle était décidée à me perdre ici ?

Il y eut un assez long silence.

Malgré sa scélératesse, Felitz Oyandi était atterré.

Cette cruauté froide l'effrayait.

Il regardait le Mayor avec épouvante ; il tremblait et avait la gorge sèche.

Machinalement, il remplit son verre et il le vida d'un seul trait.

— A la bonne heure ! dit en riant le Mayor, j'aime à te voir boire ainsi.

Et il ajouta, comme si son affreuse révélation avait été la chose la plus simple du monde :

— Passons maintenant à l'autre affaire.

— Oui, balbutia l'autre, passons à l'autre affaire.

— Bois encore un verre de champagne, dit le Mayor en ricanant, cela te remettra tout à fait.

Sans doute Felitz Oyandi trouva le conseil bon à suivre, car il vida aussitôt un second verre de champagne.

— Bien ! reprit le Mayor toujours riant, maintenant que tu n'es plus aussi blême, je vais faire servir le café.

— Fais, répondit laconiquement l'autre, encore trop ému pour articuler de longues phrases.

Cinq minutes plus tard, le dessert était enlevé et remplacé par le café, les liqueurs et les boîtes de cigares premier choix, bien entendu.

Dès que le garçon eut refermé la porte du cabinet derrière lui, le Mayor choisit un cigare et l'alluma.

— Prends donc un de ces cigares ? dit-il à son complice ; ils sont excellents.

— Non, merci pas à présent.

— Comme tu voudras, dit le Mayor en lançant au plafond un nuage de fumée bleuâtre. A propos, où en étions-nous restés ?

— A la seconde affaire ; en bonne voie d'être terminée.

— C'est juste. Sache donc, cher ami, le plus oublieux et le plus ingrat des amis, reprit le Mayor, que sans doute l'excellent repas qu'il venait de faire avait mis d'une humeur charmante, sache donc que depuis que je ne t'ai vu, sauf l'épisode de ma femme, je ne me suis occupé que de toi.

— De moi ? s'écria Felitz Oyandi avec surprise. Comment cela ? Je ne te comprends pas.

— C'est cependant limpide, cher ami, répondit en souriant le Mayor, ne sais-tu pas depuis longtemps déjà que j'ai pour habitude de toujours tenir mes promesses, quelles qu'elles soient ?

— Je le sais, en effet, mais je ne vois pas...

— Pardieu ! voilà qui est trop fort ! s'écria-t-il en riant ; as-tu oublié la chute miraculeuse de la glace ?

— Ah ! j'y suis à présent ; pardonne-moi, je ne suis pas, comme toi, un homme coulé dans le bronze et que rien n'émeut. Ta confidence de tout à l'heure m'a tellement bouleversé que je ne suis pas encore complètement rentré en possession de moi-même, et...

— Pauvre agneau sans tache, cœur tendre et pudibond qu'un rien fait tressaillir, interrompit ironiquement le Mayor ; en effet, tu es tendre et doux pour les autres, toi qui, pour te venger d'un chien dont tu avais été mordu, as froidement et de propos délibéré brûlé vives une douzaine de personnes dans leur misérable hutte. Tu oublies donc tout ? Souviens-toi de la Framboise, qui t'avais sauvé presque la vie.

— Silence ! pas un mot de plus sur ce sujet, je t'en supplie ! murmura le bandit, dont la voix grelottait, en regardant avec crainte autour de lui.

— Tais-toi ! lui dit sèchement le Mayor. Prétends-tu donc jouer avec moi la comédie hypocrite ? Mille diables ! je suis un bandit, moi, j'ai un cœur de tigre sans faiblesse comme sans pitié, c'est vrai ; mais, si cruel et si féroce que je sois, je vaux mieux dans mon petit doigt que toi dans tout ton corps, hyène lâche et perfide qui te repais de cadavres, et qui assassines sournoisement et bassement par le bras des autres ; crois-tu donc que je ne te connais pas, et que je me laisserai tromper par tes giries sentimentales ? toi dont la vie n'est qu'un tissu d'horreurs plus hideuses que tous les crimes que j'ai pu commettre, mais bravement, au grand jour, offrant ma poitrine aux coups, sans crainte comme sans remords. Je ne sais, sur ma foi, à quoi tient que je ne t'écrase sous le talon de ma botte comme une vipère et une bête puante que tu es !

En ce moment, le Mayor était véritablement en colère.

Tant de duplicité l'indignait ; ses yeux lançaient des éclairs, et sa main crispée se tendait nerveusement vers le misérable qui suait de peur, et se faisait petit devant cette colère qu'il avait si sottement éveillée.

Il y eut un silence.

Qui sait comment cette scène, montée à un tel diapason avec un homme comme le Mayor, se serait terminée, si heureusement peut-être pour Felitz Oyandi, le Mayor n'eût tout à coup entendu le garçon de cabinet tournant la clef dans la serrure comme pour prévenir les deux hommes de sa présence.

Grâce à sa puissance sur lui-même, le Mayor rendit aussitôt le calme à ses traits ; et, d'une voix ferme et sans aucune apparence d'émotion, il cria :

— Entrez donc.

La porte s'ouvrit, et le garçon parut tenant à la main une carte qu'il présenta au Mayor.

Felitz Oyandi, moins sûr de lui-même, avait fait tomber sa serviette et s'était penché de façon à cacher son visage en faisant semblant de la ramasser.

— Priez monsieur le vicomte de me faire l'honneur de venir jusqu'ici; en même temps, servez du punch, dit le Mayor de l'air le plus souriant.

Le garçon rentra presque aussitôt en annonçant avec emphase :

— Monsieur le vicomte de Carlhias.

Un second garçon suivait, portant un immense bol de punch, qu'il posa sur la table, avec des verres.

— Soyez le bienvenu, vicomte, dit le Mayor, en tendant la main de la façon la plus aimable au nouvel arrivant ; vous êtes d'une exactitude qui me charme, asseyez-vous là en face de moi, nous avons à causer tout en goûtant à ce punch, dont, je l'espère, vous ne refuserez pas d'accepter un verre. Eh bien, quoi de nouveau !

Et d'un geste de la main, il ordonna aux garçons de sortir ; ce que ceux-ci firent aussitôt.

Dès que la porte fut refermée, le Mayor éclata de rire.

— Pardieu! c'est affaire à vous, mon cher Caboulot, dit-il, sur l'honneur! je ne vous aurais pas reconnu, vous être admirablement déguisé.

— Eh quoi! s'écria avec surprise Felitz Oyandi, qui commençait à reprendre son sang-froid, c'est là Caboulot? Un tel changement est incroyable!

— Je vous remercie, mon maître, répondit celui-ci en saluant avec une nuance d'ironie ; c'est bien de l'honneur que vous me faites.

En effet, la chenille était devenue papillon, la métamorphose était complète : rien ne restait du bandit vulgaire et du rôdeur de barrières.

Il n'y avait là en ce moment qu'un homme jeune encore, vêtu avec goût, portant bien ses vêtements d'occasion et ayant des manières exquises.

— Venons au fait, dit le Mayor ; avons-nous quelque chose de nouveau?

— Peut-on parler ? dit Caboulot en mettant de côté ses

manières aristocratiques, qui évidemment le gênaient aux entournures de son costume d'emprunt.

— Oui, en toute sûreté, répondit le Mayor.

— Eh bien, j'ai découvert le pot aux roses.

— Oh! oh! que me dites-vous là?

— Vous allez voir, mon maître. C'est assez rigolo tout de même, et je peux dire que j'ai eu diablement de la chance.

— De quoi s'agit-il donc? demanda Felitz Oyandi, dont la curiosité s'était réveillée.

— Tais-toi et écoute. Comme je te l'ai dit, c'est surtout de toi qu'il est question.

— Je ne comprends pas?

— Un peu de patience, que diable! Parlez, ami Caboulot.

— D'abord, j'ai trouvé le nid des deux tourtereaux.

— Bon! est-ce qu'ils seraient...

— A présent, je ne sais pas, mais ce qui est certain, c'est qu'ils se sont aimés dans le temps. Ils sont du même pays; je crois même qu'ils ont dû se marier; mais la jeune fille, qui voulait voir Paris, s'est fait enlever; et, l'amoureux, désespéré, s'est fait matelot. Il y a un an environ, ils se sont par hasard retrouvés en Angleterre; depuis lors, ils ne se quittent plus; ils sont venus ensemble en France. Depuis dix mois ils sont arrivés à Paris; pour des raisons que je n'ai pu savoir, ils ont chacun un domicile séparé; ils feignent en public de ne pas se connaître. La femme tire les cartes et dit la bonne aventure; lui, il se promène. Il paraît qu'il est riche; le fait est qu'il ne fait absolument rien. Le soir, ils se réunissent à un endroit désigné, et ils s'envolent de compagnie vers leur nid, où ils passent la nuit ensemble ou séparément, cela est leur affaire. Mais le matin, ils partent chacun de son côté, et, ni vu ni connu, je t'embrouille.

— Pardieu! voilà de précieux renseignements! Comment diable vous les êtes-vous procurés?

— Avec la clef d'or, qui ouvre toutes les portes, mon

maître ! mais cela m'a coûté gros ; toutes mes avances y ont passé, et je suis encore en retour.

— Bon ! que cela ne vous inquiète pas, ami Caboulot : nous compterons, et vous ne perdrez rien.

— Je le sais bien, fit-il avec un fin sourire ; voilà pourquoi je suis allé de l'avant.

— Est-ce tout ce que vous avez ?

— Ah ! ouiche ! il y a bien autre chose ; vous allez voir !

— Voyons alors ! dit en riant le Mayor.

— Ecoutez : il est une heure et demie ; dans une heure, avec un bon cheval, nous pouvons être là-bas ; la case est cernée par quatre gaillards solides, et qui n'ont pas froid aux yeux. Si c'est votre idée, tout peut être fini à quatre heures du matin, mais il faut nous hâter. Je vous raconterai le reste en route.

— C'est une idée, dit le Mayor. Ma voiture m'attend devant le restaurant ; partons !

— Partons, je le veux bien, dit Felitz Oyandi d'un air renfrogné, mais encore faut-il que je sache...

— Rien en ce moment ; nous causerons en voiture. Quant à nous fausser compagnie, n'y songe pas ; cette affaire te regarde au moins autant que moi ; tu viendras, quand je devrais t'enlever dans mes bras !

— Il est inutile de me menacer, dit Felitz Oyandi, qui recommença à trembler. Puisque tu le désires, je t'accompagnerai ; d'ailleurs, l'air me fera du bien.

— A la bonne heure ainsi ! Tu fais bien de prendre ton parti sans faire de grimace. Je suis fatigué d'être mis toujours seul en avant ; il est temps que tu mettes un peu la main à la pâte.

Et versant le reste du punch dans les trois verres :

— A la réussite de notre expédition ! dit-il.

Les trois bandits choquèrent leurs verres et les vidèrent d'un trait.

Le Mayor sonna, le garçon entra aussitôt.

— L'addition, dit-il, vous ajouterez les cigares qui restent, je les emporte ; ils sont excellents.

Le garçon sortit.

Au bout d'un instant, il rentra apportant la carte sur un plateau.

Le Mayor ne se donna pas la peine de lire les hiéroglyphes indéchiffrables qui remplaçaient l'écriture; il alla tout de suite au total, dont les chiffres étaient admirablement faits.

Ce total était de huit cent quarante-trois francs soixante-quinze centimes.

Dans tous les comptes de restaurant, il y a toujours des centimes, cela fait bien et donne une apparence de vérité aux comptes les plus fantastiques.

Le Mayor prit dans un portefeuille, très gonflé de billets de banque, un billet de mille francs qu'il jeta nonchalamment sur la table.

— La différence est pour vous, dit-il.

Le garçon salua jusqu'à terre et aida les trois hommes à mettre leurs pardessus.

Puis il s'inclina pour les laisser passer, croyant avoir affaire, tout au moins, à des nababs anglais retour de l'Inde.

Les trois hommes saluèrent Philippe d'un air de connaissance en passant devant lui.

Puis ils descendirent l'escalier et quittèrent le restaurant, après avoir allumé leur cigare.

La voiture de Mayor attendait.

C'était un huit-ressorts à quatre places, attelé de deux grands carrossiers de six mille francs pièce.

Les trois hommes montèrent, le valet de pied ferma la portière et transmit l'ordre au cocher.

La voiture partit au grand trot.

— J'ai indiqué une fausse direction, dit alors Caboulot; c'est rempli de mouches devant le restaurant.

— Je vois que vous êtes des hommes de précaution.

— Dame ; on ne sait pas ce qui peut arriver : nous allons à Drancy, un petit village entre Pantin et le Bourget.

— Je ne le connais pas.

— Cela ne m'étonne point, il y a peine quatre cents âmes et il est presque inconnu.

— Bien. Qu'allons-nous faire-là ?

— C'est dans ce village que nos tourtereaux ont fait leur nid.

— Bon, je comprends.

— Votre cocher et votre valet de pied sont-ils sûrs ?

— Dévoués jusqu'à la guillotine inclusivement.

— Alors tout va bien. En arrivant rue Lafayette, vous donnerez la direction véritable par la barrière de Pantin, nous reviendrons par Aubervilliers ; d'ailleurs, en voyant une voiture de maître comme celle-ci, les gabelous ne se douteront jamais que c'est nous qui avons fait le coup.

— Parfaitement raisonné, dit le Mayor en soufflant la cendre de son cigare.

— Il me semble, dit alors Felitz Oyandi, assez vexé du rôle effacé auquel il était condamné, que rien n'empêche plus maintenant Caboulot de continuer son récit ?

— Encore un moment de patience, s'il vous plaît, monsieur Romieux, répondit le Mayor avec un rire narquois ; nous voici au coin du boulevard Haussmann, il faut maintenant donner de nouvelles instructions au cocher.

Felitz Oyandi fit un geste d'assentiment, et se renfonça tout grommelant dans un coin de la voiture.

Il était une heure et demie du matin.

— Sapristi ! dit Caboulot entre haut et bas, voilà des gaillards qui doivent rudement détaler.

— Oui, dit le Mayor ; ils font facilement leurs quatre lieues à l'heure ; où allons-nous ?

— Rue Taitbout, au coin du boulevard Haussmann.

La rue Taitbout et le boulevard Haussmann étaient complètement déserts. Quelques fenêtres seules, aux étages supérieurs des maisons, étaient encore éclairées.

Là veillaient sans doute quelques ouvriers ou ouvrières dont le laborieux travail n'était pas encore achevé.

La voiture s'arrêta à l'endroit désigné.

La portière fut ouverte par le valet de pied.

Le Mayor et Caboulot descendirent.

Sur l'ordre du Mayor, le valet de pied remplaça provisoirement le cocher sur son siège, et celui-ci rejoignit les deux hommes sur le trottoir.

Caboulot lui demanda s'il connaissait le Drancy.

— Lequel ? demanda celui-ci.

— Le grand ; le petit Drancy n'est qu'une ferme, vous devez le savoir ?

— C'est vrai. Où faut-il aller ?

— Dans le quartier du Roi ; mais vous ne vous y arrêterez pas ; vous continuerez à marcher jusqu'à la grande avenue des peupliers qui conduit au Bourget, et vous vous arrêterez en face la grille du château de M. Ladoucette, le sénateur.

— Je le connais ; mais si la correspondance passe et que le brigadier m'interroge, que répondrai-je ?

— Vous répondrez tout simplement que vous attendez votre maître, qu'une affaire urgente et imprévue a contraint, au milieu de la nuit, de faire une visite à son château.

— D'ailleurs, dit le Mayor en riant, si la correspondance passe, il est probable que les gendarmes ne feront même pas attention à vous, Michel ; ils ne s'attaquent pas aux gens comme nous.

— Je le pense comme monsieur, répondit respectueusement le cocher, mais on ne sait pas ce qui peut arriver : il ne faut jamais se laisser surprendre à l'improviste : il est bon d'avoir toujours sa réponse prête à tout événement ; j'espère que monsieur m'excusera.

— Vous êtes tout excusé, Michel, d'ailleurs, la nuit sera bonne pour vous et pour Antoine.

— Nous connaissons la générosité de monsieur, reprit respectueusement le cocher.

— Conduisez-nous rondement, le temps presse, dit Caboulot. Si vous êtes sûr de votre chemin, prenez, autant que possible, le plus court.

— Notre route est toute tracée, monsieur : la rue Lafayette, Pantin, la route de Strasbourg, la route départementale, jusqu'aux quatre chemins, et la voie de communication avec le Petit-Drancy : une fois là, en cinq minutes, nous serons au château de M. Ladoucette.

— C'est cela même, répondit Caboulot. Combien de temps vous faut-il pour faire ce trajet ?

— Quarante minutes au plus, en marchant bien, mais pas assez vite pour éveiller des soupçons ; seulement si la route départementale est déserte, nous pourrons gagner cinq ou six minutes.

— C'est bien, dit le Mayor, partons ; prenez avec vous Antoine sur le siège, vous lui expliquerez mes intentions ; d'ailleurs, il sera mieux que derrière la voiture.

— J'obéirai à monsieur, répondit le cocher.

Il remonta sur son siège et reprit les rênes.

Les deux hommes rentrèrent alors dans la voiture, fermèrent la portière, et le huit-ressorts partit aussitôt dans la direction de la rue Lafayette.

A peine les chevaux avaient-ils pris leur élan, que la voiture se croisa avec une ronde de police débouchant au petit pas de la rue Lafayette.

Comme toujours, les dignes agents arrivaient, cette fois encore, trop tard.

Caboulot les désigna en riant au Mayor, qui haussa les épaules.

— Maintenant, dit Caboulot, nous voici tranquilles.

— Vous ne craignez pas que vos hommes se fatiguent d'attendre ? demanda le Mayor.

— Non, il n'y a pas de danger, je les ai prévenus que je ne serais pas de retour avant trois heures du matin ; nous avons de la marge.

— Très bien ; à présent, nous vous écoutons, ami Caboulot ; notre ami M. Romieux ne serait pas fâché d'être enfin renseigné sur cette affaire, dont il ne sait pas le premier mot encore.

— Tu te moques de moi, grommela Felitz Oyandi.

— Pas le moins du monde ; je plaisante... Quel affreux caractère tu as ; et moi qui comptais te faire une surprise très agréable ; sur ma foi ! je suis bien tombé, avec un gaillard comme toi, toujours hérissé comme un fagot d'épines.

— M'y voici reprit Caboulot, qui avait allumé un nouveau cigare.

— Allez, nous écoutons.

Caboulot reprit son récit :

— Je n'ai plus grand'chose à vous dire, fit-il, mais le plus intéressant vous reste à apprendre; la visite de M. Romieux à la belle sorcière a mis le désarroi dans le ménage.

— Comment! s'écria Felix Oyandi, il s'agit donc de Sebastian et de...

— Juste, interrompit le Mayor, qui affectionnait cette locution, il ne s'agit même que de cela depuis le commencement, ingrat.

— Oh! oh! fit Felitz se redressant subitement, ceci est autre chose; merci, compagnon, c'est donc pour nous débarrasser de ces misérables que nous allons dans ce village?

— Pourquoi irions-nous si ce n'est pas pour cela, niais que tu es? On ne fait pas au milieu de la nuit visite à ses amis, surtout à la campagne, je suppose? répondit-il avec un rire ironique.

— Merci, mon ami; à présent, tu peux me railler tant qu'il te plaira; je serai le premier à rire de tes plaisanteries; ah! nous allons nous venger!

— Allons donc! tu as mis du temps à comprendre; avais-tu donc oublié la promesse que je t'ai faite?

— C'est vrai; pardonne-moi.

— C'est bien, n'en parlons plus; continuez, ami Caboulot.

Le pseudo-vicomte reprit sans se faire prier :

— Je ne sais pas, et je ne veux pas savoir, dit-il, ce qu'il y a entre vous, mais ce qu'il y a de certain, c'est qu'ils ont une affreuse venette de tomber sous votre coupe. Leur premier soin fut d'essayer de disparaître en déménageant. Le tour que vous a joué l'homme que vous appelez Sébastian, mais qui porte en ce moment le nom de Blanchet, n'avait d'autre but que de vous effrayer, et de vous faire ainsi renoncer à les poursuivre; malheureusement, il paraît que ce tour a mal tourné pour eux; alors ils ont redoublé de précautions; la femme alla se cacher à Montmartre, et Blanchet, laissez-moi l'appeler ainsi, se sauva tout courant dans une maison qu'il a achetée il y a quatre mois à Drancy, probablement pour s'en faire un refuge en cas de danger. Comme je vous l'ai dit, ils s'y réunissent tous les soirs, en ayant bien soin de ne jamais y venir ensemble, et d'arriver par des chemins différents.

— Tout cela est positif?

— D'une exactitude rigoureuse, je vous en donne ma parole.

— Bien; continuez.

— Aussitôt que j'ai eu découvert le nid, j'ai naturellement cherché les moyens d'y pénétrer. Voici ce que j'ai fait : d'abord, je me suis déguisé en vitrier ambulant, et je suis venu du Bourget à pied à Drancy, mes verres sur le dos et un mètre en guise de canne. La maison dont je vous parle est située au beau milieu de la plaine du Drancy-Bourget; elle est complètement isolée et éloignée de plus d'une portée de fusil des dernières maisons du village; elle est assez belle, a un rez-de-chaussée exhaussé sur un sous-sol, un premier, et se termine par un toit à l'italienne, surmonté d'un belvéder; elle a des fenêtres sur les quatre faces, elle est bâtie entre cour et jardin, le jardin est grand et très touffu; de loin, son aspect est agréable et confortable; on y arrive par deux chemins, l'un aboutissant à la gare du Bourget, l'autre finit ou commence, comme il vous plaira, à l'avenue des peupliers; en somme c'est, ou ce doit être une agréable résidence d'été; je n'en dirais pas autant pour l'hiver, car tous les vents doivent se donner rendez-vous dans cette immense plaine nue et y faire un sabbat endiablé.

— Bien, nous connaissons maintenant la maison à l'extérieur.

— Vous la connaîtrez bientôt à l'intérieur; je l'examinai attentivement en marchant le long de l'avenue des peupliers pour me rendre au village. Les habitants de Drancy, je ne dis pas cela pour les flatter, sont bien les gens les plus bavards, les plus cancaniers et les plus méchants et envieux qui soient au monde : ils ont la haine innée des bourgeois ; il n'est pas de tour qu'ils ne leur jouent et d'infamies qu'ils ne racontent sur leur compte ; ils passent leur vie à les déchirer à vilaines dents : on se croirait tout à coup transporté à deux cents lieues de Paris, dans un bourg inconnu, caché dans un pli de montagne, et n'ayant aucunes relations avec le dehors. Je ne pouvais mieux tomber, pour me renseigner ; aussi, en moins de deux heures, tout en mettant des vitres çà et là à un bon marché ridicule, alléchant les paysans, qui croyaient me duper, sans même prendre la peine d'interroger, la maison de la plaine, ainsi qu'on la nomme presque généralement, car certains individus plus méchants que les autres l'appellent *la Maison des voleurs*, n'a plus de secrets pour moi. J'en appris même plus que j'avais besoin d'en savoir ; en somme, voici le résumé des renseignements qui me furent donnés, et Dieu sait avec quel accent goguenard, envieux et méchant.

— Voyons un peu ces renseignements ? dit le Mayor.

— Est-ce que nous n'approchons pas ? demanda Félitz Oyandi, que tout ce verbiage du bandit n'intéressait que médiocrement.

Caboulot passa la tête au dehors.

— Encore un quart d'heure et nous serons rendus, dit-il.

— Alors, terminons, reprit Mayor.

— M'y voici, dit Caboulot. Et il reprit : Cette maison a été construite, il y a environ trente ans, par un capitaine au long cours, qui, à ce que prétendent les gens du pays, avait gagné une très grande fortune à courir les mers en faisant un peu tous les métiers, dont celui de négrier toujours au dire de mes donneurs de renseignements, était le plus honnête. La maison bâtie, il s'y installa seul avec un vieux matelot qu'il semblait aimer beaucoup. Six mois à peine après leur installation, un matin, les deux hommes furent trouvés morts dans leurs lits, sans que la police, appelée aussitôt, réussît à découvrir comment et de quoi ils étaient morts. Les héritiers de l'ancien capitaine au long cours firent vendre la maison. Elle fut achetée par une vieille dame qui s'y installa avec une nièce qu'elle avait et une vieille bonne. Un an plus tard, à peu près à l'époque où avait eu lieu la première catastrophe, ces trois personnes, que depuis plusieurs jours on n'avait pas aperçues, furent trouvées assassinées chacune dans sa chambre. Des voleurs s'étaient introduits pendant la nuit dans la maison en escaladant les murs, avaient tué les habitants pendant leur sommeil, et avaient enlevé tout ce qu'ils avaient trouvé à leur convenance. Les assassins ne furent pas retrouvés.

— Mille diables! s'écria le Mayor! voilà une maison qui ne me semble guère porter bonheur à ses propriétaires.

— Il y en a comme ça, dit Caboulot, en riant.

— C'est vrai, ajouta Felitz Oyandi en hochant la tête.

— Je suis curieux de savoir ce qui arriva à ceux qui suivirent! dit le Mayor en ricanant.

— Ce fut un ancien huissier de Paris qui l'acheta. Il y fit faire quelques changements, reprit Caboulot, et il s'y installa avec sa famille; les choses allèrent bien pendant un an; mais un jour qu'il s'était attardé à Paris, en revenant chez lui vers minuit, en compagnie de sa femme et de son fils, après avoir quitté au Bourget la voiture qui les avait amenés, au moment où ils allaient entrer chez eux, ils furent attaqués à l'improviste par plusieurs hommes embusqués dans les blés, et si fort blessés et maltraités, que le lendemain on les releva presque morts sur la route; on les transporta à leur maison, éloignée tout au plus d'une portée de fusil de l'endroit où ils avaient été attaqués; mais rien n'y fit, malgré les soins qui leur furent donnés par un médecin célèbre de Paris, un mois après, ils passèrent tous trois de vie à trépas.

— Définitivement, il y a un sort sur cette maison, dit le Mayor.

— C'est l'opinion générale dans le pays; la maison fut alors nommée *la Maison des voleurs*; et personne n'osa plus s'en approcher; elle resta pendant plus de dix ans fermée et inhabitée; les propriétaires, malgré le prix modique qu'ils en demandaient, ne trouvaient pas d'acquéreurs; ces trois catastrophes consécutives effrayaient et éloignaient les acheteurs; enfin, un jour, les habitants de Drancy furent tout étonnés de voir les persiennes des fenêtres, si longtemps fermées, ouvertes, et des ouvriers occupés à faire quelques réparations intérieures et extérieures : la maison était vendue.

— Ah! ah! fit le Mayor, en riant : cette fois, quel fut l'homme assez brave pour oser acheter cette redoutable maison?

— Celui qui l'habite encore aujourd'hui, et auquel nous allons faire une visite.

— Ah! diable! Définitivement, cette maison porte véritablement malheur à ses habitants.

— C'est de bon augure pour nous, dit Felitz Oyandi avec son ricanement sinistre.

— Tu as pardieu raison! fit le Mayor avec un éclat de rire auquel Caboulot s'associa de bon cœur.

— Ce nouveau propriétaire est à la fois craint et détesté; depuis qu'il habite le pays, il n'a parlé à personne; il n'achète rien ni au Bourget, ni à Drancy. Ses allures, disent les paysans, sont mystérieuses, il ne reçoit personne. Le maire de Drancy, un ancien valet mal dégrossi, qui se croit un personnage, et qui n'est qu'un sot vaniteux, s'est présenté chez lui en compagnie du curé; il les a mis tous deux à la porte, en leur disant d'aller au diable. Il ne voit et ne reçoit personne, sauf la dame que vous savez; mais elle n'arrive qu'à la nuit close, et les paysans ont remarqué que lui et elle apportaient souvent avec eux des paquets de forme suspecte; bref, si l'on ne les accuse pas positivement d'être des voleurs, tout au moins les accuse-t-on tout bas d'être des recéleurs.

— Jolie réputation qu'on leur fait là! dit le Mayor.

— Un soir, notre homme, en descendant du chemin de fer, fut attaqué à l'improviste par deux individus armés de solides gourdins; lui n'avait pas même une canne. Il jeta à terre le paquet qu'il portait, se rua sur ses agresseurs les poings fermés, s'empara du gourdin de l'un d'eux, et les roua de coups de telle sorte, qu'ils lui demandèrent grâce ; mais lui les traîna, malgré leur résistance et leurs prières, jusqu'aux gendarmes, qui avaient assisté de loin à cette scène et accouraient à son secours. L'un de ces hommes avait un bras cassé et l'autre le crâne ouvert. Depuis cette époque, il inspire une superstitieuse terreur à tous ceux qui l'aperçoivent. Personne n'ose s'approcher de sa maison, même pendant le jour, quand il est absent ; car tous les matins il part pour Paris et ne revient que le soir.

— Je reconnais là mon homme, toujours aussi brutal et aussi vigoureux ; c'est un taureau, il nous donnera fort à faire, si nous ne prenons pas bien nos précautions.

— Mais comment nous introduirons-nous dans cette maison? demanda Felitz Oyandi.

— Très facilement, reprit Caboulot ; j'ai réussi à y entrer pendant le jour, une heure après son départ pour Paris, il n'a ni homme ni femme à son service, ni chien ni chat, ce qui est fort commode pour nous. J'ai visité la maison du haut en bas, et j'ai pris les empreintes de toutes les serrures, j'ai les clefs dans ma poche ; nous trouverons là-bas deux lanternes sourdes.

— Je commence à croire que cette maison portera une fois encore malheur à son propriétaire, dit le Mayor.

— Et moi aussi, dit Felitz Oyandi. Pauvre diable de Sebastian, va! il n'a pas de chance!

— Bah! ce n'est pas nous qui le tuons, c'est la fatalité! dit le Mayor en haussant les épaules ; à quoi bon nous attendrir sur son sort.

— C'est vrai! nous sommes tous mortels! dit Felitz Oyandi en levant béatement les yeux vers le ciel.

Ils éclatèrent de rire.

— Ah! nous voici au petit Drancy! s'écria Caboulot.

— Trente et une minutes, dit le Mayor en consultant sa montre ; nous avons bien marché.

Cinq minutes plus tard, la voiture s'arrêtait devant la grille du château de M. le sénateur de Ladoucette.

XI

CE QUI SE PASSA DANS LA MAISON DES VOLEURS ET DE QUELLE FAÇON GÉNÉREUSE LE MAYOR ET SON AMI S'ACQUITTÈRENT ENVERS LEURS FIDÈLES ASSOCIÉS, ET CE QUI S'ENSUIVIT.

Aussitôt la voiture arrêtée, Caboulot ouvrit la portière et sauta sur la route.

— Attendez-moi un instant; il me vient une idée, dit-il, un de nos hommes est embusqué ici près.

— Faites, cher ami, répondit le Mayor, qui n'était pas fâché de rester seul avec son ami, avec lequel il désirait causer en particulier; surtout, ne soyez pas trop longtemps.

— Cinq minutes à peine, est-ce trop?

— Non, allez!

Caboulot s'éloigna aussitôt.

L'avenue des peupliers étaient complètement déserte.

La nuit était sombre et sans lune.

Sauf les aboiements éloignés de quelques chiens de fermes, un silence profond régnait sur la campagne.

Caboulot fit quelques pas dans la direction de l'avenue, et arrivé à un certain endroit, il s'arrêta et siffla doucement d'une certaine façon.

Une ombre noire surgit au-dessus des blés.

— Est-ce toi, la Gouape? demanda Caboulot d'une voix contenue.

— C'est toi, Caboulot? répondit l'autre.

— Oui; viens.

La Gouape, puisqu'il portait ce nom harmonieux, fut en quatre enjambées près de son ami.

— Me voilà! dit-il.

— Quoi de nouveau ?

— Pas grand'chose. Nos deux oiseaux sont remisés. La correspondance du Bourget est passée il y a dix minutes, revenant de Pantin ; nous voilà tranquilles pour toute la nuit.

— C'est de la chance ! Et là, dans le Château ?

— Les maîtres sont absents ; les concierges ont leur logement de l'autre côté, dans le village. Cette entrée-ci est pour ainsi dire abandonnée ; on n'y passe jamais.

— C'est bon à savoir ; la grille ?

— Elle est ouverte sans effraction.

— Peut-on entrer sans risque dans la cour ?

— Très bien ; les concierges dorment. Quand même ils seraient éveillés, ils ne verraient et n'entendraient rien, ils sont séparés de nous par toute l'épaisseur du Château ; il y a à droite de la grille un hangar dans lequel la voiture sera complétement cachée.

— C'est fait pour nous. Va rejoindre les camaros, et dis-leur de se tenir prêts. Dans un quart d'heure, nous vous rejoindrons : nous serons trois. Et maintenant, tire-toi les pieds, il n'est que temps !

— Cristi ! fit l'autre, plus que ça de chic ! Je ne sais pas si t'es rupin ! merci !

— Fais pas attention, j'ai dîné avec l'empereur et madame son épouse ; tu sais que je suis un de ses amis, répondit Caboulot en riant.

— Pardi ! c'est pas malin, y en a ben d'autres qui ne te valent pas, qui sont toujours fourrés chez lui.

— Allons, esbigne-toi, ma vieille branche, ça chauffe ! Pour l'instant nous n'avons pas le temps de parler politique.

— Tu as raison, je me la cours ; à bientôt !

La Gouape tourna sur les talons et partit en courant.

Caboulot retourna à la voiture.

En l'entendant approcher, les deux hommes, qui causaient vivement entre eux, à voix basse, se turent subitement.

— Eh bien ? demanda le Mayor en jetant son cigare.

— La grille est ouverte, il y a dans la cour un hangar où l'on peut remiser la voiture ; pas de risques à courir, qu'en dites-vous ?

Le Mayor réfléchit instant.

— Non, dit-il enfin, ce moyen est mauvais, le hasard déjoue presque toujours les combinaisons les mieux conçues en apparence ; j'ai, je crois, une idée meilleure et plus simple, et qui, au besoin, nous créera un alibi ; quel est le premier village après le Bourget ?

— Gonesse.

— Est-il éloigné du Bourget ?

— Non, une lieue et demie ou deux lieues au plus.

— Voilà notre affaire. Michel ! appela-t-il.

— Vous allez continuer à marcher, lui dit-il ; vous traverserez le Bourget, et vous irez jusqu'à Gonesse, même plus loin si vous le jugez à propos ; seulement, il faut que vous soyez de retour ici dans une heure et demie. Nous vous attendrons dans l'avenue ; le cri de la chouette, deux fois répété, vous avertira de notre présence, et vous vous arrêterez. M'avez-vous bien compris ? Antoine montera dans la voiture, il se montrera en passant la tête par la portière : si vous croisiez des voyageurs ou des gendarmes il faut qu'on vous voie bien.

— Je comprends ce que désire monsieur ; ses ordres seront exécutés à la lettre.

— Bien ; n'oubliez pas dans une heure et demie.

— Précise ; si monsieur n'est pas dans l'avenue, je pousserai jusqu'ici.

— C'est cela ; allez !

— Ah ! pour le coup, voilà une riche idée, dit Caboulot en saluant ; mes compliments sincères, monsieur, on n'est pas plus habile. Partons-nous ?

— Quand il vous plaira.

— A propos, êtes-vous armés ?

— J'ai deux revolvers à six coups et un poignard, dit le Mayor.

— Très bien. Et vous ?

— Moi, je ne porte jamais d'armes ; et puis, je n'étais

pas prévenu ; j'ignorais que nous devions faire cette promenade.

— C'est juste ; mais, bah ! un de plus, un de moins, cela ne signifie pas grand'chose. Nous sommes à six gaillards solides et résolus contre un seul homme. Si brave et si fort qu'il soit, nous en viendrons à bout.

— En route !

— Encore un instant ; avez-vous des chaussons ?

— Il doit y en avoir dans les poches de la voiture.

— Mettez-les avant de descendre.

Le Mayor et son ami se chaussèrent de chaussons par-dessus leurs bottes, Caboulot avait déjà mis les siens.

Cela fait, ils descendirent doucement de la voiture qui, sur un signe du Mayor, partit bon train.

Le valet de pied avait remplacé son maître dans l'intérieur, ainsi que cela avait été convenu.

Les trois hommes s'engagèrent alors dans l'allée des peupliers, sans que leurs pas laissassent de traces sur l'empierrement de la route, grâce à la précaution qu'ils avaient prise.

Après avoir fait une centaine de pas, ils atteignirent le sentier carrossable conduisant à la Maison des Voleurs, dont ils aperçurent la noire silhouette se dessinant dans l'ombre.

— Maintenant, si vous voulez vous masquer, dit Caboulot, c'est le moment, car nous ne tarderons pas à rencontrer nos amis.

— Est-ce donc bien nécessaire ? répondit le Mayor, en se rapprochant du bandit, et le regardant bien en face avec une expression qui lui fit baisser les yeux en blêmissant.

— Dam ! cela vous regarde ! balbutia-t-il.

— Ami Caboulot, reprit le Mayor, vous êtes intelligent ; vous m'en avez donné des preuves irrécusables ; il s'agit de faire un marché entre nous ; je ne vais pas à la Maison des voleurs, comme on l'appelle, pour voler ou pour assassiner simplement les deux personnes que nous y trouverons.

— Je le sais, c'est une vengeance, vous ne me l'avez pas caché.

— Si je mets un masque sur mon visage, ma vengeance sera manquée, puisque ces gens croiraient avoir affaire à des voleurs, et non à des ennemis ; est-ce cela ?

— Je suis forcé d'en convenir.

— Donc, il faut que mes ennemis et moi, nous nous voyions face à face, qu'ils me reconnaissent, afin qu'ils sachent bien que c'est moi qui les frappe.

— C'est juste.

— Ecoutez bien ceci. Je vous dois deux mille francs, car je veux vous rembourser complètement de vos dépenses. Voulez-vous, au lieu de deux mille francs, en toucher six mille, sans compter ce que vous trouverez dans la maison en fait d'or et de bijoux, et sans avoir besoin de partager avec personne ? Songez-y, c'est une fortune pour vous.

— Je le sais bien, murmura-t-il, mais sapristi, c'est dur !

— On ne fait pas d'omelette sans casser des œufs, dit Felitz Oyandi d'une voix insinuante; on ne trouve pas deux fois dans la vie pareille occasion de fortune.

— C'est oui ou non que je demande, reprit le Mayor.

— Quand me donnerez-vous les six mille francs ?

— Tout de suite.

— Eh bien oui, mais à une condition, dit le bandit.

— Laquelle ?

— Vous me donnerez vos armes ?

— Ah ! vous vous méfiez de moi ?

— Je ne dis pas cela, mais il est bon de prendre ses précautions.

— Je ne vous donnerai pas mes revolvers, mais je ferai mieux, je vous donnerai les tonnerres tout chargés.

— Pourquoi pas les revolvers ?

— Parce que j'aurai peut-être besoin de les tenir à la main pour intimider notre homme.

— Après cela, dès que j'aurai les tonnerres, et votre poignard ?

— Le voici ; et voici les tonnerres, ajouta-t-il en sortant les revolvers de la poche de côté de son habit, et enlevant les tonnerres, vous voyez que je suis maintenant à votre merci.

— Je n'en abuserai pas, dit le bandit, complètement rassuré par l'abandon fait par le Mayor; et l'argent? ajouta-t-il.

Le Mayor ouvrit son portefeuille, prit plusieurs billets de banque et les présenta à Caloubot.

— Comptez, lui dit-il.

— Il y en a deux de trop, dit-il après avoir compté.

— C'est pour les remords, dit en riant le Mayor.

— Merci, mon maître, dit le bandit; peut-être êtes-vous le diable, mais si vous ne l'êtes pas, vous êtes à coup sûr un de ses plus proches parents.

— Peut-être, répondit le Mayor en riant; voulez-vous que je retourne mes poches?

— C'est inutile, depuis que nous sommes ensemble, j'ai eu le temps de m'assurer que vous ne pouviez pas avoir d'autres armes, et que M. Romieux, lui, n'en avait pas.

— Maintenant, comment ferez-vous pour tenir votre promesse?

— Soyez tranquille, monsieur; cela me regarde.

— Comme il vous plaira; le principal pour moi, c'est que vous ne me trompiez pas.

— Vous avez ma parole, monsieur.

— C'est juste; partons-nous?

— Oui, et cette fois pour tout de bon.

Sur ces derniers mots, ils se remirent en marche.

La nuit était sombre, nous l'avons dit, à cause de l'absence de la lune, mais elle n'était pas positivement obscure, elle avait, grâce à la lueur mélancolique qui tombe des étoiles, selon l'expression d'un poète, une espèce de transparence qui permettait de distinguer assez nettement les objets, même à une certaine distance, et plus que suffisante pour se diriger avec sûreté.

Les trois hommes marchaient en file sur le bord du sentier pour être moins en vue, et ils emboîtaient autant que possible leurs pas les uns dans les autres.

Caboulot marchait en avant, Felitz Oyandi venait ensuite à une distance de quatre ou cinq pas, le Mayor formait l'arrière-garde.

Tout en marchant, il avait tour à tour sorti ses revolvers de son habit et s'était livré sur eux à un mystérieux travail, qui certainement aurait fort intrigué l'intelligent Caboulot, s'il avait pu l'apercevoir.

Puis, il avait réintégré ses armes dans la poche de côté de son habit.

Quelques minutes suffirent aux trois hommes pour atteindre la maison.

Depuis quelques instants, ils ne redoutaient plus d'être aperçus de la route, le sentier qu'ils suivaient s'infléchissait peu à peu de façon à former presque une inclinaison de quarante-cinq degrés ; de plus les blés étaient hauts, de sorte que les trois rôdeurs étaient complètement invisibles.

Arrivé à dix pas à peine de la maison, Caboulot fit un brusque crochet et pénétra dans une remise comme on en rencontre tant en plaine sur les terrains giboyeux.

Cette remise, assez étendue, était bordée de buissons très fourrés, et composée à l'intérieur d'arbres de haute futaie.

Là se trouvaient réunis et couchés sur le sol les quatre bandits annoncés par Caboulot.

A l'arrivée des trois hommes, dont ils avaient guetté la venue, ils se levèrent et se réunirent en un groupe.

— Voici les bourgeois pour lesquels nous allons travailler, dit Caboulot en présentant ainsi les deux hommes à ses camarades.

— Nous sommes prêts, dit la Gouape qui était l'orateur de la troupe, mais on nous a fait certaines promesses.

— Elles seront loyalement tenues, dit le Mayor.

— L'argent ? reprit la Gouape.

— Je l'ai dans ma poche.

— Les camaros demandent à être payés d'avance ; on ne peut répondre de rien.

— Rien de plus juste, reprit Caboulot. Approchez. Voici quatre billets de cinq pour chacun de vous.

— C'est cela ! répondirent les bandits d'une seule voix, en empochant leur argent.

— Il y a encore quelque chose, dit la Gouape.

— Quoi donc ? demanda Caboulot.

— Tu nous a promis, au nom des bourgeois, que nous serions libres, le coup fait, de prendre tout ce que nous trouverions à notre convenance dans la *taule*, et que le butin serait partagé entre les *camaros* seuls.

— C'est entendu ; nous ne voulons rien, dit le Mayor, nous vous abandonnons en toute propriété et sans en réclamer notre part tout ce que vous trouverez.

— Voilà ce qui s'appelle parler en vrais *zigues*, dit la Gouape avec enthousiasme.

— Et, maintenant que tout ce que je vous ai annoncé est tenu, êtes-vous prêts à travailler ?

— Avec amour ! dit la Gouape.

— Oui, répondirent les autres.

— Alors, allons-y ; il n'est que temps. Où sont mes outils ?

— Les voici, dit la Gouape en lui tendant un trousseau de fausses clefs.

— Bon ! fit Caboulot en prenant le trousseau. Maintenant, mes petits agneaux, il ne s'agit pas de blaguer ; il faut y aller carrément, et que cela ne fasse pas un pli. Vous vous souvenez du plan que je vous ai communiqué ; il s'agit de l'exécuter en douceur et sans faute d'orthographe. Est-ce convenu ?

— C'est dit, répondirent-ils.

— Bien. Qu'est-ce qu'il y a de nouveau ?

— Rien du tout, reprit la Gouape ; depuis qu'ils sont arrivés, ni vu ni connu.

— Est-tu entré dans la turne !

— Pas si *sinve !* Tu me l'avais défendu. Pour être *esbrouffé* par toi ; non merci, je sors d'en prendre !

— Tu as bien fait. Laisse voir un peu ; je vais faire une ronde. C'est l'affaire de cinq minutes.

— Vas-y donc, gourmand, dit la Gouape en riant ; t'es un malin, toi, t'aimes l'ouvrage bien faite.

— Un peu, mon neveu ; c'est pour cela que je vais reluquer cette *piaule*, répondit Caboulot sur le même ton.

Et sans prendre autrement congé, le bandit quitta la remise.

Le Mayor consulta sa montre.

— Hum ! dit-il, trois heures moins le quart.

— Il n'y a pas de soin, fit la Gouape, il ne fait pas jour avant quatre heures et demie, et puis, à cette époque de l'année, ces *feignants* de paysans n'ont rien à faire dans leurs champs, ils n'y viennent pas avant sept ou huit heures.

Dix minutes s'écoulèrent, le Mayor commençait à s'impatienter, lorsque Caboulot reparut.

— Je ne sais pas si j'ai bien fait d'aller voir, dit-il.

— Est-ce qu'ils ne sont pas couchés ? demanda vivement le Mayor.

— Je vous crois, qu'ils ne sont pas couchés, ni envie de l'être ; ils sont dans leur salle à manger, où ils *gobichonnent*, que c'est un beurre, quoi !

— Mort diable ! voilà qui est contrariant, s'écria le Mayor ; est-ce que la détonation des revolvers s'entendrait de la route ?

— Non, c'est trop loin. Faut brusquer l'attaque, les bloquer dans la salle à manger pour qu'ils ne puissent pas aller chercher des armes ; on jouera du *surin*, on ne tirera qu'à la dernière extrémité, à moins que vous préfériez remettre la partie à une autre nuit ? ajouta Caboulot en s'adressant au Mayor.

— Non, dit nettement celui-ci ; puisque nous sommes ici, finissons-en tout de suite.

— Bon ! alors c'est dit : allons-y, camaros, et ne *flanchons* pas.

— Il n'y a pas de soin ! répondit la Gouape, au nom des autres ; cristi, il va y avoir de l'amuse, nous allons rigoler.

— Maintenant, mets une sourdine à ton galoubet, si tu ne veux pas que je te casse la margoulette ; en route.

Les bandits quittèrent alors la remise et se dirigèrent à pas de loups vers la maison.

Pendant que sous la remise avait lieu ce sinistre conciliabule, disons ce qui se passait dans la maison.

Sebastian et sa femme, — car la soi-disant sorcière, dont le véritable nom était Michela Ezaguirre, était réellement sa femme, il l'avait épousée à Liverpool, un mois après l'avoir retrouvée en Angleterre, avant de se rendre en France, — Sebastian et sa femme, disons-nous, achevaient un souper très plantureux et causaient à table en humant leur café à petits coups.

Sebastian fumait dans une magnifique pipe de Cummer, Michela semblait triste, nerveuse, inquiète : elle était fort belle ainsi, en costume de chambre et éclairée par la lueur éclatante d'un lustre; son teint naturellement pâle prenait à la lumière des reflets dorés.

Sebastian riait et essayait de la rassurer, mais tous ses efforts étaient vains.

— J'ai peur dans cette maison isolée et loin de tout secours, disait-elle d'une voix plaintive.

— Mais, de quoi as-tu peur, au nom du diable ! lui dit Sebastian avec un mouvement d'impatience qu'il ne fut pas maître de dissimuler ; ne suis-je pas près de toi ?

— C'est vrai, mon ami, mais je ne puis te répéter que ceci : j'ai peur, sans savoir pourquoi. Peut-être est-ce un pressentiment. D'ailleurs, tu le sais, la peur ne se raisonne pas ; on la subit. Il me semble qu'un malheur nous menace.

— Tu es folle ! quel malheur peut nous menacer ? Je ne vois personne, ni toi non plus, nous n'avons aucun ami qui nous puisse trahir ; personne au monde ne me connaît dans cette maison perdue.

— Tout ce que tu me diras n'y fera rien, mon ami, c'est plus fort que moi; cette maison a une réputation sinistre : tous ceux qui avant nous l'ont habitée y sont morts assassinés. Ah ! pourquoi n'as-tu pas voulu me croire quand je te suppliais de ne pas revenir en France ? et plus tard, quand cet homme est venu chez moi me consulter, pourquoi as-tu refusé de partir ? Nous serions heureux et tranquilles ; nous sommes riches ; quand on a de l'or, on est heureux partout.

— Peut-être ai-je eu tort, en effet ; la rencontre que j'ai faite du Mayor, de ce mauvais génie qui m'a perdu, m'a effrayé, j'en conviens, mais en y réfléchissant...

— Cet homme est un démon ! s'écria-t-elle avec une énergie fébrile ; moi aussi, je le hais, tu sais pourquoi ?

— Ne me parle pas de cela, Michela ; tu ferais de moi un tigre ! s'écria-t-il en lui lançant un regard terrible.

— Cet homme nous tuera, je te le répète, je le sens rôder autour de nous...

— Folie que tout cela : il ne pense pas à nous, il a d'autres choses plus importantes à faire. Je me doute de la raison qui l'a amené à Paris ; mais puisque tu te laisses ainsi dominer par une peur ridicule et que rien ne justifie, eh bien ! soit, réjouis-toi, nous partirons.

— Bien vrai ! s'écria-t-elle avec un élan de joie indicible ; quand ? bientôt, n'est-ce pas ?

— Demain, ou plutôt aujourd'hui, dans quelques heures.

— Comment ! Je ne te comprends pas, ma tête s'égare ; explique-toi, au nom du ciel !

— Je ne demande pas mieux, écoute-moi donc.

— Oui, parle, parle !

— Je voulais te surprendre ; mais puisque tu l'exiges, tu vas tout savoir ; cette maison est vendue avec tout ce qu'elle contient, à un grand fermier du Bourget dont les terres entourent notre propriété ; il veut, paraît-il, en faire une ferme, j'ai été payé aujourd'hui, c'est-à-dire hier matin ; tous mes fonds, ou du moins ceux que j'avais ici, je les ai enlevés et portés chez mon banquier, auquel j'ai demandé une lettre de crédit considérable. Cette lettre, je l'ai dans ma poche.

— Pour quel pays ? dis, dis vite ! s'écria-t-elle haletante.

— Pour l'Espagne d'abord ; si le pays nous convient, nous nous y fixerons ; es-tu contente ?

— Oh ! plus que je ne le saurais dire ; ainsi nous partons ?

— Par le premier train de six heures vingt-cinq, nous n'avons plus rien à nous ici, ni à Paris ; j'ai tout vendu ; j'ai perdu une quinzaine de mille francs.

— Qu'importe cela ! reprit-elle vivement, si nous assurons ainsi notre tranquillité.

— Tu as raison ; maintenant oublie tes frayeurs, oublie tout et ne songe plus qu'à l'avenir heureux qui nous attend.

— Oh ! tu me rends la vie !

— En effet, cette existence n'était plus tenable ; toujours trembler devant des fantômes.

— Si tu savais ce que j'ai souffert !

— Je le sais, puisque je suis résolu à quitter la France, que j'avais été si heureux de revoir.

— Mon ami, la patrie est partout, quand on a près de soi tout ce qui peut donner le bonheur ! dit-elle, avec un séduisant sourire.

— Cela doit être vrai, puisque tu le dis si bien ; mais, voici trois heures qui sonnent, dans trois heures nous partirons ; peut-être devrais-tu prendre un peu de repos ?

— Non, je ne veux pas te quitter, je n'ai nullement envie de dormir ; cette maison m'épouvante ; si je restais seule un instant je mourrais de peur ; je croirais voir rôder autour de moi je ne sais quels hideux fantômes...

— Causons, je ne demande pas mieux, le temps passera plus vite et plus agréablement, dit-il en riant.

— Oui, restons assis l'un près de l'autre, trois heures sont bientôt passées, nous sommes si bien ainsi !

— Peureuse !

— J'avoue !... C'est à un tel point que je me figure entendre marcher dans les corridors ; c'est une folie, je le sais, et pourtant, en ce moment même, il me semble... Ah ! s'écria-t-elle en se dressant échevelée, en proie à la plus grande terreur... là !... là... prends garde !... les vcilà... oh ! mes pressentiments !

Le cri poussé par la femme était si terrible, ses traits décomposés exprimaient une si immense terreur, que Sébastien se leva d'un bond, et se retourna, un revolver de chaque main.

Les deux portes de la salle à manger s'étaient ouvertes sans bruit et à chacune d'elles un homme venait d'apparaître.

— Ah ! fit Sebastian avec un rugissement de fauve.

Deux coups de revolver éclatèrent.

Les deux hommes tombèrent.

Mais derrière ceux-ci d'autres apparurent aussitôt, et bondissant par-dessus les cadavres, ils se ruèrent d'un élan irrésistible sur l'ancien matelot.

Celui-ci déchargea deux fois encore ses revolvers sur les assaillants.

Ses coups portèrent, car il entendit des cris de douleur et des imprécations de rage.

Tous ces hommes se jetèrent à la fois sur lui.

Il tomba sur un genou, et il fut, malgré sa force athlétique submergé sous la masse irrésistible de ses agresseurs.

Cependant il ne se rendit pas.

Il continua à tirer au hasard sur les assassins, acharnés contre lui, tant qu'il resta des balles dans ses revolvers.

Puis quand ils furent déchargés, il essaya encore une lutte impossible.

Mais bientôt il fut solidement garrotté, et réduit enfin à la plus complète impuissance.

Michela gisait évanouie sur le parquet.

Les bandits n'avaient pas tiré, ils ne s'étaient même pas servis de leurs couteaux.

La résistance de l'ancien matelot avait été si désespérée, qu'elle ne leur avait pas laissé le temps de la poste.

La lutte avait à peine duré cinq minutes.

Sebastian était vaincu, mais sa défense avait été celle du lion forcé dans son antre.

Trois des bandits étaient morts tués raides par les premiers coups de feu.

La Gouape était grièvement blessé, Caboulot avait le bras droit traversé de part en part.

Félitz Oyandi avait eu le crâne effleuré par une balle et semblait à demi hébété bien que sa blessure fût légère.

Seul, le Mayor était sain et sauf.

— Sapristi, dit Caboulot, en se relevant, quel démon ! J'aime mieux le voir ainsi, que comme il était tout à l'heure.

— Moi aussi, dit la Gouape en essayant de rire. Et toi qui disais qu'il n'avait pas d'armes ; ah bien ! merci du peu ! il ne s'en est pas fallu de beaucoup que nous y passions tons !...

— Le fait est que cela a été rude.

— Oui, et je crois que je m'en vas aussi... aussi... Caboulot... ma vieille branche...

Et il s'affaissa sur le plancher eu poussant un soupir.

— Pas de bêtises, hein ? dit Caboulot en s'élançant vers lui.

Il s'agenouilla près du blessé.

— Il est évanoui !... c'est le moment... il en reviendrait si on le laissait faire... Pauvre vieille Gouape ! c'est dommage, mais il le faut !

Il arma froidement son revolver et l'approchant de la tempe du blessé, il lâcha la détente et lui brûla la cervelle.

— Et de quatre, dit-il en se relevant ; celui-là je le regrette, c'était un vieux camaro !... Mais les affaires sont les affaires.

— Bravo ! dit le Mayor en riant, tu as royalement gagné tes six mille francs, ami Caboulot.

— Sans compter l'argent que je leur ai donné et qu'ils vont me rendre ; mais si c'était à refaire, je crois que je n'en aurais pas le courage !... Et tenez, je ne sais si c'est le sang que je perds ou l'émotion qui me chavire la *tronche* mais je crois que je vais m'évanouir, tout tourne autour de moi...

— Bah! ce ne sera rien, reprit le Mayor ; je vais te bander le bras, et il n'y paraîtra plus ; en attendant, respire ce flacon, il t'empêchera de t'évanouir.

Et, retirant de la poche de son gilet un microscopique flacon solidement bouché à l'émeri, il le présenta au blessé.

— Merci, répondit celui-ci en le prenant de la main gauche ; en voilà un étal de boucher!... Quelle drôle de chose pourtant ! Dire qu'ils grouillaient si joyeusement tout à l'heure !

— Au lieu de tant bavarder, tu ferais mieux mon garçon, de sentir au plus vite le flacon que je t'ai prêté.

— Je ne demande pas mieux, mais je ne puis l'ouvrir.

— Parce que tu t'y prends mal ; ce sont des sels anglais très forts, le bouchon est vissé, tu n'as qu'à le dévisser.

— Ah! dame, je ne savais pas !

Le Mayor fixait sur lui son regard ardent avec une expression singulière.

Caboulot se sentant défaillir, se hâta de suivre le conseil du Mayor ; le flacon débouché, il le porta vivement à ses narines.

Mais aussitôt, il fit un bond terrible et tomba à la renverse sur le parquet, sans même pousser un cri.

Il était mort foudroyé !

Les sels anglais du Mayor étaient tout simplement de l'acide prussique.

— Bonsoir et bon débarras! dit le Mayor avec un ricanement diabolique. Ce drôle était trop intelligent, il m'aurait gêné ! Hum ! le terrain me semble assez bien déblayé, ajouta-t-il, en jetant un rapide regard autour de lui, tout en broyant en miette imperceptibles le flacon sous le talon de sa botte.

Lui compris, quatre personnes vivaient encore ; cinq étaient mortes.

Les survivants étaient d'abord Michela, toujours évanouie à l'endroit où elle était tombée ; Sebastian, muet et sombre, mais résolu et intrépide, assis sur une chaise et garrotté, les yeux obstinément fixés sur son ancien maître dont il suivait tous les mouvements, avec une impassibité farouche, et, enfin, Felitz Oyandi.

Celui-ci, réfugié dans un angle éloigné de la pièce, regardait autour de lui d'un air ahuri.

Cependant l'effet de la commotion produite sur son cerveau par l'éraflure de la balle qui avait failli lui percer le crâne, avait presque entièrement disparu.

Depuis longtemps déjà il fut rentré dans la plénitude de toutes ses facultés mentales, si une peur honteuse n'avait paralysé tous les ressorts de son intelligence.

Ses dents claquaient avec un bruit de castagnettes ; tout son corps était secoué par des tiraillements nerveux.

Tel était ce misérable lâche, féroce, hideux à force de gangrène morale, chez lequel tous les sentiments humains étaient atrophiés, et dont l'âme de boue était encore plus effroyablement laide que son enveloppe physique, si déjetée et si tordue qu'elle fût. Il suait de peur ; et pourtant l'horrible spectacle qu'il avait sous les yeux le réjouissait intérieurement.

Ses narines ouvertes aspiraient avec délices l'odeur âcre et écœurante du sang de tous ces cadavres dont il était entouré ; son regard de gnôme se fixait, avec une convoitise lubrique sur la femme évanouie, et pétillait d'ignobles désirs à la vue de toutes les beautés à peine voilées de la malheureuse créature ; une rictus lascif contractait ses lèvres hideusement fermées.

Ce monstre avait en lui du satyre et de la brute à l'instinct bestial, un mélange sans nom du chacal et du pourceau.

Le Mayor haussa les épaules et le couvrit d'un regard de mépris en passant près de lui sans même lui dire un mot.

Puis, avec un sang-froid terrible, le fauve des Savanes, ainsi que le nommaient les Peaux-Rouges des prairies américaines, passa l'inspection des cadavres, se penchant sur chacun d'eux, s'assurant que la vie les avait complètement abandonnés, les fouillant les uns après les autres, et leur reprenant les billets de banque que, quelques instants auparavant, il leur avait si généreusement distribués.

Que le lecteur ne se trompe pas sur le but de ces vols odieux.

Le Mayor, en reprenant cet argent donné par lui à ses complices, n'agissait pas avec le désir de s'emparer de quelques milliers de francs ; il ne s'en souciait pas le moins du monde.

Mais le sinistre bandit n'oubliait rien.

Ces sommes, relativement considérables, trouvées sur ces misérables pouvaient plus tard être des indices compromettants pour lui, et en homme prudent il ne voulait rien laisser au hasard.

Le dernier qu'il fouilla fut Caboulot : celui-ci avait reçu la plus grande part des largesses du Mayor. Il retourna ses poches ; puis il laissa près de lui ses revolvers et murmura avec ironie, en se relevant :

— A quoi lui ont servi ces armes, dont il espérait sans doute, l'affaire terminée, se servir contre moi ? Pauvre sot !

Et il repoussa dédaigneusement le cadavre du pied.

Il replaça, après les avoir comptés, les billets dans son portefeuille, qu'il remit tranquillement dans la poche de son habit.

Alors, un sourire terrible plissa ses lèvres ; une flamme sinistre illumina son regard, et marchant droit à l'ancien matelot :

— A nous deux, maintenant, ami Sebastian, lui dit-il amèrement.

— Tuez-moi, répondit l'ancien matelot, avec une froide résolution ; tuez-moi, puisque cette fois encore vous m'avez vaincu !

— Bah ! rien ne presse, répondit le Mayor, en ricanant, j'ai encore une demi-heure devant moi, causons un peu.

— Je n'ai rien à vous dire, fit-il en détournant la tête.

— C'est possible, mais j'ai à te parler, moi ; pourquoi m'as-tu trahi ?

— Je ne vous ai pas trahi ; je me suis vengé.

— Belle vengeance, sur ma foi ! que d'aller raconter ton histoire et la mienne à des gens qui ne s'en souciaient guère !... Quel mal m'a causé cette confession ridicule faite en plein désert ? La seule vengeance possible et efficace, car je ne nie pas le droit que tu avais à me demander un compte sévère de ma conduite envers toi, — tu vois que je suis franc comme toujours, — cette seule vengeance, qui avait quelques chances de réussite, tu l'avais entre tes mains, pourquoi ne l'as-tu pas mise à exécution ?

— Laquelle ?

— Me tuer par surprise, pardieu !

— J'y ai songé souvent.

— Qu'est-ce qui t'a arrêté ?

— Vous seriez mort vite, et je voulais avant tout vous faire souffrir.

— Allons, je vois que toi aussi tu es franc ; cela me fait plaisir.

— Pourquoi ne le serais-je pas ? qu'ai-je à risquer ?

— Rien ; c'est vrai.

— Eh bien ! finissons-en ; tuez-moi.

— Non pas, cher ami, ce serait trop tôt fini ; je te réserve une mort indienne.

— Ah ! fit Sebastian sans qu'un seul muscle de son visage tressaillit, à votre aise ; mais, prenez garde !

— A quoi ? Je suis le maître ici.

— Eh bien ! faites ce qui vous plaira, répliqua-t-il en haussant les épaules.

Le Mayor sourit.

— Tourne un peu ton regard sur notre ami Calaveras ; vois comme il admire ta femme. Ah ! tu tressailles enfin !... J'ai touché juste à ce qu'il paraît. C'est par elle que commencera ma vengeance, et quand je te verrai presque fou de douleur et de honte, peut-être aurais-je pitié de toi et consentirai-je à te brûler enfin la cervelle.

— Vous êtes un infâme ! s'écria Sebastian avec rage. Ah ! vous ferez bien de me tuer, car si je vous échappe...

— Oui ! je le sais bien, interrompit le Mayor en ricanant. Mais tu n'échapperas pas, sois tranquille... Chacun son tour, cher ami ; tu t'es vengé à ta manière ; je me venge à la mienne ; c'est un prêté pour un rendu. Tu vas voir ce que je te réserve et tu me diras...

Un coup de revolver se fit entendre. Le Mayor n'acheva pas, et tomba comme une masse sur le plancher, où il resta immobile...

Felitz Oyandi poussa un cri terrible d'épouvante, et se précipita, effaré, au dehors.

Voici ce qui s'était passé.

Pendant que le Mayor causait avec Sebastian et lui détaillait avec complaisance la torture qu'il lui préparait, en se pourléchant à l'avance, comme un tigre à la curée, Michela ayant rouvert les yeux, avait repris connaissance.

Elle demeura pendant un instant comme hébétée, ses pensées tourbillonnaient dans son cerveau.

Elle ne se rendait pas compte de ce qui s'était passé, ni de la situation dans laquelle elle se trouvait ; mais bientôt la mémoire lui revint, et tout lui fut alors expliqué.

Elle tressaillit, se redressa à demi et regarda autour d'elle.

Michela était une paysanne de pure race montagnarde, énergique et brave ; sa résolution fut prise en une seconde.

Caboulot était tombé à deux pas d'elle ; ses revolvers étaient à portée de sa main ; les dernières paroles du Mayor firent courir un frisson d'horreur dans tout son corps : elle étendit le bras et s'empara des revolvers, si dédaigneusement abandonnés par le Mayor.

En ce moment, ses yeux tombèrent par hasard sur Felitz Oyandi.

Le misérable la regardait avec une expression étrange.

Il n'avait qu'à faire un geste, dire un mot, et elle était perdue !

Felitz Oyandi ne bougea pas, ne prononça pas une parole.

Quelle pensée infernale avait donc germé tout à coup

dans l'esprit de ce hideux personnage pour qu'il se conduisît ainsi et ne donnât pas l'éveil à son complice, en l'avertissant du danger terrible qui le menaçait ?

Espérait-il donc se libérer, par la mort du Mayor, et se soustraire à tout jamais à sa diabolique influence ?

Qui sait quelles pensées traversèrent son cerveau atrophié ?

Peut-être même l'intensité de son épouvante l'avait-elle complètement paralysé ?

Il est impossible de répondre à ces questions.

Ce qui est certain, c'est qu'il resta neutre.

Michela se leva lentement sans le perdre du regard.

Quand elle fut debout, elle fit un geste de menace, et, pressant la détente, elle tira sur le Mayor.

Elle s'élança aussitôt vers Sebastian, dont elle coupa les liens.

Elle était folle de joie, pleurait et riait à la fois.

— Merci, ma lionne! dit Sebastian en lui rendant ses caresses ; c'est toi qui nous a sauvés. Enfin, ce misérable est mort ; nous n'avons plus rien à redouter de lui.

— Viens, partons! s'écria-t-elle d'une voix tremblante d'émotion ; partons, ne restons pas une minute de plus dans cette maison.

— Oui, partons ; mais à présent que nous n'avons plus rien à redouter de ce misérable, nous resterons à Paris. A quoi bon nous réfugier en Espagne ?

— Je ferai ce que tu voudras, mon ami, répondit-elle ; mais les meurtres commis dans cette maison auront un grand retentissement, et peut-être...

— C'est vrai, tu as raison ; la police ne doit pas mettre son nez dans nos affaires particulières ; mieux vaut nous éloigner au plus vite ; plus tard, quand le scandale de ces crimes mystérieux sera étouffé...

— Nous reviendrons ; mais, je t'en supplie, éloignons-nous.

— Viens donc, et hâtons-nous.

Ils firent leurs derniers préparatifs en quelques minutes.

Et un quart d'heure à peine s'était écoulé depuis l'étrange dénouement de cette scène épouvantable, que Sebastian s'éloignait à grands pas à travers la plaine dans la direction du Bourget.

Un silence lugubre continuait à régner dans la salle à manger.

Soudain, le corps du Mayor eut un tressaillement général, un soupir profond s'échappa de sa poitrine, et le bandit se dressa sur son séant.

— Que s'est-il donc passé? se demanda-t-il.

Il se leva péniblement.

— Que signifie cette douleur à la hanche droite? reprit-il d'une voix sourde, pourquoi éprouvai-je une si grande peine à respirer? Ah! ça, je suis seul ici? où sont Sebastian, sa femme, Felitz Oyandi? Mort diable! ils se sont enfuis en m'abandonnant. Ah! ce coup de feu!

Il se palpa par tout le corps.

— Je n'ai aucune blessure!... comment?... Ah! ma cotte de mailles m'a sauvé; oui, la balle m'a frappé à la hanche et s'est aplatie dessus; de là cette atroce douleur!... Mais alors, je suis perdu, moi... Sebastian me dénoncera.

Il se mit à rire.

— Niais que je suis!.. Décidément, je n'ai pas encore la vision bien nette... L'assaut a été rude!... Sebastian a tout à craindre de la police, il ne dira rien... Allons! c'est à recommencer... Mais qui diable a tiré sur moi?... Felitz Oyandi? Non, il est trop lâche... Mais peut-être il aura laissé faire? J'éclaircirai cela... C'est bien la peine de faire tuer tous ces coquins pour obtenir un si piètre résultat.

Il consulta sa montre, qui par hasard ne s'était pas arrêtée dans sa chute.

— Mort diable! il est temps de partir... C'est égal, voilà une belle boucherie! Comment la police se tirera-t-elle de tout cela? Ma foi, c'est son affaire, partons!...

Et, ramassant son chapeau, il le mit sur sa tête et sortit d'un pas rapide, mais encore peu assuré.

— Je veux bien que le diable m'emporte dix ans plus tôt qu'il compte le faire s'il n'y a pas un démon qui me protége !... fit-il en ricanant. Je reviens de loin, cette fois !... Eh ! qu'est-ce encore ?

En franchissant le seuil de la porte, il avait trébuché contre un corps étendu en travers sur le sol.

— Hé ! es-tu mort, mon drôle ? dit le Mayor en lui lançant un vigoureux coup de pied.

— Ne me tuez pas ! s'écria le soi-disant cadavre d'une voix pleurarde en se redressant à demi.

— Eh ! qui avons-nous ici ? On dirait la voix de mon ami Felitz Oyandi.

— Ce n'est pas moi ! s'écria l'autre avec épouvante.

— Imbécile ! s'écria le Mayor en riant, je te reconnais rien qu'à cette réponse; voyons, lève-toi, la voiture va arriver.

— Comment ! quoi ! c'est toi ! tu n'es pas mort.

— Tu le vois bien, animal, et toi ?

— Ni moi non plus..., s'écria-t-il naïvement.

— Décidément tu divagues. Viens-tu, oui ou non ? j'aperçois les lanternes de la voiture.

— Je viens ! je viens ! Oh ! quel bonheur !

— De quel bonheur parles-tu ?

— Dame ! je te croyais mort, et je te retrouve vivant; n'es-ce pas un bonheur pour moi ? fit-il d'une voix doucereuse.

— Hum ! Enfin, comme tu voudras; dépêchons-nous.

— Me voici ! me voici !

Ils s'éloignèrent alors presque en courant, laissant toutes les portes ouvertes derrière eux.

Ils rejoignirent la voiture, car c'était bien elle qui venait.

Presque à l'entrée du Bourget, le cocher retint les chevaux.

Les deux hommes montèrent, la voiture tourna et se

dirigea au grand trot en faisant un détour pour rentrer à Paris par la Chapelle.

A peu près à la moitié du chemin, la voiture dépassa un homme et une femme qui marchaient bon pas du côté de Paris.

Ces deux individus étaient Sebastian et Michela.

— En voilà qui sont heureux, dit Sebastian en lançant un regard de convoitise au brillant équipage : ils sont bien commodément assis dans leur voiture, et ils ne se fatiguent pas.

Il était loin de se douter que ceux qu'il enviait ainsi étaient les assassins qu'il fuyait en si grande hâte, et auxquels il n'avait échappé que par miracle.

XII

DANS LEQUEL REPARAISSENT DEUX DE NOS PERSONNAGES FORT PEU SYMPATHIQUES, MAIS QUI ONT CEPENDANT UNE CERTAINE IMPORTANCE ET QUE NOUS NE POUVIONS NÉGLIGER PLUS LONGTEMPS.

Fil-en-Quatre ne faisait depuis quelque temps que de très rares apparitions chez la Marlouze, la maîtresse du tapis-franc de la cour de Rome, dont il était devenu, depuis trois ou quatre mois, un des plus fidèles habitués, à ce point, qu'une table particulière lui était réservée près du comptoir de la digne *ogresse*, par laquelle il avait été pris en grande affection.

L'inquiétude était grande parmi les consommateurs attitrés du tapis-franc.

Fil-en-Quatre passait pour un *bon zigue*, ayant de l'atout et pas chien avec les camaros. Chacun commentait à sa façon cette disparition inexplicable du digne rôdeur de barrière.

Depuis dix jours, personne ne l'avait rencontré aux

endroits où l'on était auparavant certain de le trouver ; on craignait qu'il ne lui fût arrivé de la peine, et qu'il se fût laissé *piger* par la rousse, à la suite de quelque escapade un peu risquée.

Quelques-uns même de ses amis, se prétendant mieux informés que les autres, assuraient savoir de source certaine que ce pauvre Fil-en-Quatre avait été pincé dans une razzia faite par la police aux environs de la Chaussée du Maine, conduit au dépôt, et après un interrogatoire sommaire, envoyé à Mazas.

Ces suppositions n'avaient rien d'exagéré.

Fil-en-Quatre avait un dossier volumineux à la Préfecture de police ; il avait un compte très embrouillé avec la justice ; ce que l'on racontait n'avait rien que de très plausible.

Ses amis le plaignaient et faisaient hautement son éloge, en déplorant le malheur qui frappait un sujet aussi recommandable et appelé à un si bel avenir.

D'autres, ses ennemis — qui n'a pas d'ennemis en ce bas-monde ! ou tout au moins des jaloux et des envieux, et Fil-en-Quatre, comme tous les hommes au-dessus du vulgaire, ne manquait ni des uns ni des autres, il en avait même à foison, — ceux-là ricanaient tout bas, car ils étaient en minorité dans la salle de la Marlouze, et ils se réjouissaient entre eux, avec des clignements d'yeux et des mots à double entente, d'être débarrassés pour longtemps, pour toujours peut-être, d'un camarade que son adresse et le bonheur constant qui accompagnait ses expéditions, même les plus difficiles, et dont la réputation bien méritée, comme celle d'Aristide à Athènes, mais dans un sens diamétralement opposé, les offusquait à cause de sa supériorité indiscutable.

Un soir, vers huit heures ou huit heures et demie, au moment où l'on discutait plus vivement qu'à l'ordinaire sur cet inépuisable sujet, car les doutes étaient toujours les mêmes sur le sort de Fil-en-Quatre, la porte s'ouvrit, et, à la surprise générale, le bandit entra dans le tapifranc, de l'air tranquillle et insouciant qu'il avait toujours.

Tous les regards se fixèrent aussitôt sur lui avec une vive expression de curiosité, mais personne ne se risqua à lui adresser une question, à laquelle on savait à l'avance qu'il ne répondrait pas.

Fil-en-Quatre avait pour principe de ne jamais se mêler des affaires des autres, sans y être positivement invité, et il n'admettait pas qu'on se mêlât des siennes sous quelque prétexte que ce fût.

Après avoir poliment salué l'assistance, Fil-en-Quatre traversa la salle dans toute sa longueur en échangeant force poignées de mains et quelques sourires d'intelligence avec ses amis, et il alla tranquillement s'asseoir à la table à laquelle il avait pris l'habitude de se mettre.

— Te voilà donc, mauvais sujet? dit la Marlouze avec ce sourire hideux dont elle semblait s'être réservé le monopole.

— Comme vous voyez, la mère, répondit-il en bourrant son *brûle-gueule*.

L'expression est technique, voilà pourquoi nous l'employons.

— Qu'es-tu donc devenu depuis le temps qu'on ne t'a pas vu traîner tes guêtres par ici? reprit-elle. Je ne sais pas si t'en as fait de ces noces, hein, mauvais sujet.

— N' m'en parlez pas, la mère, répondit-il avec un sourire narquois, c'est-à-dire que j'en suis abruti, quoi!

— Bon, tu blagues avec moi, fiston? C'est pas malin, tu sais; je n' coupe pas dans le pont.

— Vous m' parlez, j' vous réponds; y a pas d'affront; où voyez-vous des ponts là-dedans? reprit-il de son air gouailleur.

— C'est bon, c'est bon, assez causé; j' sais c' que j' dis.

— Vous êtes bien heureuse, la mère, car, foi d'homme! je n' vous comprends pas.

— Finaud, va! c'est égal, j' t'en veux pas pour ça.

— Vous êtes bien bonne.

— Voyons qué que tu veux ! boulottes-tu? J'ai d' chouettes arlequins dont tu t' lècheras les badigoinces.

— Merci, j'ai pas faim, j'ai dîné en ville chez un ambassadeur étranger, reprit-il plus ironique que jamais, donnez-moi un petit noir, ça me fera digérer en fumant ma bouffarde.

— T'attends donc quelqu'un?

— Oui, un frangin avec lequel j'ai rendez-vous.

La Marlouze, voyant qu'elle ne tirerait rien du bandit, et qu'il s'obstinait à ne pas répondre à ses avances, en prit enfin son parti; elle lui fit servir ce qu'il avait demandé et ne s'occupa plus de lui.

Quant à Fil-en-Quatre, il s'adossa à la muraille, s'enveloppa d'un nuage de fumée et sembla se plonger dans de profondes et sérieuses réflexions.

Bientôt il fut oublié des autres consommateurs qui avaient commencé à causer entre eux.

Une vingtaine de minutes s'écoulèrent ainsi.

Puis, au moment où l'on y songeait le moins, la porte s'ouvrit, ou plutôt s'entre-bâilla, et une voix enrouée cria du dehors :

— Du flan !

Fil-en-Quatre, qui, depuis qu'il avait allumé son brûle-gueule, n'avait pas fait un mouvement, se redressa subitement, secoua les cendres de sa pipe sur le coin de la table, avala le contenu de son verre, remit son brûle-gueule dans la poche de son bourgeron, se leva et se dirigea vers la porte.

— Tu t'en vas? lui demanda la Marlouze.

— J' r'viens, attendez-moi, la mère, dit-il en riant.

Il sortit et referma la porte derrière lui.

— En voilà un drôle de coco, dit l'Ogresse à part soi; qu'est-ce qu'il a donc? il a l'air tout changé.

Cependant, Fil-en-Quatre avait rejoint un individu qui se tenait au milieu de la ruelle, les mains dans les poches.

— C'est toi, Loupeur? dit-il.

— Un peu, répondit l'autre.

— T'entres pas?

— Merci, je sors d'en prendre ; c'est plein de mouches là-dedans.

— Le fait est qu'il n'en manque pas ce soir, on dirait un rendez-vous.

— Cela se pourrait bien.

— Et ils me reluquaient, faut voir !

— Bah ! tant que ça ?

— J'avais un taf à tout casser, mais je t'attendais et j'suis resté quand même.

— T'as bien fait ; viens.

— Où que nous allons ?

— Dans un endroit où nous pourrons causer à notre aise.

— Y a donc du nouveau ?

— Tu le verras, curieux.

— T'as raison, allons-y ; c'est-y loin ?

— As-tu peur d'user tes quilles ?

— Non, c'est pour savoir ?

— Eh bien ! ma vieille, tu le sauras quand nous y serons.

— Comme tu voudras : ça m'est égal.

Tout en causant ainsi, les deux hommes s'étaient éloignés bon train et avaient quitté la Cour-de-Rome.

Bientôt ils se trouvèrent au square des Arts-et-Métiers ; un fiacre passait à vide, le Loupeur le héla ; le cocher arrêta son véhicule.

— Monte, dit le Loupeur à son camarade, en ouvrant la portière.

— Excusez, dit en riant Fil-en-Quatre, plus que ça de poussière ! J'te vas tuer, pour sûr !

— Où allons-nous, bourgeois ? demanda le cocher.

— Il est neuf heures un quart, je vous prends à l'heure ; conduisez-nous d'abord place du Trône.

— Cristi ! dit le cocher, en voilà une course ; heureusement que c'est à l'heure.

Le Loupeur se mit à rire.

— Il y aura pourboire, dit-il.

Il s'assit à côté de Fil-en-Quatre et ferma la portière.

— Hue, Cocotte ! cria le cocher.

Et le fiacre partit d'un train à faire une lieue à l'heure.

— Eh ! dit Fil-en-Quatre, c'est gentil de se carrer ainsi dans une roulante ; c'est dommage qu'on ne puisse pas téter un brin sa bouffarde.

— Qu'est-ce qui t'en empêche ? dit le Loupeur en haussant les épaules.

Et, sortant un cigare de sa poche, il enflamma une allumette et l'alluma.

— Alors, chouetteau ! s'écria Fil-en-Quatre.

Il bourra sa pipe et l'alluma.

— C'est égal, fit-il après un instant, je serais au comble de mes vœux, si je savais ce que nous allons faire à la barrière du Trône ?

— Nous n'y allons rien faire du tout.

— Bah ! fit-il avec stupéfaction, et, il ajouta en riant : C'est pour terminer plus vite ce travail pressé, sans doute, que tu as pris une voiture.

— Pas tout à fait, fit le Loupeur en ricanant.

— Je me disais aussi...

— Nous avons à causer, et comme je ne tiens pas à ce que notre conversation soit entendue par d'autres que par nous, l'idée m'est venue...

— De prendre une voiture. Ton idée est admirable. Du reste, tu n'en as jamais d'autres, c'est une justice à te rendre. Le fait est qu'on est très bien ainsi. Causons, je ne demande pas mieux.

— Oui, il est temps en effet. Qu'est-ce que tu fais depuis huit jours, et même plus, qu'on ne te voit nulle part, si bien que si je n'avais pas pensé à Coralie, je n'aurais pas su où te trouver.

— C'est vrai, elle m'a remis la lettre il y a une heure à peine ; il n'y a qu'elle en ce moment qui sache où je perche.

— Tu te méfies donc de quelque chose ?

— Faut toujours se méfier, ma vieille, tu sais ça aussi bien que moi.

— C'est possible, mais tout cela ne me dit pas ce que tu fais.

— Dame ! chacun a ses affaires, tu comprends.
— Bon, tu as un secret.
— Moi ? allons donc ; jamais de la vie !
— Alors pourquoi refuses-tu de me répondre ?
— Je ne refuse pas, à preuve que j'vais te dire l'affaire. Je n'ai pas de raisons pour me cacher de toi
— Alors, parle.
— Ce ne sera pas long.
— Va !
— Faut donc que tu saches qu'il y a une quinzaine de jours à peu près, je flânais tranquillement du côté du pont de Grenelle. J'adore cet endroit à cause de la verdure de...
— Assez d'emblèmes ; va tout droit, nous n'avons pas le temps de faire de la poésie ; dis tout de suite que tu flânais tout bêtement, à la flanc, à la recherche d'une occasion.
— Il y a un peu de çà ; la soute au pain était vide, et je n'avais pas seulement un radis pour la remplir. Il était dans les environs de deux heures du matin ; je commençais à désespérer de voir arriver un pante quelconque, et j'allais reprendre mélancoliquement, et le ventre creux, le chemin de mon garni, dont j'étais éloigné de plus d'une lieue, ce qui n'était pas drôle dans la situation où je me trouvais, je t'en fiche mon billet !
— Je comprends ça.
— Je regardais une dernière fois autour de moi avant de décarrer définitivement, lorsque je vis une ombre qui sortait de la rue des Entrepreneurs et se dirigeait vers le pont où j'étais embusqué. L'ombre avançait toujours, j'ai des yeux de chat, je vois aussi bien la nuit que le jour : je reconnus bientôt que j'allais avoir affaire à un bourgeois d'un certain âge, pas très grand, mais les épaules très larges, et semblant très râblé. Ce particulier était bien vêtu : il avait une lévite toute neuve, un chapeau Gibus, et une canne à la main ; je voyais briller sur son ventre la chaîne d'or de sa montre ; enfin un bourgeois cossu.
— Bon, le reste n'est pas difficile à deviner ; tu tombas

dessus, et après l'avoir suriné et barbotté, tu le fis sauter par dessus le parapet du pont et tu le jetas à l'eau.

— Eh bien, mon vieux Loupeur, tu n'y es pas du tout ; c'était en effet ce que je ruminais à part moi de faire, mais heureusement pour moi, ce fut tout le contraire qui arriva.

— Bon ! s'écria son compagnon en riant, ce fut le bourgeois qui te jeta à l'eau.

— Tout juste.

— Et c'est pour cela que tu m'as dit : heureusement ?

— Attends, tu vas voir.

— C'est assez drôlet, cette petite histoire. Continue.

— Pour lors, aussitôt que le particulier se trouva à ma portée, je m'élançai sur lui, mon couteau levé ; mais mon bourgeois, au lieu de fuir et d'essayer de se tirer les pattes, s'arrêta net devant moi et me lança un tel coup de canne à travers la muqueuse, que je tombai tout d'go les quatre fers en l'air ; puis, comme j'essayais de me relever, il sauta sur moi, m'empoigna d'une main à la nuque, de l'autre à la ceinture, et me porta à bout de bras jusqu'au parapet et me suspendit au-dessus de la rivière. J'n'étais pas à la noce, d'autant plus que je n'sais pas nager.

— C'est une lacune dans ton éducation. Bigre ! tu avais affaire à un rude gaillard, comment cela finit-il ?

— Dame, tu comprends, la vie avant tout ! Il ne faut pas être honteux ; je lui demandai grâce ; le bourgeois sembla réfléchir ; il hésita un instant, puis me faisant repasser le parapet, il me jeta à la volée sur le pont, sans faire attention si je tombais pile ou si je tombais face, en me disant d'une voix goguenarde : « Relève-toi ! » Je lui obéis comme je pus, et j'allais me mettre à courir quand il me cria : « Arrête ! je m'arrêtai : « Tu es un mauvais drôle, me dit-il, rien ne me serait plus facile que de te conduire au poste et peut-être aurais-je raison ; mais je ne suis pas chargé de la police de la ville. J'ai besoin d'un homme résolu et sans préjugé ; tu me sembles être celui que je cherche. — Je ne demande pas mieux, répondis-je, surtout s'il y a gras ; qu'est-ce qu'il faudra faire ? — Je te le dirai demain soir ici même, à huit heures. » Et retirant son porte-monnaie de sa poche (il était plein d'or) il prit trois louis et me les mit dans la main, en me disant : « Voilà pour que tu n'oublies pas notre rendez-vous ; tu auras autant tous les jours, si je suis content de toi ; mais, marche droit, je te le conseille ; tu me connais maintenant : au moindre soupçon, ton affaire sera réglée, et maintenant file et plus vite que ça... » Je ne me le fis pas répéter, et je m'esbignai en courant comme un dératé.

— Et le lendemain, tu allas au rendez-vous ?

— J'te crois, que j'y allai.

— Et il te remit trois louis ?

— Très bien, et comme ça tous les jours.

— Sapristi ! tu as de la chance, toi.

— Je suis né coiffé, à ce que m'a dit ma bonne femme de mère.

— Et qu'est-ce que tu fais pour gagner tant d'argent ?

— Ah ! dame ! si on te le demande, tu répondras que tu ne le sais pas ; j'ai juré de garder le secret.

— Alors, c'est autre chose, n'en parlons plus. Est-ce que ça t'empêchera de me donner un coup de main ? J'ai besoin de toi, et j'avais compté sur toi.

— C'est selon, ça dépendra de toi.

— Comment cela ?

— Tu vas voir : j'suis occupé à peu près pendant trois ou quatre heures ; c'est une « filature » ; j'suis toujours libre à quatre heures. Mon bourgeois, que j'ai vu à cinq heures, m'a donné rendez-vous pour demain, à la même heure, à cinq heures et demie. Je serai libre comme l'air pendant toute la nuit, ça va-t'y comme ça ?

— Très bien.

— Alors je suis ton homme ; c'est-y difficile ?

— Pas trop, il s'agit de décrocher un individu d'une embuscade, et de se la courir sans même retourner ses poches.

— Le danger n'est pas grand, alors ?

— Il n'y en a pas l'ombre.

— Et l'on donne ?

— Cinq cents balles.

— Cristi! Si ça continue, je deviendrai millionnaire, c'est sûr! s'écria-t-il en riant.

— Dame, on ne sait pas! fit l'autre sur le même ton.

— Et quand paye-t-on?

— Tout de suite, après que je t'aurai montré l'endroit, et que nous aurons bien pris nos mesures.

— C'est t'y bien loin?

— Dans ton quartier, presque à ta porte.

— En v'là une chance! Quand irons-nous?

— Cette nuit même, avant de nous quitter.

— Bravo! je te remercie d'avoir pensé à moi, c'est d'un vrai frangin.

— Bah! ne parlons pas de ça; t'en f'rais autant pour moi à l'occasion.

— Ça, c'est vrai.

— Maintenant, revenons à nos moutons.

— Je ne demande pas mieux. Jaspine.

— Il y a une grande affaire en train. J'ai besoin de bons zigs qui n'aient pas froid aux yeux; j'ai déjà presque tout mon monde, mais il m'en manque encore quelques-uns.

— Combien, à peu près?

— De dix à douze. Peux-tu me les procurer d'ici à demain cinq heures au plus tard?

— Le double, si tu veux.

— Tu me réponds d'eux?

— Tu peux être tranquille; il y a d'abord Caboulot, puis la Gouape.

— Arrête-toi là; il ne faut pas penser à ceux-là.

— Pourquoi donc ça? Ce sont des vrais et...

— C'étaient... tu veux dire? interrompit vivement le Loupeur.

— Comment! c'étaient? reprit-il avec surprise; il y a pas mal de temps que je les ai vus, mais je sais où les trouver.

— Moi aussi... A la Morgue, par exemple.

— Hein? qu'est-ce que tu dis donc là?

— La vérité; tu n'as donc pas entendu parler de l'affaire

de *la Maison des voleurs*, dans la plaine du Bourget, à Drancy?

— Si, comme tout le monde, tu comprends, le travail avant tout?

— C'est juste; eh bien! si tu avais passé aujourd'hui à la Morgue, car demain ils n'y seront plus, tu aurais retrouvé là, étendus sur les dalles, Caboulot, la Gouape, Tors-moi-le-nez, la belle Auguste et Pince-sans-rire; on les a ramassés tous les cinq dans *la Maison des voleurs* et on les a transportés à la Morgue, où ils sont restés exposés pendant douze jours.

— Tiens, tiens, tiens, en v'là une drôle d'affaire, qu'est-ce qui les a estourbis comme ça?

— Il paraîtrait que c'est le propriétaire de la maison.

— Ils l'ont tué sans doute?

— Non, il a disparu sans qu'on sache ce qu'il est devenu.

— Ah ben, merci, c'est pire que l'affaire Troppmann!

— Oui, avec cette seule différence que, cette fois, ce sont les assassins qui ont été tués.

— C'est drôle!

— Pas pour eux.

— Les a-t-on reconnus?

— Y a pas de danger.

— Alors, ni vu ni connu, j't'embrouille?

— Comme tu dis, Fifi.

— Bah! à défaut de ceux-là, j'ten donnerai d'autres qui les vaudront bien!

— Tu me le promets?

— Puisque je te dis que oui; c'est sacré, ça; d'ailleurs, je sais où les prendre : c'est la morte saison en ce moment, tous les garnis sont pleins.

— Je les aurai à cinq heures?

— Avant, si tu veux.

— Oui, je préfère cela.

— Alors, à quatre heures, tu les auras; où iront-ils?

— A la carrière abandonnée du Grand-Montrouge.

— C'est entendu, tu dis douze?

— Oui; plutôt plus que moins.

— Combien recevront-ils ?

— C'est un service extraordinaire, il y aura peut-être du chabannais.

— Ah ! diable ! tu crois ?

— De toi à moi, j'en suis certain; nous avons affaire à des gens résolus qui ne bouderont pas, j'en ai peur. Seulement garde ça pour toi.

— As pas peur ! je n'suis pas un sinve; d'ailleurs, s'il y a des roues de derrière, ça les aidera à courir.

— Ils toucheront deux cents balles avant l'affaire, chacun, et cent balles de gratification après, si la chose réussit comme nous l'espérons.

— Sapristi ! c'est une excellente affaire; ils ne bouderont pas devant l'ouvrage avec une aussi jolie perspective, d'autant qu'ils fichent la pégrène à trente sous l'heure, et qu'ils n'ont rien à s'mettre sous les dominos les trois quarts du temps.

— Alors, une telle somme sera une fortune pour ces pauvres diables ?

— C'est-à-dire qu'ils me béniront, quoi! C'est égal, j'voudrais bien avoir la main où l'bourgeois qui nous paye a la poche.

— Eh ! eh ! fit en ricanant le Loupeur; on ne sait pas, peut-être irons-nous un jour ou l'autre lui faire visite.

— Ça serait une vraie idée !

— Oui, mais elle a besoin d'être creusée.

— Oui, c'est un nourrisson qu'il faut soigner.

— Comme tu dis.

— C'est toujours pour le compte de M. Romieux que nous travaillons, hein ?

— Oui, en apparence.

— Comment, en apparence ?

— Oui, parce que, en réalité, bien qu'il soit en nom et passe pour le maître, le véritable patron se cache derrière lui; j'en ai la certitude, et si je le trouve, celui-là, je ne te dis que cela; je l'ai entrevu une fois, mais pas assez bien pour le reconnaître; j'ai bien essayé de le filer, mais il s'est méfié et m'a glissé entre les doigts comme une aiguille.

— Quel malheur!

— Oui, mais je le retrouverai; je suis presque certain qu'il doit demeurer à Passy ou à Auteuil.

Fil-en-Quatre fit un bond sur la banquette.

— Qu'est-ce qui te prend? deviens-tu enragé? dit le Loupeur en ricanant.

— Non, je ne crois pas. C'est une idée qui me vient.

— Diable! elle doit être bonne, alors; tu as manqué de défoncer le fond de la voiture, dit le Loupeur en riant.

— Ouf, je ne la crois pas mauvaise.

— Peux-tu me la communiquer?

— J' t'en f'rai part tout à l'heure; pour l'instant, il m'en vient une autre qui me r'vient à propos de Caboulot?

— Bah! quoi donc?

— Ça m'étonne que tu n'aies pas pensé à ça, toi qu'es si roublard.

— A quoi, ça? Explique-toi, si tu veux que je te comprenne.

— Voilà : Te rappelles-tu le puits de la Marlouze?

— Pardié!

— Est-ce que ce n'est pas Caboulot qui nous a reçus en bas, et nous a guidés à travers les souterrains dans la fameuse maison que tu sais, et que jamais nous n'avons pu retrouver?

— Tiens! mais c'est vrai, cela; il était comme nous au service de M. Romieux.

— Et la Gouape, et tous les autres aussi.

— Tu en es sûr?

— Pardi! quand nous avons été séparés, tu t'en souviens? Caboulot m'a conduit dans une espèce de cave où je les ai tous rencontrés, eux et d'autres encore; ils étaient comme nous au service de M. Romieux, je le répète : comment peut-il se faire qu'on les ait retrouvés tous les cinq tués dans *la Maison des voleurs?*

— Oui, ceci est grave, murmura le Loupeur, en devenant subitement pensif : serait-ce donc M. Romieux qui aurait, avec l'aide d'autres personnes, accompli tous ces assassinats, afin de se débarrasser plus facilement de leurs complices? Oh! oh! ceci prend d'étranges proportions à mes yeux; il y a au fond de tout cela un mystère qu'il importe de découvrir au plus vite. Eh! Fil-en-Quatre, si c'est ainsi que ce bon monsieur Romieux agit avec ses agents, qui sait ce qu'il nous réserve à nous autres!

— J'vois qu'il faut se garder à carreau, car l'affaire pourrait tourner très mal pour nous; mais comment faire pour découvrir la vérité?

— Il faut surtout être très prudents et ne rien laisser deviner de nos soupçons. Je verrai, je chercherai et peut-être... Mais, laissons cela pour le moment, et fais-moi connaître ta première pensée; ta seconde m'a ouvert les yeux; peut-être la première, bien qu'arrivant la dernière, finira de m'ouvrir l'intelligence!

— Je ne crois pas; cependant, si tu l'exiges?...

— Va, parle, nous causons, n'est-ce pas? Eh bien! autant causer de cela que d'autre chose.

— Au fait, tu as peut-être raison; c'est toi qui m'as donné cette idée en me disant que l'homme que tu tiens à retrouver et qui t'a échappé si habilement doit habiter soit à Passy, soit à Auteuil.

— En effet, je t'ai dit cela.

— Eh bien! l'homme que mon bourgeois me fait filer, sans que j'aie réussi encore à découvrir sa maison, doit habiter, lui aussi, dans les mêmes parages.

— Hein? tu dis?

— Je dis qu'il se pourrait bien, ma vieille, que nous fussions à la recherche du même individu.

— Ah! diable! voilà qui complique singulièrement la situation.

— Qui sait si, au contraire, cela ne la simplifie pas? car mon bourgeois me fait l'effet d'avoir une belle et bonne haine pour l'homme qu'il me fait ainsi filer.

— Et tu n'as rien découvert?

— Rien; il entre dans une maison, disparaît sans laisser de traces, et une heure plus tard je le retrouve se promenant tranquillement aux Champs-Élysées ou au bois de Boulogne.

— Diable! diable! cela se complique; voyons autre chose; ton bourgeois t'a-t-il donné son adresse?

— Je n'en répondrais pas; cependant il m'a dit que si j'avais à lui donner un renseignement important, de lui écrire tout de suite à M. Blanchet, 126, rue de Ponthieu.

— Jusqu'à présent, tu n'as pas écrit?

— Je n'avais rien à lui dire.

— C'est juste; attends.

Le Loupeur ouvrit une des glaces de devant, et tira par son carrick le cocher, plus qu'à demi endormi sur son siège.

— Qu'est-ce qu'il y a? demanda-t-il en se redressant en sursaut.

— Voulez-vous gagner cent sous de pourboire?

— C'te bêtise! répondit le cocher en haussant les épaules; est-ce que ça se demande? Qu'est-ce qu'il faut faire pour ça?

— Il faut être dans vingt-cinq minutes au coin de l'avenue de Matignon et de la rue de Ponthieu, reprit le Loupeur.

— C'est pas malin; fa tes un peu voir les cent sous? dit le cocher que le costume de ses pratiques n'engageait pas à la confiance.

— Voilà l'objet, dit le Loupeur en lui mettant la pièce dans la main.

— C'est entendu, reprit le cocher en faisant disparaître l'argent dans sa poche, et l'heure?

— Sera payée à part.

— Très bien, milord, on y sera dans vingt minutes.

— Alors, en route! et assez causé! reprit Loupeur en relevant la glace.

La voiture était en face de la porte Saint-Martin.

Comme on le voit, elle n'avait pas marché avec une rapidité exagérée.

Le cocher fit aussitôt tourner son véhicule, et cingla trois ou quatre vigoureux coups de fouet à son cheval.

L'animal comprit aussitôt, avec cette intelligence qui caractérise ces nobles quadrupèdes, qu'il ne s'agissait plus de flâner : il releva la tête, et malgré son apparence poussive, il commença à filer comme un trait du côté de l'église de la Madeleine.

— Ah ça ! qu'est-ce qui te prend ? demanda Fil-en-Quatre, qui ne comprenait rien à la conduite de son ami.

— Comment ! tu n'as pas deviné ? répondit le Loupeur en riant.

— Ma foi, non, parole sacrée !

— Je te croyais plus malin que cela ?

— Bon ! pourquoi donc ?

— Dame, parce que c'est si simple, qu'un enfant de dix ans l'aurait compris.

— Mettons que je sois un singe ; vas-y de ton explication.

— Voilà ; écoute bien !

— Sapristi, j' t'en donne mon billet que j' t'écoute.

— Eh bien, alors, fais ton profit, ma vieille, tu vas voir si c'est ruminé.

— Oh ! j' suis pas inquiet, je sais que tu es un roublard.

— Je tiens à savoir, et tu comprends que cela est important pour nous, je tiens, dis-je, à savoir si nos camarades ont été tués naturellement en essayant de pénétrer dans la Maison des Voleurs, ou s'ils ont été assassinés par notre patron M. Romieux et son âme, afin de se débarrasser de complices gênants, et dont les bavardages auraient pu les compromettre plus tard.

— L'idée est bonne, car en effet cette affaire nous touche de très près et nous intéresse sérieusement ; mais je ne vois pas encore comment nous arriverons à découvrir le pot aux roses ?

— Tu es bête, mon vieux, à l'avenue de Matignon, nous entrerons chez un manzingue, il n'en manque pas par là.

— Il y en a un juste au coin de la rue de Ponthieu, un vrai zigue.

— Très bien, nous entrerons, tu écriras une lettre ainsi conçue : Un de mes camarades m'a mis sur les traces de l'homme que vous cherchez, je vous attends en sa compagnie, au coin de la rue de Berry et des Champs-Élysées; venez tout de suite, cela presse. Tu porteras la lettre à ton bourgeois, et tu viendras me rejoindre dardar.

— Et après ?

— Crois-tu qu'il viendra ?

— Tout de suite, oui, s'il y est.

— Eh bien ! ma vieille, j'ai dans l'idée que ton bourgeois doit savoir quelque chose touchant la mort de nos pauvres camarades, et, qu'en nous y prenant bien, s'il ne sait rien, il nous fournira tous les renseignements dont nous avons besoin; y es-tu, maintenant ?

— Eh bien ! il n'y a pas d'affront, nous en serons quittes pour lui tirer notre révérence, en nous excusant de l'avoir dérangé ; d'ailleurs, il n'est que neuf heures et demie au plus, l'heure n'est pas indue.

— Au fait, tu as raison, nous ne risquons rien, d'ailleurs, il n'y a que les honteux qui perdent; allons-y donc !

— A la bonne heure, mais sois tranquille, je ne sais pourquoi, quelque chose me dit là, et il posa un doigt de la main droite sur son front, que nous ne ferons pas un impair.

— Tant mieux, car rien n'est embêtant comme ça.

Pendant que les deux rôdeurs de barrières causaient ainsi, le cheval, vigoureusement mené par le cocher, filait d'un train à faire quatre lieues à l'heure.

On ne s'imagine pas ce qu'une pièce de cinq francs offerte à propos communique de vigueur à un cheval étique.

Le modeste fiacre dépassait toutes les voitures qu'il rencontrait sur son chemin, même les équipages de maître.

Tout à coup, le véhicule reçut une brusque secousse et resta immobile.

On était arrivé.

Le cocher descendit de son siège et ouvrit lui-même la portière.

— Dix-huit minutes, dit-il en riant; est-ce marcher, ça?

— Un vrai chemin de fer! répondit le Loupeur sur le même ton en lui mettant trois francs dans la main.

— Merci, dit le cocher toujours riant. A votre service quand il vous plaira ; j'vous demande la préférence. Badinguet n'en a pas l'air, mais il trotte encore rudement, quand il le faut.

Il remonta sur son siège et s'éloigna au petit pas.

Lorsque le fiacre eut disparu au milieu des autres voitures, le Loupeur et Fil-en-Quatre entrèrent dans la boutique du marchand de vins.

— Bonsoir, père la Giblotte, dit Fil-en-Quatre au débitant, assis majestueusement derrière son comptoir, une bouteille cachet jaune, deux verres, et tout ce qu'il faut pour écrire, dans le cabinet, là, en face.

— Bonsoir, monsieur Fil-en-Quatre, répondit le cabaretier avec un sourire de connaissance, j'aurai le plaisir de vous servir moi-même.

— Comme vous voudrez.

Le deux amis entrèrent alors dans une de ces petites cages en verre dépoli dont les cloisons n'atteignent pas le plafond et que les cabaretiers décorent pompeusement du nom de cabinets.

Ils prirent place à une table et attendirent.

Le marchand de vins arriva presque aussitôt.

Il essuya la table, et posa devant les deux hommes une bouteille, deux verres, ainsi que le papier, les plumes et l'encre demandés.

Puis, après avoir débouché la bouteille et reçu le prix de la consommation que Fil-en-Quatre voulut payer d'avance, il se retira en fermant la porte derrière lui.

Quelques minutes suffirent pour écrire la lettre et vider la bouteille.

Puis ces deux devoirs religieusement accomplis, les deux hommes se levèrent, quittèrent le cabinet, saluèrent le cabaretier et sortirent.

La nuit était fort belle, tiède et éclairée par une lune splendide.

Les deux hommes se séparèrent provisoirement.

Fil-en-Quatre allait remettre la lettre chez M. Blanchet, son bourgeois, ainsi qu'il disait si pittoresquement, et, de son côté, le Loupeur allait attendre son ami au coin de la rue de Berry et des Champs-Élysées.

Il était un peu plus de dix heures.

Les Champs-Élysées étaient remplis de promeneurs, les uns allant, les autres venant; beaucoup assis sur des chaises, causant entre eux ou regardant passer les voitures qui se croisaient en tous sens sur la chaussée.

Les guignols avaient foule autour de leurs baraques, les chevaux de bois et les jeux de toutes sortes étaient assiégés par les curieux et les badauds, la femme aux chèvres conduisait ses attelages à travers les rangs des promeneurs, les cafés-concerts faisaient rage.

C'était un bruit, un mouvement, un brouhaha indescriptibles, sur cette promenade sans rivale au monde, et dont l'aspect, en ce moment, était véritablement féerique.

Le Loupeur, un cigare de dix centimes aux dents, croisait devant la rue Neuve-de-Berry comme un corsaire en quête d'un galion.

Cette singulière croisière durait depuis environ un quart d'heure, lorsque deux hommes tournèrent l'angle de la rue de Ponthieu, entrèrent dans la rue Neuve-de-Berry, et suivirent le trottoir de gauche dans la direction des Champs-Élysées.

Le Loupeur, qui depuis leur apparition ne les perdait pas de vue, reconnut bientôt que l'un d'eux était Fil-en-Quatre.

L'autre était un homme trapu, fortement charpenté, vêtu comme le sont généralement les petits rentiers, portant toute sa barbe; ses yeux s'abritaient derrière des lunettes à verres de couleur fumée-de-Londres.

Il paraissait avoir passé la cinquantaine, mais la fermeté et l'aisance de ses allures montraient qu'il ne devait encore avoir rien perdu de sa vigueur et de l'élasticité de ses membres.

Du reste, ce fut vainement que le Loupeur essaya de le reconnaître; il acquit bientôt l'entière certitude que jamais il ne l'avait vu auparavant.

Les trois hommes se trouvèrent bientôt en présence.

Ils se saluèrent silencieusement.

— Monsieur, dit alors File-en-Quatre au bourgeois en lui désignant le Loupeur, voici la personne dont je vous ai parlé.

— Et qui a des renseignements à me donner ? dit M. Blanchet en dardant à travers ses lunettes un regard perçant sur le Loupeur.

— Oui, monsieur, répondit celui-ci sans hésiter.

— Très bien, reprit le bourgeois; il est assez difficile de causer ainsi, en plein air et au milieu de cette foule, il me semble; car peut-être aurons-nous à nous communiquer certaines choses importantes pour nous, mais qui n'intéresseraient que très médiocrement des indifférents.

— Je le pense comme vous, monsieur; mais comment faire dans ce quartier, et avec le costume que mon ami et moi nous portons? Il nous serait assez difficile de trouver un endroit convenable.

— Peut-être, monsieur, reprit le bourgeois : dans la prévision d'une semblable occurrence, j'ai loué rue de Chaillot, presque à l'angle de l'avenue d'Iéna, un pavillon isolé entre cour et jardin, où nous serons fort bien, et dans lequel nous n'aurons pas à redouter d'être entendus. Si ce que vous désirez me dire en vaut la peine, rien ne nous empêche de nous y rendre, ce n'est qu'à cent cinquante ou deux cents pas d'ici tout au plus.

— Comme il vous plaira, monsieur, répondit le Loupeur; nous sommes prêts à vous accompagner.

— Veuillez donc alors me suivre sans affectation, messieurs; je marcherai à quelques pas en avant pour vous servir de guide. La rue de Chaillot est assez déserte à cette heure, surtout aux environs de la rue d'Iéna, et personne ne fera attention à nous.

— Soit, monsieur, marchez, nous vous suivrons, pour plus de sûreté, à une vingtaine de pas en arrière, sur le trottoir opposé à celui que vous prendrez.

— Allons donc, messieurs, dit le bourgeois.

Et, sans plus de conversation, il prit congé des deux hommes, franchit lestement la chaussée des Champs-Élysées et entra dans la rue de Chaillot du pas allongé d'un homme qui rentre chez soi après une promenade.

Les deux rôdeurs de barrière lui laissèrent prendre une assez longue avance, puis ils se mirent en marche à leur tour.

— Que penses-tu de mon bourgeois? demanda Fil-en-Quatre à son compagnon.

— Je pense qu'il est un bourgeois comme je danse : c'est un homme qui poursuit opiniâtrément l'exécution d'un projet longuement prémédité et profondément conçu.

— C'est aussi mon opinion. Mais comme homme, qu'en dis-tu?

— Je dis que c'est un rude gars et un redoutable ennemi ; je ne suis pas étonné qu'il t'ait flanqué une si belle pile, car il me semble de taille à nous rosser tous les deux au besoin.

— Jouerons-nous franc jeu avec lui? reprit Fil-en-Quatre.

— Je le crois bien! nous avons tout intérêt à le servir s'il paye, bien entendu ; et j'ajouterai que nous risquerions beaucoup à essayer de lui jouer un mauvais tour ; au peu que j'ai vu de son visage, je ne le crois pas homme à se laisser facilement berner.

— Je le crois comme toi, dit Fil-en-Quatre ; d'ailleurs, je me réglerai sur toi et je n'agirai que suivant tes instructions.

— Tu auras raison. Il faut procéder avec la plus grande prudence ; mais, assez causé, voilà notre homme là-bas, il nous attend devant sa porte ouverte, hâtons-nous de le rejoindre.

En effet, M. Blanchet, arrivé quelques minutes avant eux, avait eu le temps d'ouvrir la porte, de se procurer de la lumière, et il attendait sur le seuil même de la maison l'arrivée des deux rôdeurs.

La rue de Chaillot était complètement déserte; depuis qu'ils avaient quitté les Champs-Élysées, les trois hommes n'avaient pas croisé un seul passant.

M. Blanchet referma la porte derrière eux, leur fit traverser une cour assez petite, mais plantée d'arbres fort touffus, et les introduisit dans un pavillon qui avait dû, à un autre époque, servir d'atelier à un peintre ou à un sculpteur.

Le plafond était très élevé, les murs étaient peints à l'huile, et d'immenses fenêtres de forme carrée devaient, pendant le jour, laisser pénétrer à profusion les rayons du soleil.

Mais, en ce moment, ces fenêtres étaient cachées sous d'épais rideaux en tapisserie.

Trois portes ouvraient sur cette immense pièce : deux intérieures communiquant sans doute avec les appartements, car ce pavillon était élevé d'un étage et se terminait par un toit à l'italienne.

La troisième porte, celle par laquelle les visiteurs avaient été introduits, était à deux battants et ouvrait sur un corridor de dégagement, où le Loupeur aperçut d'autres portes et un escalier.

Deux bahuts en chêne de style Henri II, fabriqués au faubourg Saint-Antoine; une glace de Venise placée sur une cheminée en marbre blanc sur laquelle était posée une horloge Louis XIII; deux divans en velours rouge, plusieurs fauteuils, une table à ouvrage couverte de boîtes de toutes sortes, une broderie commencée posée sur le dos d'une chaise, dénonçaient la présence habituelle d'une femme.

Une grande table de travail, encombrée de papiers au milieu desquels gisaient comme abandonnés trois ou quatre revolvers, quelques chaises, une bibliothèque en chêne remplie de livres, une dizaine de tableaux accrochés au mur et un lustre en cristal tombant du plafond, complétaient l'ameublement de ce salon-atelier-boudoir ; il y avait un épais tapis sur le plancher, et les portes étaient dissimulées sous des portières.

En somme, tout était assez luxueux et dénonçait la richesse.

— Ceci n'est pas un pied-à-terre, murmura à part lui le Loupeur, c'est tout bonnement l'habitation habituelle de notre homme ; il doit y avoir des espions embusqués derrière les portes, tenons-nous bien : le malin est fort ; il s'agit de jouer serré avec lui.

M. Blanchet offrit des sièges à ses visiteurs, plaça des verres et trois ou quatre canettes de bière sur la table et, s'asseyant ensuite lui-même, mais de façon à avoir les revolvers sous la main :

— Messieurs, dit-il avec un sourire moitié figue et moitié raisin qui semblait lui être particulier, vous le voyez, nous sommes complètement en sûreté. On pourrait se battre et se tuer ici sans que le bruit des coups de feu et des cris fussent entendus au dehors. Nous pouvons donc causer de notre petite affaire sans avoir à redouter ni les espions ni les mouchards. Voici de la bière excellente, des pipes, du tabac et des cigares, dont je vous certifie la provenance authentique de la Havane. Ne vous gênez donc pas, je vous en prie, nul ne viendra nous importuner

Après avoir terminé ce *speech*, comme on dit aujourd'hui, qui ne manquait pas d'une certaine crânerie un peu goguenarde, le digne bourgeois remplit les verres jusqu'aux bords, trinqua avec ses deux visiteurs qui, à son exemple, vidèrent leurs verres et allumèrent chacun un des cigares si vantés.

M. Blanchet reprit alors, avec son éternel sourire :

— Et maintenant, messieurs, qu'avez-vous à me dire ? Parlez, je vous écoute !

Ce fut le Loupeur qui engagea la conversation.

Cette conversation fut longue, intéressante, et se prolongea fort tard, car les bougies étaient presque sur le point de faire éclater les bobèches lorsqu'elle se termina.

Nous ne la rapporterons pas ici. Le lecteur saura bientôt quel traité fut consenti entre les parties, et quelles mesures furent prises pour mener à bien le plan dressé dans ce sombre conciliabule contre un ennemi que les deux parties semblaient également détester.

Lorsque tout fut bien convenu et arrêté entre les trois conjurés, le bourgeois remit à chacun des deux hommes un billet de mille francs, qu'ils firent prestement disparaître dans leurs poches.

Puis, on leva la séance.

M. Blanchet reconduisit poliment ses deux nouveaux associés jusqu'à la porte de la rue, qu'il referma soigneusement derrière eux, après une dernière et cordiale poignée de mains échangée.

Puis, le digne bourgeois regagna le salon en se frottant joyeusement les mains ; il était radieux.

— Sapristi ! dit Fil-en-Quatre à son compagnon tout en arpentant rapidement l'avenue d'Iéna à son côté, il faut avouer que ce Felitz Oyandi et le Mayor, comme notre homme le nomme, sont d'affreuses canailles !

— C'est mon opinion, répondit le Loupeur ; mais avant tout, fais attention que ce sont de rudes mâtins, avec lesquels nous ferons bien de nous méfier, si nous ne voulons pas qu'il nous arrive la même chose qu'à nos pauvres camarades.

— Oui, ce sont des lapins qui n'ont pas froid aux yeux et qui ne s'arrêtent devant rien.

— Dame ! écoute donc, ils sont dans le vrai : le seul moyen de ne pas être vendu par ses complices, c'est de les *refroidir*. C'est égal ! je ne serai pas fâché de leur faire voir le tour.

— Hum ! ce ne sera pas facile, dit Fil-et-Quatre en hochant la tête.

— Peut-être ! Il faut voir ! répondit le Loupeur, en riant.

— Oh ! toi, tu ne doutes de rien, et tu te moques de tout.

Tout en causant, les deux hommes avaient traversé le pont d'Iéna et avaient refait, mais dans d'autres conditions, la promenade que déjà, quelque temps auparavant, ils avaient faite de compagnie.

Ils arrivèrent enfin dans le quartier de Plaisance.

Le Loupeur fit alors sérieusement examiner à Fil-en-Quatre le terrain sur lequel il devait bientôt manœuvrer.

— As-tu bien compris? demanda enfin le Loupeur à son compagnon.

— Parfaitement, répondit celui-ci, la chose me semble on ne peut plus sûre, il n'y a pas d'échec possible.

— On ne sait pas, prends toujours toutes tes précautions.

— Sois tranquille, je n'oublierai rien, la chose sera faite aux oiseaux.

— Bon, je compte sur toi!

— Tu peux y compter.

— Et demain, mes hommes à quatre heures!

— Je te l'ai promis.

— Et aussitôt ton coup fait, tu me rejoindras!

— Dardar, as pas peur.

— Alors, bonsoir et bonne chance, compagnon.

— Merci, ma vieille, et toi de même.

Sur ces derniers mots, les deux hommes se serrèrent les mains et se séparèrent pour rentrer à leurs domiciles respectifs et dormir quelques heures.

Il était près de quatre heures et demie du matin.

Il faisait jour.

Déjà quelques passants commençaient à apparaître dans les rues.

XIII

COMMENT APRÈS AVOIR ÉTÉ TRÈS DÉSAGRÉABLEMENT SURPRIS AVANT SON DINER, BERNARD APPRIT UNE DOULOUREUSE NOUVELLE AU DESSERT.

Plus d'un mois s'était écoulé depuis les deux épouvantables attentats commis, le premier sur doña Luz Allacuesta, en plein jour, dans une voiture de remise, au centre de l'un des plus riches et des plus peuplés de tous les quartiers de Paris ; le second, à la Maison des Voleurs dans la plaine du Bourget-Drancy, cette maison fatale, qui avait porté malheur à tous ses propriétaires, et dans laquelle on avait ramassé cinq cadavres de rôdeurs de barrières et de bandits de la pire espèce, tués on ne savait par qui ; en même temps que le propriétaire de cette maison avait disparu sans laisser de traces, abandonnant ainsi sa maison sans qu'aucun vol y eût été commis.

Toutes les recherches avaient été vaines.

La police n'avait réussi à découvrir aucun indice qui pût la mettre sur la voie.

Le mystère semblait devenir plus profond chaque jour autour de ces deux étranges affaires, où le crime affectait les allures de vengeances personnelles.

Malgré les *racontars* continuels de certains journaux, soi-disant bien informés, la justice était aux abois et forcée de reconnaître son impuissance à débrouiller les fils, si habilement enchevêtrés, de ces crimes horribles, qui semblaient avoir entre eux une mystérieuse cohésion, bien que l'on ne sût comment les rattacher l'un à l'autre.

Mais l'on vit si vite à Paris !

On est si rapidement entraîné dans le tourbillon des événements qui surgissent à chaque minute sous les pas, que ces deux crimes, qui avaient soulevé une si grande indignation, étaient déjà presque oubliés et passés à l'état de légende.

Les journaux eux-mêmes ne mettaient plus, que de temps en temps, un court entre-filet, et par acquit de conscience, afin de ne pas paraître ne plus s'en occuper et afin de tenir leurs lecteurs en haleine.

De plus, et cela malheureusement, la situation politique se tendait de plus en plus

Tout craquait à la fois dans la machine gouvernementale.

Les derniers jours du régime impérial n'allaient pas tarder à arriver, sous le poids des crimes et des fautes commises et accumulées depuis dix-huit ans.

L'Empire se débattait sans espoir dans les affres de l'agonie : tout se désorganisait avec une rapidité effrayante, ou, pour mieux dire, c'était un effondrement général.

L'administration de la police, détournée comme toutes les autres, de sa voie véritable, était devenue essentiellement politique, une redoutable arme de combat contre la population indignée et frémissante.

Ses agents ne se préoccupaient plus, par ordre supérieur, qu'à créer des émotions factices parmi le peuple, à rechercher et à enlever sans procès et à faire disparaître secrètement les adversaires les plus redoutés du régime impérial, enfin à refaire à celui-ci par tous les moyens, même les moins avouables, un regain de popularité factice.

On excitait et l'on essayait de faire vibrer la corde guerrière, toujours si sensible en France.

On préparait déjà, à petit bruit, cette impolitique et fatale campagne de 1870, cette guerre dynastique sur laquelle l'Empire honni et conspué, allait, avec *un cœur léger*, jeter gaiement sa dernière carte, qui devait nous coûter dix milliards, deux provinces, et tant de honte, de sang et de larmes !

Tandis que tout s'en allait ainsi à vau-l'eau, les malfaiteurs de toutes espèces affluaient de tous les départements à Paris, appelés d'urgence pour soutenir les efforts du gouvernement, et s'en donnaient à cœur joie, à peu près certains qu'ils étaient de l'impunité.

Les attentats contre les particuliers et les propriétés se multipliaient avec une rapidité incroyable, sans que la police semblât s'en préoccuper le moins du monde.

En effet, que lui importait! Ne devait-elle pas, avant tout, sauvegarder le gouvernement, le défendre contre les ennemis qui le pressaient de toutes parts?

Qu'importaient les voleurs, les assassins, et même les incendiaires, malgré les maux qu'ils causaient, comparés à ceux, bien autrement graves, dont les républicains menaçaient l'Empire.

Aussi, toutes les forces réunies de la police étaient-elles à peine suffisantes pour déjouer les complots imaginaires que le gouvernement de l'Empire accusait journellement les partisans de la République de tramer contre lui.

Nos personnages se trouvaient très embarrassés au milieu de tous ces conflits politiques; car ils prévoyaient le choc imminent de tous ces intérêts contraires, si longtemps maintenus par la *poigne* brutale des fonctionnaires impériaux.

MM. d'Hérigoyen, Bernard Zumeta, Armand de Valenfleurs et don Cristoval de Cardenas avaient même discuté, à plusieurs reprises, la question de savoir s'ils quitteraient Paris et la France, pour se mettre à l'abri de l'effroyable catastrophe qu'ils pressentaient.

Mais Julian et Bernard avaient tenu bon, pour ne pas abandonner la patrie pendant la tourmente prochaine ainsi que les devoirs que leur imposait leur dévouement au pays.

Leur avis avait enfin prévalu, et leurs amis s'y étaient rangés définitivement.

Julian avait des intérêts trop graves en jeu pour renoncer ainsi à la lutte engagée entre lui et le Mayor.

Il prévoyait que celui-ci profiterait de l'anarchie qui commençait à jeter le désarroi dans les hautes régions du pouvoir pour tenter un dernier coup qui lui donnât définitivement la victoire.

Julian voulait livrer la bataille, lui aussi, à tout prix, si cher que le succès dût lui coûter.

Madame la comtesse de Valenfleurs ne pouvait avoir de secrets pour ses amis ; d'ailleurs son fils lui avait fait comprendre qu'elle devait tout leur dire.

Aussi leur avait-elle révélé la visite qu'elle avait reçue et les suites affreuses de cette visite.

Enfin, elle leur avait montré le portefeuille agenda que la malheureuse doña Luz Allacuesta lui avait remis, quelques minutes à peine avant sa mort horrible.

Ce portefeuille renfermait une foule de papiers précieux, de la plus haute importance pour le Mayor.

On comprenait de quelle rage il avait dû être saisi, en s'apercevant qu'il lui avait été soustrait.

La lecture de ces notes avait amené une révélation foudroyante pour la comtesse, en déchirant le bandeau que depuis si longtemps elle portait sur les yeux, en lui apprenant que son premier mari vivait encore ; que c'était l'enfant de ce monstre et de doña Luz qu'elle avait sauvée dans la Savane, adoptée et élevée comme sa propre fille.

En découvrant cet horrible mystère, la comtesse n'avait plus eu qu'une seule pensée: fuir au plus vite pour se soustraire aux poursuites de ce misérable.

Ses amis avaient eu une difficulté extrême à la ramener à la raison, et à lui faire comprendre que, à Paris, entourée de tous ses amis, veillant sans cesse sur son repos et prêts à la défendre, elle serait plus en sûreté que partout ailleurs, et pourrait résister efficacement aux guet-apens que l'on tenterait contre elle.

D'ailleurs, selon toutes probabilités, le Mayor ne tarderait pas à lever définitivement le masque ; et profitant des embarras politiques, plus grands chaque jour, essaierait, dans l'eau trouble de cette désorganisation générale, de jouer sa dernière partie et d'abattre ses ennemis

Julian, dont toutes les mesures étaient depuis longtemps prises en prévision de cette éventualité, en finirait cette fois avec lui.

Il fallait veiller et surtout attendre la première attaque du Mayor, afin de deviner son plan pour le faire échouer.

La comtesse, à bout de forces, bien plus que convaincue, avait fini par céder aux raisonnements de ses amis et à souscrire aux demandes qu'ils lui adressaient.

Mais son bonheur était détruit...

Elle n'envisageait plus l'avenir qu'avec une secrète terreur. Tout l'épouvantait, jusqu'au calme et au silence qui régnaient autour d'elle.

Car elle comprenait que ce calme et ce silence étaient trompeurs, et que ce n'était, en réalité, que l'accalmie qui précède l'orage, et que la tempête ne tarderait pas à se déchaîner, furieuse et peut-être irrésistible!

Telle était la situation dans laquelle se trouvaient nos personnages, lorsqu'un soir des derniers jours du mois de juin, le lendemain précisément du jour où nous avons rencontré Fil-en-Quatre attendant son ami le Loupeur, avec lequel il avait rendez-vous au tapis franc de la Marlouze, Bernard Zumeta, — qui laissait volontiers ses chevaux à l'écurie pour faire ses courses et ses visites à pied, car en véritable compatriote d'Henri IV qu'il était, il préférait marcher à se faire traîner dans une voiture, — émergea de la rue Boulard, située, comme chacun sait, dans le quatorzième arrondissement, obliqua à droite, franchit d'un pas rapide la place du Marché de Montrouge, traversa la Chaussée du Maine, et s'engagea sans hésiter dans une rue nouvellement percée par les démolisseurs de M. le baron Haussmann, non pavée encore, mais à l'angle de laquelle était clouée une plaque indicatrice, sur laquelle, s'il avait fait jour, on aurait pu lire ces mots : rue du Chemin-des-Plantes, écrits ou plutôt imprimés en lettres blanches sur fond bleu.

Cette rue, récemment percée, ainsi que nous l'avons dit, sur une centaine de mètres au plus, et aboutissant à la rue Bénard, commençait à gauche par une maison en construction faisant l'angle de la chaussée du Maine.

Il en était à peu près de même du côté droit, où se trouvaient une seconde maison, récemment construite, et des terrains vagues clos de murs fort bas et appartenant aux hospices.

Cette rue n'avait encore ni trottoirs ni becs de gaz.

S'il n'eût pas fait un temps magnifique depuis quelques jours, elle aurait été changée en un véritable cloaque, dans lequel il aurait été très imprudent de se risquer.

Bernard, un peu en tâtonnant et se dirigeant tant bien que mal dans l'obscurité d'une soirée encore sans lune, tourna, après une quarantaine de pas, dans la rue de la Sablière, seconde rue en tous points semblable à la première, aussi sombre, aussi fangeuse, aussi dangereuse et aussi inhabitée.

Il franchit la chaussée raboteuse, au risque de se rompre le cou, et il s'arrêta devant une porte peinte en couleur jaune clair, semblant donner sur un enclos, car aucune construction n'apparaissait derrière.

Bernard prêta un instant l'oreille, essaya du regard de sonder les ténèbres, et, rassuré par le silence profond et la solitude complète régnant dans la rue, prit dans la poche de son gilet une clef microscopique et l'introduisit dans le trou d'une serrure presque invisible.

Mais, tout à coup, au lieu d'ouvrir la porte, il fit un saut de côté et s'affaissa brusquement sur les jarrets.

Au même instant, un éclair raya l'obscurité, une détonation retentit, et une balle s'enfonça dans la muraille, à cinquante centimètres au plus au-dessus de sa tête.

Abandonnant aussitôt son manteau, Bernard fit un bond de tigre, et, avant que l'assassin eût le temps de se mettre en défense, il le saisit rudement à la gorge.

Les deux hommes roulèrent sur le sol.

Alors, une lutte acharnée s'engagea entre eux.

Ils se débattaient dans les ténèbres comme deux fauves à la curée.

On entendait le sifflement de leur respiration haletante, à cause des efforts prodigieux qu'ils faisaient pour se réduire l'un l'autre à l'impuissance.

Ils ne jetaient pas un cri, ne prononçaient pas un mot; parfois, une plainte sourde s'échappait entre leurs dents serrées par la rage.

Mais c'était tout.

Après deux ou trois minutes d'efforts gigantesques, cette lutte furieuse cessa subitement.

Bernard se releva en rajustant ses vêtements, laissant son adversaire étendu immobile sur le sol.

— Est-il mort, ou n'est-il qu'évanoui? murmura-t-il. Voyons toujours quel est cet ennemi si acharné qui a tiré sur moi, comme à la cible.

Tout en parlant ainsi, il fouillait dans sa poche, dont il tira une boîte d'allumettes-bougies, et il se préparait à en frotter une sur le couvercle de la boîte...

Mais, soudain, le prétendu cadavre sauta lestement sur ses pieds, s'élança en courant, tourna le coin de la rue et s'éloigna avec une rapidité telle, que Bernard, complètement abasourdi par cette fuite imprévue, demeura, l'allumette à la main, sans même essayer une poursuite dont, au reste, il reconnut presque aussitôt l'inutilité.

— Allons! c'est bien joué, dit-il; quel gaillard! comme il détale! Bah! je le retrouverai, ce n'est que partie remise: il voudra avoir sa revanche!

Il fit un mouvement, comme pour traverser la rue.

Mais, se ravisant aussitôt, il frotta l'allumette qu'il n'avait pas jetée, et lorsqu'elle fut enflammée, il se pencha vers le sol et examina avec soin le champ de bataille, si lestement déserté par son ennemi.

Ses recherches obtinrent un certain succès.

Il ramassa d'abord un fort beau revolver à six coups, celui dont probablement son agresseur s'était servi, et, qu'en fuyant, il avait laissé tomber.

Puis, un instant après, il trouva un mignon carnet en cuir de Russie et à coins d'argent.

Après s'être bien assuré que c'était tout, Bernard mit ces dépouilles opimes dans sa poche et se décida à traverser la rue.

Il reprit son manteau, ouvrit la porte, entra, la referma derrière lui et l'assura avec un verrou de sûreté.

Il se trouva alors dans une longue ruelle, aboutissant par une pente douce à un vaste jardin, fort bien entretenu et très ombreux, à l'extrémité duquel on apercevait les fenêtres éclairées d'une grande et belle maison, bâtie entre cour et jardin, et presque enfouie dans des flots de verdure.

Bernard ouvrit une porte vitrée, traversa un large corridor, monta quatorze marches, franchit une antichambre, une salle à manger, et pénétra dans un cabinet de dimensions assez vastes, garni de bibliothèques cachant complètement les murailles, et dont une table assez grande, chargée de papiers de toutes sortes, occupait le centre.

— Monsieur est en retard ce soir, dit une gentille servante, qui, en entendant son maître monter l'escalier, s'était hâtée d'accourir au-devant de lui, une lampe allumée à la main.

— Oui, répondit Bernard en souriant; j'ai été retenu plus longtemps que je ne l'avais supposé; madame est-elle rentrée?

— Oh! oui, déjà depuis plus d'une heure.

— Alors, vous servirez quand vous voudrez, répondit Bernard en prenant la lampe des mains de la servante.

Il entra dans le cabinet et referma la porte derrière lui, et, traversant la pièce sans s'y arrêter, il ouvrit une seconde porte et se trouva dans sa chambre à coucher.

Après avoir posé la lampe sur la cheminée, il enferma soigneusement le revolver et le carnet perdus par l'auteur du guet-apens, dont il avait failli être victime, dans le tiroir secret d'une armoire creusée dans la muraille et si bien dissimulée que, à moins d'être certain de son existence, il était absolument impossible de la découvrir.

Cela fait, Bernard se frotta les mains, en souriant avec une expression singulière.

Puis, il jeta son manteau sur le dossier d'une chaise, ôta sa redingote et la remplaça par une robe de chambre en cachemire.

En ce moment, un coup léger fut frappé contre la porte, et la voix mutine de la servante annonça que le potage était servi.

— Me voici, répondit Bernard en ouvrant la porte.

Il passa aussitôt dans la salle à manger, où sa femme, la charmante Mariette, embellie encore par le bonheur, l'attendait le sourire aux lèvres, en compagnie d'un gentil gamin de cinq ans, au regard éveillé et à la mine espiègle.

Tahera, assis sur une chaise un peu à l'écart, fixait son ami avec une vive expression de plaisir.

Bernard embrassa sa femme avec effusion, serra en souriant la main de son ami et, enlevant l'enfant dans ses bras :

— Bonsoir, monsieur Julian, lui dit-il gaiement.

— Bonsoir, mon père, répondit l'enfant avec un sérieux imperturbable et une voix de basse-taille.

Il embrassa son père à deux reprises, et dès que celui-ci l'eût reposé sur le parquet, il alla se cacher dans les bras de sa mère.

Naturellement, Julian d'Hérigoyen et Deniza avaient été parrain et marraine du fils de Bernard; de même que Bernard et Mariette avaient été parrain et marraine du fils de Julian.

On se mit à table.

Bernard avait son fils à sa droite et son ami à sa gauche.

Pour un guerrier comanche, Tahera était fort civilisé.

Sauf certaines habitudes invétérées de liberté dont il n'avait pu se défaire, il était, sur ma foi, devenu un véritable gentleman.

Seulement, peut-être n'aurait-il pas fallu trop gratter son épiderme d'homme du monde pour faire reparaître l'*Indien bravo*.

Cependant, tel qu'il était, il était certes fort convenable, mais il n'aurait pas fallu l'agacer trop.

— Tu es resté bien tard dehors aujourd'hui, mon ami ? dit doucement Mariette.

— C'est vrai, répondit-il pressement, j'aurais voulu, crois-le bien, chère amie, rentrer plus tôt.

— Oh ! je le sais, reprit-elle vivement avec un charmant sourire ; aussi, cher Bernard, ce n'est pas un reproche que je t'adresse.

— Ce serait le premier, dit-il gaiement.

— Mais quand tu n'es pas là, j'éprouve une inquiétude mortelle ; j'ai toujours peur qu'il ne t'arrive quelque chose. Si tu sortais en voiture, encore, ajouta-t-elle avec un soupir étouffé.

— Bah ! je préfère aller à pied ; c'est bien plus intéressant. Et puis, que veux-tu qu'il m'arrive, chère poltronne ?

— Je ne sais pas, mais je tremble.

— Poltronne ! je le répète, dit-il en l'embrassant.

— Moi aussi, papa ! s'écria le gamin, en avançant sa gentille frimousse, toute barbouillée de sauce.

— Eh bien ! oui, toi aussi, monsieur Julian, dit-il gaiement en lui donnant un baiser.

— Dans ce quartier si éloigné du centre et si désert, il ne manque pas de mauvais sujets, et tu as tant d'ennemis !

— Que veux-tu, chère enfant, ce n'est pas de ma faute ; je n'ai rien fait pour cela, tu le sais.

— Un de ces ennemis peut s'embusquer, te tendre un guet-apens ; un crime est si vite commis !

— Sois donc tranquille, ma chérie, répondit-il en riant, j'ai l'habitude de la Savane ; je ne marche jamais que la barbe sur l'épaule, comme disent les Espagnols.

— Paris n'est pas la Savane, mon ami.

— Tu te trompes, chère femme, c'est une savane bien autrement dangereuse que toutes celles d'Amérique ; elle pullule de fauves beaucoup plus cruels ; seulement, au lieu d'avoir quatre pattes, ils ont deux pieds, voilà toute la différence.

— Soit, admettons cette singulière comparaison ; ce serait alors une raison de plus, mon ami, pour redoubler de prudence.

— Chère femme, répondit-il en riant, la meilleure prudence consiste à ne rien craindre et à suivre son chemin tout droit, sans se préoccuper des coquins qui encombrent les trottoirs. Ne sais-tu pas, comme moi, contre quel ennemi nous sommes contraints de lutter?

— Oui, je le sais, mon ami, et voilà précisément la raison qui me fait trembler, chaque fois que tu rentres tard, comme tu l'as fait aujourd'hui.

— Bah! tu es une peureuse.

— Oui, mais si j'ai peur, c'est pour toi, pour toi seul; hélas! que deviendrais-je si je te perdais!

— Mariette, que dis-tu donc là, ma chérie? s'écria-t-il avec émotion.

— La vérité, hélas! et pourtant je ne me sens pas la force de t'en vouloir, car il s'agit de nos amis, auxquels nous devons notre bonheur.

— Tu vois bien, tu m'approuves...

— Eh! puis-je faire autrement, à moins d'être ingrate? Mais j'ai peur; c'est plus fort que moi; je ne suis pas une héroïne, je ne suis qu'une femme aimante et dévouée, mais timide et craintive.

— Bon! ne nous inquiétons pas, mignonne, c'est le plus simple. Dieu nous protégera. Tiens, écoute: don Cristoval se propose d'aller passer quelque temps, un mois ou deux, je crois, dans notre belle propriété de Touraine que tu aimes tant, et qui nous rappelle tant de souvenirs de bonheur; je lui ai promis que tu lui en ferais les honneurs.

— Tu veux que je m'éloigne de toi? demanda-t-elle avec tristesse.

— Je n'ai jamais eu une telle pensée, chère femme, et, la preuve, c'est qu'avant quinze jours tu nous verras, Julian, Tahera et moi, arriver là-bas. C'est une surprise que nous te ménageons; seulement, n'en dis rien, j'ai promis le secret à mes amis.

— Dois-je donc partir tout de suite?

— Tout de suite, non, mais dans deux jours, si cela ne te contrarie pas trop. Don Cristoval ne compte pas quitter Paris avant quatre jours; il serait, je crois, convenable qu'il te trouvât là-bas pour le recevoir à son arrivée ; du reste, tu agiras comme tu le jugeras à propos.

— Je t'obéirai, mon ami. Dans deux jours, c'est-à-dire après-demain soir, je quitterai Paris par le train express de onze heures dix minutes.

— Tu es charmante comme toujours, ma chère Mariette !

— Oui, parce que, comme toujours, je fais ce que vous désirez, monsieur, répondit-elle en souriant. Comptes-tu sortir encore ce soir ?

— Ma foi, non, je me sens fatigué, je l'avoue, d'avoir tant marché pendant toute la journée. Si cela ne te déplaît pas trop, je resterai près de toi.

— Alors, je vais coucher Julian, qui dort le nez dans son assiette, et je reviendrai tout de suite te tenir compagnie.

— Va, chère femme, je t'attendrai ici en compagnie de Tahera et en fumant une cigarette.

— Dans quelques minutes, je reviendrai.

Elle se leva, prit dans ses bras l'enfant endormi qu'elle présenta au baiser paternel de chaque soir, et elle quitta la salle à manger.

Tahera, de même que tous les Indiens peaux-rouges, était peu causeur.

Bien qu'il comprît et parlât assez convenablement le français, il ne se mêlait jamais à la conversation, et se contentait de répondre par une phrase brève aux questions qu'on lui adressait.

Julian et Bernard ne causaient jamais avec lui qu'en langue comanche, ce qui faisait un véritable plaisir à Tahera.

Bernard alluma une cigarette et acheva de boire son café à petits coups, tout en réfléchissant à part soi au guet-apens dont il avait failli être victime deux heures auparavant.

Tout à coup la sonnette de la rue, violemment agitée, fit entendre son carillon.

— Qui diable peut venir me déranger aussi tard ? murmura Bernard, en tressaillant malgré lui à cette sonnerie inattendue et de mauvais augure pour ses projets de *dolce far niente;* il est près de onze heures, je n'attends et je n'ai donné rendez-vous à personne.

Le Comanche se leva.

— Tahera ira voir, dit-il.

Et, sans attendre la réponse de son ami, l'Indien quitta aussitôt la salle à manger.

— Diantre soit des importuns! reprit Bernard en proie à une inquiétude croissante, et qu'il ne pouvait définir; ne peuvent-ils donc pas me laisser en paix!

La porte de la salle à manger s'ouvrit et Tahera reparut.

— Mon frère a vu la personne qui a sonné? s'écria Bernard avec impatience; quelle est-elle?

— Le chasseur Bois-Brûlé, répondit laconiquement le guerrier indien.

— Comment! Charbonneau? s'écria Bernard en proie à une vive surprise. Que me veut-il?

Le Comanche baissa affirmativement la tête.

— Le chasseur insiste pour parler tout de suite à la Main-de-Fer, ajouta-t-il; la chose est grave.

Tahera n'avait jamais pu se décider à appeler Julian d'Herigoyen et Bernado Zumeta autrement que par les surnoms par lesquels ils étaient connus dans les Savanes, c'est-à-dire le Cœur-Sombre et la Main-de-Fer.

Du reste, cela n'avait aucun inconvénient pour les deux hommes, le guerrier Comanche, ainsi que nous l'avons dit, ne causant jamais avec eux que dans sa langue natale; d'ailleurs, ce souvenir de leur existence passée n'était nullement désagréable aux anciens coureurs des bois.

— Qu'il entre! qu'il entre! s'écria Bernard, le cœur serré par un sinistre pressentiment.

Il se leva avec agitation et passa dans son cabinet.

Presque aussitôt, notre ancienne connaissance Charbonneau entra.

Le chasseur était pâle et paraissait en proie à une vive émotion intérieure.

— Mon Dieu ! s'écria Bernard en l'apercevant, qu'avez-vous, Charbonneau ? que se passe-t-il ? qu'est-il arrivé ? Parlez, au nom du ciel !

— Hélas ! monsieur, un grand malheur est arrivé... Ma pauvre maîtresse ! ajouta-t-il en se tordant les mains avec douleur...

— Mon Dieu !.. est-ce que madame la comtesse ?... s'écria-t-il.

— Rassurez-vous, monsieur, il n'est rien arrivé à madame la comtesse, reprit-il d'une voix sourde. M. Julian d'Hérigoyen est près d'elle ; tous deux pleurent, se lamentent, se désolent et vous appellent à leur aide.

— A leur aide ?... Au nom du ciel, Charbonneau, mon ami, expliquez-vous en deux mots ? Quel est ce grand malheur que vous venez m'annoncer ? Vous savez combien j'aime et je respecte madame la comtesse, et combien je m'intéresse à tout ce qui la touche ! Parlez, mon ami ! mais parlez donc !

Le chasseur canadien jeta un regard anxieux autour de lui, serra les poings avec rage, et d'une voix presque inintelligible :

— Monsieur, dit-il, mademoiselle Vanda a été enlevée il y a trois heures.

Et le rude chasseur, cédant à l'émotion qui le poignait, se détourna pour essuyer une larme.

— Vanda enlevée ! s'écria Bernard avec explosion en se dressant sur ses pieds comme s'il eût été frappé tout à coup par une commotion électrique, en même temps qu'une pâleur cadavéreuse envahissait son visage et qu'une sueur glacée perlait à ses tempes. Vanda enlevée dans l'hôtel de sa mère, au milieu de sa famille et de ses serviteurs ! C'est impossible ! Vous ne savez ce que vous dites ! Sur ma foi de Dieu, vous êtes fou, Charbonneau !

— Non, monsieur, je ne suis pas fou ! répondit le chasseur en hochant tristement la tête, ce que je vous dis n'est malheureusement que trop vrai. Ce n'est pas dans l'hôtel que mademoiselle Vanda a été enlevée.

— Voyons, mon ami, reprit Bernard qui faisait des

efforts prodigieux pour se contenir et maîtriser l'émotion qui lui brûlait le sang ; voyons, nous perdons un temps précieux : j'ai besoin de tout savoir, vous le comprenez, n'est-ce pas ? et surtout de le savoir promptement. Racontez-moi en détail, sans rien omettre, je vous en prie, comment ce déplorable événement a eu lieu.

— On ne sait rien, monsieur, on se perd en conjectures ; le seul fait dont on soit certain, c'est que mademoiselle a disparu depuis trois heures.

— Mais, enfin, mon ami ! s'écria Bernard avec impatience, on doit savoir quelque chose, si peu que ce soit ? Il est impossible qu'un tel événement ait eu lieu sans qu'on sache au moins...

— Voici tout ce que l'on sait, monsieur, interrompit le chasseur : Madame la comtesse, depuis son arrivée à Paris, a pris la bienfaisante habitude de porter elle même, le samedi de chaque semaine, des aumônes et des secours à certaines familles honnêtes et pauvres du quartier de Courcelles, où est situé son hôtel, et du faubourg du Roule.

— Oui, je sais tout cela, mon ami ; madame la comtesse de Valenfleurs est une sainte : sa joie suprême est de découvrir les misères cachées et honnêtement supportées, et de les soulager, autant que cela lui est possible ; elle se fait aider par sa fille dans cette pieuse tâche, de sorte que les pauvres, reconnaissants, appellent ces dames *les anges de la consolation*, nom touchant qui exprime bien leur inépuisable bonté et leur dévouement pour les malheureux. Venez donc au fait ; hâtez-vous !

— Tout ce que vous dites est vrai, monsieur ; nos deux dames sont véritablement chéries de tous ceux qui ont le bonheur de les connaître.

Mais, s'apercevant enfin de l'impatience à peine contenue de son auditeur, le trop prolixe chasseur interrompit brusquement cet éloge, intempestif en ce moment, et reprit :

— M'y voici, monsieur : madame la comtesse, depuis quelques jours, se trouvait assez gravement indisposée, si gravement même, à ce qu'il paraît, que le docteur Loreau, son médecin, lui avait défendu positivement de quitter sa chambre à coucher...

— Allez donc, allez donc, Charbonneau, interrompit Bernard d'une voix frémissante, je sais tout cela aussi bien que vous ; j'étais cette après-dîner près de madame la comtesse, lorsque sa fille, la voyant triste de ne pouvoir faire sa visite accoutumée à ses pauvres, lui offrit de la remplacer en se faisant accompagner par miss Lucy Gordon, sa demoiselle de compagnie. Mais madame la comtesse ne voulut pas y consentir ; mademoiselle Vanda n'a pas encore seize ans, et sa demoiselle de compagnie, en ayant à peine vingt, n'était point par conséquent un chaperon suffisant pour faire respecter sa fille au milieu des gens de toutes espèces avec lesquels elle se trouverait forcément en contact.

— Madame la comtesse a sans doute refusé d'abord, puisque vous le dites, monsieur Bernard, mais malheureusement, il paraît qu'après votre départ, elle a changé d'avis et a cédé aux instances et aux prières de mademoiselle Vanda ; car, vers quatre heures et demie, une voiture a été attelée, et mademoiselle a quitté l'hôtel, accompagnée de miss Lucy Gordon. Mademoiselle, après avoir remis au valet de pied la liste des maisons qu'elle se proposait de visiter, est montée avec sa demoiselle de compagnie dans la voiture qui est partie aussitôt.

— Eh bien ! après ? s'écria Bernard avec impatience, en voyant que le chasseur s'arrêtait ; que s'est-il passé ? La voiture est rentrée à l'hôtel ? Miss Gordon a parlé ? A son défaut, le valet de pied et le cocher ont dû faire leur rapport.

— Rien de tout cela, monsieur, la voiture n'est revenue que vers neuf heures du soir, ramenée par un sergent de ville.

— Comment ! ramenée par un sergent de ville ? s'écria Bernard au comble de la surprise.

— Oui, monsieur ; il paraît que la voiture a été trouvée abandonnée à l'entrée de l'avenue de l'Impératrice, et conduite chez le commissaire de police; les armes peintes sur les panneaux de la voiture l'ont fait reconnaître comme appartenant à madame la comtesse de Valenfleurs, et, sur l'ordre du commissaire de police, un sergent de ville est monté sur le siège et l'a ramenée à l'hôtel.

— C'est étrange! murmura Bernard; ce sergent de ville n'a rien dit?

— Il ne savait rien de plus que l'abandon de la voiture; M. Julian d'Hérigoyen lui a fait remettre cent francs au nom de madame la comtesse; cet homme est alors parti en faisant force remerciements.

— Est-ce tout ?

— A peu près. Oui, monsieur Bernard, madame la comtesse est au désespoir; M. Julian ne sait que lui dire pour la consoler. Une heure environ après le retour de la voiture, c'est-à-dire un peu avant dix heures, le cocher et le valet de pied ont été rapportés ivres-morts par des gens qui les avaient trouvés étendus sur le trottoir de la rue de Presbourg. Ces gens ont déposé les deux hommes auprès du guichet de l'hôtel, ont sonné et se sont éloignés sans vouloir entrer même dans la cour, et cela si lestement, que lorsque l'on a couru après eux pour leur demander des renseignements, ils avaient déjà disparu : il a été impossible de les retrouver.

— C'est inouï ! un pareil événement en plein Paris ! s'écria Bernard, en frappant sur la table un tel coup de poing que tout ce qui était dessus en sauta à un pied en l'air; et, cela, dans le quartier le plus sûr et le mieux surveillé; je m'y perds !

— Ce qu'il y a de plus extraordinaire dans toute cette incroyable histoire, monsieur, c'est que le cocher est un des plus anciens domestiques de la maison : sa conduite a toujours été irréprochable ; il ne boit jamais, et, pour rien au monde, il ne quitterait ses chevaux pendant une minute; le valet de pied est un excellent sujet, très sobre aussi; enfin, ces deux hommes sont sûrs et dévoués : il y a de quoi en devenir fou !

— Oui, murmura Bernard, se parlant bien plus à lui-même que répondant au chasseur; il y a au fond de cette sombre affaire quelque chose de mystérieux et de terrible qui me glace le cœur; l'auteur de ce guet-apens odieux doit, quel qu'il soit, disposer d'une immense puissance. Si c'est l'homme que je soupçonne... Il s'interrompit. — Le comte Armand? reprit-il après un instant.

— Depuis quatre jours, il a quitté Paris pour se rendre à Dauville, où il doit passer quelques jours. Il est bien heureux que M. Armand ne se soit pas trouvé à l'hôtel, le pauvre jeune homme serait devenu fou de désespoir! Ignoriez-vous donc son absence, monsieur Bernard?

— Sur ma foi! je ne sais vraiment où j'ai la tête! s'écria Bernard avec colère, je connaissais, en effet, le départ du comte Armand. Comme vous le dites, ami Charbonneau, c'est véritablement un bonheur qu'il ne soit pas ici. Est-ce Julian qui vous a envoyé chez moi?

— Oui, monsieur Bernard; il paraît que madame la comtesse est en proie à des crises nerveuses affreuses; M. Julian est comme fou. J'ai prononcé, par hasard, votre nom devant lui; il s'est frappé le front, et il s'est écrié : « Je ne suis plus bon à rien, ma tête se perd! Charbonneau, courez en toute hâte chez Bernard, instruisez-le du malheur qui nous frappe tous. Qu'il vienne tout de suite! Lui seul peut nous sauver! »

— Je l'essaierai du moins, murmura Bernard en hochant la tête.

— J'ai fait atteler un coupé, continua le chasseur, j'ai mis deux revolvers dans mes poches en cas d'accident; je me suis fait accompagner par un valet de pied, armé jusqu'aux dents, ainsi que le cocher, et je me suis fait conduire ici le plus rapidement possible.

— Très bien! je reconnais là vos vieilles habitudes de chasseur, ami Charbonneau; où la voiture nous attend-elle?

— A cinquante pas d'ici, sur la chaussée du Maine, au coin de la rue de la Sablière.

— C'est fort bien; je vais reprendre ma redingote. Dans

cinq minutes, je suis à vous, et nous partirons, et malheur à ceux qui essaieront de nous barrer le passage !

— Quant à moi, je ne les manquerai pas, dit le chasseur d'un ton de sourde menace.

Bernard passa dans sa chambre à coucher, remit sa redingote en un tour de main, s'arma de deux revolvers Devisme à six coups, cacha dans la poche intérieure de son gilet un court poignard à lame bleuâtre et fine comme une aiguille et jeta son manteau sur ses épaules.

Puis, par un cabinet de toilette, il entra dans la chambre de sa femme ; celle-ci l'attendait, assise auprès du berceau de son fils endormi.

Mariette se leva en apercevant son mari.

Elle avait tout entendu.

— Je connais l'affreuse nouvelle que tu as reçue, cher Bernard, lui dit-elle avec tristesse, mais avec fermeté : l'honneur et l'amitié exigent que tu partes tout de suite.

— Je connaissais à l'avance la réponse que tu me ferais, chère femme, répondit-il en l'embrassant ; aussi, tu le vois, je m'étais déjà préparé.

— Veux-tu que je t'accompagne ? lui demanda-t-elle doucement.

— Pour rien au monde, ma chérie ! s'écria-t-il vivement ; j'exige, au contraire, que tu restes ici.

— Que ta volonté soit faite, mon ami ; j'obéirai, murmura la jeune femme, les yeux pleins de larmes. Malheureuse comtesse ! pauvre Vanda ! ajouta-t-elle.

— Bon courage, ma chère ; nous la sauverons, je l'espère. Demain, je serai ici de bonne heure. S'il m'était impossible de revenir, je t'enverrais chercher, ainsi que ton fils. Je crois que pendant quelque temps il sera préférable que tu habites l'hôtel d'Hérigoyen ; ce quartier-ci est beaucoup trop éloigné du centre.

— Mais toi, cher Bernard ?

— Je serai près de toi, sois donc tranquille ; maintenant, adieu ! Ne te mets pas martel en tête à propos de moi, et à demain. Prie pour nos amis, si affreusement frappés...

Et affectant un air riant, afin de ne pas inquiéter davantage sa charmante femme dont le visage était inondé de larmes, il l'embrassa tendrement et quitta la chambre à coucher.

Bernard retrouva le chasseur, marchant avec hésitation à travers le cabinet.

— J'ai quelques mots à vous dire encore avant que nous ne partions, ami Charbonneau, dit Bernard.

Le chasseur s'arrêta en le regardant d'un air interrogateur.

— Attendez, reprit Bernard.

Et, s'approchant de la cheminée, il saisit un cordon de sonnette et le tira deux fois.

C'était sans doute un signal, car presque aussitôt Tahera pénétra dans le cabinet.

Bernard ferma la porte lui-même et, adoptant la langue comanche que le chasseur canadien parlait fort bien, il reprit :

— Écoutez attentivement la révélation que je vais vous faire, mes amis. Asseyez-vous pendant un instant.

Les deux hommes répondirent par un geste muet, mais affirmatif, en prenant des sièges.

— Ce soir, il y a quelques heures seulement, je rentrais après de longues courses faites à pied, car je préfère marcher, et ce n'est que lorsque je ne puis faire autrement que je prends une voiture ; au moment où je me disposais à ouvrir la porte du jardin donnant sur la rue de la Sablière pour rentrer chez moi, un homme a tiré sur moi, d'une embuscade, un coup de revolver, sans m'atteindre heureusement.

— Comment ! s'écria le chasseur avec inquiétude.

— Ehoà ! dit le Comanche d'une voix gutturale.

— Je ne suis pas blessé, je vous l'affirme. Le coup était bien dirigé, je dois en convenir ; mais, grâce à un saut de côté que je fis en m'affaissant sur les jarrets, la balle s'enfonça dans le mur à plus de cinquante centimètres au-dessus de ma tête ; rassurez-vous donc. Je me lançai aussitôt sur le drôle qui se préparait à recommencer, et je le saisis à la gorge, ce qui lui fit tomber le revolver des mains; malheureusement, après quelques instants d'une lutte acharnée, il me glissa comme un serpent entre les doigts et se sauva, sans qu'il me fût possible de voir son visage. Je ne sais pourquoi, je suis intimement convaincu que cette tentative brutale d'assassinat sur ma personne a des rapports directs avec l'enlèvement de notre pauvre chère Vanda. En effet, ici, à Paris du moins, je ne me connais qu'un seul ennemi assez résolu pour tenter un semblable guet-apens; cet ennemi est aussi le vôtre, vous le connaissez depuis longtemps, il est donc inutile de vous le nommer.

— Le Mayor! s'écria le chasseur canadien avec ressentiment; ah! comment n'avons-nous pas tué ce démon, lors de l'attaque de *la Florida!*

— C'est évidemment un grand malheur; mais il n'est pas irréparable, du reste. Soyez bien certain que ce maudit n'aura rien perdu pour attendre. Sa double tentative de ce soir est une déclaration de guerre; nous n'avons donc plus de ménagements à garder envers lui; cette fois, il faut à tous risques en finir avec ce misérable. Nous sommes de vieux chasseurs de bisons, depuis longtemps rompus à toutes les exigences du rude métier de coureur des bois; nous connaissons toutes les ruses des *Fauves de la savane.* Bien que, dit-on, la police soit très bien organisée en ce pays, nous ne devons pas la charger de notre vengeance. Le Mayor lui donnerait trop facilement le change; nous ne devons donc, à mon avis, ne compter que sur nous-mêmes pour réussir. Nous avons, dès ce moment, déterré la hache contre notre ennemi; et, puisqu'il nous y contraint, nous lui ferons en plein Paris une guerre indienne, sans pitié et sans merci; nous sommes donc sur le sentier de la guerre. Nous allons établir une grande piste *médecine* : dès que nous en tiendrons un des bouts, notre ennemi aura beau ruser et embrouiller ses traces, nous arriverons à l'autre bout, et cela promptement, je vous le prédis. Aussitôt que nous aurons franchi le seuil de cette maison, notre piste commencera.

Rappelez-vous donc votre science du désert et l'infaillibilité de votre regard ; ne laissez rien échapper de ce que vous découvrirez : l'indice le plus faible et le plus indifférent, en apparence, peut nous donner le succès : nous sommes quatre chasseurs expérimentés ; le Mayor, si fin qu'il soit, ne nous échappera pas.

— Vous vous trompez, monsieur Bernard, dit le chasseur en souriant ; nous ne sommes pas quatre coureurs des bois, mais six.

— Plaît-il ? Plaisantez-vous, ami Charbonneau ?

— Pas le moins du monde, monsieur ; vous oubliez le comte Armand ; lui aussi, vous le savez, est un fin chasseur. Dès qu'il apprendra ce qui s'est passé, il accourra à Paris, toutes affaires cessantes, et, dans cette cause dont le succès l'intéresse bien plus encore que nous, car nous n'avons que le dévouement et lui a l'amour, il fera des miracles d'adresse et de dévouement.

— C'est vrai, vous avez raison, j'avais oublié le jeune comte ; mais cela ne fait que cinq et, quoi que vous en disiez, ami Carbonneau, je ne vois pas du tout quel peut être ce sixième auxiliaire auquel vous avez fait allusion.

— Vous ne le voyez pas, monsieur Bernard, parce que vous êtes encore sous le coup des mauvaises nouvelles que je vous ai apportées et que la douleur vous ôte votre clairvoyance habituelle.

— C'est bien possible, mon ami ; je l'avoue, le coup a été rude, et d'autres que moi auraient perdu leur sang-froid en le recevant ; mais, soyez tranquilles, avant dix minutes je serai rentré dans la complète possession de toutes mes facultés intellectuelles ; expliquez-vous donc, je vous prie.

— Je n'en doute pas, monsieur Bernard ; car, grâce à Dieu, je vous connais depuis bien des années, et je vous ai vu plusieurs fois dans des situations aussi terribles que celle-ci. Mais, pour en revenir à ce que vous me demandez, je vous dirai que je veux tout simplement parler de *Dardar*, le brave chien du comte. Vous savez combien il aime sa jeune maîtresse. Si nous réussissons à lui faire sentir quelque chose ayant appartenu soit à mademoiselle

Vanda, soit même au Mayor, il les retrouvera l'un et l'autre, je vous en réponds, fussent-ils cachés dans les entrailles de la terre.

Bernard réfléchit un instant.

— Sur ma foi de Dieu! s'écria-t-il tout à coup, je vous félicite de votre idée, ami Charbonneau, elle est excellente. Caraï! nous sommes maintenant certains de réussir! Merci, Charbonneau! Dardar sera notre meilleur batteur d'estrade!... Assez causé! A présent, en route!

Les trois hommes se levèrent alors, quittèrent le cabinet et descendirent l'escalier.

Mais, au lieu de s'engager dans le corridor et de traverser le jardin, chemin que Bernard avait pris pour rentrer chez lui, ils sortirent par la grande porte donnant sur la rue Bénard.

Ils s'engagèrent dans la rue du Chemin-des-Plantes et tournèrent à droite, dans la rue de la Sablière, suivis à dix pas en arrière par Tahera.

Le guerrier Comanche veillait en arrière-garde.

XIV

DANS LEQUEL NOTRE AMI BERNARD ZUMETA SE DÉCIDE A PRENDRE LA RESPONSABILITÉ

Il était un peu plus de minuit. Le ciel, sans un nuage et d'un bleu profond, était semé à profusion d'étoiles étincelantes; la lune, presque dans son plein, nageait dans l'éther, sa blafarde clarté se répandait dans l'atmosphère et glaçait d'argent les accidents du paysage; la température était chaude, mais rafraîchie de temps en temps par une brise capricieuse qui rasait le sol.

La chaussée du Maine paraissait déserte dans toute son étendue.

Les quelques boutiques restées ouvertes se fermaient grand renfort de volets.

Les lumières disparaissaient les unes après les autres derrière les fenêtres des maisons.

Les habitants de ce quartier retiré, après une longue journée de labeurs et de fatigues, se préparaient à se livrer au repos et à oublier pendant quelques heures, trop rapidement écoulées, les soucis de la veille et ceux du lendemain.

Tout était calme et silencieux.

Le coupé, attelé d'un vigoureux cheval mecklembourgeois, attendait, rangé près du trottoir, à l'angle de la rue de la Sablière et de la chaussée du Maine.

Le cocher se tenait droit sur son siège, le fouet en main et l'œil au guet.

Le valet de pied se promenait de long en large sur le trottoir, les mains appuyées sur la crosse des revolvers cachés dans ses poches, et prêt à en faire usage au premier incident suspect.

Bernard et Charbonneau ne mirent que quelque cinq ou six minutes pour franchir la distance qui séparait la maison de la rue Bénard de l'endroit où la voiture était arrêtée.

— Quoi de nouveau? demanda Bernard au valet de pied.

— Rien en apparence, monsieur, répondit cet homme en saluant respectueusement l'ami de son maître.

— Que voulez-vous dire, Michel? reprit Bernard avec un léger froncement de sourcil. Auriez-vous donc vu quelque chose de suspect?

— Je n'oserais l'affirmer à monsieur, répondit le valet de pied; rien ne s'est passé, sinon qu'à plusieurs reprises certains individus de mauvaise mine, et qui marquaient très mal, ainsi que nous disons nous autres, les uns contrefaisant l'ivresse, les autres feignant de se disputer entre eux, bien qu'il fût facile de reconnaître que ce n'était qu'un jeu, sont venus rôder autour de la voiture et nous regarder sous le nez. Mais, voyant probablement à notre contenance assurée que nous nous tenions sur nos gardes, et que nous n'étions pas gens à nous laisser intimider par leurs fanfaronnades, ils ont jugé prudent de passer leur chemin, et ils ont bien fait, car il aurait pu leur en cuire!

— Combien étaient-ils à peu près?

— Ils marchaient par petits groupes assez rapprochés, ce qui m'a permis de les compter; en tout, ils étaient une quinzaine.

— De quel côté se dirigeaient-ils? vous l'avez remarqué, sans doute?

— Oui, monsieur, ils venaient du côté de l'église et remontaient la chaussée dans la direction du boulevard de Montparnasse.

— Et à votre avis, Michel, quelle sorte d'individus était-ce?

— Des rôdeurs de barrières de la pire espèce, monsieur, cela se voyait tout de suite.

— Très bien, Michel. Vous monterez auprès du cocher, vous veillerez, surtout, lorsque nous arriverons dans certains passages déserts, et par conséquent très dangereux, que nous sommes obligés de traverser; du reste, s'il survenait quelque incident imprévu, je vous avertirais; recommandez au cocher de conduire bon train, ajouta-t-il en s'installant dans la voiture auprès du Canadien, qui s'était déjà accommodé dans un des angles du coupé.

Bernard referma lui-même la portière et la voiture partit au galop.

Au fur et à mesure que l'équipage se rapprochait de la gare du chemin de fer de l'Ouest, la chaussée se faisait moins déserte.

On rencontrait çà et là quelques individus attardés se hâtant de regagner leur logis.

On croisait quelques fiacres; certains cafés étaient même encore ouverts.

Les choses se continuèrent ainsi le long de l'avenue du Maine, et même sur le boulevard Montparnasse jusqu'à la hauteur de la rue de Sèvres.

Mais, après avoir dépassé cette rue, la solitude redevint tout à coup complète.

A droite et à gauche s'étendaient de grands murs blancs et nus, servant de clôtures aux jardins des nombreux couvents groupés dans ce quartier, coupés de temps en temps par des maisons particulières ou des édifices publics.

C'était dans ces parages que le danger devait exister, si, comme le supposait Bernard, quelque guet-apens avait été dressé.

L'ex-coureur des bois redoubla d'attention, prêt à agir au premir mouvement suspect.

La voiture approchait du boulevard des Invalides; l'hôtel splendide construit par le roi XIV pour abriter les vétérans et les éclopés de nos grandes guerres, détachait en vigueur les contours majestueux de ses lignes grandioses sur l'horizon lumineux de cette nuit presque tropicale.

Le boulevard était complètement désert.

A gauche, il y avait une église en construction, entourée d'échafaudages et de palissades.

A droite, une clôture en planches remplaçait les maisons absentes.

L'endroit était des plus favorables pour une attaque nocturne, sauf que, grâce à la lune et à la pureté transparente de l'atmosphère, on y voyait presque comme en plein jour.

Un sifflement doucement modulé, ressemblant à celui du castor, se fit entendre.

Bernard baissa la glace de devant.

— Attention! dit-il à voix basse; quoi qu'il arrive, n'arrêtez pas la voiture.

— Compris! dit le cocher, sur le même ton.

— Vous êtes armé, n'est-ce pas? demanda Bernard au chasseur.

— J'ai deux revolvers à six coups, répondit Charbonneau en s'éveillant en sursaut, car le digne chasseur s'était tout prosaïquement endormi. Est-ce que vous craignez une attaque?

— Oui; le cocher et le valet de pied sont-ils armés?

— Chacun d'eux a une paire de revolvers, je vous l'ai dit déjà.

— Bon ! je l'avais oublié, reprit Bernard en se frottant les mains, car à l'approche de la bataille, toute sa bonne humeur était revenue : si les coquins ne sont qu'une trentaine, nous leur passerons sur le ventre ; soyez prêt, ami Charbonneau !

— Je le suis, n'ayez crainte, monsieur ; sapristi ! je dormais de si bon cœur ! Les gredins me le payeront, je vous le promets !

Au même instant, un nouveau sifflement en tout semblable au premier se fit entendre.

— Attention ! reprit Bernard en abaissant toutes les glaces de la voiture.

Tout à coup, plusieurs planches de la palissade de droite tombèrent avec fracas sur le trottoir du boulevard, et une douzaine d'hommes s'élancèrent sur la chaussée, en même temps que des échafaudages de l'église en construction un nombre égal d'hommes surgissaient en poussant des cris et des exclamations de colère.

Ces hommes, sales, déguenillés, à l'aspect sinistre, brandissaient des couteaux et des armes à feu avec des gestes frénétiques de rage et de menace.

Le cocher fouetta son cheval, qui partit au galop.

Plusieurs individus s'étaient échelonnés sur la chaussée, prêts à se jeter au mors du cheval, tandis que les autres s'étaient mis à courir après la voiture, dans l'intention de l'envelopper, ce à quoi, du reste, ils réussirent bientôt.

Bernard ouvrit la portière de son côté, mouvement imité aussitôt de l'autre côté par le chasseur canadien.

— *Awack !* — en avant ! — cria une voix en langue comache derrière la voiture.

— *Awack !* répétèrent Bernard et Charbonneau, en mettant les revolvers aux poings.

Au même instant, des cris de détresse, des blasphèmes et des exclamations de douleur se firent entendre parmi les hideux assaillants.

— Bien ! cria alors Bernard ; à nous, maintenant. Feu !

Et debout, devant la portière ouverte, il déchargea ses revolvers sur les bandits les plus rapprochés, ce que le chasseur canadien fit en même temps de son côté avec un admirable sang-froid.

Les cris, les menaces et les hurlements redoublèrent.

En ce moment, la voiture reçut plusieurs secousses, des cris déchirants s'élevèrent; le cocher et le valet de pied tirèrent plusieurs coups de revolver.

Le cocher, à l'instar d'Automédon, le célèbre conducteur du char d'Achille, debout sur son siège, ses guides enroulées autour du corps, fouettait vigoureusement son cheval de la main droite, et, de la gauche, il faisait feu sur les bandits avec un entrain vraiment endiablé.

La voiture semblait emportée comme par un ouragan; les cris et les vociférations des misérables asssaillants devenaient à chaque instant de plus en plus faibles.

Bientôt ils cessèrent complètement de se faire entendre.

— Halte, et rechargeons! commanda l'ancien coureur des bois avec son inaltérable sang-froid.

Le premier ordre était plus facile à donner qu'à exécuter.

Le cheval, jeune et plein de feu, affolé par les coups de fouet auxquels il n'était pas habitué, les détonations des armes à feu et surtout les hurlements des bandits, lors de l'attaque, était devenu furieux; il menaçait de s'emporter, car le cocher en était à peine maître, malgré tous ses efforts pour le maintenir.

Cependant, après une lutte acharnée de quelques minutes, grâce à l'habileté du cocher et à la connaissance approfondie qu'il avait de son cheval, il réussit à calmer l'animal et à l'arrêter.

— *Ira y eh Saah?* — tout est-il bien, frère?— demanda alors Bernard, en passant la tête par la portière.

On ne répondit pas.

L'ancien coureur des bois hocha la tête avec tristesse.

Le guerrier comanche n'était plus derrière la voiture.

Il y eut un court silence.

Bernard reprit:

— Quelqu'un est-il blessé? demanda-t-il.

— Non, répondirent les trois hommes d'une seule voix.

— Avez-vous rechargé vos revolvers?

— Oui, monsieur.

— Eh bien! retournons, et surtout attention.

La voiture tourna sur elle-même et reprit au grand trot le chemin qu'elle avait précédemment fait à toute course.

— Vous arrêterez devant l'église en construction, recommanda Bernard au cocher; surtout, veillez bien, et ne tirez pas sans mon ordre.

— L'attaque a été vive, dit Charbonneau tout en mettant des cartouches dans ses revolvers.

— Bah! pas trop! fit Bernard en haussant les épaules assez dédaigneusement; ce sont des maladroits et des poltrons qui n'entendent rien à dresser une embuscade; ce ne sont même pas de véritables bandits ayant griffes et ongles; leur plan était mal combiné; il devait échouer. Nous n'avons eu affaire qu'à de misérables rôdeurs de barrières, des drôles accoutumés à jouer du couteau dans des rixes ignobles, mais ne sachant même pas se servir des revolvers qu'on leur a confiés. Pas un de leurs coups n'a porté.

— C'est vrai; et cependant ils étaient au moins vingt ou vingt-cinq.

— Ils étaient davantage; mais, quand même ils auraient été le double, leur coup n'aurait pas mieux réussi : la plupart étaient ivres; ils avaient bu pour se donner du courage; ils tiraient à tort et à travers, sans même viser, sans ordre, et, je vous le répète, sans plan d'attaque. Nous, nous n'étions que cinq hommes, mais sachant nous servir de nos armes, résolus, de sang-froid, et embusqués, comme dans une forteresse mobile, dans une voiture attelée d'un excellent cheval. Nous devions fatalement leur passer sur le ventre. C'est ce qui est arrivé.

— En effet, vous avez raison; mais permettez-moi de vous faire observer, cher monsieur Bernard, que vous vous trompez.

— En quoi?

— En disant que nous étions cinq.

— Nous étions cinq, en effet; avez-vous donc oublié mon ami Tahera?

— Comment! il nous avait suivis? Je croyais qu'il nous avait seulement accompagnés jusqu'à la voiture.

— Erreur, ami Charbonneau; empêcher Tahera de me suivre quand il suppose que je puis courir des dangers, serait imposible, il serait venu malgré moi.

— C'est juste, je n'avais pas songé à cela; mais je ne l'ai pas vu; où donc était-il?

— Debout, derrière la voiture.

— Et il n'y est plus?

— Non, voilà ce qui m'inquiète; c'est lui qui nous a prévenus de l'attaque des bandits en imitant le cri du castor. Lorsque le combat a été engagé, il s'est jeté dans la mêlée, où il a sans doute fait une sanglante et terrible besogne, car, vous le savez, c'est un brave et redoutable guerrier.

— Pourvu que ces misérables ne l'aient pas tué.

— C'est ce que nous allons savoir; la voiture s'arrête.

Au même instant la voiture s'arrêta, en effet.

Un homme ouvrit la portière du dehors.

L'ex-coureur des bois poussa un cri de joie en le reconnaissant.

Cet homme était Tahera, impassible comme toujours.

Bernard échangea quelques mots avec lui.

Lors de l'attaque, les bandits étaient au nombre de trente-trois.

Tahera les avait comptés; quelques-uns seulement avaient des armes à feu.

La plupart étaient ivres, ils avaient beaucoup souffert de la riposte partie de la voiture.

Onze avaient été tués ou grièvement blessés; deux avaient été écrasés sous les roues de la voiture.

Les survivants, pris d'une terreur panique, s'étaient sauvés dans toutes les directions; mais, cependant, ils avaient eu la précaution d'emporter leurs morts et leurs blessés, excepté les deux sur lesquels la voiture avait passé, et à l'enlèvement desquels Tahera s'était opposé en surgissant tout à coup à l'improviste au milieu des bandits.

Ceux-ci, en apercevant l'Indien, avaient été saisis d'une si grande terreur, qu'ils s'étaient sauvés à toutes jambes.

— Hum! murmura avec dépit Bernard entre ses dents, j'ai bien peur que cette fois encore nous fassions buisson creux; enfin, voyons toujours ces misérables. Michel, apportez-moi une des lanternes de la voiture, ajouta-t-il en haussant la voix et s'adressant au valet de pied.

Celui-ci se hâta d'obéir.

Les cadavres des deux bandits étaient restés étendus à la place même où ils avaient été écrasés, leurs complices n'ayant pas eu le temps de les relever.

— Veillez, dit Bernard au cocher.

— Soyez tranquille, répondit cet homme; faites vos affaires, je réponds de tout, je me méfie.

L'ancien coureur des bois s'approcha des cadavres et se pencha sur eux afin de les bien voir.

Ces deux hommes étaient horriblement mutilés : le premier avait la tête si complètement fracassée, que son visage n'avait plus rien d'humain.

Le second était un de ces pâles voyous imberbes et aux cheveux jaunes et plats comme on en rencontre à chaque pas sur les anciens boulevards extérieurs et dans certains tapis francs de la rue de la Gaîté, vieillis avant l'âge par de honteuses débauches, et dont les traits grimaçants, flétris et ridés ne laissent plus reconnaître s'ils sont jeunes ou vieux; gibiers de la cour d'assises et que le bagne réclame.

Tous deux portaient des blouses en toile blanche, mais sales et déchirées, et des pantalons en loques avec des chemises noires de crasse.

L'ancien chasseur hocha la tête avec découragement.

Cependant, il les fouilla avec soin dans l'espoir de découvrir quelque indice qui le mît sur la voie qu'il cherchait.

Le premier avait dans une de ses poches du tabac dans

un cornet de papier et un cahier de papier à cigarette ; dans une autre poche, une contremarque du théâtre Montparnasse et quatre pièces de vingt francs.

Le second avait aussi du tabac, du papier à cigarette et quatre louis ; mais, de plus, dans une poche intérieure de sa blouse, il avait un portefeuille crasseux et déchiré renfermant quelques papiers que Bernard se promit d'examiner plus tard, et, enfin, un trousseau de douze fausses clefs.

— Nous n'avons plus rien à faire ici, dit enfin l'ex-coureur des bois en se redressant. Partons ! le temps nous presse.

Le boulevard continuant à être désert, le coureur des bois remonta dans la voiture, dont Charbonneau avait trouvé inutile de sortir, et l'on repartit.

En revenant avec la lanterne, Michel, le valet de pied, fit remarquer à Bernard que plusieurs balles de revolver avaient frappé la voiture à droite et à gauche.

Mais les bandits avaient heureusement tiré de trop loin ; les balles, presque épuisées, n'avaient pas eu la force de traverser les panneaux assez épais du coupé.

A cette époque, des attaques plus audacieuses encore que celle que nous racontons, n'étaient que trop fréquentes dans les quartiers nommés excentriques, complètement négligés par la police.

Seulement, le gouvernement impérial avait grand soin d'étouffer tout retentissement. De sorte que presque toutes ces attaques et ces guet-apens odieux passaient presque complètement inaperçus, à la grande joie de leurs auteurs, dont cette complicité tacite faisait parfaitement l'affaire.

Le reste du trajet s'accomplit rapidement et sans autre événement fâcheux.

La demie après une heure du matin sonnait au moment où le coupé entrait au grand trot dans la cour sablée de l'hôtel de Valenfleurs et, après avoir décrit une courbe savante, venait s'arrêter devant un double perron de marbre.

Bernard conduisant Charbonneau et Michel, le valet de pied, un peu à l'écart, dit à ce dernier :

— Faites immédiatement atteler une autre voiture, vous m'accompagnerez : hâtez-vous, il faut que je reparte tout de suite.

Michel salua et se dirigea d'un pas pressé vers les écuries.

— Comment, monsieur Bernard, dit Charbonneau à l'ancien coureur des bois, dès qu'il fut seul avec lui, vous ne montez pas, ne serait-ce qu'un instant, voir M. Julian qui vous attend avec une si vive impatience ?

— Cela m'est impossible, ami Charbonneau; dans l'intérêt même de madame de Valenfleurs, il est indispensable que je reparte à l'instant. Nous sommes dans des circonstances telles, que cinq minutes de perdues peuvent amener les plus grands malheurs. Il ne s'agit pas de se désoler ; le moment est à l'action. Julian, tout à sa douleur, ne comprendrait pas cela; je dois et je veux le remplacer. Il m'en remerciera bientôt. Du reste, il n'y a pas de temps de perdu, avant une heure, je l'espère, je serai de retour. De la démarche que je vais tenter dépend peut-être le succès de notre entreprise.

— Je n'insiste plus, monsieur Bernard, répondit le chasseur canadien ; évidemment, vous devez savoir mieux que personne ce qu'il convient de faire.

— En effet, ami Charbonneau, dans un moment où tout le monde semble perdre la tête, je dois, moi, conserver mon sang-froid et renfermer quand même au fond de mon cœur tous les sentiments qui me brisent l'âme, afin d'avoir la force nécessaire pour sauver ceux que j'aime... Pleurer et se désespérer ne remédient à rien ; la décision, la volonté et la rapidité de l'exécution doivent remplacer la douleur. Donc, je veux agir et jeter l'indécision et la crainte au milieu de nos ennemis par une riposte qui leur prouve que nous ne sommes pas vaincus, ni même abattus par le résultat de leur odieux guet-apens.

— Je ne doute pas, monsieur Bernard, que M. Julian vous remercie lorsqu'il saura ce que vous voulez faire;

mais comment lui annoncerai-je que vous êtes venu jusqu'ici, et que vous êtes aussitôt reparti sans même consentir à le voir? Car je ne puis rien lui cacher.

— Vous avez raison, ami Charbonneau, il n'est pas mauvais que Julian soit instruit de la vérité; dites-lui seulement ceci : M. Bernard, à peine arrivé à l'hôtel, est aussitôt reparti pour se rendre à la cour des Fontaines; vous entendez bien, n'est-ce pas, à la cour des Fontaines?

— Oui, monsieur Bernard, à la cour des Fontaines. Oh! rapportez-vous en à moi; vos paroles seront textuellement répétées à M. Julian. Et ensuite?

— C'est tout, ami Charbonneau! Julian comprendra, et il ne vous interrogera pas davantage; peut-être même vous laissera-t-il comprendre par un geste ou par un mot sa satisfaction de voir que je ne perds pas la tête, et que, dans le désarroi où nous sommes, je n'oublie rien.

En ce moment, une voiture attelée de deux chevaux sortit des remises et vint se ranger au pied du perron.

— Allons, à bientôt! et n'oubliez pas ma commission, ami Charbonneau, reprit vivement le coureur des bois.

— Soyez tranquille, monsieur Bernard, tout sera fait comme vous me l'avez recommandé.

Bernard lui serra la main, monta dans la voiture, et, se penchant vers Michel qui tenait la portière ouverte, il lui dit à voix contenue :

— La voiture s'arrêtera au coin de la rue Croix-des-Petits-Champs et de la rue Montesquieu, où elle m'attendra. Donnez l'ordre au cocher de façon à ce que personne n'entende, et montez sur le siège auprès de lui.

Se tournant alors vers Tahera, il ajouta ce seul mot : Viens.

Le guerrier comanche se plaça aussitôt près de lui; Bernard referma alors la portière, et la voiture partit au grand trot.

A quelques pas de l'hôtel un homme, caché dans l'enfoncement d'une porte, s'élança vers la voiture et, d'un bond, sauta sur le marchepied de derrière.

Mais le cocher veillait : enveloppé par un vigoureux coup de fouet, l'espion fut contraint de lâcher prise et roula par la chaussée en poussant un hurlement de douleur et de colère.

Cette leçon, un peu rude, suffit.

Aucune autre tentative ne fut faite, et la voiture continua rapidement à s'éloigner dans la direction du faubourg Saint-Honoré.

Un quart d'heure plus tard, la voiture tournait dans la rue Croix-des-Petits-Champs et s'arrêtait à l'angle de la rue de Montesquieu.

Bernard mit pied à terre.

Tout était silencieux et désert autour de lui, sauf deux sergents de ville, appuyés contre une porte à quelques dix pas de là et causant entre eux à voix basse.

Le coureur des bois marcha résolument vers les sergents de ville.

En voyant Bernard s'approcher d'eux, les soi-disant agents de l'autorité, peu soucieux sans doute d'être dévisagés par ce curieux, s'élancèrent l'un à gauche, l'autre à droite, et s'éloignèrent dans des directions différentes avec une rapidité qui aurait fait honneur à des cerfs poursuivis par les chasseurs.

— J'en étais sûr, dit Bernard en riant. Caraï ! la consigne est bien donnée ; ah ça ! ce gredin de Mayor a donc enrôlé le ban et l'arrière-ban des bandits de Paris à son service ? Hum ! il faudra voir.

On sait que cette phrase était usitée par le chasseur quand il croyait apercevoir quelque chose de louche.

Il revint vers la voiture.

Tahera avait mis pied à terre, toujours impassible selon sa coutume, mais prêt à venir en aide à son ami, si besoin était.

— Vous allez faire un grand circuit à travers les rues, dit Bernard à Michel, le valet de pied ; il est important de dépister les espions qui nous surveillent. Lorsque vous serez certain de ne pas être suivi, vous gagnerez le boulevard et vous arrêterez la voiture devant le restaurant

Brébant, où vous attendrez mon retour. Surtout ne causez avec personne; si l'on vous interroge, ne répondez pas. Le cocher ne descendra pas de son siège; quant à vous, vous veillerez sur la voiture; dès que je serai monté, le cocher partira ventre-à-terre par le chemin le plus direct pour regagner l'hôtel... M'avez-vous bien compris ?

— Oui, monsieur, soyez tranquille, nous nous musèlerons, répondit le valet de pied.

— Alors, partez, et n'oubliez pas mes recommandations.

Le valet de pied remonta sur le siège, le cocher rassembla les guides et la voiture partit rapidement dans la direction de la place des Victoires.

— A nous deux, maintenant! dit Bernard à Tahera dès qu'ils se trouvèrent seuls dans la rue. Nous sommes sur le sentier de la guerre; il s'agit d'avoir des yeux et des oreilles partout et de dépister les espions.

— Tahera est un guerrier; il veillera, répondit laconiquement le Comanche.

Les deux hommes se mirent alors en marche l'un derrière l'autre, assez rapprochés pour se porter secours en quelques bonds, mais assez éloignés l'un de l'autre pour ne pas avoir l'air de se connaître.

Ils suivirent le trottoir de la rue Montesquieu, traversèrent la rue des Bons-Enfants, et pénétrèrent dans la cour des Fontaines.

Tout était sombre.

Une seule lumière brillait à une fenêtre, située au troisième étage d'une maison formant un des angles de la cour.

Le chasseur s'arrêta.

Il fit un signe.

Tahera continua son chemin et disparut à l'angle de la rue de Valois.

Bernard imita alors à trois reprises les miaulements d'un chat, et cela avec une perfection telle qu'un chat blotti dans une gouttière répondit par un miaulement à ce qu'il prit pour un appel.

La lumière disparut au troisième étage, et les aboiements furieux d'un chien se firent entendre.

Bernard prit un briquet dans sa poche, battit la pierre de façon à produire une quantité d'étincelles et alluma un cigare.

Il se rapprocha alors de la maison où d'abord il avait vu une fenêtre éclairée.

Arrivé près de la porte, il poussa brusquement; la porte céda. Il entra et la referma vivement derrière lui, mais sans faire le moindre bruit.

Au même instant, Tahera, qui avait fait le tour par la rue Saint-Honoré et la rue des Bons-Enfants, reparut à l'entrée de la cour des Fontaines.

Mais soudain, il fit brusquement un pas en arrière et se dissimula dans l'ombre de manière à devenir invisible.

Deux hommes embusqués sous l'auvent avancé d'une boutique, où jusque-là ils étaient demeurés cois, venaient de surgir subitement, et s'étaient élancés vers la porte. Mais trop tard, elle s'était déjà refermée.

— Chou blanc! dit l'un deux avec dépit, mais à voix basse.

— Manqué, dit l'autre sur le même ton.

— Que faire?

— Pardi! attendre; il faudra bien qu'il sorte, puisqu'il est rentré.

— Nous aurions dû le *chouriner* tout de suite.

— Avec cela que c'est facile, reprit le premier en haussant les épaules; je l'ai déjà manqué ce soir. Ce gaillard-là est roué comme une potence!

— Allons, ne te fâche pas, Fil-en-Quatre, ce n'est que partie remise, ma vieille.

— Avec ça!... tiens, vois-tu, la Dèche, ce gars-là nous roulera encore... Malheur!

— Crois pas! nous sommes deux, cette fois; nous aurions dû sauter dessus tout de suite.

— J'y ai pensé, mais quelqu'un le suivait, v'la c'qui m'a arrêté; j'les croyais ensemble.

— T'as pas l'œil; j't'avais dit que non, t'as bien vu; à preuve qu'il a continué son chemin.

— Ah! ben, c'est ben possible. Que f'sons-nous? reprit Fil-en-Quatre. Décarrons-nous, ou battons-nous not' quart jusqu'à c'qu'i rapplique?

— C'est l'plus prudent, dit la Dèche en haussant les épaules. Le Loupeur n'est pas tendre, et si nous sommes encore roulés, il nous en cuira, tu sais; il n'aime pas à lâcher ses monacos pour le roi d'Prusse.

— C'est vrai; c'est embêtant tout d'même; mais pas moyen d'faire autrement. Reprenons notre satanée faction.

— Bah! une heure est bientôt passée. Il ne couchera pas là, p'être bien.

— On ne sait pas; y a des gens si drôles; y n'savent pas quoi inventer pour embêter les amis!

— Mais comment qu'il fait donc, le Loupeur, pour découvrir comme ça les choses? qui a pu lui dire que l'Oisive viendrait ici cette nuit? C'est ce qu'a pas manqué.

— Ah! quant à ça, ma vieille, ni vu ni connu, parole sacrée, il devine tout. c'est un rude mâle, toujours, c'diable de Loupeur! Bien sûr il a l'boulanger dans sa manche. C'est pas possible autrement.

— Mais chez qui vient-il ici, c't'homme!

— Chez un Anglais qu'est Américain; paraît qu'y s'ont fréquentés dans les temps, quand y étaient dans les pays sauvages.

— C'est drôle tout d'même.

— Oui, mais assez causé; s'il sortait, par hasard, nous serions paumés et marrons, et j'm'en soucie pas.

— Ni moi non plus. T'as raison.

— N'a pas d'soin, si j'le pince; je l'manquerai pas.

— Ce s'ra bien fait pour lui.

Tout en causant ainsi à voix basse, Fil-en-Quatre et son ami la Dèche, vieux cheval de retour, dont la vie presque entière s'était écoulée dans les bagnes, se dirigèrent à pas de loup vers l'endroit où ils s'étaient précédemment embusqués.

Les deux bandits marchaient sur la même ligne, très

rapprochés l'un de l'autre, le haut du corps légèrement penché en avant, afin de mieux explorer le terrain sur lequel ils manœuvraient.

Ils n'étaient plus qu'à quelques pas de leur embuscade, dans laquelle ils se préparaient à se blottir, lorsque tout à coup un nœud coulant tomba sur leurs épaules et fut si vigoureusement serré, que les pauvres diables roulèrent du même coup sur le pavé, plus qu'à demi étranglés, sans avoir même le temps de pousser un cri et de savoir ce qui leur arrivait.

Tahera les avait lacés !

Et grâce à l'habileté prodigieuse qu'il possédait, il avait si bien pris ses mesures, qu'il avait fait coup double sur les deux bandits.

Il importait de les prendre ainsi comme dans un filet, pour que l'un d'eux ne réussît pas à s'échapper.

Le Comanche, fort expéditif de sa nature, comme tous les Indiens, tira son couteau pour leur couper la gorge, ce qu'il se préparait à faire tranquillement, et sans le moindre remords.

N'était-il pas sur le sentier de la guerre ?

A son point de vue, il était donc dans son droit; mais heureusement pour les deux bandits, au moment où il allait mettre à exécution ce sanglant dessein, la pensée lui vint que peut-être son ami Bernard ne serait pas fâché d'interroger les prisonniers, afin d'obtenir d'eux quelques renseignements.

— Bon ! grommela le Comanche, il sera toujours temps, attendons la Main-de-Fer.

Là-dessus, Tahera referma son couteau, garrotta et bâillonna solidement les deux drôles, après avoir eu soin de desserrer et d'enlever le *laso* qui les étranglait bel et bien.

Ils avaient déjà perdu connaissance, il était même plus que temps de leur porter secours.

Cela fait, Tahera transporta les deux prisonniers sous l'auvent si peu protecteur et il regagna la cachette qu'il s'était choisie à quelques pas de là, et de laquelle il lui était facile de ne pas les perdre de vue.

Pendant que se passait cette rapide scène dramatique dans la cour des Fontaines, Bernard, aussitôt après avoir refermé la porte ainsi que nous l'avons dit, avait prononcé à voix basse ce simple mot :

— Florida !

Une autre voix avait aussitôt répondu sur le même ton :

— Navaja et Rancheria !

— Main-de-Fer, avait répliqué Bernard.

Une lanterne sourde avait alors été démasquée, et les deux hommes s'étaient reconnus.

Sans causer davantage, ils avaient alors monté trois étages, et Bernard avait été introduit par Williams Fillmore dans le singulier appartement où déjà nous avons eu l'occasion de conduire le lecteur.

Après avoir pris des sièges et allumé des cigares, les deux hommes, confortablement installés, entamèrent la conversation.

— J'attendais votre ami, ou vous, cette nuit ; voilà pourquoi je suis resté ici, dit Williams Fillmore entre deux bouffées de fumée.

— Comment ! vous attendiez mon ami ou moi cette nuit ? dit Bernard avec surprise.

— Oui, monsieur.

— Alors, vous saviez donc ?...

— Que mademoiselle Vanda a été enlevée aujourd'hui par le Mayor ? Je l'ai su une heure après l'événement.

— Mais alors vous pourrez donc me dire ?... s'écria Bernard avec un mouvement de joie.

— Rien de plus, monsieur, interrompit vivement Williams Fillmore. Malheureusement, je ne sais rien de plus que le fait brutal.

— Voilà qui est singulier, dit le Coureur des bois en fronçant les sourcils, si instruit d'un côté, si ignorant de l'autre ; permettez-moi, monsieur, de trouver cela au moins bizarre.

— C'est vrai, mais cela est ainsi. Ne me faites pas, monsieur, l'injure de supposer que je veux jouer avec vous un double jeu, reprit Williams Fillmore avec une dignité persuasive ; vous me connaissez de longue date, et vous devez vous souvenir de la conduite que j'ai tenue il y a quelques années envers vous et vos amis ?

— Cette conduite a été franche et loyale, je le reconnais hautement, monsieur.

— Je vous remercie, et j'ai été généreusement récompensé ; aussi, je suis riche aujourd'hui, grâce à votre ami. Je ne suis guidé dans ce que je fais par aucun motif d'intérêt : la reconnaissance seule me fait agir ; si l'on m'offrait une récompense quelconque pour le peu que je puis faire, je la refuserais, sachez-le bien, et cela d'autant plus que c'est moi-même qui me suis offert, lors de mon départ pour l'Europe, à vous servir contre le Mayor, si quelque jour vous aviez besoin de moi.

— Tout cela, monsieur, est vrai, je me plais à le constater ; je ne mets donc pas un seul instant en doute votre désir de nous être utile ; seulement, je m'étonne, et vous devez le comprendre, qu'ayant été si promptement instruit du guet-apens dont a été victime mademoiselle Vanda, vous n'ayez pas obtenu quelques renseignements au moyen desquels nous aurions pu retrouver les traces du coupable.

— Des coupables, vous voulez dire, car ils sont deux : le Mayor d'abord, et Félitz Oyandi ensuite.

— Ah ! ah ! fit Bernard en se frottant les mains, ce drôle a aussi trempé dans cette affaire ; c'est bon à savoir !

— C'est lui qui a tout préparé ; il est l'âme damnée du Mayor, son bras droit, son lieutenant enfin, comme il l'était là-bas dans les savanes de l'Ouest. Malgré le mépris qu'il éprouve pour la lâcheté de cet homme, le Mayor ne fait jamais rien sans le consulter.

— Mais pourquoi le Mayor a-t-il fait enlever mademoiselle Vanda ? Quel but se propose-t-il ? S'il voulait se venger de madame la comtesse de Valenfleurs, comment ne s'est-il pas directement adressé à elle ?

— Ah! voilà : le Mayor poursuit en cela un double but : c'est une âme ténébreuse et pleine de contradictions que celle de cet homme ; il pousse tous les sentiments à l'extrême, et surtout il ne pardonne jamais qu'on se venge par la bonté et le dévouement du mal qu'il a voulu faire ; et puis, il aime sa fille à l'adoration, et il en veut à la comtesse de l'avoir sauvée et adoptée.

— Mais cet homme est un monstre, il a assassiné lâchement la mère de la pauvre enfant !

— Oui, le Mayor est un monstre, cela n'est que trop prouvé ; il a essayé de tuer sa première femme, comme il a tué sa seconde : il ne pardonne pas plus à l'une d'avoir échappé qu'à l'autre d'avoir succombé ; sa haine est égale pour toutes deux ; de plus, il est jaloux de la comtesse pour les soins qu'elle a donnés à la pauvre enfant ; il l'accuse de lui avoir enlevé l'amour de sa fille. Je vous l'ai dit, cet homme est un composé de contrastes et des plus horribles contradictions ; ce monstre, dans lequel tous sentiments généreux sont morts, dans l'âme duquel ne vibre plus aucune corde sensible à un sentiment honnête, ne se rattache, je ne dirai même pas à l'humanité, car il ne reste plus rien d'humain en lui, mais ne se relie aux lois naturelles imposées à toutes les créatures par l'auteur du monde, que par son amour pour sa fille.

— Oh! c'est impossible, monsieur ; cet homme, ce monstre, car ce n'est pas autre chose, ne saurait aimer son enfant.

— Vous vous trompez, monsieur, il adore son enfant, mais il l'aime à la façon des fauves ; il l'aime avec passion, avec rage, avec frénésie même, mais pour lui et non pour elle. Peu lui importe qu'elle souffre et qu'elle soit malheureuse près de lui, pourvu qu'il l'ait, qu'il la tienne sous sa dépendance, qu'il lui parle et la maltraite même dans ses moments de terrible emportement, en lui reprochant de ne pas aimer son père et de lui préférer ses ennemis! Cet étrange amour paternel, pur dans son principe, mais doublé d'une jalousie féroce contre tous ceux qu'il suppose l'aimer aussi, qui le torture et le rend fou de douleur, car il sait que sa fille ne peut pas l'aimer ni répondre à ses caresses, dont elle a horreur, à cause de son effroyable passé, est le plus terrible châtiment que Dieu pouvait infliger à ce misérable; et peut-être, si nous ne réussissons pas à lui enlever la pauvre enfant, dans un moment de fureur poussé jusqu'à l'aliénation mentale, il la déchirera de ses propres mains, et, ce dernier et épouvantable crime accompli, il se tuera sur son cadavre, car il aura tué le seul être dont la vue lui causait encore quelques fugitives sensations de joie; voilà quel est le Mayor, cet homme qui vous fait une guerre de tigre et de cannibale, et dont vous n'aurez raison qu'en le tuant sans pitié comme on abat un juguar ou toute autre bête féroce, dont le seul tort est d'obéir aux instincs qu'elle tient de sa nature même. Mais hâtez-vous d'en finir avec ce misérable si vous voulez prévenir d'effroyables malheurs.

— C'est précisément, monsieur, afin d'obtenir ce résultat que je suis venu vous trouver ainsi au milieu de la nuit et vous demander votre concours.

— Il vous est acquis sans réserve, monsieur; vous pouvez disposer de moi en tout, et pour tout.

— Mais vous-même m'avez dit que vous ne saviez rien.

— C'est vrai, monsieur; mais qu'importe cela? Ecoutez-moi. A défaut de renseignements qui me manquent, je puis vous donner un bon conseil et peut-être vous procurer l'homme qui vous mettra sur la trace de votre ennemi.

— Vous feriez cela, monsieur?

— Je l'espère, monsieur; et tout me porte à croire que je réussirai, si vous voulez bien m'accorder quelques minutes, que vous ne regretterez pas d'avoir perdues en ma compagnie.

— Oh! parlez, monsieur, parlez; je vous écouterai avec la plus grande attention, dussiez-vous parler pendant une heure entière.

— Rassurez-vous, monsieur. Je ne mettrai pas votre patience à une aussi longue épreuve. Je n'ai que quelques mots à vous dire, reprit en souriant Williams Fillimore; d'ailleurs, le temps nous presse, et nous devons nous hâter. On ne saurait agir dans les pays civilisés comme nous le faisions là-bas dans les savanes; les procédés changent nécessairement selon le degré de civilisation auquel sont parvenus les gens à qui l'on a affaire et au milieu desquels on est contraint de vivre.

— Par ma foi de Dieu, monsieur! pardonnez-moi de vous interrompre, il est possible qu'en théorie les moyens changent, mais, quant à la pratique, je trouve qu'ils sont tous les mêmes. Ce soir, en rentrant chez moi, vers neuf heures, je n'ai échappé que par miracle à un drôle qui a tiré sur moi d'une embuscade. Trois heures plus tard, pendant que je me rendais en toute hâte à l'appel désespéré de mon ami Julian, j'ai été assailli par une trentaine de bandits sur le boulevard des Invalides; ils ont fait de ma voiture une écumoire. Il y a eu entre nous un combat en règle, huit ou dix de ces drôles ont succombé, et je n'ai réussi à me dégager que grâce à la rapidité de mon cheval. Il me semble que ces procédés violents ressemblent, à s'y méprendre, à ceux usités là-bas, dans les déserts américains. Qu'en pensez-vous? ajouta Bernard en riant.

— Comment! les choses ont déjà été poussées si loin?

— Mon Dieu! oui. J'ajouterai que pour me rendre ici, j'ai eu à me débarrasser de deux ou trois espions mis à mes trousses et peut-être ne les ai-je pas tous dépistés.

— By God! le Mayor n'y va pas de main morte! Le temps presse, alors?

— Oui, beaucoup.

— Le Mayor jette l'or à pleines mains; j'ignore où il a ramassé ces richesses; ce qui est certain, c'est qu'il a enrôlé une formidable armée de bandits, qui le suivront sans hésiter jusqu'au bout. Il a surtout avec lui un certain Lucien de Montreuil, bandit émérite, cousu de mauvaises affaires dans tous les pays du monde qu'il a parcourus en flibustier, et qui, sous le pseudonyme de Loupeur, est le chef reconnu et obéi de tous les malandrins de Paris. Cet

homme, doué d'une grande intelligence et d'un courage
féroce, est peut-être plus redoutable encore pour nous que
le Mayor lui-même, à cause de la connaissance profonde
qu'il possède de tous les innombrables repaires de la ville,
son habileté incontestable et sa décision dans l'exécution
des projets qu'il imagine. Le Mayor ne pouvait être aidé
par un plus terrible lieutenant.

— Hum! hum! savez-vous que tout ce que vous me
dites-là, monsieur, n'est guère rassurant; je me demande
comment nous réussirons à nous tirer du guêpier dans
lequel on nous a jetés?

— Par de l'adresse, de l'audace et de la résolution.

— Nous ne manquons d'aucune de ces qualités, monsieur.

— Je le sais, vous l'avez prouvé bien des fois; mais il
vous manque la connaissance de l'échiquier sur lequel
vous êtes contraints de livrer bataille, et la connaissance
encore plus nécessaire, pour ne pas dire indispensable,
des mœurs, des habitudes et du caractère des misérables
que l'on a lâchés comme une meute contre vous. J'admets
que vous en tuiez quelques-uns, beaucoup même, cela
importe peu, vous finirez par être accablé sous le nombre,
et vous succomberez par cela même que vous combattrez
loyalement contre des ennemis qui se serviront contre
vous des armes les plus odieuses, et que vous ne saurez
jamais où les prendre au gîte; car, le combat fini, ils disparaîtront sans qu'il vous soit possible de les relancer dans
leurs repaires, que vous ignorez.

— Je l'avoue, monsieur, tout cela est plausible; mais
comment faire? Tout ce que vous me faites ainsi toucher
du doigt ne s'improvise pas et ne s'apprend point en
quelques heures. En effet, nous n'avons que des heures
devant nous, et, pour acquérir ces connaissances, il faut
de longues études, auxquelles le temps nous manque pour
nous livrer.

— Vous dites vrai, monsieur; mais ce qu'il vous est à
vous matériellement impossible d'exécuter, un autre peut
s'en charger et vous donner ainsi, non seulement les

moyens de déjouer toutes les trames les plus serrées préparées contre vous, mais encore de vous débarrasser définitivement des implacables ennemis qui, peut-être, supposent déjà vous avoir réduits aux abois.

— Et vous connaissez l'homme qui se chargerait de cette lourde tâche?

— Je le connais, oui, monsieur.

— Et vous espérez obtenir de lui?...

— Qu'il vous accorde son concours? interrompit Williams Fillmors, j'en suis sûr; mais cela vous coûtera cher, je ne vous le cache pas.

— Q'importe la somme, si nous réussissons : nous sommes riches !

— Je le sais; aussi ne vous ai-je dit cela que pour mémoire.

— Qu'il fasse son prix : quelle que soit la somme qu'il exigera, elle lui sera comptée à l'instant.

— C'est bien; je réponds maintenant du succès; et je vous avoue que je suis charmé que nous nous entendions; car, vous le savez, moi aussi je hais le Mayor.

— Oui, je le sais. Je me rappelle même que c'est grâce à cette haine que vous nous avez prêté votre concours lors de l'affaire de la *Florida*.

— En effet, oui, monsieur. A ce propos, vous souvenez-vous que lorsque tout le monde assurait que le Mayor avait été tué, je soutenais, moi seul, qu'il n'en était rien, et qu'un jour ou l'autre il reparaîtrait plus féroce et plus endiablé que jamais? Vous voyez aujourd'hui que j'avais dit vrai.

— Malheureusement, vous avez été prophète, monsieur, je dois en convenir... Mais, pardon, quand verrez-vous l'homme dont vous m'avez parlé?

— Je vais me rendre immédiatement chez lui. Comment êtes-vous venu chez moi ?

— En voiture; mais j'ai fait arrêter rue Croix-des-Petits-Champs, et après avoir envoyé la voiture m'attendre devant la maison Brébant, je suis venu jusqu'ici à pied.

— Seul? c'était imprudent.

— Tahera, mon ami Comanche, était avec moi; jamais il ne me quitte.

— Alors, c'est autre chose; je vous accompagnerai jusque chez Brébant, et de là je continuerai jusque chez notre homme; il habite rue de Maubeuge.

— Peut-être aurez-vous certaines difficultés à vous faire ouvrir?

— Non, pas la moindre, soyez tranquille.

— Vous attendrai-je?

— Non, c'est inutile; j'arriverai presque en même temps que vous à l'hôtel de Valenfleurs.

— Bien, nous partirons quand il vous plaira.

— Attendez...

Il s'approcha du mur et poussa un bouton perdu dans une rosace de la tapisserie.

— Que faites-vous donc?

— J'ordonne de faire sortir la voiture qui attend attelée sous la remise..., et tenez, regardez.

— Diable! vous êtes bien servi aussi, vous, monsieur.

— Il faut cela.

Une voiture de maître venait d'apparaître, et, après avoir traversé la cour des Fontaines, elle avait tourné dans la rue de Valois.

— Eh! la voiture s'en va, dit Bernard.

— Ne vous inquiétez pas de cela.

— Permettez-moi de prévenir Tahera.

— Faites.

Bernard imita alors l'aboiement d'un chien, deux cris de chouette lui répondirent.

Le chasseur hocha la tête.

— Que se passe-t-il? demanda Williams Fillmore.

— Je l'ignore; Tahera me répond qu'il a besoin de me dire quelque chose, et que je me hâte de le rejoindre.

— Diable! est-ce qu'il y aurait encore du nouveau? reprit le pseudo-Américain.

— C'est ce que nous allons savoir bientôt, répondit Bernard.

— Partons alors.
— Je suis à vos ordres.

XV

OU L'ON VOIT REPARAITRE UN PERSONNAGE DONT ON N'A PAS PARLÉ DEPUIS TRÈS LONGTEMPS, MAIS QUE PEUT-ÊTRE LE LECTEUR N'AURA PAS OUBLIÉ.

Bernard se leva, prit son chapeau, et il se dirigea vers la porte.
— Où allez-vous donc? lui demanda son hôte.
L'ex-coureur des bois se retourna. Williams Fillmore allumait tranquillement une lanterne sourde, la même qu'en entrant il avait eu grand soin d'éteindre.
— Est-ce que nous ne partons pas? demanda Bernard.
— Si, mais pas par ce côté, répondit l'ex-Navaja.
Bernard regarda curieusement autour de lui.
Le lecteur se souvient qu'il n'y avait pas trace d'autre porte que celle par laquelle on pénétrait dans le salon-atelier de l'Américain.
— Venez, dit Williams Fillmore.
Il s'approcha de la cheminée et pesa sur un bouton de métal servant en apparence à soutenir les pincettes.
Aussitôt la cheminée et le pan de mur contre lequel elle était adossée tournèrent sans bruit sur eux-mêmes, et démasquèrent une large ouverture donnant sur un escalier.
Williams Fillmore passa, immédiatement suivi par Bernard.
Puis, le pan de muraille reprit sa place, et le mur redevint lisse et sans apparence de solution de continuité.
— Caraï! dit le coureur des bois en riant, voilà qui est admirablement machiné.
— N'est-ce pas? répondit l'autre. Ce n'est pas moi qui ai fait arranger cette entrée dérobée. Cette maison est fort

vieille; elle a fait, je crois, il y a longtemps, partie du Palais-Royal. Quand je fus pour acheter cette maison, mon architecte découvrit ce passage; il avait été condamné, mais non détruit; je l'ai fait rétablir, voilà tout, afin de m'en servir au besoin. Vous voyez que cette nuit il nous est utile.

— Très bien! C'est égal, c'est drôle et surtout fort ingénieux.

— Non pas, je suis convaincu que dans d'autres maisons de cette rue, il existe de semblables passages : n'oubliez pas que le Palais-Royal d'aujourd'hui ne ressemble en rien à ce qu'il était lorsque le cardinal de Richelieu le fit construire.

— C'est juste, répondit en riant Bernard; à cette époque, déjà reculée, on se servait beaucoup plus souvent des issues dérobées que des véritables portes.

Tout en causant ainsi, les deux hommes descendaient un grand et bel escalier à rampe de fer, mais sombre en ce moment, à cause de l'heure avancée de la nuit.

— Cette maison et celle par laquelle vous êtes entré m'appartiennent, reprit Williams Fillmore, elles sont d'un excellent rapport.

— Je vous en félicite, répondit Bernard, qui, tout à ses pensées, était médiocrement intéressé par ces détails.

Enfin, ils atteignirent le palier, traversèrent le porche. Williams Fillmore ouvrit le guichet de la porte cochère avec une clef qu'il prit dans sa poche, et les deux hommes se trouvèrent dans la rue de Valois.

La voiture attendait, un domestique tenait la portière ouverte.

— Avez-vous vu quelque chose? demanda l'Américain en montant dans la voiture.

— Non, monsieur, rien.

— Dites au cocher de suivre monsieur au pas.

Le cocher fit tourner la voiture et reprit au pas la direction de la cour des Fontaines, où Bernard, qui marchait en avant, lui ordonna d'un geste d'arrêter.

— Descendez donc un instant, dit le coureur des bois à

Navaja; Tahera a fait une prise assez embarrassante.

L'Américain descendit aussitôt en faisant signe à ses gens d'avoir l'œil au guet.

Les deux hommes rejoignirent alors Tahera, qui leur raconta en quelques mots ce qui s'était passé, et quel moyen il avait employé pour s'emparer des deux hommes.

— J'ai voulu d'abord les tuer, ajouta-t-il en terminant, et puis j'ai réfléchi que peut-être ils pourraient fournir de précieux renseignements.

— Peuh! tu aurais mieux fait de les tuer tout de suite, dit Bernard : ils vont nous embarrasser.

— C'est facile, dit laconiquement le Comanche en saisissant son couteau.

Williams Fillmore entendait et parlait, lui aussi, la langue de l'Indien; il lui arrêta le bras.

— Non, dit-il, puisqu'ils ne sont pas morts, il faut qu'ils nous servent à quelque chose : je me charge d'eux; transportons-les dans la voiture; sont-ils bâillonnés?

— Garrottés, bâillonnés et aveuglés, dit le Comanche.

— Très bien; parlez-moi des Indiens pour n'oublier aucune précaution, fit Navaja en riant.

D'un signe, il ordonna à son domestique d'aider Tahera à soulever les deux hommes.

— En voilà un qui est mort, dit le domestique.

— Voyons un peu, dit Bernard, en regardant de plus près; ma foi, oui, dit-il au bout d'un instant, il est déjà froid; qu'en faisons-nous?

— Il n'y a qu'à le détacher et le laisser là : on le ramassera.

— Oui, c'est une idée.

Le mort était l'infortuné Ladèche.

En le garrottant, Tahera n'avait pas remarqué que le *lasso* trop serré avait étranglé le bandit.

Quand il le retira, il était déjà mort.

— Bon débarras! dit Williams Fillmore. Voyons l'autre.

L'autre, c'était Fil-en-Quatre.

Il n'était pas mort, mais il l'avait échappé belle, ainsi qu'il le dit lui-même quelques heures plus tard.

On le coucha dans la voiture, geignant et pleurant.

Malheureusement pour lui, il était bâillonné et avait son bourgeron relevé par dessus la tête, de sorte qu'il ne pouvait ni demander grâce, ni reconnaître les personnes entre les mains desquelles il se trouvait.

Sur un ordre donné à voix basse par Williams Fillmore, la voiture s'éloigna dans la direction de la rue Montorgueil, tandis que Bernard, son ami indien et le pseudo-Américain remontaient à grands pas la rue de Valois, dans la direction de la rue Vivienne.

— Voilà une singulière affaire ! dit Bernard, dans le simple but de ne pas laisser tomber la conversation.

— Mais non, pas trop ! répondit Williams Fillmore ; elle est toute simple, au contraire, et témoigne de l'habileté des gens employés par le Mayor et de la perfection du système d'espionnage inauguré par eux.

— Le fait est que c'est presque de la prescience de leur part ; car je vous avoue que dix minutes avant d'atteindre l'hôtel de Valenfleurs, la pensée ne m'était pas encore venue à l'esprit de me rendre cette nuit chez vous.

— Hum ! ce que je vois de plus clair dans tout cela, c'est que ces drôles, je ne sais par quels moyens, ont découvert nos relations, bien que toutes les précautions aient été prises entre nous pour éviter qu'ils en fussent instruits, découverte dont les suites peuvent avoir pour moi des conséquences déplorables. Qui sait s'ils n'ont pas découvert mon incognito, si sévèrement conservé cependant, et, sous le déguisement de Williams Fillmore, n'ont pas reconnu Navaja, ce qui serait terrible pour moi ? Mais heureusement le bonheur a voulu que notre ami le Comanche se soit emparé de ces deux drôles ; or, maintenant je suis averti, et je prendrai les précautions nécessaires pour me mettre hors d'atteinte de la vengeance du Mayor : cela fait que je suis plus satisfait que fâché de cette capture.

— Vous savez que Julian, moi et nos amis, nous sommes prêts à vous servir en tout.

— Je vous remercie ; quant à présent, je n'ai, je le crois,

rien à redouter. Cependant, bien que je n'accepte pas votre offre, je ne la refuse point non plus; j'ajourne ma décision, voilà tout : vous avez des intérêts trop sacrés à défendre pour que je vienne encore compliquer vos embarras, si grands déjà; d'ailleurs, l'interrogatoire que je ferai subir au misérable, si adroitement capturé, m'indiquera probablement la ligne de conduite que je devrai adopter.

— Dans tous les cas, je vous ai donné ma parole en mon nom et en celui de mes amis : je serai toujours prêt à la tenir, si besoin est.

— Je ne l'oublierai pas; mais voici notre voiture, arrêtée là, à l'angle de la place de la Bourse. Hâtons-nous de monter, je vous laisserai à l'entrée du faubourg Montmartre.

— C'est entendu; puis-je compter sur votre visite cette nuit?

— J'arriverai, avec la personne en question, dix minutes ou un quart d'heure au plus après votre arrivée à l'hôtel de Valenfleurs; je vous l'ai promis, vous pouvez donc y compter.

— Bien, c'est entendu. Montez dans votre voiture, rien ne me presse maintenant; je ne suis qu'à quelques pas du restaurant Brébant, je préfère faire ce court trajet à pied.

— Comme il vous plaira; à bientôt, alors.

— A bientôt, oui.

Le pseudo-Américain monta alors dans sa voiture qui l'attendait effectivement à l'angle de la rue Vivienne et de la place de la Bourse, et l'équipage s'éloigna rapidement.

Bernard continua tranquillement son chemin.

Il n'était pas fâché de rester seul pendant quelques minutes, afin de remettre un peu d'ordre dans ses idées, considérablement troublées par la succession non interrompue d'incidents de toutes sortes qui s'étaient succédés depuis qu'il avait quitté la rue Bénard.

Il marchait à quelques pas en avant du guerrier Comanche, qui, sous sa feinte indifférence, cachait une activité fébrile.

L'Indien avait les oreilles ouvertes à tous les bruits, et les yeux incessamment fixés sur tous les points, de façon à ce que sa surveillance ne fût pas mise en défaut.

Bernard gagna en se promenant le boulevard, puis il tourna à droite et remonta le boulevard Montmartre, en s'absorbant de plus en plus dans ses pensées.

Il avait atteint l'angle de la rue Montmartre et se préparait à traverser la chaussée en biais pour aboutir juste devant la maison Brébant, devant laquelle stationnait une longue file de voitures, malgré l'heure avancée de la nuit, lorsqu'au moment où il s'engageait sur la chaussée, en ce moment déserte, un individu assez mesquinement vêtu s'élança en courant sur la chaussée, dirigeant sa course tout droit vers Bernard, qui, préoccupé par ses pensées, ne le voyait pas venir.

Mais Tahera veillait sur son ami ; rien ne lui échappait.

Il s'élança, lui aussi, en avant, à la rencontre de l'inconnu, et cela si rapidement que les deux hommes éprouvèrent un choc si vigoureux, que l'inconnu perdit l'équilibre et roula sur le macadam, en laissant échapper un couteau qu'il tenait à la main, et jurant et blasphémant comme un païen.

Mais, se relevant avec une prestesse extrême, cet individu reprit sa course sans se donner la peine de ramasser son couteau, dont Tahera s'empara.

Cette scène s'était si rapidement accomplie, que les cochers, éloignés de quelques pas, et Bernard lui-même, ne se rendirent pas compte de ce qui s'était passé, et n'y attachèrent aucune importance.

Cependant, voyant son ami ramasser une espèce de couteau de boucher dans la boue, Bernard se ravisa ; et, s'approchant avec inquiétude de l'Indien :

— Qu'y a-t-il donc ? lui demanda-t-il.

— Que mon frère regarde, répondit seulement le Comanche en lui montrant le couteau.

— Qu'est-ce que cela signifie ?

— Que cet homme a tenté d'assassiner la Main-de-Fer.

— Comment! en plein boulevard? C'est impossible!

Tahera hocha la tête; et, relevant la manche de son bras gauche :

— Voici la preuve, dit-il, toujours impossible.

Et il lui montra une blessure, fort légère à la vérité, à son poignet gauche, mais suffisante pour ne laisser aucun doute sur les intentions meurtrières de l'inconnu.

— Sur ma foi de Dieu! s'écria le coureur des bois avec indignation, la blessure est-elle grave?

Tahera sourit avec dédain.

— Une femme Comanche en ferait de plus profondes avec un fuseau.

— A la bonne heure! mais je te dois la vie...

— Bon! la Main-de-Fer ne rêvera pas toujours; la première fois, ce sera à son tour de défendre son ami et il sera quitte : un ami ne compte pas avec un autre.

— C'est vrai, mon frère et le cas échéant, je n'y manquerai pas. Mais, sur mon honneur! cela dépasse les bornes; le premier de ces misérables qui me tombera sous la main, je veux perdre mon nom si je ne l'éventre...

— Celui-là ne recommencera pas, dit l'Indien avec un sourire sinistre.

— Bah! comment cela? Mon frère aurait-il frappé?

L'Indien fit un geste affirmatif.

— Le chien s'est enfui en emportant le couteau de Tahera planté en pleine poitrine; Tahera est un guerrier, quand il frappe un ennemi, il le tue.

— Pardieu! voilà qui est bien, s'écria Bernard en riant; le misérable n'a que ce qu'il mérite; allons voir un peu ce qu'il est devenu?

— Allons! dit froidement l'Indien.

Les deux hommes rebroussèrent alors leur chemin, et s'engagèrent dans la rue Montmartre.

Tahera avait dit vrai.

A peine le bandit, lancé à toute course, avait-il fait une cinquantaine de pas dans la rue, qu'il avait senti ses forces l'abandonner tout à coup : une sueur froide avait inondé son visage...

Il avait battu l'air de ses bras en chancelant comme un homme ivre, et soudain il était tombé à la renverse sur le trottoir, sans même essayer de se retenir : avant d'avoir touché le sol il était mort !

Lorsque les deux amis arrivèrent près du cadavre, ils s'arrêtèrent.

La rue était complètement déserte.

— Mon frère, vois, dit l'Indien avec orgueil ; Tahera est un grand guerrier.

Il se baissa et retira le couteau, qu'il essuya sur les vêtements du mort, en disant avec une mordante ironie :

— Il n'en a plus besoin.

— Que mon frère cache ce couteau. Retournons ; nous n'avons plus rien à faire ici.

— Encore deux de moins, dit Tahera.

— C'est juste, dit gaiement Bernard ; c'est autant de gagné.

Ils retournèrent alors vers le boulevard.

Plus tard, quelques rares passants aperçurent ce corps étendu sur l'asphalte ; ils le prirent pour un homme ivre, endormi, et n'y firent pas attention.

Le cadavre resta là abandonné jusqu'au jour, où les balayeurs le relevèrent enfin.

A cette époque, les sergents de ville avaient autre chose à faire que de veiller sur la paix publique et la sûreté des citoyens.

Passé minuit les rondes cessaient, et ce n'était que par hasard que, parfois, on apercevait un sergent de ville.

Bernard et Tahera traversèrent cette fois la chaussée sans incident nouveau et se dirigèrent vers leur voiture arrêtée à l'endroit convenu.

— Avez-vous du nouveau ? demanda Bernard au valet de pied.

— Non, monsieur, répondit Michel.

— C'est bien ; nous rentrons. Dites au cocher de toucher à l'hôtel. Seulement, veillez avec soin pendant le trajet.

— Monsieur peut être tranquille, répondit le valet de pied en refermant la portière.

Un instant plus tard, la voiture quittait la file et descendait au grand trot le boulevard du côté de la Madeleine.

Le trajet se fit rapidement.

Charbonneau attendait au bas du perron l'arrivée de Bernard.

Il se hâta d'ouvrir la portière.

— Avez-vous quelques nouvelles? demanda Bernard.

— Rien encore, répondit le chasseur.

Bernard hocha tristement la tête.

Après avoir échangé quelques paroles rapides avec Tahera et Charbonneau, l'ex-coureur des bois gravit le perron et pénétra enfin dans l'hôtel.

Julian d'Hérigoyen se tenait dans un petit salon contigu à la chambre à coucher de la comtesse, toujours en proie à de violentes crises nerveuses, et près de laquelle deux médecins célèbres se tenaient en permanence.

Julian professait une profonde et sincère amitié pour madame de Valenfleurs.

En ce moment il était pâle, agité, marchant d'un pas saccadé à travers la pièce, ne s'arrêtant parfois que pour jeter un regard d'impatience sur la pendule, ou échanger quelques paroles d'espoir à travers la portière, légèrement soulevée par Denizà, qui s'était faite la garde-malade de la comtesse, à laquelle elle avait de si grandes obligations.

Quand la porte du salon s'ouvrit et que Bernard parut, Julian poussa un cri de joie, et s'élança vers lui, en s'écriant :

— Enfin, te voilà !... tu as bien tardé, mon ami !

— C'est vrai, mon ami, pardonne-moi, répondit Bernard ; j'ai même failli ne pas venir du tout.

— Que veux-tu dire? demanda Julian avec inquiétude.

— Plus tard, mon ami, je te conterai cela ; venons d'abord au plus pressé... Quelles nouvelles?

— Hélas! mon ami, aucune.

— Comment! aucune, s'écria Bernard en fronçant les sourcils; n'a-t-on donc rien tenté pour obtenir des renseignements, n'importe lesquels? Les plus faibles indices peuvent nous mettre sur la voie.

— Que pouvais-je faire, mon ami? Mon père s'est rendu à la préfecture de police. Le préfet, tout en s'intéressant beaucoup à la comtesse, et déplorant le malheur affreux qui la frappe, n'a pu rien faire; il n'a pas un seul agent disponible : tous, jusqu'au dernier, ont été mis au service du ministre de l'intérieur pour aider à maintenir l'ordre, menacé par les républicains, ajouta-t-il avec amertume.

— On s'en aperçoit, répondit Bernard, Paris est devenu un véritable coupe-gorge; j'ai failli être assassiné deux ou trois fois cette nuit!

— Toi, mon ami; comment?

— Bah! il ne s'agit pas de moi; j'ai échappé plusieurs fois, par miracle c'est vrai; mais, enfin, j'ai échappé; donc, je n'ai rien à dire. Venons à cette chère comtesse. Ce que le préfet de police n'a pu, ou n'a pas voulu faire, un de nos anciens amis l'a fait.

— De qui parles-tu donc?

— De Navaja, je me trompe, Williams Fillmore.

— Tu as été voir Navaja?

— Oui, cher ami.

— Cette nuit?

— Pardieu! je le crois bien, je l'ai quitté il y a une heure à peine.

— Que t'a-t-il promis?

— De me donner un homme capable et qui, certainement, découvrira, non pas les auteurs de l'odieux attentat dont notre chère Vanda a été victime, nous les connaissons, mais comment la pauvre enfant a été enlevée, et dans quel endroit on l'a conduite et on l'a cachée.

— Oh! s'il fait cela! s'écria Julian.

— Il le fera, Navaja me l'a promis, en me prévenant que ce serait cher.

Julian haussa les épaules.

— Qu'importe la somme, pourvu que nous sauvions la chère enfant, et que nous puissions la rendre à sa mère adoptive, qui est à demi folle de douleur.

— C'est précisément ce que j'ai répondu à Navaja.

— Si Navaja a donné sa parole, il la tiendra.

— C'est aussi mon opinion.

— Quand nous amènera-t-il cet homme ?

— Cette nuit; je suis même étonné qu'il ne soit pas encore arrivé.

— Merci, Bernard, merci, mon ami; ch! tu n'oublies rien, toi! Pourvu que cet homme vienne bientôt !

— Ne te tourmente pas ainsi; avant dix minutes, j'en suis certain, il sera ici.

— Puisses-tu dire vrai, mon ami !

En ce moment, on entendit le roulement rapide d'une voiture dans la cour de l'hôtel.

— Le voilà ! s'écria Bernard en se frottant les mains selon sa façon de témoigner sa joie.

Presque aussitôt la porte du salon s'ouvrit, et Charbonneau, métamorphosé en valet de pied pour la circonstance, dit en saluant :

— Ces messieurs consentent-ils à recevoir M. Williams Fillmore et un de ses amis pour affaire importante ?

— Qu'ils entrent ! qu'ils entrent tout de suite ! s'écria vivement Bernard.

Et, se tournant vivement vers Julian :

— Eh bien ! ajouta-t-il, avais-je raison ?

Pour toute réponse, Julian serra à la briser la main si loyale de son ami.

Les paroles lui manquaient pour lui exprimer les sentiments dont, en ce moment, son cœur était gonflé.

La porte s'ouvrit, et deux hommes entrèrent.

Le premier était Navaja, ou Williams Fillmore, comme il plaira au lecteur de le nommer.

Le second était un homme aux allures mystérieuses, dont il était impossible de préciser l'âge avec certitude.

Il était de taille moyenne, mais très large d'épaules,

trapu, et devait posséder une vigueur athlétique. Ses traits insignifiants et presque effacés quand ils étaient au repos, étaient éclairés par deux yeux gris fortement enfoncés sous l'arcade sourcillière, toujours en mouvement et pétillant de finesse.

Comme tous les grands acteurs hors de la scène, son visage était glabre.

Il jouait nonchalamment avec le cordon d'un binocle aux verres couleur de fumée de Londres, dont son regard vif et perçant ne semblait que difficilement justifier l'emploi.

Mais ce binocle, lorsqu'il le plaçait sur son nez, imprimait à sa physionomie un cachet bizarre d'assurance et de causticité qui lui donnait une ressemblance frappante avec une fouine.

Il était correctement vêtu de noir, et ses manières étaient celles d'un homme du meilleur monde.

Williams Fillmore présenta cet énigmatique personnage aux deux amis.

Il se préparait sans doute à faire en quelques mots l'éloge de ses talents, lorsque Bernard qui, depuis l'entrée de cet homme, n'avait cessé de l'examiner avec la plus sérieuse attention, se frappa tout à coup le front, et, s'avançant vers lui la main tendue, s'écria vivement avec une évidente satisfaction :

— Oh! je connais monsieur depuis longtemps! Et il ajouta avec un fin sourire : Je le sais fort habile ; monsieur se nomme Pascal Bonhomme. Il a pendant dix-huit ans exercé les fonctions à la fois si délicates et si difficiles de chef de la brigade de sûreté à la Préfecture de police ; les coquins, à quelque catégorie qu'ils appartinssent, avaient alors de lui une terreur profonde ; ils lui avaient même donné dans leur langage baroque le sobriquet de *Giverneur*, parce que, quelles que fussent leurs précautions, ils ne réussissaient jamais à lui échapper quand une fois il s'était mis à leurs trousses. Mais je croyais que depuis plusieurs années déjà, monsieur avait donné sa démission et renoncé la police.

9.

Julian regardait son ami avec une admiration qu'il n'essayait même pas de cacher.

Quant au policier, il avait écouté sans sourciller et le sourire sur les lèvres la rapide biographie esquissée par Bernard.

Lorsque celui-ci se tut, il le salua à peu près comme Scapin salue Mascarille au théâtre, et il répondit :

— Monsieur, j'ignore où vous avez puisé vos renseignements, mais je reconnais qu'ils sont d'une exactitude rigoureuse ; vous dites me connaître, c'est possible ; ce doit être même ; cependant, je ne me souviens pas avoir eu l'honneur de vous voir avant cette nuit.

— Vous vous trompez, monsieur, ou plutôt votre mémoire est en défaut : non seulement je vous ai connu, mais encore, pendant un mois au moins, je vous ai vu tous les jours, et j'ai souvent eu le plaisir de causer avec vous.

Les quatre personnages, sur l'invitation de Julian, s'étaient assis.

— Si vous me mettiez sur la voie, monsieur, reprit le policier, peut-être la mémoire me reviendrait-elle.

— Oh ! qu'à cela ne tienne, monsieur ; bien que ces souvenirs remontent haut, ils sont aussi présents à ma mémoire que s'ils ne dataient que d'hier. Il y a dix-neuf ou vingt ans de cela, un crime mystérieux avait été commis. C'était en province. La police locale, malgré tous ses efforts, n'aboutissait à rien, tant les précautions avaient été bien prises par l'assassin. Il s'agissait d'un meurtre sur lequel on ne parvenait pas à obtenir le plus mince renseignement capable de mettre le parquet sur la voie de la vérité. Le juge d'instruction demanda par le télégraphe, à Paris, un agent habile. Vous fûtes choisi par le préfet de police et mis à la disposition de ce parquet de province. Bien que dans une contrée inconnue, au milieu d'une population dont la plus grande partie parlait une langue dont vous ne compreniez pas un mot, sans secours d'aucune sorte, vous avez, en moins d'un mois, grâce à l'habileté des mesures prises par vous et à vos remarquables déductions, démasqué un puissant personnage, auteur de ce crime odieux. Cette affaire vous fit grand honneur, monsieur. Ce procès eut lieu à Saint-Jean-de-Luz.

— Ah! fit le policier, avec une grimace de mauvaise humeur, vous voulez parler de l'affaire Garmandia?

— Précisément, monsieur; le marquis de Garmandia, autant que je puis me le rappeler, avait assassiné sa femme avec des raffinements de cruauté atroces; le juge d'instruction, reconnaissant de l'immense service rendu par vous à la justice dans cette circonstance, et de l'embarras dont vous l'aviez tiré, vous chargea, je crois, sur votre demande, de l'exécution du mandat d'amener?

— Oui, monsieur, tout cela est exact.

— Sans doute, vous avez eu la joie d'arrêter le coupable, qui se trouvait, je crois, en Algérie?

Le policier fit une seconde grimace, plus accentuée que la première.

— Eh bien! non, monsieur, je n'ai pas arrêté ce misérable. Prévenu sans doute de ce qui le menaçait, il se brûla la cervelle, afin de ne pas payer sa dette à la justice.

— J'avais, en effet, entendu parler de quelque chose comme cela, reprit Bernard; mais j'étais alors éloigné de France, et j'ai été mal informé sans doute.

— Ah! fit le policier d'un air cauteleux. Eh bien! voulez-vous que je vous dise ma pensée tout entière sur cette mystérieuse affaire, monsieur?

— Je serais très flatté, monsieur, de connaître l'opinion d'un homme comme vous à ce sujet; ne serait-ce que pour savoir si nous sommes du même avis sur un point resté pour moi obscur.

Le policier lui lança un regard d'une expression singulière.

— Vous savez quelque chose? s'écria-t-il.

— Peut-être, répondit-il en souriant. Mais dites-moi toujours ce que vous supposez.

— Eh bien! monsieur, pensez-en ce que vous voudrez, reprit-il avec une certaine animation; quant à moi, voici mon opinion : le marquis de Garmandia, je l'ai dit et je l'ai soutenu, même devant mes chefs, ce qui m'a porté de grands préjudices dans l'administration; le marquis de Garmandia n'est pas mort... On se moqua de moi; on me railla sur ma perspicacité; on m'appela saint Thomas et, pourtant, aujourd'hui encore, après dix-neuf ans, je persiste à croire que le marquis de Garmandia ne s'est pas brûlé la cervelle. Ah! si l'on m'avait laissé agir à ma guise, j'aurais démasqué la fraude, et prouvé que l'homme qu'on prétendait être le marquis était tout simplement le cadavre d'un individu quelconque, défiguré tout exprès pour remplacer le marquis... Mais, sans doute, l'autorité militaire avait intérêt à étouffer l'affaire; elle ne se souciait pas de faire monter sur l'échafaud un colonel de l'armée française, et, de plus, appartenant à la plus vieille noblesse de France. Je comprends que l'on eût des raisons spécieuses pour agir ainsi; mais, de même que dans l'affaire Praslin, un grand coupable échappa ainsi, au mépris de la loi, qui proclame l'égalité devant la justice, au châtiment qu'il avait si bien mérité. Oui, monsieur, je le répète : malgré toutes les preuves soi-disant positives, accumulées contre mes raisonnements, je crois ne pas m'être trompé, et encore aujourd'hui j'affirme que ce n'est pas le cadavre du marquis que l'on m'a présenté, et qu'il n'est pas mort; ou, du moins, que s'il l'est maintenant, il n'est mort que postérieurement, et plusieurs années au moins plus tard.

— Et moi, monsieur, je suis certain qu'il existe, dit nettement Bernard.

— Vous avez cette certitude, monsieur?

— Oui, monsieur, je fais plus, j'affirme qu'il est vivant.

— Écoutez-moi, monsieur. J'ai, depuis six ans, donné ma démission. Cependant, sur les instantes prières du Préfet de police, je suis resté en relations directes avec la préfecture afin de prêter mon concours dans les cas semblables à celui qui se présente aujourd'hui, où une enquête secrète et des démarches délicates doivent être faites en dehors de l'administration. Dans ces cas exceptionnels, je suis autorisé tacitement à me mettre, si cela me plaît, à la disposition des personnes lésées ; si cela me convient, bien entendu, car, je vous le répète, je suis complètement libre et indépendant de la Préfecture ; et c'est à titre gratuit que je me mets à la disposition de mon ancien chef, quand il réclame mon aide. Je traite donc de gré à gré avec les personnes qui me demandent mon concours. Rien n'a encore été convenu entre M. d'Hérigoyen et moi ; aucunes conditions n'ont été stipulées, et, par conséquent, aucunes mesures prises. Eh bien ! voici ce que je vous propose, monsieur, ainsi qu'à M. d'Hérigoyen. Prouvez-moi que le marquis de Garmandia existe, mettez-moi, par un seul mot, sur ses traces, je ne vous demanderai rien de plus. Je me considérerai comme bien payé de mes peines et de mes travaux, et je ne m'épargnerai pas, je vous le jure !

— Mais, demanda curieusement Bernard, d'où vient donc votre animosité contre ce misérable ?

— Moi ! s'écria le policier avec surprise : je n'ai aucune animosité contre cet homme ; c'est chez moi une question d'amour-propre, voilà tout. Je veux prouver à ceux qui m'ont raillé et traité de visionnaire, que je ne me trompais pas, que mes calculs étaient justes, que j'avais bien vu, et que seul j'avais raison. Voyons, acceptez-vous le marché que je vous propose ?

— Un instant, monsieur, dit Julian, permettez-moi de vous faire observer que je ne puis faire avec vous aucune transaction de cette espèce, non par dédain, ni par aucunes raisons blessantes pour vous. Je ne saurais admettre ce marché, tout simplement parce que l'honneur me le défend, que je vous tromperais et que je ne puis vous rendre victime de votre désir passionné de retrouver cet homme. Je semble vous parler en énigmes, mais mon ami vous donnera bientôt la clef de ce qu'il y a d'obscur dans mes paroles ; d'ailleurs, je ne suis près de vous que l'intermédiaire de madame la comtesse de Valenfleurs ; elle m'a chargé de vous remettre trente mille francs, et de vous en promettre autant encore, si vous réussissez à retrouver sa fille ; permettez-moi donc d'accomplir mon mandat.

Tout en parlant ainsi, Julian avait ouvert son portefeuille et en avait tiré une liasse de billets de banque de cinq mille francs chacun, et l'avait présentée au policier stupéfait.

Celui-ci l'avait machinalement acceptée, sans trouver un mot à répondre.

Puis Julian s'était tourné vers Bernard, et lui avait dit avec un sourire triste :

— Entends-toi avec monsieur, mon ami ; je suis incapable en ce moment de mettre une idée devant l'autre. Denizà me fait signe de venir à elle, je me retire ; je ratifie à l'avance toutes les mesures que tu croiras devoir prendre de concert avec monsieur, dont toi et moi connaissons de longue date l'incontestable habileté. En un mot, tout ce que tu feras sera bien fait.

— C'est entendu, cher Julian ; mieux vaut d'ailleurs qu'il en soit ainsi, répondit affectueusement Bernard ; tu n'es réellement pas en état de t'occuper d'aucune affaire sérieuse. Rends-toi près de madame de Valenfleurs, qui, sans doute, désire te voir, et laisse-moi causer d'affaires avec monsieur.

— Soit, mon cher Bernard ; je me retire ; mais, au nom du ciel ! aie pitié du désespoir d'une mère !

— Julian ! s'écria vivement le coureur des bois, dis de ma part à madame la comtesse que je ferai tout pour qu'avant une heure, elle ait des nouvelles de sa fille, et qu'elle prenne courage ! Fie-toi à moi, pour lui donner cette consolation.

— Merci, mon ami, dit Julian avec effusion, maintenant, j'espère.

Williams Fillmore se leva alors, et s'inclinant devant M. d'Hérigoyen :

— Monsieur, lui dit-il, permettez-moi de me retirer : j'ai tenu ma promesse en vous mettant en rapport, ainsi que vous le désiriez, avec un homme habile, et dont, j'en suis convaincu, les services vous seront d'un grand secours. Ma présence est inutile ici, et probablement elle vous sera de quelque utilité autre part ; car je ne me considère pas comme quitte envers vous ; et mon plus vif désir est de vous prouver mon sincère dévouement. J'aurai, si vous me le permettez, monsieur, l'honneur de vous revoir bientôt, et peut-être, moi aussi, vous apporterai-je de bonnes nouvelles.

— Vous serez toujours le bien-venu, monsieur, répondit Julian ; je n'ai pas oublié, croyez-le bien, combien j'ai eu à me louer de vous dans une circonstance fort grave, et je ne doute ni de votre loyauté ni de votre dévouement.

M. d'Hérigoyen serra alors la main de Bernard, salua Williams Fillmore et le policier avec un sourire triste, et il quitta le salon par une porte intérieure, tandis qu'après de nouveaux saluts, Williams Fillmore se retirait par une autre, accompagné par Charbonneau jusqu'au bas du perron.

Bernard et le policier demeurèrent seuls.

— Maintenant, à nous deux, monsieur, dit Bernard d'un ton de bonne humeur ; et tout d'abord, jouons cartes sur table comme deux hommes d'honneur, qui, en dehors de tout intérêt temporaire, éprouvent l'un pour l'autre une vérible sympathie, et resteront amis lorsque leur association aura cessé.

— Je vous remercie, monsieur, répondit le policier, de la bonne opinion que vous avez de moi, et dont je crois être digne ; seulement, je vous avoue franchement que je ne comprends pas ce que vous entendez par ces mots « jouer cartes sur table », la franchise la plus entière étant une des conditions les plus sérieuses de notre pacte, ou de notre association, s'il vous plaît de la nommer ainsi.

— Vous allez me comprendre, monsieur ; sachez donc que vous auriez fait un marché de dupe, si nous avions accepté vos propositions de tout à l'heure.

— Pourquoi donc cela, monsieur ! Ces propositions me semblaient, au contraire, à moi fort acceptables.

— Certes, vous devez le penser ainsi; mais vous auriez été volé comme au coin d'un bois, tout simplement, et voici pourquoi : l'homme que nous vous demandons de découvrir n'est rien moins que le marquis de Garmandia lui-même.

— Il se pourrait ! s'écria le policier avec la plus grande surprise.

— Oui, monsieur; quand le moment en sera venu, je vous remettrai les preuves, écrites de la main du marquis lui-même, de ce que je vous dis : le marquis est l'ennemi personnel de madame la comtesse de Valenfleurs, de M. d'Hérigoyen et de moi ; ce serait une trop longue histoire à vous conter actuellement; le temps nous manque pour cela. Qu'il vous suffise de savoir, quant à présent, que nous jouons depuis vingt ans une partie terrible, dans laquelle vous allez entrer pour en précipiter le dénouement.

— Vous pouvez, plus que jamais, compter sur moi après cette loyale déclaration, monsieur.

— Je le sais. La vie de ce misérable n'est qu'une suite non interrompue de vols, des crimes les plus odieux que vous puissiez imaginer : c'est un scélérat sans peur et sans remords ; en un mot, c'est une fauve qui jamais ne recule devant aucune extrémité; il fera, je vous en avertis à l'avance, une défense désespérée. Attendez-vous donc à tout de sa part. Habitant Paris depuis quelques mois à peine, il a déjà recruté toute une armée de bandits dont il dispose à sa guise; c'est lui qui, il y a quelque temps, a assassiné en plein jour une femme dans une voiture, et, quelques jours plus tard, a été l'auteur des massacres de la plaine du Bourget, de la *Maison des voleurs*. Cette nuit, il a fait tirer sur moi, et j'ai failli deux fois être assassiné ; enfin, il y a deux heures, ma voiture a été assaillie par trente ou quarante bandits qui se sont rués sur elle, le revolver et le couteau au poing. Il m'a fallu livrer une véritable bataille, et je n'ai réussi que par miracle à m'échappper des mains de ces drôles. Ces faits vous donnent la mesure de l'homme contre lequel vous allez avoir à lutter.

— Je vous remercie de ces renseignements, monsieur; mais ils ne m'effraient pas, reprit le policier avec un sourire amer, j'en ai vu bien d'autres! je suis blasé sur la peur. Cet homme est donc colossalement riche pour disposer ainsi d'une aussi formidable armée de coquins?

— Oui, monsieur, il est très riche.

— Alors, ce ne sera pas facile. Cette affaire me semble même d'une difficulté immense; je ne me suis jamais trouvé, pendant ma longue carrière de policier, en face d'une énigme aussi complète: l'homme que nous voulons découvrir ne doit pas avoir de complices, dans la banale acception du mot; les bandits dont il se sert, et que je connais pour la plupart, ne sont employés par lui qu'à titre de comparses; ils ne savent rien, j'ai interrogé avant de venir un certain Fil-en-Quatre, arrêté cette nuit par vous; j'ai écouté avec soin tout ce qu'il m'a dit, je l'ai étudié et retourné de toutes les façons, mais en vain; on le paie, il agit, mais il ne sait rien. Je suis contraint de convenir que tout nous échappe; que nous ne possédons pas le plus léger fil pour nous guider; il est évident pour moi que le commissaire de police et les sergents de ville dont on m'a parlé n'existent pas, la façon dont ces soi-disant agents ont procédé me le prouve.

— Vous concluez?

— Je conclus que vous ne m'avez rien dit de trop, que nous sommes en face d'un homme, qu'il soit ou non le marquis de Garmandia, non seulement d'une habileté prodigieuse, mais qui, grâce à sa grande fortune, dispose d'une énorme puissance.

— A la bonne heure! je reconnais maintenant que vous voyez aussi clair que moi, et que vous comprenez cette affaire comme elle doit l'être. Alors, à votre avis, comment devons-nous procéder avec ce misérable?

— Par la ruse et par le mystère, monsieur, surtout agir, en apparence du moins, régulièrement, c'est-à-dire porter plainte au parquet, insister à la Préfecture dans les bureaux pour que des recherches minutieuses soient faites, tout cela ostensiblement, sans affectation naturellement. Nous, pendant ce temps, nous agirons à côté, nous creuserons une mine qui éclatera tout à coup. Il importe que nous ne mettions que très peu de personnes dans notre confidence. Vous et moi nous devons disparaitre, feindre un voyage, et tandis que l'on nous cherchera très loin, nous manœuvrerons en toute sûreté à Paris que nous n'aurons pas quitté. Il importe surtout de ne pas laisser pénétrer les déguisements que nous adopterons; quant à moi, cela me sera facile, j'ai tellement l'habitude des transformations, que je mets au défi le plus fin de ne pas se laisser prendre à mes déguisements.

— De mon côté, je vous en offre autant, dit Bernard en souriant. Nous ne nous verrons que rarement ici, et jamais deux fois de suite sous la même apparence; cet hôtel est surveillé depuis longtemps déjà, j'en ai la preuve; et puis, il y a ici tant de valets, qu'il est presque impossible que dans le nombre il ne se trouve pas des espions de nos ennemis. Cependant je désirerais étudier avec vous le contenu d'un carnet que j'ai ramassé à l'endroit même où un individu s'était embusqué pour tirer sur moi, je n'espère pas grand'chose de cette trouvaille; cependant, qui sait?

— Nous ne devons rien négliger, monsieur; demain, je vous attendrai à midi précis dans les galeries de fer, du côté de la rue de Choiseul. En entrant, vous laisserez tomber votre canne, que vous ramasserez en grommelant entre vos dents; je vous accosterai en vous disant : « Cinq minutes de retard, j'ai gagné. » Et je tirerai ma montre; sans ces précautions, nous ne nous reconnaîtrions pas, très probablement. A chaque entrevue, nous conviendrons d'un nouveau rendez-vous à des heures et à des endroits différents.

— C'est convenu; demain nous dresserons notre plan de campagne définitif, et nous nous communiquerons ce que nous aurons appris au cas, peu probable, où nous aurions appris quelque chose; en somme, nous devons avoir quelques chances pour nous : il ne s'agit que de les reconnaître, et j'espère qu'à nous deux nous réussirons à démêler cet écheveau en apparence si embrouillé.

— Et moi, j'en ai la conviction, monsieur; je compte surtout sur l'habileté de nos adversaires; ils voudront trop finasser : à cause de cela même, ils se laisseront aller à commettre quelques bévues qui nous les livreront.

— Ceci est de la haute diplomatie, dit Bernard en souriant.

— Eh! fit le policier avec une railleuse bonhomie, la diplomatie n'est, en somme, qu'un espionnage habilement organisé, la police elle-même n'est pas autre chose.

— Il y a beaucoup de vrai dans ce que vous dites là. J'aurais encore bien des confidences à vous faire, mais le temps me presse, et j'ai promis à M. d'Hérigoyen que madame de Valenfleurs aurait dans une heure des nouvelles. Nous remettrons donc ces confidences à un autre moment, bien qu'elles ne manquent pas d'une certaine gravité.

— A ce propos, permettez-moi de vous faire observer que vous vous êtes, je crois, un peu trop avancé en faisant cette promesse.

— Peut-être ! répondit le coureur des bois, avec un sourire énigmatique.

— En attendant ces nouvelles, sur lesquelles, je vous l'avoue, je ne compte que très médiocrement, il est une révélation très importante pour le succès de notre campagne, et que, je ne sais comment, je n'ai pas songé à vous faire encore, monsieur.

— Laquelle? demanda Bernard curieusement.

— Celle-ci, monsieur : si nous voulons réussir, il importe que, avant toute chose, nous cherchions la femme. Aussitôt que nous l'aurons trouvée, la moitié et la plus difficile partie de notre besogne sera faite, et les choses marcheront alors toutes seules.

— Qu'entendez-vous par cette recherche de la femme?

— Vous ne comprenez pas?

— Ma foi non, pas du tout, je le confesse, d'autant

plus qu'il n'y a pas la moindre femme dans toute cette affaire.

— Vous en êtes certain ?
— Pardieu.
— C'est ce dont il faut nous assurer.
— Dame, c'est facile. Je ne vois, en fait de femmes, que la comtesse de Valenfleurs et sa fille.
— Je ne parle pas de ces deux dames.
— Alors, je n'y suis plus du tout.
— Je m'en doutais. Écoutez-moi donc, monsieur, l'explication ne sera pas longue.
— Comme il vous plaira.

En ce moment, un grand bruit se fit entendre au dehors, et Charbonneau parut tout effaré.

— Que se passe-t-il donc ? lui demanda Bernard avec inquiétude.

— Le comte Armand vient d'arriver, dit le Canadien : le télégramme par lequel on l'appelait ne lui apprenait rien de positif sur les motifs de ce rappel précipité ; en descendant de voiture, cet imbécile de Jérôme Desrieux lui a appris à brûle-pourpoint l'enlèvement de mademoiselle Vanda ; le comte est tombé raide à la renverse ; on l'a transporté dans son appartement, où les médecins essayent de le faire revenir à lui.

— Vous m'avertirez dès que le comte aura repris connaissance ; allez, ami Charbonneau.

— Quel est donc ce jeune homme ? demanda le policier, dès que le Canadien fut sorti.

— C'est le fiancé de la jeune fille enlevée, répondit tristement Bernard.

— Pauvre jeune homme ! murmura le policier.

XVI

COMMENT M. PASCAL BONHOMME, ANCIEN CHEF DE LA BRIGADE DE SURETÉ, SE TROUVA SEUL DE SON AVIS, ET REFUSA DE DONNER SA LANGUE AUX CHIENS.

Il y eut un silence assez long entre les deux hommes.
Enfin Bernard releva la tête, secoua les épaules, et s'adressant au policier :

— Eh bien, monsieur, lui dit-il, voyons un peu cette explication que vous avez offert de me donner?

— Je suis prêt, monsieur.

— Alors, parlez, je vous écoute.

— M'y voici, monsieur. Un policier, resté célèbre dans les fastes de la Préfecture, et dont le nom, sans doute, vous importerait peu...

— En effet, monsieur, interrompit Bernard.

— Je le passe donc sous silence. Ce policier éminent, que je n'ai pas eu le bonheur de connaître, avait une singulière habitude, ou plutôt une manie qui, dans le commencement de son service comme chef de la brigade de sûreté, faisait beaucoup rire à ses dépens, mais dont on ne tarda pas à reconnaître la rigoureuse logique.

— Quelle était donc cette manie, monsieur?

— Cette habitude, passée chez lui à l'état de véritable *tic*, pardonnez-moi ce mot, était la suivante : chaque fois qu'un crime lui était dénoncé : « Cherchez la femme », disait-il; et je dois avouer que presque toujours il avait raison, et que quatre-vingt-dix-neuf fois sur cent on la trouvait; c'est-à-dire qu'une femme avait été soit complice important, soit instigatrice du crime commis; je vous confesse que je partage complètement les idées de ce célèbre policier à cet égard.

— Hum! cela n'est pas flatteur pour les dames, dit Bernard en souriant.

— C'est vrai, mais nous ne sommes pas ici pour faire de la galanterie.

— C'est parfaitement exact; je vous comprends, monsieur. En bon français, à votre avis, dans l'affaire qui nous occupe, il y aurait une femme qui, d'une façon ou d'une autre, serait coupable?

— Oui, monsieur, et c'est cette femme que tout d'abord nous devons rechercher.

— Soit; cherchons la femme, puisque vous le croyez utile, reprit Bernard en souriant; mais je ne vois autour de nous que madame d'Hérigoyen, ma femme, ma chère Mariette, la comtesse elle-même, et miss Lucy Gordon, la demoiselle de compagnie de notre chère et malheureuse Vanda. Eh mais! attendez donc. En effet, miss Lucy Gordon, en voici une.

Le policier sourit d'un air caustique.

— Je crois que vous brûlez, monsieur, dit-il avec un fin sourire; oui, vous brûlez, monsieur, comme nous disions, étant enfants, au jeu de la pincette.

— Eh quoi! s'écria Bernard, vous supposeriez miss Lucy Gordon capable d'avoir trempé dans un aussi odieux guet-apens, contre une jeune fille qui l'aimait comme une sœur?

— Je ne suppose rien, monsieur, Dieu m'en garde! Je suis logique avec mes principes, et je cherche la femme, voilà tout.

— C'est juste; ne connaissant pas miss Lucy Gordon, vous n'avez pas de parti-pris contre elle; d'ailleurs, vous ignorez que madame la comtesse de Valenfleurs l'a tirée de la misère et l'a presque élevée, et que, en un mot, cette jeune femme lui doit tout.

— C'est souvent une raison pour haïr les gens, monsieur.

— Oh! vous allez trop loin!

— Nullement; je suis vrai. Un homme de beaucoup d'esprit a dit : « L'ingratitude est l'indépendance du cœur;

l'ingratitude et l'envie font commettre bien des crimes. »
Monsieur, cette miss Lucie Gordon, dont vous parlez, es
belle, sans doute.

— C'est une splendide créature, je dois en convenir.

— Raison de plus, monsieur; sa position dans cette
maison la fait probablement souffrir secrètement, elle est
tenue dans des conditions blessantes pour son amour-
propre, qui la froissent à chaque instant, quels que soient
les égards que l'on ait d'ailleurs pour elle; en réalité, elle
n'est que la première femme de chambre de la comtesse,
elle qui, à chaque regard qn'elle jette sur son miroir, se
dit qu'elle est belle et qu'elle peut, tout comme une autre,
avoir de la fortune... Tenez, franchement, entre nous,
miss Lucy Gordon ne m'inspire qu'une très médiocre
confiance; son absence même l'accuse.

— Peut-être est-elle retenue malgré elle; c'est une toute
jeune fille; elle est étrangère, timide, et elle a à peine
vingt ans.

— Hum! fit le policier en hochant la tête; vingt ans,
dites-vous? A cet âge, on n'est plus jeune fille, mais une
femme de pied en cap; cependant, je ne veux rien préju-
ger; nous verrons bientôt.

— Si elle était coupable, ce que je ne veux même pas
supposer, sa conduite serait doublement odieuse, car, je
vous le répète, elle doit tout à la famille de Valenfleurs...

— Et moi, je vous le répète, monsieur, que c'est souvent une raison pour haïr les gens que de leur avoir de
trop grandes obligations. La nature humaine est ainsi
faite, monsieur, que le mal est son essence. Nous autres,
policiers, nous sommes forcés de voir journellement tant
d'infamies et de monstruosités défiler devant nous avec
un cynisme révoltant, que nous sommes payés pour juger
sévèrement.

— Enfin, comme vous l'avez dit, monsieur, nous verrons. Savez-vous si l'on a interrogé le cocher et le valet
de pied ramenés ivres-morts à l'hôtel? Ces deux hommes
doivent savoir quelque chose, non pas, peut-être, sur

l'enlèvement lui-même, mais tout au moins sur l'endroit où il a été exécuté.

— Ces deux hommes, que sans doute on a grisés à dessein, en leur faisant boire du vin préparé, sont, m'a-t-on assuré, plongés dans un lourd sommeil dont, jusqu'à présent, on n'a pas réussi à les tirer.

— Bon! je vais essayer à mon tour, peut-être réussirai-je mieux.

— J'en doute, tout a été tenté, paraît-il, mais sans résultats appréciables.

— Qui sait? dit Bernard en souriant.

Il sonna, un domestique parut.

— Faites transporter ici Benoît et James, dit Bernard.

Le domestique salua et sortit.

Au bout de quelques minutes, les deux domestiques furent apportés sur les bras de leurs camarades, et étendus côte à côte sur un divan.

— Priez le docteur Loreau de me faire l'honneur de venir ici pour un instant, si cela lui est possible, dit Bernard.

Un domestique se hâta de s'acquitter de cette commission.

Presque aussitôt Julian d'Hérigoyen et le docteur Loreau entrèrent.

Madame la comtesse de Valenfleurs, dont l'état était moins inquiétant, s'était endormie, grâce aux soins des médecins.

Elle était, depuis une demi-heure environ, plongée dans un sommeil calme et profond.

Sur la prière de Bernard, le docteur Loreau examina avec la plus sérieuse attention les deux hommes étendus sur le divan.

Julian, le policier et surtout Bernard, suivaient avec le plus vif intérêt l'examen auquel le médecin se livrait.

Celui-ci semblait fort préoccupé; il s'arrêtait, réfléchissait, fronçait les sourcils; puis, il recommençait ses observations interrompues, allant de l'un à l'autre des deux sujets soumis à son examen, comparant et analysant avec soin les symptômes qu'il croyait découvrir.

Enfin, après plus de vingt minutes d'une étude approfondie et consciencieuse, le docteur se redressa :

— L'état de ces deux hommes est étrange, dit-il; leur sommeil n'est pas naturel. Il tient à la fois de la léthargie et de l'évanouissement; mais, certainement, il ne provient pas d'une cause naturelle.

— Un tel état peut-il être causé par l'ivresse, ou, si vous le préférez, par l'absorption exagérée de liqueurs alcooliques? demanda Bernard.

— Dans certains cas, oui, répondit nettement le docteur; mais, dans le cas actuel, il ne saurait en être ainsi; ces deux hommes n'ont bu ni vin ni liqueur; il est plus probable qu'ils ont respiré un stupéfiant d'une grande puissance, qui les a subitement foudroyés et réduits à l'état où nous les voyons en ce moment.

— Ainsi, ils ne sont pas ivres? demanda le policier.

— Non, ils n'ont rien bu, et M. d'Hérigoyen, qui serait une des lumières de la science s'il lui plaisait d'exercer la profession de médecin, est de mon avis, j'en suis certain.

— Entièrement, docteur, dit Julian en s'inclinant.

— Ces hommes, reprit le docteur Loreau, ont été victimes d'un guet-apens adroitement préparé.

— Croyez-vous possible de les éveiller? demanda Bernard.

— J'en doute; d'ailleurs, je n'ai pas ici les remèdes nécessaires; à cette heure avancée de la nuit, il serait très difficile de se les procurer.

— Je vous remercie, mon cher docteur, reprit Bernard en souriant; ce que vous me révélez sur l'état de ces deux hommes, je l'avais pressenti dès que j'avais été informé de leur prétendue ivresse. Depuis longtemps je connais ces pauvres diables : ce sont d'honnêtes et dignes serviteurs, très sobres et très dévoués à leur maîtresse. J'ai l'intime conviction qu'ils n'auraient, sous aucun prétexte, consenti à boire avec n'importe qui, dans aucune circonstance, et moins que jamais dans celle où ils se trouvaient, c'est-à-dire pendant leur service.

— Je partage complètement l'opinion de mon ami sur ces deux braves serviteurs. Benoît et James font partie de la maison de madame la comtesse de Valenfleurs depuis plus de quinze ans ; ils sont revenus avec elle du Canada. Jamais, m'a-t-elle assuré ce soir même, depuis qu'ils sont à son service, elle n'a eu un seul reproche à leur adresser sur leur conduite, qui toujours a été irréprochable.

— Voilà, messieurs, dit le policier, qui est plus que suffisant pour bien établir la moralité de ces deux dignes serviteurs.

— Or, reprit Bernard en souriant avec une légère pointe de fine raillerie, comme ma conviction était faite à ce sujet, après ce que m'avait raconté Charbonneau, avant de sortir de chez moi pour venir ici, je me suis muni, non pas de remèdes que je ne saurais administrer — d'ailleurs, je ne me permettrais pas d'empiéter sur les droits de la docte Faculté, — mais je me suis muni, dis-je, d'une certaine chose dont j'ai été à même, pendant mon long séjour dans le Nouveau-Monde, de reconnaître maintes fois l'efficacité.

Et il échangea à la dérobée un regard avec son ami, qui lui répondit par un sourire.

— Bon ! s'écria le docteur Loreau, en riant, je vous vois venir, monsieur Zumeta, il s'agit de quelques-unes de vos amulettes des Peaux-Rouges, n'est-ce pas ?

— Ma foi, oui, docteur, à peu près ; tenez, regardez ! dit-il sur le même ton.

Tout en parlant ainsi, l'ancien coureur des bois avait retiré de la poche de côté de sa redingote une petite boîte en chagrin, de forme oblongue et un peu haute, qu'il avait présentée tout ouverte au médecin.

— J'en étais sûr ! s'écria le docteur Loreau, dont la gaieté redoubla ; que diable voulez-vous faire de ces pierres qui me semblent être des silex, ou pierres à fusil ? Prétendez-vous, par hasard, cher monsieur, les faire manger à nos malades ?

— Pas le moins du monde, docteur ; elles seraient de trop dure digestion. Renoncez-vous à tenter de faire reprendre connaissance à ces deux hommes ?

— Je suis contraint d'avouer, cher monsieur, ma complète impuissance à les soulager et à leur donner aucun secours efficace, du moins avant plusieurs heures.

— Alors, vous ne trouverez pas mauvais, docteur, que moi j'essaie de les réveiller ?

— Avec vos petites pierres, toujours ? dit en riant le médecin.

— Avec elles seules, je vous l'affirme, docteur ; ainsi ?...

— Je vous y autorise de grand cœur, monsieur ; du reste, je vous avoue que je suis très curieux d'assister à cette singulière expérience, dont je nie à l'avance l'efficacité.

— Naturellement, fit Bernard en riant, la Faculté nie d'abord.

— Bien, bien, nous sommes accoutumés aux brocards. Voyons comment vous allez procéder ?

— Oh ! bien facilement, docteur. Vous allez voir. Ainsi, nous sommes fixés sur ce point principal, n'est-ce pas, qu'on les a endormis en leur faisant respirer un stupéfiant ?

— Oui, tout le prouve.

— Eh bien ! vous connaissez la formule de votre ennemi le docteur Hahnemann, le célèbre père de l'homœopathie, *similia similibus curantur ?*

— Qui ne la connaît pas, cette formule absurde, inventée par les ignorants ? répondit le docteur Loreau avec un écrasant dédain.

Bernard sourit sans répondre.

Chacun, et le docteur Loreau tout le premier, suivait avec un vif intérêt tous les mouvements de l'ancien coureur des bois.

Bernard commença par soulever doucement les deux hommes, complètement insensibles, les plaça assis sur le divan ; puis, cela fait, il choisit deux pierres parmi celles enfermées dans la boîte, et, se tournant vers le docteur Loreau :

— Regardez, docteur, dit-il ; vous allez me voir appliquer cette formule qui vous enrage si fort.

— Allez, allez, monsieur le charlatan, répondit le docteur en riant, je ne vous quitte pas des yeux.

Bernard se courba sur les dormeurs, frappa pendant deux ou trois minutes les deux pierres l'une contre l'autre, comme s'il battait le briquet, puis il porta les pierres sous les narines des malades.

Il recommença quatre ou cinq fois ce singulier exercice sans se décourager, et sans paraître remarquer le sourire ironique qui déjà s'esquissait sur les lèvres du docteur Loreau.

Soudain, les dormeurs firent un mouvement ; un soupir gonfla leur poitrine et sortit de leurs lèvres entr'ouvertes.

Leurs paupières battirent comme si elles allaient s'ouvrir.

Les assistants, excepté Julian, qui depuis longtemps connaissait ce remède étrange, se regardaient avec une stupéfaction qui, en toute autre circonstance, aurait été comique.

— La dose était forte, dit froidement Bernard.

Et il se livra, avec une rapidité presque vertigineuse, à son singulier exercice de battre le briquet avec les deux pierres.

Tout à coup, les deux hommes étendirent les bras, ouvrirent les yeux et regardèrent autour d'eux avec une expression de profond hébêtement.

Puis, presque aussitôt, sans transition, l'œil s'éclaira, le regard reprit toute son intelligence.

Cette fois, ils étaient complètement éveillés.

Leur premier mouvement fut de se lever du divan où ils étaient assis ; mais Julian les retint.

— Restez, leur dit-il avec bonté.

Ils laissaient errer leurs regards autour d'eux avec une surprise croissante.

Ils ne comprenaient pas sans doute comment ils se trouvaient ainsi installés dans ce salon.

Cependant, ils obéirent et reprirent leur place sur le divan.

— Eh bien ! docteur, que pensez-vous, à présent, des remèdes des Peaux-Rouges ? demanda en riant Bernard au docteur Loreau.

— Je n'y comprends rien, sur mon honneur, répondit le docteur, tout en tâtant le pouls aux deux ressuscités ; ces hommes sont bien éveillés, ils ne souffrent pas ; c'est prodigieux !

Il se rapprocha et prit, avec une feinte indifférence, une des pierres posées sur la table.

Il la sentit et l'examina curieusement.

Mais comme cet examen menaçait de se perpétuer, Bernard lui prit doucement la pierre des mains et la replaça soigneusement dans la boîte avec les autres.

Puis, il referma la boîte et la fit disparaître dans sa poche, tout en disant, avec cette bonhomie railleuse qui était le côté saillant de son caractère :

— Permettez, docteur, ces pierres sont très rares à Paris, et même en Amérique : on ne les trouve que dans quelques contrées de l'Arizona et de la Sonora ; si l'une d'elles s'égarait, ce serait pour moi un grand malheur, car il me serait complètement impossible de la remplacer.

— Certes, dit le docteur Loreau en riant pour cacher son désappointement ; c'est égal, me voilà fixé sur un point que j'ignorais jusqu'à présent et que je suis très heureux d'avoir enfin appris.

— Lequel donc, docteur, s'il vous plaît ?

— C'est que la médecine des Peaux-Rouges est homœopathique, fit-il en lui riant au nez.

— Que voulez-vous, docteur, reprit Bernard, toujours railleur ; ce sont des sauvages ; ils n'ont pas, comme nous, e temps de se soigner longuement quand ils sont malades. Aussi, pour être certains de guérir promptement, ils ont recours à la médecine naturelle, celle qui opère toujours avec succès, ainsi que je vous l'ai prouvé, n'est-ce pas ?

10.

— Hum ! fit le docteur Loreau en se mordant les lèvres. Et ce fut tout.

— Maintenant, je crois que nous pouvons interroger sans danger ces deux gaillards-là ? reprit Bernard après une légère pause, comme s'il avait voulu laisser à son adversaire le temps de lui répondre.

Ce que celui-ci se garda bien de faire ; il lui était impossible de nier l'évidence.

Cependant, les deux domestiques avaient repris toute leur lucidité d'esprit ordinaire.

Ils étaient parfaitement en état de répondre à toutes les questions qu'on leur adresserait.

Il ne leur restait de leur accident qu'une légère fatigue et une somnolence qui, d'ailleurs, diminuait rapidement et ne tarderait pas à se dissiper au fur et à mesure que leur sang recommencerait à circuler librement dans leurs veines et leurs artères.

Chacun prit alors place autour du divan et le double interrogatoire commença, sous la direction de Bernard, auquel, pour cette nuit-là, son ami avait laissé la haute main en toutes choses.

En apparence, cet interrogatoire ne révéla rien d'important.

Nous nous bornerons donc à le résumer en quelques mots.

Mademoiselle Vanda de Valenfleurs, ainsi que l'on avait l'habitude de la nommer, bien que tous les vieux serviteurs de la comtesse connussent son histoire, avait dressé à l'avance une liste assez longue des courses qu'elle se proposait de faire et des ménages pauvres qu'elle voulait de visiter ce jour-là.

Cette liste, elle l'avait remise au cocher avant de quitter l'hôtel, afin de s'éviter la peine de donner des ordres chaque fois qu'elle s'arrêterait.

D'ailleurs, la comtesse avait l'habitude de procéder ainsi chaque fois qu'elle sortait pour faire des visites ; la jeune fille n'avait donc fait que suivre l'exemple de sa mère adoptive.

Cette liste, le cocher ne la retrouva pas. Elle lui avait été volée probablement pendant son sommeil.

Mais cette soustraction était sans importance ; le cocher et le valet de pied se souvenaient parfaitement de tous les endroits où ils avaient conduit leur jeune maîtresse et sa demoiselle de compagnie.

Ils donnèrent immédiatement ces diverses adresses, que Bernard et le policier écrivirent aussitôt sous leur dictée.

Mais, en même temps que la liste des courses à faire, on avait enlevé au cocher un trousseau de cinq clefs, dont l'une ouvrait le guichet de la porte d'entrée de l'hôtel. Cette soustraction était beaucoup plus grave que la première.

Cette clef du guichet avait été, quelques jours auparavant, confiée au cocher James par le concierge, afin qu'il pût, lui qui se levait chaque matin avant tout le monde, introduire cinq ou six ouvriers employés depuis huit à dix jours à terminer une réparation assez importante dans les sous-sol de l'hôtel.

Les quatre autres clefs appartenaient au cocher ; elles servaient à fermer les meubles de sa chambre.

Peut-être le trousseau de clefs était-il tombé de la poche du cocher, peut-être avait-il été soustrait par inadvertance.

Mais peut-être aussi les voleurs étaient-ils informés que la clef du guichet faisait partie du trousseau.

Dans le doute, la prudence voulait que l'on avisât sans perte de temps.

La livrée fut immédiatement prévenue de faire bonne garde jusqu'au lever du soleil.

On prévint l'intendant Jérôme Desrieux d'avoir à faire changer le matin même, à la première heure, la serrure du guichet.

Le policier insista pour que les réparations en cours d'exécution fussent provisoirement suspendues jusqu'à nouvel ordre, et les ouvriers renvoyés, — un de ces ouvriers ayant pu seul révéler que le cocher était porteur de la clef du guichet, — mesure que Jérôme Desrieux fut chargé d'exécuter, lorsque les ouvriers arriveraient le matin pour se mettre au travail.

Mademoiselle Vanda de Valenfleurs avait visité tous ses pauvres ; ses courses étaient terminées.

Il ne lui restait plus à voir qu'une seule famille demeurant rue des Acacias, 96, aux Ternes, qu'elle avait conservée pour la dernière visite, à cause de sa proximité de l'hôtel.

La voiture s'arrêta devant la porte de cette maison, les deux dames descendirent. Le cocher, ainsi qu'il en avait l'habitude, resta sur son siège, et le valet de pied demeura devant la portière.

Quelques minutes s'étaient écoulées depuis que les deux dames étaient descendues, la rue était déserte, la nuit commençait à tomber.

Un homme, vêtu comme un ouvrier aisé, sortit de la maison et s'approcha du cocher, comme pour lui demander un renseignement ; celui-ci, tout naturellement, se pencha de côté sur son siège pour répondre.

Alors, il lui sembla que cet homme lui présentait au visage un flacon de très petite dimension.

Mais il avait été pris subitement d'un étourdissement tellement violent, qu'il perdit aussitôt connaissance, ne vit et n'entendit plus rien ; il ne comprenait pas comment il n'avait pas été précipité du haut de son siège sur le trottoir.

On avait en même temps procédé de la même façon avec le valet de pied.

Mais celui-ci n'avait pas été accosté par un homme, mais par une femme ressemblant à une cuisinière, et qui l'avait prié de lui lire l'adresse d'une lettre qu'elle lui présentait ; du reste, un résultat identique avait été obtenu.

Bien que ces renseignements fussent en réalité très vagues, cependant ils fournissaient un point de départ pour les recherches à faire postérieurement, ce qui avait une grande importance.

— Nous avons enfin le commencement du fil, dit le policier avec une satisfaction évidente ; maintenant, je l'espère, puisque nous le tenons, nous ne tarderons pas à arriver au bout du peloton.

Et il ajouta :

— Sur la liste préparée par mademoiselle de Valenfleurs, en face de chaque adresse, elle avait sans doute eu soin d'écrire le nom de la personne à visiter ?

— Non, monsieur, répondit le cocher ; il y avait seulement le nom de la rue et le numéro.

Le policier, à cette réponse, fit une affreuse grimace et tourmenta rageusement son binocle. La figure de l'ancien chef de la brigade de sûreté avait une si singulière expression en ce moment, que Julian, dont le regard était tourné vers lui par hasard, malgré sa tristesse, ne put cependant s'empêcher de sourire.

— Cela importe peu, monsieur, lui dit-il ; madame la comtesse de Valenfleurs a l'habitude d'inscrire, sur un registre *ad hoc*, les noms et la profession de tous les malheureux auxquels elle donne des secours, en regard de leur adresse ; la liste volée avait été dressée sur ce registre, je vous donnerai les noms de toutes les personnes visitées aujourd'hui par mademoiselle de Valenfleurs, ou plutôt je prierai madame la comtesse de me confier ce registre, et, si cela vous plaît, vous écrirez ces noms vous-même.

— Je vous en serai d'autant plus reconnaissant, monsieur, que nous éviterons ainsi une perte de temps considérable. Mais pardon, messieurs, ajouta-t-il ; avant de clore définitivement cet interrogatoire, je désirerais adresser à ces braves gens une dernière question, que je considère comme très importante.

— Faites, monsieur, répondit Bernard.

— Il s'agit de miss Lucy Gordon, la demoiselle de compagnie de mademoiselle Vanda de Valenfleurs. Je serais très curieux de savoir si chaque fois que la voiture s'arrêtait, cette jeune dame descendait avec mademoiselle de Valenfleurs, et l'accompagnait dans la maison où elle entrait, ou bien si elle l'attendait au contraire dans la voiture. Il me semble, messieurs, que ce détail, si indifférent qu'il paraisse au premier abord, peut avoir plus tard son importance.

— Une très grave même, dit Bernard ; je ne comprends pas que nous n'y ayons pas songé plus tôt, et, se tournant vers les domestiques : Vous avez entendu la question de monsieur, ajouta-t-il, rappelez bien vos souvenirs, et répondez.

— Monsieur, répondit le valet de pied après un instant de réflexion, pendant le cours des visites que nous avons faites, mademoiselle Gordon n'est descendue que trois fois : rue Balzac, rue du Cirque et rue du Rocher. Je me souviens que, pendant chaque arrêt de la voiture, tandis que mademoiselle Gordon restait seule, elle se penchait tantôt à la portière de droite, tantôt à celle de gauche, dont elle s'empressait de baisser les glaces aussitôt que mademoiselle de Valenfleurs était descendue ; elle regardait ou plutôt examinait curieusement les passants. Je me souviens surtout que lorsqu'on arriva devant le n° 36 de la rue des Acacias, aux Ternes, mademoiselle de Valenfleurs dit à sa demoiselle de compagnie, au moment de descendre : « Ici, ce n'est pas la peine que tu viennes avec moi, je n'en ai que pour un instant. » Mademoiselle Gordon insista pour l'accompagner ; alors, mademoiselle Vanda lui dit en riant : « Viens donc, méchante entêtée, puisque tu l'exiges absolument. »

— Je crois que mademoiselle Vanda cause toujours en anglais avec sa demoiselle de compagnie, interrompit Bernard. Vous connaisssez donc cette langue, ami Benoît?

— Monsieur, répondit le valet de pied, bien que d'origine française et normande, ma famille est depuis longtemps établie au Canada. Je suis né aux Trois-Rivières, où l'on parle presque autant l'anglais que le français.

— C'est très juste, mon ami. Je tenais à vous faire cette

question, à laquelle vous avez répondu d'une façon péremptoire. Je vous en remercie, répondit Bernard en souriant. Maintenant, veuillez continuer.

Le domestique s'inclina respectueusement, et reprit :

— Les deux dames descendirent donc ensemble; mais au moment de pénétrer dans le corridor servant d'entrée à cette maison, mademoiselle Gordon resta un peu en arrière; elle regardait à droite et à gauche. Mademoiselle lui dit alors : « Viens-tu? que fais-tu donc? — Me voici! » répondit mademoiselle Gordon, et elle rejoignit mademoiselle dans l'allée, où les deux dames disparurent presque aussitôt.

— Hum ! fit à plusieurs reprises le policier en fronçant les sourcils et faisant danser son binocle, que pensez-vous de cela, monsieur Bernard Zumeta ?

— Ce que vous en pensez vous-même, cher monsieur Bonhomme. Il y a là certainement un indice, répondit-il d'un air préoccupé; c'est à voir.

L'interrogatoire des deux domestiques était terminé; on les congédia. Ils saluèrent respectueusement et se retirèrent.

Le docteur Loreau retourna dans la chambre de la comtesse.

Julian se leva; il se préparait probablement à faire de même, lorsque le policier le retint en lui disant respectueusement :

— Pardon, monsieur d'Hérigoyen, si je me permets de vous adresser une demande; mais nous sommes dans de si graves circonstances que, à mon avis, nous ne devons rien négliger; pensez-vous que madame la comtesse de Valenfleurs trouverait un inconvénient quelconque à ce que nous visitions la chambre de mademoiselle Lucy Gordon ?

— Pas le moindre, monsieur; cette démarche est toute naturelle après ce qui nous a été rapporté; je crois même qu'il est inutile de tourmenter madame de Valenfleurs, en l'instruisant de cette affaire dans l'état où elle se trouve en ce moment; venez, monsieur, j'aurai l'honneur de vous conduire moi-même à l'appartement de cette jeune emme.

La chambre, ou plutôt l'appartement de la demoiselle de compagnie, car c'était un véritable appartement, était situé au premier étage du principal corps de bâtiment de l'hôtel, avec vue sur le jardin. Il séparait l'appartement, de madame de Valenfleurs de celui de sa fille, et communiquait avec tous les deux.

Il se composait d'une chambre à coucher avec cabinet de toilette y attenant, un cabinet de travail et un salon-boudoir précédé d'une antichambre, ouvrant sur le grand escalier.

Par un escalier dérobé, aboutissant au cabinet de toilette, on descendait au jardin.

Dans le salon-boudoir, deux portes, percées à droite et à gauche, mettaient, ainsi que nous l'avons dit, en communication directe les deux appartements des dames de Valenfleurs avec celui de la demoiselle de compagnie.

Ces deux portes pouvaient se condamner des deux côtés, extérieur ou intérieur, en poussant des verrous.

Toutes les pièces de cet appartement étaient meublées avec un goût et un luxe somptueux, véritablement princier, qui fit légèrement froncer les sourcils au sceptique policier, homme pratique et surtout blasé par l'exercice de ses redoutables fonctions, et dont l'implacable expérience croyait deviner toutes les défaillances de ce cœur ambitieux, et surtout envieux, de jeune fille pauvre et admirablement belle, vivant au milieu de ce continuel et chatoyant mirage d'une fortune qu'elle ne possédait pas et que, peut-être, elle ne posséderait jamais.

La première porte, ainsi que les autres de l'apppartement, n'était fermée qu'au pêne ; les clefs étaient à toutes les serrures.

Les trois hommes pénétrèrent dans l'appartement, éclairés par un valet de pied, marchant devant eux et portant de la main gauche un candelabre à plusieurs branches garnies de bougies.

Les visiteurs traversèrent les trois premières pièces sans s'y arrêter.

Ces pièces étaient dans le plus grand ordre; ils ouvrirent la porte de la chambre à coucher, et, malgré eux, ils demeurèrent quelques instants immobiles sur le seuil, saisis d'admiration et presque de respect.

C'était bien là véritablement la chambre à coucher d'une jeune fille chaste et pure, dont les idées ne se sont pas encore égarées sur le monde, et dont le sommeil, calme et sans rêves décevants, doit faire sourire les anges.

Tout dans cette chambre, ou plutôt dans ce nid délicieux, était frais, parfumé, ravissant de candeur et d'innocence, rempli de ces mièvreries enfantines, si touchantes, qui marquent la transition entre l'enfant et la jeune fille, et rappellent les souvenirs si doux des premières années, pieusement conservé.

Tout était rangé et disposé avec un soin parcimonieux de pensionnaire. Les clefs étaient à tous les meubles; les tiroirs regorgeaient de linge, de dentelles, etc., etc. Des bijoux d'un grand prix, bagues, boucles d'oreilles, agrafes, étaient posés dans des coupes en agate, sur la cheminée. Sur le dossier d'un fauteuil était négligemment jetée une écharpe de fichu, que sans doute la jeune fille avait quittée au moment de sortir.

Julian et Bernard, avec leur nature droite et loyale, subissaient, sans même essayer de s'en défendre, l'influence toute-puissante de ce chaste gynécée de jeune fille.

Le policier lui-même se surprenait, malgré ses brutales théories, à sentir son cœur, qu'il croyait mort à toute émotion généreuse, battre doucement dans sa poitrine. Surpris de cette émotion, si en dehors de ses habitudes, il jetait des regards effarés autour de lui.

Il tourmentait son binocle, son nez de fouine avait des titillements nerveux.

Julian et Bernard avaient tout à coup senti s'évanouir leurs soupçons à la vue de cette chambre virginale.

— Sur ma foi de Dieu! s'écria Bernard avec émotion, nous

avons calomnié cette jeune femme, elle n'est pas coupable, j'en suis convaincu !

— Peut-être a-t-elle été aussi victime de cet odieux attentat, et malheureusement tout le fait supposer, mais il est impossible qu'elle en soit complice! ajouta Julian.

— Je commence aussi, messieurs, dit le policier, à croire que...

Mais tout à coup il tressaillit, poussa une exclamation de surprise, et ses traits prirent une expression véritablement diabolique.

Les deux hommes se retournèrent vivement.

Quelque temps auparavant, miss Lucy Gordon avait été assez sérieusement indisposée pour garder la chambre pendant deux ou trois jours.

Le feu avait été allumé dans sa chambre à coucher, et l'on n'avait pas encore songé à enlever les cendres.

C'était la vue de ces cendres qui avait causé une si vive émotion au digne Pascal Bonhomme.

Or, grande fut la surprise des deux amis, en se retournant, de voir le policier à quatre pattes devant la cheminée, et ramassant dans les cendres, qu'il écartait avec soin, quelques morceaux de papier plus ou moins brûlés, les rassembler avec les plus grandes précautions, et les lire avec une joie évidente.

— Qu'y a-t-il donc? demanda Julian avec étonnement.

— Auriez-vous découvert un trésor? ajouta Bernard avec un sourire un peu railleur.

Le policier ouvrit froidement son portefeuille, y renferma soigneusement les papiers recueillis par lui dans les cendres laissées dans la cheminée, puis il se releva, épousseta avec soin ses genoux, et, lançant par-dessus son binocle un regard d'une expression singulière à Bernard :

— Oui, monsieur, lui dit-il avec un sourire caustique, je crois avoir découvert un trésor. Ces papiers, si soigneusement ramassés, sont tout simplement les morceaux d'une lettre et d'un brouillon de lettre, de deux écritures différentes, dont l'une est évidemment celle d'un homme ; la demande et la réponse, sans doute. J'ai déjà réussi à déchiffrer la lettre : elle est très courte, cela a été tout seul ; mais quant au brouillon de réponse, il est beaucoup plus long et par conséquent beaucoup plus difficile : il faut toujours que les femmes fassent des phrases à perte de vue pour ne rien dire d'utile, quand quelques mots suffiraient. Cela me donnera du travail ; mais, soyez tranquille, j'y arriverai.

— Un mot, je vous prie, cher monsieur ? demanda Julian.

— A vos ordres, monsieur.

— Pourquoi vous servez-vous du terme « déchiffrer » en parlant de ces lettres, dont déjà vous avez, dites-vous, lu la première ?

— Parce que c'est le terme juste, monsieur ; en voici l'explication. Trois classes de gens écrivent en chiffres : les diplomates, les voleurs et les amoureux. Maintenant, veuillez me dire dans laquelle de ces trois classes miss Lucy Gordon doit être placée ; car elle reçoit des lettres chiffrées et répond de la même manière.

— Oh ! cela est impossible ! s'écria Julian avec indignation, en jetant, comme malgré lui, un regard circulaire sur cette chambre qu'il avait tant admirée.

— Vous ne me croyez pas, monsieur, cela ne saurait me surprendre ; mais comme il importe que vous ne me supposiez pas capable d'une imposture infâme, soyez donc convaincu, monsieur.

Et retirant un papier de son portefeuille, il le présenta à Julian.

Celui-ci l'accepta machinalement et essaya de le lire.

— Mais, s'écria Julian désappointé, après quelques efforts infructueux, je ne puis rien lire, cela n'a pas de sens ; que signifie cet imbroglio !

Voici ce qui était écrit sur le papier remis par le policier à M. d'Hérigoyen :

Mesiamajuoniamedessemorpertocrinetedunevtselnem-omelmc.

— Diable! fit Bernard en ricanant, quel grimoire de sorcière! Je vous déclare, cher monsieur, plus fort que le grand Champollion, si vous réussissez à expliquer de pareils hiéroglyphes.

— C'est la chose la plus simple et la plus facile du monde, messieurs, quand on en a la clef; c'est d'une naïveté enfantine. Dans cinq minutes, vous serez au courant.

— Peste! comme vous y allez, cher monsieur, reprit Bernard en riant; je vous remercie, pour ma part, de la bonne opinion que vous avez de moi, mais je me connais, et je ne me fais pas d'illusions sur mes facultés intellectuelles. Vous m'accordez, croyez-le bien, beaucoup plus de perspicacité que je n'en possède réellement.

— Ce chiffre, monsieur, est ce que nous nommons en termes techniques un cryptogramme; il en existe de toutes sortes. Celui-ci est le plus simple.

— Caraï! que sont donc les autres, alors? s'écria Bernard en rendant au policier le papier que Julian lui avait remis. Ma foi, j'y renonce!

L'ancien chef de la sûreté reprit le papier en souriant.

— Ce qui vous embrouille, passez-moi le mot, monsieur, reprit poliment le policier, c'est d'abord le manque complet de ponctuation, ensuite l'enchevêtrement des lettres les unes dans les autres, sans séparation de mots, et enfin parce que vous ignorez qu'il faut lire ces lignes de droite à gauche, en laissant de côté devant et derrière les deux lettres c m qui ne sont qu'une double signature ajoutée pour augmenter les difficultés, mais qui ne pouvaient tromper un vieux routier comme moi. Il existe un autre moyen bien simple de lire ce cryptogramme, c'est de retourner le papier en l'exposant à une vive lumière et de le lire à l'envers.

— C'est possible, mais j'y renonce; si claire que soit votre explication, je vous avoue que je n'y vois goutte, je n'y comprends pas un traître mot.

— Bon ! Suivez-moi bien, vous allez voir. Voici le papier retourné, lisons maintenant.

Et il lut lentement la phrase suivante :

« C. M., *le moment est venu de tenir votre promesse; demain, ou jamais!* C. M. »

— Y êtes-vous, à présent ?

— C'est ma foi vrai ! C'est écrit en toutes lettres !

— Trouvez-vous cela suffisamment clair ?

— Hum ! fit Bernard, le fait est que c'est net.

— Puisque vous nous avez lu la lettre, veuillez, je vous prie, nous lire également la réponse, monsieur, dit Julian d'Hérigoyen un peu sèchement.

— Soit, monsieur, cela me sera facile, répondit froidement le policier ; je vous tiens quitte du cryptogramme, dont voici la traduction ; je lis ce brouillon :

« Mon ami cher,

« Mon cœur est brisé ; je tremble malgré moi, en songeant à ce que vous me demandez. Vous l'exigez, j'obéirai ; je n'hésite plus, demain il en sera fait. Oh ! pourquoi m'imposez-vous ce terrible sacrifice ? Que Dieu me pardonne, malheureuse que je suis !

« L. G. »

— Ce qui signifie Lucy Gordon ; êtes-vous édifié maintenant, monsieur ? Vous reste-t-il des doutes ?

Julian hocha la tête.

— Ils subsistent tous, monsieur ; cette lettre serait trop infâme, venant de cette jeune fille, si elle avait véritablement le sens que vous lui attribuez ; d'ailleurs, remarquez que cette réponse n'est qu'un brouillon évidemment écrit dans un moment de fièvre, et que, revenue à la raison, la malheureuse enfant l'a déchiré et jeté au feu.

— Après l'avoir recopié peut-être, dit le policier entre ses dents.

— Eh bien non ! s'écria Bernard ; envoyée ou non, cette lettre ne doit pas être ce que vous supposez ; et tenez, ajouta-t-il en se frappant le front : pourquoi ces deux lettres ne seraient-elles pas tout naïvement des lettres d'amoureux, dont l'un impose à l'autre une démarche compromettante, à laquelle l'autre se résoud avec un déchirement de cœur, sous l'influence de la passion qui la domine ; ces deux lettres prêtent parfaitement à cette double explication ; sur ma foi de Dieu, ce doit être cela !

— Moi, je l'affirme ! dit nettement Julian ; je connais cette jeune fille depuis plusieurs années, j'ai la ferme conviction qu'elle n'est pas complice de l'enlèvement de mademoiselle de Valenfleurs.

Le policier eut un ricanement sec comme un roulement de castagnettes.

— Si, comme je l'espère, dit-il sèchement, nous réussissons à découvrir bientôt mademoiselle Lucy Gordon, je vous prouverai le contraire, messieurs.

— Soit, répondit froidement Julian ; mais jusqu'à preuves positives du contraire, je persiste à nier la culpabilité de cette jeune femme.

— Et moi de même, ajouta Bernard ; une telle perversité dans une si jeune fille, qui n'a jamais eu que de bons exemples sous les yeux, serait une monstruosité.

En ce moment, il se fit un grand bruit au dehors, et le Canadien Charbonneau se précipita dans la chambre, en s'écriant :

— Miss Lucy Gordon vient de rentrer à l'hôtel ; elle est dans un état effrayant !

Les trois hommes se regardèrent avec stupeur à cette nouvelle imprévue. La foudre tombant au milieu d'eux ne les eût pas étonnés davantage.

— Est-elle revenue seule, ou l'a-t-on ramenée ? demanda Bernard au chasseur.

— On l'a ramenée, pauvre dame ! répondit Charbonneau ; les braves gens qui l'ont conduite ici sont restés dans la loge du suisse, à la disposition de ces messieurs, prêts à fournir tous les renseignements qu'ils peuvent donner.

— Enfin! nous allons donc savoir quelque chose de positif, dit le policier avec une évidente satisfaction.

— C'est juste, dit Bernard.

— Et miss Lucy Gordon, où est-elle? demanda Julian.

— J'ai aussitôt averti le docteur Loreau, reprit le chasseur. Le docteur était près de M. le comte; il délire et il est bien malade, lui aussi; le docteur l'a quitté, et il a fait transporter miss Lucy Gordon dans le salon bleu, sachant que vous étiez chez elle, messieurs. Il lui prodigue les soins les plus empressés; il semble très inquiet. La pauvre jeune dame serait, paraît-il, dans un état fort dangereux; elle n'a pas encore repris connaissance.

— Sortons, dit Julian; nous n'avons plus rien à faire ici, et peut-être aurions-nous dû nous abstenir d'y venir. Je monte près d'Armand; dans l'état où il est, je ne veux pas le laisser seul. Charbonneau, donnez l'ordre que miss Lucy Gordon soit immédiatement transportée dans son appartement, bien entendu si le docteur Loreau juge ce transport possible.

— Oui, monsieur, répondit Charbonneau.

Ils sortirent.

— Eh bien, demanda Bernard à l'ancien chef de la sûreté, aussitôt qu'ils furent seuls; que pensez-vous, cher monsieur, de cette nouvelle complication?

— Est-ce mon opinion vraie, que vous me demandez, monsieur? répondit le policier en le regardant fixement.

— Pardieu! certainement.

— Eh bien! monsieur, la voici : je déclare que c'est bien joué; que nous avons *affaire à de fiers mâtins*, et qu'ils nous donneront du fil à retordre avant que nous réussissions à leur mettre le grappin dessus; voilà!

— Ainsi, cher monsieur, malgré ce que vous venez d'entendre, vous persistez à considérer miss Lucy Gordon, comme coupable de complicité dans l'enlèvement de mademoiselle de Valenfleurs?

— Plus que jamais, monsieur, j'ajouterai même que c'est ce nouvel incident qui m'affermit dans mes soupçons. Je vous le répète : nous avons affaire à des ennemis très habiles ; mais ils le sont trop ; cette dernière comédie est une faute grave.

— Mais les braves gens qui ont ramené cette jeune dame, et que nous allons interroger, qu'en dites-vous ?

— Ceux-là ne savent rien, et, par conséquent, ne diront rien : voilà précisément où est l'habileté. Ces pauvres gens sont, sans le savoir, les complices inconscients des individus que nous cherchons ; et, par cela même, ils sont plus dangereux pour nous.

— Pourquoi donc cela, cher monsieur ?

— Justement parce qu'ils sont de bonne foi, et, par conséquent, ne se doutent pas le moins du monde du mal qu'ils font.

— Oh ! oh ! vous allez bien loin, il me semble, cher monsieur, dit Bernard en devenant subitement pensif.

— Laissez faire au temps, monsieur ; le temps est un grand débrouilleur de mystères ; lui seul nous dira qui de vous ou de moi a raison.

Sur ces derniers mots, ils entrèrent dans la loge du suisse — loge, soit dit entre parenthèses, qui était un véritable appartement meublé avec un luxe dont plus d'un chef de bureau d'un ministère quelconque se serait parfaitement accommodé.

XVII

DANS LEQUEL ON VOIT RÉUNIE CHEZ LA MARLOUZE UNE FORT JOLIE COLLECTION DE COQUINS, APPARTENANT A L'ARMÉE ROULANTE PARISIENNE.

Nous ferons maintenant rétrograder notre récit de quelques heures, et nous conduirons le lecteur à la cour de Rome, dans le tapis-franc tenu par la Marlouze.

Il était tout au plus cinq heures du soir.

La Marlouze, plus sèche et plus hideuse que jamais, trônait majestueusement derrière son comptoir, dirigeant de là, comme un général habile ses régiments, les évolutions parfois scabreuses de sa crasseuse maritorne.

Malgré l'heure comparativement peu avancée de la journée, toutes les tables étaient garnies de consommateurs, mangeant silencieusement, les uns des portions de viande ou de légumes, les plus riches des *arlequins*, dont l'aspect seulement eût fait reculer de dégoût des palais très médiocrement délicats, mais qui cependant excitaient l'envie et la convoitise des consommateurs peu fortunés, réduits à leurs maigres portions de légumes.

Les consommateurs mangeaient beaucoup pour la plupart ; mais, contrairement à leurs habitudes et à ce qui se passait ordinairement, ils ne buvaient que très peu, et de façon à ne pas s'étourdir.

Le tapis-franc regorgeait littéralement de monde ; il y avait des habitués et des consommateurs partout ; beaucoup étaient contraints de se tenir debout, ou de se contenter d'un coin de table.

On aurait dit que le ban et l'arrière-ban de l'armée *roulante* s'étaient donné rendez-vous ce soir-là pour une œuvre sans nom, dans ce bouge immonde.

Ils étaient plus d'une cinquantaine, et formaient la plus curieuse collection de figures patibulaires et de haillons sales et pittoresquement effiloqués qui se puisse imaginer.

En cherchant bien, à travers les groupes, nous aurions sans peine reconnu dans le nombre plusieurs de nos anciennes connaissances.

Chose extraordinaire, il n'y avait ni rires, ni cris, ni éclats de voix, ni querelles. On ne parlait qu'à voix basse, quand on parlait, et cela de manière à ne produire que de légers chuchotements.

La Marlouze elle-même, qui pourtant ne s'étonnait pas facilement, semblait tout étonnée de la sagesse de ses pratiques sinistres ; et cédant à l'exemple général, elle mettait sans s'en apercevoir une sourdine à sa voix criarde et hargneuse.

Le cabinet de société, assez vaste cependant, n'était occupé que par deux hommes assis face à face de chaque côté d'une table, non pas servie, ils ne mangeaient pas car, — mais garnie d'encre, de papier et de plumes.

Au centre était posé un lourd registre, maculé en maints endroits de vin et de boue.

Ce registre était ouvert à la droite de l'un des deux hommes, qui semblait le consulter souvent avec intérêt.

Celui-là était ce bon M. Romieux, ou le Manchot, ainsi que le nommaient entre eux peu respectueusement les membres de l'honorable corporation de coupe-jarrets dont il semblait être un des chefs principaux.

Il avait le corps enveloppé dans une grande houppelande de couleur lie de vin, dont le collet relevé lui cachait tout le bas de la tête.

Son crâne était protégé par un bonnet de soie noire crasseux, sur lequel était ajustée une immense visière verte qui, jointe aux larges lunettes garnies de taffetas vert, posées sur son nez, empêchait de découvrir grand comme une pièce de cinquante centimes de son visage, peu agréable, complètement enfoui et dissimulé ainsi contre une curiosité dangereuse, par cette adroite combinaison d'appareils visuels si compliqués.

Le second était le Loupeur, plus cyniquement dépenaillé encore que de coutume.

Le dos au mur et les jambes allongées sous la table, il fumait dans une de ces pipes impossibles, si justement surnommées *brûle-gueule*, un exécrable tabac de cantine, dont l'odeur nauséabonde donnait d'affreuses quintes de toux à ce digne M. Romieux, ce dont le malandrin ne semblait que très médiocrement se préoccuper, manque complet d'égards que nous constatons avec peine.

De plus, il *sirotait* à petits coups, dans un verre à pied

en cristal, d'excellent vin de Bordeaux, acheté tout exprès pour lui par la maîtresse du tapis-franc, qui le tenait en très haute considération.

L'homme n'est pas parfait. Entre autres défauts, le Loupeur en avait un énorme : il était singulièrement porté sur sa bouche et adorait le bon vin.

A part ces légères taches, notre impartialité nous oblige à constater que c'était un coquin très réussi, ce dont, au reste, le lecteur a déjà dû s'apercevoir.

Les honorables membres de l'armée roulante dont, après messire Satanas, son ami particulier, il était le chef incontesté et le seul maître, avaient pour lui la plus profonde estime, et lui témoignaient en toutes circonstances le plus entier dévouement.

Depuis le jour où nous avons assisté à leur première entrevue, laquelle avait failli avoir des suites fort graves et même tragiques, les deux bandits s'étaient sans doute appréciés à leur juste valeur ; ils s'étaient reconnus, à quelques légères différences près, de même force.

Leurs relations s'étaient considérablement améliorées, ce qui ne veut pas dire du tout qu'ils eussent l'un pour l'autre une bien vive amitié.

Ils se redoutaient fort, au contraire, et, en attendant une occasion propice de se jouer quelque mauvais tour, ils se faisaient mutuellement les blanches dents et patte de velours. Mais chacun d'eux était trop fin pour se laisser tromper par l'autre.

La porte du cabinet de société où se tenaient nos deux personnages était entr'ouverte.

De temps en temps, un bandit nommé la Tortue paraissait sur le seuil, criait un nom à voix contenue et rentrait.

L'individu dont le nom avait été prononcé se levait et entrait dans le cabinet de société, y demeurait quatre ou cinq minutes, puis il sortait, regagnait sa place, et c'était le tour d'un autre.

Les bandits, appelés par la voix piparde de la Tortue,

recevaient quelques instructions et touchaient quatre louis, c'est-à-dire la valeur de quatre louis en pièces de cinq francs et en menue monnaie, l'or étant trop difficile à changer pour certaines personnes, dont la position est délicate.

Lorsque l'appel de tous les bandits fut enfin terminé, M. Romieux dit à la Tortue de sa voix onctueuse, en lui présentant un billet de cent francs que le bandit fit aussitôt disparaître avec une prestesse remarquable :

— Quant à vous, mon ami, vous aurez votre besogne à part : vous savez ce que vous avez à faire, partez donc tout de suite ; il est important que vous arriviez là-bas au moins une heure à l'avance, afin d'avoir le temps de tout organiser pour que rien ne cloche.

— Tout marchera comme sur des roulettes, répondit la Tortue ; j'en réponds. A ce soir !

Ce la Tortue était véritablement un joli sujet.

— Envoie-moi Fil-en-Quatre, s'il est arrivé, dit le Loupeur.

La Tortue sortit, et fut presque aussitôt remplacé par Fil-en-Quatre, qui venait précisément d'entrer dans la grande salle du tapis-franc.

— Ah ! te voilà enfin ! il n'est pas trop tôt, dit le Loupeur, avec une teinte de mauvaise humeur.

— Faites pas attention, c'est ma minette qui m'a retenu un brin, répondit-il avec fatuité, elle m'adore, quoi ! c'te pauv'biche.

— Vas-tu pas me conter tes amours à présent ? fit le Loupeur avec colère ; prends garde, tu me fais l'effet d'être éméché !

— Eméché, moi ? C'est des calomnies, j'n'ai pas bu dans toute la sainte journée tant seulement la valeur de c'qui entrerait dans l'œil d'une limace ; j'suis solide au poste comme pas un ; je l'prouv'rai quand y faudra.

— Tu es averti, c'est ce que nous verrons ; je t'ai, hier et ce matin, donné toutes tes instructions particulières :

te souviens-tu bien de tout ce que je t'ai dit ; veux-tu que je te le répète ?

— Y a pas d'soin ; j'sui pas un sinve, peut-être ? dit Fil-en-Quatre en haussant dédaigneusement les épaules ; j'prendrai le commandement des éclaireurs de la chaussée du Maine au boulevard Courcelles, et j'empêcherai toutes les communications suspectes avec la rue Bénard, au cas où je n'aurais pas réussi d'abord à donner la rue Michel au bourgeois en question. C'est y ça ?

Ce singulier néologisme : *Donner la rue Michel*, est depuis quelques années entré dans le langage des bandits parisiens.

Il signifie assassiner, régler le compte d'un individu ; il tire son origine de la rue Michel-le-Comte, située entre la rue du Temple et la rue Beaubourg, un des quartiers que les bandits affectionnaient le plus.

C'est une aimable plaisanterie de ces messieurs.

— Tâche de ne pas le manquer, surtout, reprit le Loupeur.

— Je l'entends bien comme ça ! répondit Fil-en-Quatre en se dandinant.

Et, apercevant un agenda qui était tombé sous la table, aux pieds du digne M. Romieux, il se baissa, le ramassa et le mit adroitement dans sa poche.

Fil-en-Quatre avait ceci de particulier, qu'il ne pouvait rien voir traîner à sa portée sans avoir aussitôt l'envie de le ramasser; ce que, du reste, il ne manquait jamais de faire.

— Voici trois cents francs, dit le Loupeur, en lui remettant plusieurs billets de banque,; tous les amis sont prévenus; il faut que cela marche! A présent, *decarrez* en douceur, et allez prendre vos postes; il n'est que temps et bien juste !

Fil-en-Quatre renferma les billets de banque dans un coquet portefeuille, sans doute quelque dépouille opime de l'un de ses derniers exploits, et il quitta le cabinet en se dandinant agréablement.

— Voilà qui est fait, dit le Loupeur en vidant le reste

du vin dans son verre. Maintenant, cher monsieur Romieux, je vais vous quitter, moi aussi, afin de bien me préparer au rôle assez difficile que je dois jouer dans cette tragi-comédie.

— Bah ! rien ne presse, cher monsieur : vous avez près de trois heures devant vous : c'est beaucoup plus qu'il ne vous en faut. A propos, dites-moi donc comment vous avez fait connaissance de cette péronnelle, dit Romieux, en ricanant, selon son habitude.

— D'abord, cher monsieur, répondit sévèrement le Loupeur, vous me ferez grand plaisir en parlant plus poliment d'une personne que vous ne connaissez pas : cette dame n'est pas plus une péronnelle que vous n'êtes, vous, un honnête homme, sachez-le bien, monsieur Romieux ! Tonnerre ! J'ai fait tomber la pauvre enfant dans un piège assez odieux pour ne pas souffrir qu'un drôle de votre espèce ose l'insulter devant moi !

— Voyons, ne nous fâchons pas, mon maître ; je n'ai nullement l'intention d'offenser cette *dame*, puisque dame il y a, reprit le Manchot de sa voix la plus insinuante. Là, entre nous, est-ce qu'elle ne se doute pas un peu de l'affaire en question ?

— Elle ! la pauvre chère enfant ! elle est pure et innocente comme un ange qu'elle est ! Seulement, elle a rencontré un démon sur sa route, et elle est tombée dans le piège traîtreusement tendu sous ses pas. Après cela, pourquoi ne vous ferais-je pas cette confidence ? Ecoutez-moi, et vous ne douterez plus ; d'ailleurs, cela me rend presque heureux de parler d'elle, n'importe à qui ; il me semble que cela me rend moins mauvais. Donc, à l'époque où j'habitais New-York, peu m'importe que vous le sachiez, je jouais un certain rôle, et je passais pour très riche, généreux comme un voleur que j'étais déjà. Je vins souvent en aide à une pauvre famille, qui, sans moi, serait certainement morte de faim. Ces pauvres gens avaient plusieurs enfants, une fillette de dix ou onze ans, entre autres, qui promettait déjà de devenir ce qu'elle est devenue, en effet, c'est-à-dire une adorable jeune fille.

Cette enfant s'était prise d'une grande affection pour moi ; de mon côté, je l'aimais beaucoup, et je la comblais de cadeaux. Bien entendu que mon affection pour elle n'avait rien que d'honnête ; malgré ma corruption, j'éprouvais une joie vive et pure de tout mauvais sentiment à me retremper dans cette innocence et le calme de cette âme enfantine, dans laquelle aucune ombre n'existait encore. Malheureusement, je fus contraint de quitter New-York ; une affaire importante m'appelait à Saratoga. Je remis quelques centaines de dollars à la famille, j'embrassai la fillette, qui pleurait à chaudes larmes de me voir partir, et je m'en fus. Je restai absent plus longtemps que je ne l'avais supposé d'abord ; cependant, après sept ou huit mois, je revins à New-York. Aussitôt de retour, ma première visite fut pour la pauvre famille. Tout avait bien changé : la misère avait disparu pour faire place à l'aisance ; une dame française, madame la comtesse de Valenfleurs, avait opéré ce miracle. Bonne et généreuse, elle s'était intéressée à l'honnête et pauvre famille ; elle l'avait mise à l'abri du besoin, et s'était chargée de l'éducation de la petite Lucy, qu'elle avait emmenée avec elle au Canada, où elle avait l'intention de se fixer. Je fus heureux du bonheur de l'enfant ; et, bientôt emporté par le tourbillon qui m'entraînait, je n'y pensai plus.

— Mais c'est une idylle de Berquin que vous me racontez là, mon maître, dit M. Romieux avec son agaçant ricanement.

— Vous croyez, cher monsieur ? répondit le Loupeur, avec un sourire ironique ; voulez-vous que je m'arrête ?

— Non pas ; continuez, je vous en prie : c'est fort drôle.

— Oui, très drôle, fit-il, avec un accent singulier ; je continue donc ?

— Certes, allez, je vous écoute.

— J'avais complètement oublié cette enfant, lorsque le hasard me la fit rencontrer, il y a quelques années, à New-York ; ce n'était plus une enfant, mais une grande et belle jeune fille, portant sa toilette avec une distinction rare. Elle était seule. Vous savez, ou vous ne savez pas, que les jeunes filles, en Amérique, jouissent d'une grande liberté, et sortent seules, quand cela leur plaît, sans que personne y trouve à redire.

— Je sais que cette coutume existe aux Etats-Unis, répondit M. Romieux. Je la trouve excellente, et surtout fort commode pour les amoureux, ajouta-t-il en ricanant.

Le Loupeur jeta un regard de travers au Manchot, haussa les épaules, et continua :

— Je m'approchai de la jeune fille et je la saluai. Elle me reconnut aussitôt et témoigna la joie la plus vive de me revoir. Je m'informai naturellement de sa position. Elle me répondit qu'elle était très heureuse; que madame de Valenfleurs était excellente pour elle; qu'elle était demoiselle de compagnie de sa fille, qu'elle aimait comme une sœur, et que, dans quelques jours, elle partirait pour la France, où la comtesse allait définitivement se fixer. Je revis plusieurs fois cette charmante jeune fille dans sa famille, qu'elle visitait souvent, et je lui promis de la revoir en France, où, moi aussi, je me proposais de retourner, vous savez sans doute pour quel motif?

— Oui, je sais cela aussi, répondit son interlocuteur en s'inclinant.

— Elle partit. Quelques mois plus tard, je quittai l'Amérique à mon tour, mais je devais user de très grandes précautions; en un mot, j'étais contraint de me cacher, et surtout de ne pas laisser découvrir mes traces.

— D'autant plus que vous risquiez votre tête, dit l'autre en ricanant, puisque vous aviez été condamné à mort par arrêt de la cour d'assises des Pyrénées-Orientales en date du 27 mai 1856, n'est-ce pas cela?

— Parfaitement, cher monsieur, de même que vous avez été condamné à mort par le conseil de guerre siégeant à Urès et présidé par le général X..., commandant en chef les départements de Sonora et Sinaloa pour le gouvernement français, en date du 21 juin 186..., pour crime de désertion, vols qualifiés, meurtres et incendies, enfin, toutes les herbes de la Saint-Jean, comme on dit. N'est-ce pas cela, cher monsieur? répliqua-t-il avec un sourire caustique.

— C'est très exact, mon maître; je vois que nous nous connaissons bien l'un et l'autre, et que nous nous valons.

— Ce n'est pas mon avis, cher monsieur Felitz Oyandi.

— Vous croyez, cher monsieur de Montréal?

— Vous êtes un sot en trois lettres, monsieur; votre incurable et envieuse méchanceté vous fait continuellement commettre des maladresses, qui n'obtiennent d'autre résultat que de vous faire des ennemis redoutables d'hommes dont vous ne sauriez vous passer, et que vous devriez ménager, ne serait-ce que par intérêt, au lieu de les insulter gratuitement comme vous le faites sans cesse, dans le seul but de les blesser.

— Votre apostrophe est rude, monsieur; pourtant, j'en reconnais la justesse. Je me suis laissé entraîner malgré moi à vous dire des paroles absurdes que je regrette; oublions tout cela, je vous prie. Nous avons chacun commis certaines erreurs, que nous n'avons pas le droit de nous reprocher ainsi mutuellement... Mettons que je n'ai rien dit, et pardonnez-moi.

— Soit, monsieur, mais n'y revenez plus; je vous y engage.

Ces derniers mots furent prononcés avec un tel accent par le Loupeur, que le doux M. Romieux se sentit secrètement frissonner.

— Est-ce que vous ne terminez pas votre récit, cher monsieur? reprit-il après un temps.

— A quoi bon? fit le Loupeur en haussant les épaules; je vois de reste qu'il ne vous intéresse que très médiocrement.

— Eh bien! vrai, vous vous trompez, je vous jure. Je serais véritablement fâché que vous ne le continuiiez point, d'autant plus que cela me prouverait que vous ne m'avez pas pardonné ma sotte sortie de tout à l'heure, ainsi que vous l'avez si justement qualifiée.

Le Loupeur hésita un instant ; sa colère n'était pas calmée encore. Cependant, il se décida à continuer :

— Eh bien ! soit, dit-il ; je terminerai ce récit que, je le reconnais maintenant, je n'aurais pas dû commencer. Enfin, puisque j'ai eu la faiblesse de l'entamer, j'irai jusqu'au bout. Je partis donc de New-York pour la France ; mes mesures furent si bien prises que je réussis à déjouer tous les soupçons et à rentrer librement dans Paris. Une fois là, j'étais sauvé. Paris est un gouffre dans lequel tout s'engloutit et disparaît, et où, avec un peu de prudence, il est facile d'échapper à toutes les recherches, surtout quand on a l'expérience et la connaissance approfondie du terrain mouvant sur lequel on manœuvre.

— Votre réputation d'habileté n'est plus à faire, cher monsieur, dit M. Romieux de sa voix la plus insinuante ; la réputation du Loupeur est universelle.

Le bandit lui lança un regard de travers, haussa les épaules, et continua sans répondre à ce coup d'encensoir, que son interlocuteur lui donnait en plein visage :

— Je me mis à la recherche de Lucy, et après bien des peines et des difficultés vaincues, je réussis à la retrouver ; et, cette fois encore, par hasard, au moment où je commençais à désespérer de la rencontrer. Pourquoi le cacherais-je ? Je n'étais revenu en France que pour elle ; je n'avais pu résister à tant de beauté. Mon admiration pour elle m'avait rendu fou ; mon amitié s'était subitement changée en amour ; j'éprouvais et j'éprouve plus que jamais pour elle une passion furieuse, insensée ! Miss Lucy ne soupçonnait pas cet amour ; elle me voyait toujours avec ses yeux de dix ans ; elle m'était reconnaissante des services que j'avais rendus à sa famille ; j'étais pour elle un sauveur, un ami pour lequel elle éprouvait une profonde et sincère amitié, mais rien de plus. Lucy est catholique ; elle consentit plusieurs fois à venir causer avec moi, pendant quelques instants, dans l'église

Saint-Philippe-du-Roule. Mais ces rendez-vous que m'accordait l'innocente et affectueuse jeune fille ne faisaient qu'augmenter mon amour, et, comme on dit, jeter de l'huile sur le feu ; ces rendez-vous ne pouvaient pas me suffire ; il me fallait autre chose. Lucy, comme la plupart des Américaines, est très exaltée et très romanesque ; je le savais. Je dressai mes batteries en conséquence J'inventai je ne sais plus quelle histoire de complots, de conspiration, de dangers terribles dont j'étais menacé, d'un service immense que seule elle pouvait me rendre, et peut-être me sauver la vie. Bref, j'avais frappé juste ; l'essence de la femme est le dévouement ; le rôle qu'elle préfère à celui de tous les autres est celui de protectrice ; d'ailleurs, j'avais presque sauvé sa famille de la mort ; c'était pour Lucy un devoir impérieux de me sauver à son tour, et de me payer ainsi sa dette de reconnaissance. Enfin, après bien des luttes et des hésitations, je réussis à obtenir d'elle un rendez-vous de quelques minutes dans la maison de la rue des Acacias, 96, que vous connaissez, pendant que mademoiselle de Valenfleurs causerait avec les bonnes gens qu'elle a coutume de secourir chaque semaine. Ce rendez-vous fut fixé par moi à aujourd'hui à huit heures et demie du soir; il m'était impossible de m'y trouver avant. Elle ne m'a pas répondu ; mais je connais trop son caractère exalté et la bonté de son cœur pour ne pas être certain qu'elle viendra ; d'ailleurs, ce rendez-vous ne saurait avoir rien d'inquiétant pour elle, puisqu'il aura lieu devant témoin.

— C'est juste, fit le Manchot en ricanant, c'est en l'attaquant par ses bons sentiments que vous avez fait tomber la pauvre enfant dans le piège que vous lui tendiez ; en effet, c'est l'éternelle tactique, Méphistophélès n'agit pas autrement avec Faust et Marguerite.

— Oui, elle y est tombée, ou plutôt elle y tombera, car je ne l'ai pas vue encore, mais après de cruels combats et de nombreuses hésitations.

— Bah ! qu'importe, quand le succès est au bout ! Le principal n'est-il pas toujours de réussir ?

— En effet, vous avez raison. Et maintenant, dites-moi, la croyez-vous encore coupable et complice du rapt que nous méditons ?

— Non, certes, mais je déclare hautement que vous avez admirablement mené votre barque ; que vous avez en même temps fait vos affaires et les nôtres. Vous nous avez rendu un véritable service ; car, sans vous, je l'avoue, nous aurions été fort empêchés ; mais vous avez votre récompense toute prête, heureux coquin que vous êtes, ajouta-t-il avec son sinistre ricanement.

Le Loupeur fronça les sourcils, pâlit légèrement et baissa la tête.

— Je suis un infâme gredin ! murmura-t-il.

— Bah ! dit le Manchot avec un sourire cynique, les femmes aiment à être violentées ; c'est un crime qu'elles pardonnent facilement à leur séducteur.

— Assez, misérable ! s'écria le Loupeur en frappant du poing sur la table avec une telle force, que verres, bouteilles et le reste en bondirent.

— Hum ! vous êtes singulièrement nerveux aujourd'hui, mon maître, reprit le Manchot en ricanant ; on ne sait vraiment pas comment vous prendre.

— Assez, vous dis-je ! reprit-il avec force. Plus un mot à ce sujet !

Et il ajouta, en se parlant à lui-même :

— J'ai eu tort de raviver ces souvenirs, qui me corrodent le cœur.

Il y eut un assez long silence entre les deux hommes.

Le Loupeur, la tête basse, les yeux à demi fermés, les bras croisés sur la poitrine, semblait plongé dans de profondes et tristes réflexions : il était livide, une sueur froide perlait en gouttelettes à ses tempes ; parfois, des tressaillements nerveux secouaient tout son corps ; une horrible lutte se livrait évidemment dans son cœur entre sa passion furieuse et désordonnée pour la jeune fille, et ce respect inné, et pour ainsi dire instinctif, que l'homme, même le plus pervers, éprouve pour l'innocence et la faiblesse.

Quel principe triompherait dans cette âme gangrenée jusqu'aux moelles : le bien ou le mal ? Lui-même n'aurait su le dire.

Le Manchot le suivait des yeux avec un regard de hyène, et se réjouissait intérieurement des douleurs horribles qu'il voyait souffrir à cet homme, qu'il détestait.

Cependant le Loupeur se calma peu à peu ; il se redressa, jeta un regard autour de lui comme s'il s'éveillait d'un profond sommeil : il passa la main sur son front comme pour en chasser les derniers nuages ; un sourire amer crispa les commissures de ses lèvres...

La lutte était terminée, sa résolution était prise. Quelle qu'elle fût, désormais cette résolution était immuable.

Le Loupeur emplit son verre, le vida d'un trait ; et s'adressant au Manchot, qui avait suivi, avec une curiosité avide, toutes les péripéties étranges de cette affreuse lutte morale, il lui dit, du ton le plus calme, en retirant une fort belle montre de son gousset, et la consultant :

— Ah ! ça, compagnon, il est six heures trente-cinq, j'ai beaucoup à faire : mieux que personne, vous devez le savoir. A sept heures précises, je partirai ; tant pis pour votre ami s'il ne vient pas ; certes, je ne l'attendrai pas une seconde. D'ailleurs, je n'aime pas qu'on me fasse poser.

— Je vous ai déjà dit, mon maître, et je vous le répète, qu'il sera ici à sept heures moins le quart.

— Avec l'argent et le passeport ?

— Oui, il me l'a promis.

— Très bien ; j'attendrai jusqu'à l'heure dite. A votre santé ! il se versa un plein verre de vin. Vous ne me faites pas raison ? ajouta-t-il.

— Vous m'excuserez, cher monsieur ; je n'ai pas une tête comme la vôtre, moi ; quelques verres de vin me rendent malade, je ne bois que de l'eau.

— Pardieu ! vous justifiez le proverbe, vous savez la chanson ?

— Quelle chanson ?
— Celle-ci :
Et il fredonna

> Tous les méchants sont buveurs d'eau,
> Ce fut prouvé par le déluge !
> Etc., etc.

et il vida son verre rubis sur l'ongle.

— Vous êtes bien gai ? lui dit le Manchot d'un sourire caustique.

— C'est vrai, répondit-il d'une voix sombre, peut-être ne suis-je si gai que parce que je suis plus triste... Mais laissons cela ; avez-vous quelque recommandation dernière à me faire ?

— Aucune ; d'ailleurs, je serai là, moi aussi.

— Ah ! très bien. Il consulta sa montre ; il est sept heures moins le quart, ajouta-t-il.

— Et voici mon ami, répondit le Manchot.

Le Loupeur se retourna vivement.

La porte de la cour s'était ouverte sans bruit, livrant passage à un homme enveloppé dans les plis d'un épais manteau militaire. Cet homme était de haute taille, un chapeau baissé sur ses yeux empêchait de distinguer ses traits ; il se tenait immobile sur le seuil, promenant autour de lui un regard inquisiteur.

— Vous êtes exact, tant mieux, dit le Loupeur. Cette entrée est parfaitement réussie, elle a un petit air dramatique qui me plaît. Sur ma foi, on se croirait à l'Ambigu, ajouta-t-il en ricanant. Donnez-vous la peine d'entrer et de refermer la porte derrière vous ; nous sommes seuls. Voyez, la salle de ce charmant établissement est vide ; tous vos soldats sont partis.

Et il appuya avec intention sur les trois derniers mots.

L'inconnu tressaillit légèrement, il referma la porte sans répondre, et s'approcha de la table, près de laquelle il s'assit silencieusement.

Le Loupeur s'était levé et avait été fermer la porte de communication entre le cabinet de société et la grande salle.

— Là! maintenant, nous sommes chez nous, et nous pouvons causer à notre aise, sans craindre d'être entendus, dit-il d'un air nonchalant en reprenant sa place ; causons donc sans plus de retard, s'il vous plaît.

— C'est à vous à parler, monsieur, et non pas à moi, répondit le nouveau venu en langue espagnole.

Le Loupeur le regarda avec une indicible expression de raillerie.

— Mon ami comprend le français, mais il ne le parle pas, se hâta de dire le Manchot.

— Tiens! tiens! tiens! fit le Loupeur en riant, je ne m'attendais pas à celle-là ; mais cela ne nous empêchera pas, je l'espère, de nous entendre : je parle toutes les langues, moi, même le basque, ajouta-t-il avec intention, et s'il plaît au marquis de Garmandia de...

Il n'acheva pas.

— Misérable! s'écria le Mayor, en se débarrassant de son manteau en un tour de main, et se ruant sur lui le poignard levé; tu ne vivras pas assez pour répéter ce nom!

Mais cette fois le terrible Mayor, car c'était bien lui, se trouva devant un adversaire plus redoutable qu'il ne l'avait supposé en voyant l'apparence presque délicate du chef de l'armée roulante.

En moins d'une minute, il fut désarmé, acculé à la muraille et sentit la pointe de son propre poignard sur sa poitrine.

— Bas les pattes, bandit! lui dit le Loupeur d'une voix railleuse, c'est toi qui vas mourir, si tu fais un geste, un seul!

— Arrêtez! s'écria le Manchot, en faisant un mouvement pour se lever.

— Toi, vipère! reprit le Loupeur, si tu bouges, je te tue comme un chien!

L'autre retomba assis sur son banc, tremblant et claquant les dents.

— Ah! mes maîtres, vous avez voulu jouer ce jeu-là avec moi, reprit le Loupeur avec un accent plein d'amertume; il vous en cuira, je vous le jure; pour qui m'avez-vous donc pris? Pour un niais, n'est-ce pas? Pour un vulgaire coquin dont on se débarrasse quand on n'a plus besoin de lui, pour n'avoir pas de comptes à lui rendre ? Quant à vous, marquis de Garmandia, ou Mayor, si ce nom vous plaît davantage, vous avez trouvé votre maître. Acceptez franchement votre défaite, si vous ne voulez pas que je vous enfonce votre propre poignard dans le cœur, et, croyez-moi, pas d'hésitation, pas d'arrière-pensées.

De même que tous les scélérats de son espèce, le Mayor était plutôt féroce et cruel que véritablement brave ; c'est-à-dire qu'il possédait cette bravoure banale, que l'habitude et l'orgueil de l'uniforme donnent aux soldats ambitieux, et qui leur fait braver, le front haut et le sourire sur les lèvres, la mort du champ de bataille, en plein soleil, aux bruits de la fusillade, de la canonnade et des accents stridents des clairons sonnant la charge — mort glorieuse entres toutes; mais peut-être n'affronteraient-ils pas avec la même insouciante gaieté la mort sombre, cachée, honteuse et lâche du poignard.

Le Mayor en était là : d'une témérité folle au milieu d'un combat — il l'avait cent fois prouvé — il trembla et eut peur devant le couteau posé sur sa poitrine par un bandit résolu qui, il le savait, n'hésiterait pas à mettre sa menace à exécution.

Honteux et furieux à la fois d'être si sottement tombé dans le piège que lui-même avait tendu, blessé dans son immense orgueil, mais complètement à la merci de cet ennemi, qu'il avait supposé si faible et qui s'était révélé si fort, il comprit qu'il lui fallait transiger à tout prix et il s'y résigna en grondant sourdement.

— Qu'exigez-vous de moi? demanda-t-il au Loupeur d'une voix saccadée par la colère.

— Votre parole d'honneur; je sais que vous la tiendrez; je vous connais de longue date. Votre parole d'honneur, dis-je, que vous ne tenterez rien contre moi ni directement ni indirectement, et que vous exécuterez loyalement le traité fait entre nous par l'intermédiaire de votre ignoble complice, Félitz Oyandi, qui est là, râlant de peur.

— Quelle durée demandez-vous pour cette trêve entre nous?

— Vingt-quatre heures, pas davantage, reprit-il en riant.

— J'accepte; vous avez ma parole! s'écria le Mayor avec un vif mouvement de joie.

— Vous êtes libre; reprenez ce poignard dont je n'ai que faire, dit le Loupeur avec insouciance en lui rendant son arme.

— Merci; vous êtes un homme : je m'en souviendrai, dit le Mayor.

Et il s'assit aussi tranquillement que si rien ne s'était passé d'extraordinaire entre lui et le Loupeur.

Le Manchot continait à trembler et à faire claquer ses dents comme des castagnettes.

— Maintenant que nous sommes amis, reprit le Mayor en allumant un cigare, laissez-moi vous dire que si vous me connaissez comme vous le prétendez, vous avez eu tort de n'exiger de moi qu'une trêve de vingt-quatre heures.

— Pourquoi donc cela, monsieur? répondit le Loupeur avec nonchalance, tout en bourrant sa pipe.

— Tout simplement parce que, dans vingt-quatre heures, nous serons ennemis de nouveau.

— Qu'importe cela? fit-il en souriant.

— Dame! il importe pour vous que, redevenu libre de mes actions, le premier usage que je ferai de cette liberté, et j'en aurai le droit, ce sera de me venger de vous.

— Vous croyez? fit-il en allumant sa pipe à la chandelle.

— Non seulement je le crois, mais, encore, je vous avertis loyalement que cela sera, je vous engage donc à vous tenir sur vos gardes.

— Je vous remercie, monsieur, répondit-il paisiblement, mais c'est inutile; vous ne tenterez pas de vous venger de moi; vous vous trompez.

— Voilà qui est fort ! par exemple ; je me trompe ?

— Parfaitement, ou, si vous le préférez, vous commettez une erreur : vous êtes trop fin et doué d'une trop grande intelligence pour commettre une telle sottise.

— Moi ?

— Certainement, et la preuve, c'est l'avis même que vous me donnez charitablement : ce terme de vingt-quatre heures vous préoccupe malgré vous, monsieur, vous vous demandez pourquoi ce bref délai et, de déductions en déductions, comme vous disiez jadis à l'école Polytechnique, vous en êtes venu à vous dire, pour avoir agi ainsi : Il faut que cet homme ait pris ses précautions, je veux m'en assurer ; c'est fort logiquement raisonné, je dois convenir que cette fois vous êtes tombé juste, et il sourit d'un air béat.

Le Mayor se mordit les lèvres de se voir si bien deviné.

— Ah ! ah ! fit-il, vous avez pris vos précautions, reprit-il après un instant.

— Pardieu ! je serais un niais de ne pas l'avoir fait ; vous vous moqueriez de moi et vous auriez raison. Je ne me soucie pas d'être tué comme l'a été votre ami Sebastian dans le brûlis de la Hulotte bleue, ou comme plus récemment l'ont été cinq de mes pauvres camarades dans la Maison des Voleurs, vous savez, là-bas, au milieu de la plaine du Bourget-Drancy. Non pas ; j'ai quarante-quatre ans ; la vie me semble agréable, et je tiens à la conserver le plus longtemps possible, ne vous en déplaise.

— Vous savez cela ? fit le Mayor les dents serrées.

— J'en sais bien d'autres ! reprit-il de son air le plus agréable ; ou, pour mieux dire, je connais à fond votre histoire et celle de monsieur votre ami, qui est là, et commence à se remettre : depuis l'affaire de la maison hantée, presque et y compris aujourd'hui, toutes les preuves sont, ou, pour être plus vrai, étaient encore, il y a deux heures à peine entre mes mains : seulement, comme je devais avoir l'honneur de vous voir ce soir, et que j'ai été averti des procédés expéditifs que vous avez l'habitude d'employer, lorsque vous jugez nécessaire de vous débarrasser de complices compromettants, ou de gens qui vous gênent, j'ai cru prudent de déposer ces preuves, fort compromettantes pour vous, entre des mains tierces : il est sept heures et demie, ajouta-t-il en consultant sa montre, si, à huit heures, je ne suis pas à un certain endroit que je connais seul, à huit heures et demie, ces preuves seront remises entre les mains du préfet de police, ainsi que tous les renseignements nécessaires pour vous arrêter immédiatement; sans compter que l'affaire de ce soir, que vous avez si fort à cœur, sera manquée, par la raison toute simple, que, seul, je sais où se trouvent nos gens, et puis leur donner les instructions nécessaires pour opérer sûrement l'enlèvement. Vous voyez, monsieur, que je pouvais fort bien me dispenser même de vous demander cette trêve de vingt-quatre heures.

— Je le reconnais, monsieur, répondit le Mayor en se mordant les lèvres jusqu'au sang, dans ses efforts pour ne pas laisser échapper sa colère; cependant vous me permettrez de vous faire observer que votre procédé est plus que vif...

— Nullement, monsieur; il est logique, voilà tout; je prends mes garanties, et en cela je ne fais que ce que maintes fois vous avez fait vous-même. Bien m'a valu tout à l'heure d'être plus vigoureux que vous, car vous m'auriez tué raide, et, en ce moment, vous tenteriez encore de le faire, si vous ne vous sentiez pas si complètement entre mes mains.

— Vous vous trompez, monsieur, vous avez ma parole, dit le Mayor avec dignité.

— C'est vrai, mais pour vingt-quatre heures.

— Finissons-en; que voulez-vous?

— L'argent promis et quelque chose de plus.

— Comment?

— Vous m'avez déclaré la guerre, vous en paierez les frais, dit-il nettement.

— C'est-à-dire? fit-il avec hauteur.

— Je veux, entendez-vous bien, reprit le Loupeur en le regardant en face et en scandant les mots avec affectation; je veux trois cent mille francs tout de suite, ici même; deux cent vingt-cinq mille francs que vous restez me devoir, plus vingt-cinq mille francs que vous vous ferez rembourser par votre ami Felitz Oyandi, si cela vous plaît, comme étant votre complice, et cinquante mille francs pour votre part, c'est la rançon de votre poignard que je vous ai rendu.

— Et si je refuse ces conditions exorbitantes? dit le Mayor d'une voix frémissante.

— A votre aise! cela vous regarde; mais tout sera rompu entre nous, et je vous tirerai ma révérence.

— Mais, après tout! monsieur, s'écria le Mayor avec violence, je ne sais vraiment...

Le Loupeur l'interrompit brusquement, en se levant avec deux revolvers aux poings, et les dirigeant contre les deux hommes.

— Ah! pas un mot de menace, pas un geste! s'écria-t-il, l'œil étincelant et la voix vibrante; c'est oui ou non! Au premier mouvement suspect, je vous abats comme deux loups enragés que vous êtes!... Sur mon âme, vous vous êtes singulièrement mépris si vous avez eu, un seul instant, la pensée de me traiter, moi, le chef de l'armée roulante, comme vous en avez traité tant d'autres : j'ai les griffes plus fortes et plus acérées que ne l'ont jamais été les vôtres!

— Mais, cependant..., essaya de dire le Mayor.

— Je ne vous oblige pas à accepter mes conditions, mais je ne prétends être ni votre dupe, ni votre victime.

— C'est bien, monsieur, reprenez votre place, vous n'avez rien à redouter de nous.

— Soit, dit-il, en faisant disparaître ses revolvers et se rasseyant; mais comme vous-même l'avez dit: finissons-en, car le temps se passe, et j'ai à faire bien des choses, d'une façon ou d'une autre.

— J'accepte vos conditions, si dures qu'elles soient... Mais, prenez garde, si quelque jour je vous tiens entre mes mains comme vous me tenez en ce moment dans les vôtres, dit-il d'une voix creuse, je vous demanderai un compte terrible de ce que vous me contraignez...

— Vous aurez raison, si je suis assez niais pour ne pas me sauvegarder, interrompit-il brutalement. Les trois cent mille francs, où sont-ils ?

Le Mayor sortit un portefeuille de sa poche, l'ouvrit et en retira deux liasses de billets de banque.

— Les voici, monsieur; ils sont en billets de cinq mille francs ; chaque liasse est de trente billets.

Et il tendit les deux liasses au Loupeur.

— Vous pouvez compter, ajouta-t-il.

— C'est ce que je vais faire, monsieur, répondit le bandit en prenant les liasses et les défaisant pour les examiner.

Il y eut un silence, pendant lequel le Loupeur compta les billets et les examina avec le plus grand soin.

— Le compte est juste, dit-il enfin.

Il rattacha les deux liasses et les fit disparaître.

— Ce n'est pas tout, dit-il.

— Quoi encore ? demanda le Mayor avec une visible impatience.

— Vous vous êtes engagé à me remettre un passeport diplomatique en blanc, mais signé et paraphé de façon à ce qu'il n'y ait plus qu'à écrire les noms et la destination.

— C'est parfaitement exact, monsieur, voici un passeport signé par l'ambassadeur d'Espagne; il est dans les conditions que vous avez désiré; maintenant, êtes-vous satisfait ?

— Attendez, dit-il en prenant dans sa poche un papier qu'il déplia.

— Que voulez-vous dire ?

— Il pourrait être faux.

— Monsieur ! dit le Mayor se contenant à peine.

— Cela s'est vu, reprit le Loupeur de l'air le plus paisible et en continuant de comparer le passeport avec celui qu'il avait pris dans sa poche; celui-ci est bon; je vous remercie, ajouta-t-il froidement après un instant.

Il plia le passeport avec soin et le serra.

— J'ai tenu toutes les conditions? reprit le Mayor.

— Oui, toutes, répondit-il.

— Et vous, tiendrez-vous les vôtres?

Le Loupeur haussa les épaules.

— Pour qui me prenez-vous? dit-il.

— Ainsi, je puis compter sur vous?

— Je ne vous ai pas donné, que je sache, le droit de supposer autrement.

— C'est bien, nous nous verrons là-bas?

— C'est probable, je pars, répondit-il sèchement.

Et il sortit sans prendre autrement congé.

Restés seuls, les deux hommes se regardèrent d'un air piteux en hochant tristement la tête.

— Quel chenapan! s'écria Félitz Oyandi.

— Il nous a roulés de main de maître! dit le Mayor.

— Oui, le gredin est madré.

— Les voleurs parisiens sont plus forts que nous.

— C'était notre bon temps, là-bas, en Amérique! dit Félitz Oyandi avec un soupir de regret.

— Oh! je me vengerai de ce misérable! s'écria le Mayor en fermant les poings avec rage.

— Le fait est que vous n'avez pas eu le beau rôle! Quant à vous venger de lui, je crois que vous ferez bien d'y renoncer ; il nous tient, et nous ne le tenons pas, fit-il avec son ricanement habituel.

— C'est ce que nous verrons! Allons, viens; l'heure approche.

— Oui, partons!... C'est égal, voilà une campagne bien mal engagée : elle commence par une défaite!

— Tais-toi, oiseau de mauvais augure, c'est la lâcheté qui est cause de tout.

— Avec cela que la force vous a réussi, à vous! reprit-il en ricanant.

— Assez, misérable! s'écria le Mayor exaspéré; je ne sais ce qui me retient de t'écraser sous le talon de ma botte!

— C'est bon, je me tais, mais je n'en ai pas moins raison.

Tout en se disputant ainsi, les deux dignes complices quittèrent le tapis-franc sans traverser la grande salle.

Cinq minutes plus tard, une voiture les emporta rapidement dans la direction des Champs-Elysées.

XVIII

OU IL EST PROUVÉ QUE LE LOUPEUR EST UN BANDIT COMPLÈTEMENT DÉNUÉ DE DÉLICATESSE, ET QUE LE POLICIER A EU TORT D'ACCUSER MISS LUCY GORDON.

Lorsque les deux jeunes filles avaient quitté l'hôtel de Valenfleurs pour commencer leurs courses charitables à travers la ville, miss Lucy Gordon avait facilement obtenu de mademoiselle de Valenfleurs que la visite à la maison numéro 97 de la rue des Acacias serait réservée pour la dernière ; bien qu'en bonne logique, à cause de sa situation même aux Ternes, c'est-à-dire à une distance très rapprochée de l'hôtel, cette maison aurait dû être la première, au contraire, à recevoir la visite des charmantes consolatrices.

Les courses furent donc faites dans ces conditions anormales.

Mais ainsi que cela arrive toujours lorsqu'il s'agit de secours, de consolations et d'encouragements à donner à des pauvres honteux courbés sous le dur niveau de la misère, quelques-unes de ces courses prirent un temps plus considérable que ne l'avaient d'abord supposé les jeunes filles ; de sorte qu'il était près de huit heures et demie du soir et que la nuit commençait à tomber lorsque la voiture s'arrêta enfin devant la maison des Ternes.

Miss Lucy Gordon éprouvait une vive et sincère affection pour le Loupeur dont, bien entendu, elle ignorait l'existence criminelle, les honteux antécédents, la position dégradante, et qu'elle ne connaissait que sous le nom de

Lucien de Montréal, le seul qu'elle lui eût jamais entendu donner.

Elle n'avait vu qu'une face de cette vie d'aventurier, son côté brillant et menteur.

Cet homme avait été le protecteur de son enfance malheureuse ; il avait rendu de grands services à sa famille ; il s'était toujours montré bon, affectueux et généreux avec elle.

Ces raisons étaient plus que suffisantes pour que la jeune fille lui fût profondément reconnaissante de ce qu'il avait fait pour sa famille et pour elle-même.

La perspective de lui rendre un grand service, de le sauver peut-être de la mort, avait fait vibrer dans son cœur toutes les cordes généreuses du dévouement.

Son plus grand désir était de payer la dette morale qu'elle avait contractée envers lui.

Cette occasion qui lui était offerte la comblait à la fois de joie et de terreur.

Ignorante comme toutes les jeunes filles élevées dans le sanctuaire saint de la famille, elle n'avait pas une seconde douté de la vérité des confidences menteuses qui lui avaient été faites par cet homme, dans la loyauté duquel elle avait une foi entière.

Cependant, dans la pureté de son âme chaste et naïve, elle s'effrayait outre mesure de cette démarche, un peu risquée il est vrai, que son bienfaiteur exigeait d'elle si impérieusement.

Pourtant, elle s'y était résolue, mais avec crainte, afin de ne pas lui paraître lâche et ingrate, bien qu'elle ne se fût pas senti le courage de répondre au billet qu'il lui avait fait parvenir pour lui donner rendez-vous.

Après avoir, dans un moment de fièvre, écrit le brouillon d'une réponse, saisie de honte, elle l'avait déchiré et jeté au feu.

C'était ce brouillon qui, trouvé dans les cendres par l'ancien chef de la brigade de sûreté, avait été cause de tant de commentaires outrageants pour l'honneur de la jeune fille.

Il n'y avait dans le cœur de miss Lucy Gordon, pour M. de Montréal, rien qui ressemblât à de l'amour.

Ce n'était même pas de l'amitié dans l'acception que l'on donne généralement à ce mot : c'était de l'estime et de la reconnaissance.

Rien de plus, rien de moins.

Dans la pensée de la jeune fille, en venant bien à contre-cœur à ce rendez-vous dont elle se sentait instinctivement blessée, elle accomplissait un devoir, en acquittant une dette sacrée de reconnaissance.

Le numéro 96 de la rue des Acacias, qui a disparu depuis, pour faire place à de belles constructions dans le style moderne, était à cette époque une vieille masure très haute, bâtie en torchis et en pont de bois, dont le premier étage était en contre-bas de plus de dix pieds, à cause des remblais successifs de la rue.

Cette maison se composait de trois corps de bâtiments séparés par des cours étroites et sans air, et reliés entre eux par de longs corridors obscurs, et dont le dernier débouchait dans la rue de la Plaine, dont quelques rares maisons étaient à peine bâties, et le reste composé de terrains vagues et de décharges publiques.

La nuit venue, cette rue de la Plaine devenait un véritable coupe-gorge.

Personne n'y passait ; ses habitants eux-mêmes ne se hasardaient pas à sortir passé neuf heures du soir.

Dès le coucher du soleil, ils fermaient portes et volets et s'enfermaient à triples verrous, tant la réputation de cette nouvelle rue était sinistrement établie déjà.

C'était dans le troisième et dernier corps de logis de cette maison, c'est-à-dire celui ayant une entrée sur la rue de la Plaine, que demeuraient, au cinquième étage, les pauvres gens que les deux jeunes filles allaient visiter.

Ce n'était qu'avec une certaine appréhension que ces élégantes jeunes femmes s'avançaient dans ce corridor étroit et obscur, où la lueur mourante d'une lanterne suffisait à peine à se diriger tant bien que mal.

Elles étaient obligées de marcher l'une derrière l'autre, et allaient ainsi à deux ou trois pas de distance.

Mademoiselle de Valenfleurs était en avant.

Tout à coup, miss Lucy Gordon entendit sa compagne pousser un cri de terreur aussitôt étouffé.

La jeune Américaine, effrayée par ce cri, qu'elle ne savait à quoi atttribuer, et naturellement courageuse, voulut s'élancer au secours de mademoiselle de Valenfleurs, qu'elle supposait être en danger.

Elle se sentit retenue ; elle essaya de se débattre et d'appeler à l'aide.

Un châle fut jeté sur sa tête pour étouffer ses cris, en même temps que ses membres étaient étroitement garrottés au moyen de mouchoirs et de foulards. En une seconde, elle fut ainsi réduite à la plus complète impuissance.

Elle sentit que deux hommes l'enlevaient avec précaution dans leurs bras et l'emportaient rapidement.

Bientôt elle se sentit assise dans une voiture.

— C'est à merveille ! dit une voix goguenarde : chacun de nous a sa tourterelle ; bonne chance, ami Loupeur. Surtout n'oubliez pas demain.

Puis la portière fut fermée brusquement, et la même voix ajouta, toujours railleuse :

— Fouette, cocher ! En route pour Cythère !

La voiture partit aussitôt au grand trot.

Il sembla à la jeune Américaine, qui avait conservé toute sa lucidité d'esprit, qu'une seconde voiture partait en même temps que celle dans laquelle elle était, mais dans une direction différente, car le bruit du pas des chevaux et le roulement des roues ne tardèrent pas à cesser.

Miss Lucy Gordon n'était pas seule dans la voiture ; quelqu'un était assis près d'elle.

Elle entendait la respiration haletante de cette personne, immobile et silencieuse à son côté.

C'était probablement la personne à laquelle on avait donné le nom de Loupeur.

Quel pouvait être cet homme ?

Pourquoi l'avait-il enlevée ?

Que lui voulait-il ?

Où la conduisait-il ?

Pourquoi ce silence ?

Toutes ces questions se croisaient dans l'esprit de la jeune fille, sans qu'il lui fût possible de répondre à aucune.

C'était en vain qu'elle se torturait l'esprit pour trouver une explication plausible à ce qui lui arrivait ; elle ne trouvait rien.

Mademoiselle de Valenfleurs, l'avait-on donc enlevée aussi ?

Cette dernière pensée la faisait plus souffrir que ce qui lui arrivait à elle-même.

Miss Lucy Gordon aimait tendrement Vanda.

En songeant aux dangers auxquels son amie était exposée, la jeune fille sentait redoubler sa douleur.

La voiture roulait toujours.

Le compagnon de voyage de miss Lucy Gordon s'obstinait dans son mutisme.

Le roulement monotone des roues, l'obscurité dans laquelle elle était, le silence calculé de cet homme assis près d'elle, et dont elle entendait sans cesse à son oreille la respiration sifflante, l'ignorance de l'endroit où on la conduisait et des motifs de son enlèvement ; ces liens qui l'empêchaient de se mouvoir ; les pensées sinistres qui tourbillonnaient dans son esprit : toutes ces causes réunies agirent enfin sur son âme si bien trempée qu'elle fût, et sur son système nerveux, si violemment surexcité.

Une terreur folle l'envahit ; ses forces l'abandonnèrent tout à coup. Une faiblesse étrange s'empara d'elle ; bientôt elle sentit ses idées se troubler de plus en plus.

Elle ferma les yeux croyant mourir, poussa un profond soupir, essaya de jeter un dernier cri de détresse, et perdit connaissance.

Combien de temps demeura-t-elle ainsi, inerte et

comme morte ? C'est ce que jamais elle ne put dire.

Lorsqu'enfin elle revint à elle et rouvrit les yeux, ses liens étaient tombés ; on l'avait débarrassée du châle qui lui avait enveloppé si longtemps la tête ; elle était à demi couchée sur un fauteuil.

Un homme, agenouillé devant elle, lui prodiguait les soins les plus délicats et les plus empressés.

Son regard, vague encore, se fixait, pour ainsi dire sans les voir, sur les objets qui l'entouraient, et qu'elle ne reconnaissait pas pour les avoir vus auparavant.

Elle se crut d'abord sous le poids d'une hallucination, d'un cauchemar horrible ; mais, peu à peu, son regard s'éclaircit, la mémoire lui revint ; ce qu'elle voyait était bien réel, elle ne dormait pas, malheureusement !

Cet homme, qu'elle avait à peine entrevu en ouvrant les yeux, elle le reconnut alors.

Son cœur se serra douloureusement sous le coup d'un pressentiment inexpliqué encore, mais terrible.

Cet homme, c'était le protecteur de son enfance, celui que jusque-là elle avait considéré comme son bienfaiteur et son ami le plus dévoué.

Le doute n'était plus possible ; c'était bien lui !

Que lui voulait-il ?

Quelle pensée diabolique l'avait poussé à ce rapt, qui la perdait de réputation et la déshonorait sans retour ?

Une lueur se fit dans son esprit, les paroles qu'elle avait entendues lui revinrent à la mémoire.

Nous ne dirons pas qu'elle comprit ce que cet homme prétendait d'elle ; ce n'était pas possible ; la pauvre enfant était trop chaste, trop pure, et surtout trop ignorante pour qu'il en fût ainsi.

Mais elle devina, pour ainsi dire, instinctivement, par intuition, qu'elle était exposée à un danger terrible, que l'action honteuse commise par cet homme cachait quelque projet infâme ; et, brisée de douleur et de pudeur outragée, la jeune fille repoussa avec horreur les soins qu'il lui prodiguait et fondit en larmes, en cachant son visage dans ses mains.

La pièce dans laquelle on l'avait transportée pendant son évanouissement était une chambre à coucher, meublée avec un certain luxe de bon goût, bien que les tentures fussent passées, et que la plupart des meubles fussent dévernis, tachés, et même déchirés en maints endroits.

Un grand lit en vieux chêne était placé sur une estrade à trois marches, au fond d'une alcôve, et était à demi caché sous les tentures ; un épais tapis d'Aubusson, éraillé et usé par places, couvrait le plancher et l'estrade. Les portes disparaissaient derrière des portières en tapisserie de haute lisse. Une lampe à verre dépoli tombait du plafond et répandait une lumière doucement tamisée. Aux murailles étaient accrochés plusieurs tableaux de maîtres, d'un prix relativement considérable.

Mais ce qui frappait surtout le regard, c'était une grande panoplie, composée de toutes espèces d'armes appartenant à tous les pays et à toutes les époques, depuis le tomahawk de l'Indien peau-rouge de l'Amérique, le sabre à lame de cuivre du Gaulois, jusqu'aux derniers chefs-d'œuvre des Lepage, des Devisme et de leurs émules.

Cette panoplie, placée ainsi dans une chambre à coucher, avait quelque chose d'insolite et de bizarre qui étonnait. Puis venaient des tablettes chargées de bibelots précieux, des consoles, une pendule magnifique en bronze entre deux vases de Sèvres, posés sur la cheminée, des fauteuils de toutes formes, deux divans, etc., etc.

Sur un guéridon, recouvert d'un tapis, étaient posés une cave à liqueurs ouverte, une bouteille d'eau-de-vie entamée, et un verre à pied à bordeaux au tiers plein.

Auprès de ces différents objets et pêle-mêle avec eux, se trouvaient un poignard, deux revolvers à six coups et un casse-tête.

Sans doute en rentrant chez lui, le maître de cet appartement s'était hâté de se débarrasser de ses armes inutiles, en même temps qu'il avait bu un ou deux verres d'eau-de-vie, peut-être pour s'étourdir sur le crime que sans doute il méditait.

En somme cette pièce, meublée avec un luxe suranné, où tout était disparate et rien ne se trouvait à sa place, avait un aspect d'incurie indicible : elle faisait froid au cœur, elle sentait le renfermé, la poussière était partout...

On reconnaissait que ce n'était qu'un pied-à-terre, et que le locataire de ce singulier appartement n'y paraissait que rarement et dans des circonstances exceptionnelles, après l'avoir primitivement longtemps habité.

Le locataire de cet appartement, d'aspect si bizarre, ou tout au moins celui qui l'occupait en ce moment, nous le connaissons.

Certes, à voir cet homme, paraissant à peine quarante ans, aux traits fins, distingués et délicats, dont le costume très soigné était celui d'un homme du meilleur monde, et dont les allures et les manières avaient un rare cachet de haute vie, personne n'aurait reconnu en lui le sale, ignoble et hideux gredin, aux traits hâves, aux cheveux plats et huileux, aux accroche-cœurs collés aux tempes, que deux heures auparavant à peine, nous avons vu, sous les guenilles dépenaillées du Loupeur, assis, le brûle-gueule à la bouche, en face du Manchot, et tenant tête au Mayor dans le cabinet de société du tapis-franc de la Mar' Juze.

Cependant, c'était le même homme.

Le serpent avait changé de peau, le bandit avait mis des gants gris-perle.

Mais il était moralement resté le même, c'est-à-dire un gredin sans foi ni loi.

En s'apercevant que la jeune fille avait repris connaissance, il s'était relevé en poussant un cri de joie ; étonné un instant du geste d'horreur qu'elle avait fait en l'apercevant, il fut un instant décontenancé, mais se remettant aussitôt.

— Elle ne m'a pas reconnu, pensa-t-il ; pauvre enfant ! Le fait est que le choc qu'elle a reçu a été rude ; mais pourquoi pleure-t-elle ainsi ?

Il s'approcha alors, et, de sa voix la plus douce :

— Chère Lucy, lui dit-il, en essayant de lui prendre la main.

La jeune fille, encore mal remise, le repoussa avec épouvante, et éclatant en sanglots :

— Vous ? C'est vous ! s'écria-t-elle avec indignation.

— C'est moi, en effet, murmura-t-il d'une voix empâtée, et subissant malgré lui l'influence de cette immense douleur.

— Mon Dieu ! cet homme est ivre ! s'écria-t-elle avec douleur.

En effet, le bandit, en sus de tout ce qu'il avait bu dans le tapis-franc, avait, en arrivant chez lui, coup sur coup, tout en prodiguant ses soins à la jeune fille, absorbé deux ou trois verres d'eau-de-vie.

Pourtant, il n'était pas aussi complètement ivre que le supposait miss Lucy Gordon ; il était, à la vérité, très surexcité, mais il n'atteignait encore en réalité que les premiers degrés de l'ivresse.

— Qu'avez-vous fait de mon amie ? lui demanda-t-elle.

— Que vous importe ? répondit-il presque brutalement. Elle et moi, nous avons trouvé ce que nous désirions. Elle est bien ; moi, je suis mieux. Sommes-nous ici pour parler d'elle ?

— Malheureux ! qu'osez-vous dire de mademoiselle de Valenfleurs ? s'écria-t-elle avec une généreuse indignation.

— Je ne sais rien, je ne dis rien. Les affaires de cette demoiselle ne me regardent pas ; j'ai à m'occuper de choses plus importantes.

Il s'approcha du guéridon, saisit la bouteille d'eau-de-vie, emplit le verre jusqu'au bord, le porta à ses lèvres et le vida d'un trait.

— C'est bon ! murmura-t-il, cela remet le cœur.

Miss Lucy Gordon était brave et douée d'une grande énergie, nous l'avons dit, elle était Américaine, élevée selon les coutumes de son pays, habituée à sortir seule et à se faire respecter, sans l'intervention d'un tiers.

De plus, douée d'un cœur fort et d'une volonté ferme

maintenant que sa première émotion était calmée, que son intelligence avait repris sa lucidité, elle envisagea nettement sa position, ne désespéra pas d'elle-même, résolut de se défendre par tous les moyens contre les attaques qu'elle prévoyait instinctivement, plutôt que de se laisser vaincre par cet homme, dont elle entrevoyait vaguement les honteux projets.

— Pourquoi m'avez-vous conduite ici ? lui demanda-t-elle nettement, en engageant courageusement la bataille.

— Parce que je suis ici chez moi, et que personne ne viendra nous y troubler.

— Ah ! fit-elle avec un frisson intérieur, et feignant de ne pas comprendre cette allusion presque brutale ; il n'était pas nécessaire d'employer la violence pour m'y faire venir, puisque j'avais de moi-même consenti à me rendre à l'endroit que vous m'aviez indiqué.

— Oui, rue des Acacias, répondit-il avec ironie, mais pas ici.

— Pourquoi m'avez-vous assigné un autre rendez-vous ?

— Vous seriez venue ici ? fit-il avec surprise.

— Pourquoi non ? dit-elle froidement en le regardant bien en face.

— Eh bien, vous y êtes ; de quoi vous plaignez-vous ? reprit-il d'une voix railleuse.

— Ce n'est pas la même chose ; je n'y suis pas venue de mon plein gré ; vous m'avez enlevée, violentée, pour me contraindre à y venir. Etait-ce donc avec moi que vous deviez employer de si honteux procédés, indignes d'un homme du monde ? Ne saviez-vous pas combien je vous suis dévouée ?

— Vous ne me l'avez pas prouvé encore, dit-il en ricanant et la regardant d'un air presque égaré.

— Je ne vous comprends pas, monsieur, reprit-elle avec hauteur. Ai-je manqué à une seule des promesses que vous avez exigées de moi ? Me suis-je donc montrée déloyale ?

— Bah! fit-il en haussant les épaules et s'appuyant en chancelant contre un meuble; à quoi bon discuter avec des femmes? Elles ont toujours raison; c'est convenu.

Et il éclata d'un rire saccadé, plein d'amertume.

Il sembla hésiter un instant; puis, cédant sans doute à une pensée subite, il s'approcha du guéridon, et après une dernière hésitation, il fit un geste comme pour dire : Il le faut, et remplissant le verre de nouveau, il le vida d'un trait avec une visible satisfaction.

Son regard, morne jusque-là, sembla soudain s'illuminer d'une lueur fauve et lança un éclair.

L'ivresse arrivait comme une sombre marée montante.

— Hum! fit-il, j'avais besoin de cela; je me sens mieux.

Et il fixa pendant une seconde la jeune fille avec une expression qui la fit frémir intérieurement.

Mais, à force de volonté, elle réussit à dompter l'impression douloureuse quelle éprouvait, et resta calme et froide en apparence.

— Ce service que vous imploriez de moi avec instance, reprit-elle après un instant; ce service que vous me suppliez de vous rendre, quel est-il? Parlez!

— Vous voulez que je vous le dise? fit-il avec un sourire railleur, en passant sa main sur son front moite de sueur.

— Oui, reprit-elle avec une énergie croissante; je veux savoir, enfin, ce que je dois encore redouter de vous, après ce que vous n'avez pas craint de faire ce soir, et l'enlèvement odieux dont j'ai été victime de votre part.

Il fit un mouvement de stupéfaction en entendant cette déclaration si nette, à laquelle il était si loin de s'attendre, il demeura un instant immobile.

Puis il fit en trébuchant quelques pas au hasard à travers la chambre, en proie à une vive émotion intérieure, qu'il essayait vainement de maîtriser.

La jeune fille le suivait d'un regard anxieux.

Elle comprenait que l'ivresse envahissait de plus en plus le cerveau de cet homme, et que l'intelligence ne tarderait pas à être complètement noyée sous la pression puissante des vapeurs alcooliques.

— Vous avez raison, Lucy, dit-il tout à coup d'une voix sourde et à peine articulée en s'arrêtant brusquement devant elle; il faut en finir!

— J'attends, répondit-elle avec un accent glacé en se levant majestueuse et fière du fauteuil où, jusqu'à ce moment, elle était restée assise.

Il poussa un cri d'admiration en la voyant si belle, chancela comme s'il allait tomber. Un frisson courut dans tout son corps et son visage devint livide.

— Asseyez-vous, lui dit-il d'une voix douce et presque humble en complétant ces deux mots par un geste.

— Non, répondit-elle sèchement, je resterai debout; je préfère vous entendre ainsi.

Il y eut un court silence.

Sans affectation, la jeune fille se rapprocha négligemment du guéridon placé, du reste, assez près du fauteuil dont elle s'était levée.

M. de Montréal ne remarqua pas ce mouvement de la jeune fille.

Il réfléchissait.

Un travail se faisait dans sa tête bourrelée pour rassembler ses idées, qu'il sentait lui échapper davantage à chaque instant.

— Lucy, reprit-il enfin de cette voix douce qu'il avait déjà employée; avez-vous gardé le souvenir des jours de votre enfance, lorsque je vous rencontrai par hasard, errant à l'aventure, le visage baigné de larmes à travers les rues de New-York, implorant en vain la pitié des passants pour votre mère et vos sœurs et frères, qui se mouraient sous le dur aiguillon de la faim?

— Je n'ai rien oublié de ce dont je dois me souvenir, monsieur, répondit-elle avec une fierté triste. J'avais onze ans, alors, monsieur, vous avez été bon et généreux pour ma famille et pour moi. J'ai précieusement conservé dans mon cœur reconnaissant le souvenir de vos bontés, et même, en ce moment, malgré ce qui s'est passé, ce sentiment de pieuse reconnaissance combat encore en moi pour vous, quand je songe à ce passé, qui me fit si heureuse, après tant de cruelles douleurs imméritées.

— Bien vrai! s'écria-t-il avec un élan de joie.

— Je ne mens jamais, ne le savez-vous pas, monsieur? répondit-elle sèchement.

— C'est vrai, murmura-t-il en se parlant à lui-même.

Il passa la main sur son front, sembla faire un effort, et il reprit avec une hésitation qui malgré lui faisait trembler sa voix.

— Je quittai New-York, dit-il; plusieurs années s'écoulèrent; plus tard, bien plus tard, je vous ai revue : l'enfant avait disparu; le bouton était devenu fleur; vous étiez une jeune fille. A la vue de votre admirable beauté, je sentis battre mon cœur à briser ma poitrine, et... je sentis mon affection pour vous se changer en un amour brûlant, fou, désespéré...

— Monsieur de Montréal! s'écria-t-elle, vous insultez une femme, une jeune fille que, plus que tout autre, l'honneur vous ordonne de respecter.

— Est-ce donc vous insulter, Lucy? reprit-il avec une animation fébrile, que vous dire que vous êtes belle! oh! bien belle!... et vous avouer que je vous aime?

— Monsieur... de grâce!...

— Vous m'entendrez, Lucy, il le faut; toute équivoque doit cesser entre nous; d'ailleurs ne m'avez-vous pas vous-même invité à parler?

La jeune fille tressaillit, elle porta vivement la main à son cœur comme si elle se sentait défaillir; mais soudain, elle se redressa fière et hautaine, en même temps qu'un sourire d'une expression étrange se jouait sur ses lèvres.

— Soit, reprit-elle avec une résolution froide ; soit, parlez, monsieur, non-seulement je puis, mais encore je veux tout entendre.

— Cet amour fatal, reprit-il avec une émotion profonde, je voulus le maîtriser, l'arracher de mon cœur. Oh! croyez-moi, Lucy, je le combattis avec désespoir;

ce fut en vain. Je fus vaincu dans cette lutte contre moi-même ; mon amour fut plus fort que ma volonté. Alors, n'ayant pu le tuer en moi, je m'y livrai avec tout l'emportement de la passion la plus folle ! Vous aviez quitté l'Amérique pour vous rendre à Paris ; quels que fussent les dangers qu'il me faudrait braver si je rentrais en France, je n'hésitai pas à y venir. J'oubliai tout pour la seule joie de vous voir, de vous admirer, car je vous admire, car je vous aime ! oh ! je vous aime comme un insensé !

— Vous m'aimez, dites-vous, monsieur ? dit-elle, devenant plus froide et plus sévère, au fur et à mesure que cet homme s'exaltait.

— Plus que ma vie ! s'écria-t-il avec passion, car je risque chaque jour ma tête pour entrevoir un pli de votre robe, ou seulement le coin de votre voile que le vent soulève et fait flotter autour de votre visage, si charmant, hélas !

— Vous m'aimez, je l'admets, répliqua-t-elle avec un accent glacé ; mais avant de me déclarer cet amour, monsieur, et de me conduire ici en employant une odieuse violence, vous auriez dû, il me semble, me demander d'abord si je vous aimais, moi, monsieur !

— Lucy, pourquoi me parler sur ce ton qui me brise le cœur ?

— Et moi, monsieur, s'écria-t-elle avec énergie, supposez-vous donc que je ne souffre pas des insultes répétées que vous me faites subir ?

— Oh ! pardonnez-moi, Lucie, je vous en supplie en grâce. Je vous aime tant, chère Lucy, que mon amour vous touchera, et qu'un jour vous m'aimerez aussi.

— Jamais ! s'écria-t-elle avec un indicible accent de volonté. Peut-être aurait-il pu en être autrement, mais maintenant, sachez-le, monsieur, tout nous sépare.

— Lucy ! s'écria-t-il, en se levant avec violence.

— Mais, reprit-elle, dans l'espoir de dompter cette bête féroce, qui semblait vouloir s'élancer sur elle ; si vous l'aviez voulu, vous aviez un moyen bien simple.

— Lequel? Parlez, répondit-il vivement, et le visage rayonnant d'espoir.

— Un moyen devant lequel un honnête homme n'hésite jamais, monsieur, quand il aime véritablement une jeune fille comme vous prétendez m'aimer.

— Quel est ce moyen, dites, je vous en supplie!

— Me demander ma main. C'est, je le répète, ce qu'aurait fait un honnête homme.

M. de Montréal se laissa tomber avec accablement dans un fauteuil et cacha sa tête dans ses mains.

La jeune fille se sentit trembler à l'effet produit par ses dernières paroles.

Elle ne comprenait pas pourquoi cet homme, en les entendant, avait éprouvé une si grande émotion.

Mais il ne lui laissa pas le temps de réfléchir longtemps, car se redressant tout à coup, le visage livide, le regard étincelant, il s'avança vers elle d'un pas automatique; et d'une voix qui sifflait entre ses dents :

— Je vous ai trompée! s'écria-t-il avec un ricanement terrible, je ne suis pas un honnête homme!... Je suis un misérable mis au ban de la société! un voleur! un assassin! condamné à mort par contumace, que l'échafaud attend demain!

Il était beau ainsi, ce bandit, en ce moment, de la beauté sinistre du mauvais ange après la chute. Son buste était fièrement cambré en arrière, ses cheveux flottaient autour de sa tête comme une sombre auréole, et une lueur fauve jaillissait de sa prunelle et lançait des effluves magnétiques.

La jeune fille se recula épouvantée.

— Oh! s'écria-t-elle.

— Tu sais tout, maintenant, Lucy! s'écria-t-il d'une voix vibrante; tu connais ma honte, mon déshonneur et mon amour!

— Taisez-vous! oh! taisez-vous, monsieur! s'écria-t-elle avec égarement, je ne vous crois pas! je ne veux pas vous croire!

— Folle que tu es, reprit-il avec une ironie cruelle, tu

13.

doutes, tu veux une preuve de mon infamie?... Eh bien, soit! cette preuve, je vais te la donner...

— Monsieur! monsieur! s'écria-t-elle en reculant avec effroi devant le regard cynique du bandit, que prétendez-vous donc?

— Ce que je prétends? cria-t-il, avec un rire de démon, je prétends que tu sois à moi, ici même, à l'instant! ne pouvant être ma femme, tu seras ma maîtresse...

— Oh! vous êtes un lâche! s'écria-t-elle avec un accent d'écrasant mépris et de dégoût.

Le misérable bondit à cette insulte, que la jeune fille exaspérée lui avait craché au visage.

Il tressaillit; un frisson nerveux secoua tout son corps, ses traits se convulsèrent; il devint hideux.

L'homme du monde disparut subitement; il n'y eut plus que le Loupeur, le bandit, chef de l'armée roulante.

— Appelle-moi lâche, misérable fille! que m'importe! tu seras à moi, je le veux! Rien ne pourra te sauver, s'écria-t-il d'une voix rauque; n'essaie donc pas une lutte impossible contre moi. Je le veux, te dis-je!

Il était au paroxysme de la rage; il grinçait des dents; il était horrible.

C'était enfin la brute immonde dans toute son effroyable hideur.

La jeune fille se sentit perdue, seule avec ce monstre, envahi et dominé par une dégoûtante ivresse, et chez lequel tout sentiment humain était mort, pour ne laisser subsister qu'une volonté irraisonnée et infâme.

— Ayez pitié de moi, s'écria-t-elle avec douleur, et fondant en larmes.

— Non, dit-il avec un ricanement sinistre, tu es trop belle! je t'aime; tu seras à moi, je te tiens; je te veux! tes pleurs ne m'attendriront pas!

— Au nom de ma mère, pitié!

— Non, te dis-je; je te veux!

Et il fit un pas et essaya de la saisir.

La jeune fille recula.

— Tuez-moi! tuez-moi! s'écria-t-elle avec désespoir,

mais ne me déshonorez pas, la mort plutôt qu'une telle honte !

— Qu'est-ce que cela me fait à moi, répondit-il avec un rire de satyre ; la mort, dis-tu ? Eh bien, soit, tu te tueras après si cela te plaît ; mais, auparavant, tu seras à moi ! Bah ! toutes les femmes en disent autant, et aucune ne se tue, ajouta-t-il avec un ricanement de tigre.

Et il bondit sur elle les bras ouverts.

Par un effort suprême, la jeune fille lui échappa en se jetant vivement de côté.

Le Loupeur se retourna avec fureur pour renouveler son attaque.

Mais, soudain, il s'arrêta frappé de stupeur.

La jeune fille avait reconquis tout son sang-froid et son courage.

Elle se tenait calme et fière à trois pas du bandit, un revolver de chaque main.

— Ah ! ah ! fit-il en la regardant avec une expression étrange, qui tenait à la fois de l'admiration, de la lubricité et de la rage.

En effet, elle était admirablement belle ainsi.

Son buste, délicieux de formes, saillant sous la cambrure fière du corps, les yeux pleins de fulgurants éclairs de haine et d'indignation, les dents serrées et les lèvres frémissantes, elle ressemblait à la Némésis antique.

Il baissa malgré lui les yeux en poussant un sourd rugissement de fauve aux abois.

— Je ne vous crains plus, misérable ! dit-elle avec un accent d'écrasant mépris, faites un pas, un seul pour vous rapprocher de moi, et je vous tue sans plus de pitié que vous n'en avez eu pour moi !

Le bandit secoua la tête à plusieurs reprises, un rictus affreux contracta les commissures de ses lèvres ; et, éclatant subitement d'un rire farouche :

— A la bonne heure ! s'écria-t-il d'une voix rauque et saccadée par l'ivresse et la fureur ; à la bonne heure, c'est un duel ! Eh bien, soit ! j'accepte, vaillante amazone, défends-toi! Mais, mille tonnerres! morte ou vivante, tu ne m'échapperas pas!

Et il allongea le bras pour prendre une arme à la panoplie dont nous avons parlé, et devant laquelle il se trouvait par hasard.

— Vous ne voulez pas renoncer à votre horrible dessein? reprit la jeune fille d'une voix que, malgré tous ses efforts, l'émotion faisait trembler.

— Non! répondit-il sourdement; je suis allé trop loin pour reculer maintenant. Le sort en est jeté. Que l'enfer décide entre nous!

Et il se retourna à demi pour décrocher un revolver.

— Eh bien! que Dieu me pardonne! dit-elle, les dents serrées et devenant pâle comme un suaire; je venge mon honneur outragé. Soyez maudit, lâche!

Et au moment où le misérable se retournait, un revolver à la main, la jeune fille allongea le bras, et, sans même viser, elle pressa la détente.

— Touché! s'écria le bandit d'une voix rauque.

Il tourna sur lui-même, bondit en avant et tomba la face sur le tapis, en laissant échapper son arme et renversant le guéridon avec tout ce qui était dessus.

— Ah! j'ai tué le tigre! s'écria la jeune fille, en fixant sur le Loupeur immobile ses yeux hagards, dans lesquels passaient comme des lueurs de folie.

La force factice qui l'avait soutenue pendant toute la durée de cette horrible scène, tomba subitement.

Elle eut un instant de défaillance presque complète; la vie semblait l'abandonner.

— Mon Dieu! s'écria-t elle avec une indicible terreur, vais-je donc être lâche, moi aussi, et m'évanouir lorsque la fuite m'est enfin devenue possible?... Non! non! je veux fuir!... Je ne resterai pas plus longtemps dans cet enfer... Je veux fuir... fuir! quand je devrais tomber morte à dix pas de cette horrible maison.

Et, réagissant de toutes les forces de sa volonté contre la prostration qui l'envahissait et paralysait ses efforts, elle se redressa, après une lutte suprême de quelques secondes, et redevint la noble et vaillante créature qu'elle était bien véritablement.

Elle jeta un dernier regard plein d'épouvante sur le bandit, toujours étendu immobile sur le tapis, et, rassemblant toutes ses forces avec une indomptable énergie, elle s'élança vers la porte de la chambre, dont le verrou intérieur était tiré.

Elle traversa, sans même les regarder, deux pièces, presque en courant, éclairées seulement par les rayons de la lune filtrant à travers les rideaux, trouva pour ainsi dire instinctivement la porte de l'appartement, l'ouvrit d'une main fébrile, n'ayant dans le cœur qu'une seule pensée, fuir au plus vite !

Elle lança derrière elle un regard effaré, comme pour, bien s'assurer qu'elle n'était pas poursuivie; elle laissa tomber avec un tressaillement d'horreur les revolvers que jusque-là elle avait machinalement gardés.

Puis elle franchit le seuil de l'appartement ; et par un mouvement presque inconscient, elle referma la porte en dehors.

Elle s'élança dans l'escalier.

Après avoir descendu trois étages sans savoir comment, elle se trouva dans un corridor obscur.

La jeune fille le suivit à tâtons, prêtant avec crainte l'oreille aux moindres bruits ; craignant à chaque pas de voir surgir derrière elle le redoutable bandit.

Elle eut des difficultés assez grandes pour trouver la porte de cette allée ; cette porte enfin trouvée, elle la palpa fiévreusement pour en chercher la serrure.

Heureusement pour la fugitive, cette porte n'était fermée que par un loquet s'ouvrant facilement de l'intérieur et de l'extérieur ; cette maison n'avait pas de concierge.

La jeune fille ouvrit la porte de l'allée et bondit dans la rue avec un soupir de bonheur.

Elle était sauvée !

Alors, elle s'élança en courant dans la première direction qui s'offrit à elle, sans même savoir où elle allait, n'ayant qu'une seule préoccupation, une idée fixe, fuir avant tout cette horrible maison, et s'en éloigner au plus vite.

Combien de temps dura cette course échevelée à travers les rues désertes d'un quartier qui lui était complètement inconnu ?

Miss Lucy Gordon n'aurait su le dire ; elle courait, surexcitée par l'épouvante et se figurant entendre derrière elle les pas pressés de son persécuteur.

Enfin, elle se trouva à l'improviste sur une espèce de boulevard.

Alors, la jeune fille éprouva de nouveau cette défaillance terrible qui déjà, au moment de fuir, l'avait presque paralysée.

Cette fois la crise fut plus intense, l'anéantissement plus complet.

Elle sentit ses jambes flageoler, ses oreilles avaient des bourdonnements affreux, ses artères battaient à se rompre, ses yeux n'avaient plus de regards : tout semblait tourner autour d'elle.

La malheureuse enfant se traîna comme elle put et au prix d'efforts surhumains jusqu'à un banc, qu'un instant auparavant elle avait aperçu.

Elle l'atteignit enfin et s'affaissa en poussant un soupir douloureux, au pied de ce banc, sur lequel elle n'eut pas la force de s'asseoir.

Elle éclata en sanglots, mais bientôt ses forces l'abandonnèrent entièrement, et elle roula, sans même essayer de se retenir, sur le sol où elle demeura inerte.

Elle avait perdu connaissance...

Plus d'une heure s'écoula ainsi sans que personne passât.

La nuit était très avancée, et dans ce quartier éloigné du centre de la ville, rares étaient les habitants qui se hasardaient à rentrer tard au logis.

Enfin, deux ouvriers passèrent, revenant du spectacle avec leurs femmes.

Ces braves gens, en sortant du théâtre, s'étaient attardés chez un de ces marchands de vin des Halles centrales, dont les boutiques restent ouvertes pendant toute la nuit ; après s'être copieusement rafraîchis, ils avaient repris tranquillement le chemin de leur demeure.

La route qu'ils avaient à faire était longue ; il était plus de trois heures du matin lorsque le hasard les fit se trouver presque à l'improviste à deux pas du banc près duquel gisait la pauvre jeune fille, toujours évanouie.

Les ouvriers sont en général bons et compatissants. La lutte incessante qu'ils soutiennent si vaillamment, pour la plupart, contre la misère, les rend plus que personne accessibles à la pitié.

Les braves gens dont nous parlons relevèrent la jeune fille, la posèrent sur le banc, et essayèrent sans succès de la faire revenir à elle.

Mais, reconnaissant bientôt que tous leurs efforts étaient inutiles, ils se consultèrent entre eux pour savoir ce qu'ils devaient faire.

La femme de l'un des ouvriers fit alors remarquer que cette jeune fille était vêtue avec une élégance pleine de distinction ; qu'elle devait appartenir à une famille riche ; qu'il fallait visiter ses poches pour voir si elle n'avait pas sur elle quelques papiers qui permissent de découvrir qui elle était, et où elle demeurait, afin de la reconduire chez elle ; que si l'on ne trouvait rien, on la transporterait au logis de l'un d'eux, en attendant qu'elle eût repris connaissance et pût fournir elle-même les renseignements dont on avait besoin ; mais que, dans un cas comme dans l'autre, elle ne pouvait plus longtemps rester là, et que ce serait une cruauté et « une indignité indigne » de l'abandonner sur ce banc à la merci du premier rôdeur de barrière qui viendrait à passer, et qui la dévaliserait, et peut être pis.

Cette déclaration de la brave ouvrière obtint le succès qu'elle devait avoir, et fut accueillie à l'unanimité.

On se mit en mesure de procéder à l'examen des poches de la malade.

En ce moment, on aperçut les lanternes d'une voiture qui s'approchait cahin-caha.

On reconnut bientôt que c'était un fiacre qui rentrait à vide à sa remise.

Un des ouvriers héla le cocher.

Heureusement, le pauvre diable n'avait pas eu de chance ce jour-là, et avait peu travaillé.

L'espoir d'une bonne récompense, à cette heure indue, le fit s'arrêter.

On lui expliqua en quelques mots ce dont il était question, et l'on prit une des lanternes du fiacre pour éclairer les recherches qu'on allait faire.

Ce fut une des femmes qui procéda à l'examen des poches de la jeune fille.

Miss Lucy Gordon avait sur elle un porte-monnaie contenant une certaine somme en or, et, en plus, un carnet très coquet dans lequel se trouvaient plusieurs cartes à son nom et deux lettres à son adresse.

Le problème était résolu.

Le porte-monnaie et le carnet furent remis dans la poche de la jeune fille.

Puis, après avoir fait constater par le cocher que les boucles d'oreilles en diamants de la malade, une chaîne d'or qu'elle avait au cou, ses bracelets et ses bagues, enfin tous ses bijoux, montant à un prix assez considérable, n'avaient pas été touchés, les deux ouvriers enlevèrent la jeune femme dans leurs bras et la transportèrent dans le fiacre, qui était à quatre places et attelé de deux chevaux.

Un des ouvriers monta sur le siège à côté du cocher; l'autre, ainsi que les deux femmes, se mirent dans la voiture, afin de soutenir la malade et l'empêcher de se blesser.

Puis ils fermèrent la portière, et crièrent au cocher de partir.

Celui-ci rassembla aussitôt les rênes, fit tourner la voiture; et comme les chevaux n'étaient pas fatigués, le fiacre partit bon train, se dirigeant vers l'hôtel de Valenfleurs, au boulevard de Courcelles, près de l'avenue de Wagram.

Miss Lucy Gordon avait été rencontrée par ses braves protecteurs sur la chaussée du Maine, à peu près à la hauteur de la rue Thibaut.

La course était bonne.

Aussi, ce ne fut que vers quatre heures et demie du matin que le fiacre s'arrêta enfin devant la grille de l'hôtel de Valenfleurs.

XIX

OU LE LECTEUR ASSISTE AUX PREMIERS TATONNEMENTS DE LA PISTE DE GUERRE DANS LA FORÊT PARISIENNE ET AUX ÉBAHISSEMENTS D'UN CÉLÈBRE POLICIER, COMPLÈTEMENT DÉROUTÉ PAR L'EMPLOI DE PROCÉDÉS A LUI INCONNUS.

Le lendemain de l'audacieux enlèvement de mademoiselle de Valenfleurs, vers dix heures du matin, deux hommes paraissant être, l'un un garçon marchand de vins, et l'autre un commissionnaire médaillé, venant des deux extrémités opposées de la rue des Acacias, s'arrêtèrent presque en même temps et se trouvèrent face à face devant l'entrée obscure et suffisamment sale de la maison portant au-dessus de sa porte le numéro 96.

Ces deux hommes, après avoir jeté l'un sur l'autre un regard assez indifférent, s'enfoncèrent l'un après l'autre, et sans même avoir échangé un salut banal de politesse, dans le corridor sombre et boueux en tous temps de la maison.

Le garçon marchand de vins avait pénétré le premier dans le corridor ; il ne fit que traverser les trois cours, sans s'arrêter dans la rue de la Plaine.

Sans doute il avait affaire plus loin, et n'avait pris ce passage que pour raccourcir sa route.

Quant au commissionnaire, sa conduite fut toute différente.

Arrivé dans la troisième cour, il s'arrêta d'un air indécis, sembla s'orienter pendant un instant, et avec un Ah ! de satisfaction, il s'approcha d'un pas lourd vers une porte vitrée au-dessus de laquelle était écrit, en lettres noires,

hautes de trente-cinq centimètres, ce mot sacramentel :
« Concierge. »

Mais avant d'entrer, notre homme regarda un instant du dehors, afin de se rendre bien compte de l'espèce de gens auxquels il allait avoir affaire.

Voici ce qu'il vit d'un rapide coup d'œil jeté à travers les vitres.

Une loge de médiocre grandeur, mais encombrée d'objets de toutes sortes, jurant de se trouver ainsi réunis dans une sorte de promiscuité, mais, particulièrement, des vêtements d'hommes vieux et neufs ; une alcôve dans le fond, pudiquement voilée par un large rideau de damas de laine vert, passé, déchiré, taché et courant sur une tringle ; une cheminée en plâtre, peinte tant bien que mal en marbre, mais éraillée en maints endroits ; sur cette cheminée, une pendule en zinc jadis dorée, représentant Diane et Endymion, et placée sous un globe de verre fêlé et raccommodé avec des bandes de papier collées sur la fêlure, puis deux vases d'albâtre remplis de fleurs artificielles aussi sous verre.

Le foyer de la cheminée avait été bouché et remplacé par un poêle de fonte, dont le tuyau se perdait dans le coffre de la cheminée.

Sur le fourneau, une casserole en terre vernie, bouillant à gros bouillons ; près de l'alcôve, un berceau en osier, dans lequel dormait un enfant, d'un an ou dix-huit mois.

Une table à manger en noyer rangée le long du mur ; des casseroles en fer battu, des grils, etc., attachés à la muraille. Une commode en acajou à dessus de marbre, tellement encombrée qu'il était impossible de rien reconnaître.

Un matou noir énorme dormait pelotonné en rond sur le tout.

Au-dessus de la commode, une grande glace en deux morceaux. A droite, un coucou de la Forêt-Noire.

Puis une triple rangée de clous à crochet avec chacun un numéro au-dessus. A quelques-uns de ces clous pendaient des clefs

Enfin, devant une large fenêtre donnant sur la cour, un établi de tailleur, assez grand, sur lequel un homme d'une quarantaine d'années, d'apparence maladive, les jambes croisées, s'escrimait à raccommoder un vieux pantalon de drap gris.

Dans un vieux fauteuil en cuir, à haut dossier et à oreillettes, une grosse femme rousse, âgée d'une trentaine d'années, rouge comme une pivoine, dormait renversée en arrière, et à demi asphyxiée par la chaleur intense du fourneau, dont le fauteuil était beaucoup trop rapproché.

— Aglaure, mon bichon chéri! cria le mari d'une voix de basse tonitruante, prends garde; la soupe à l'oignon va s'en sauver.

La grosse femme se réveilla en sursaut et répondit d'une voix mignarde, en se frottant les yeux avec fureur :

— Qu'est-ce que tu dis, monsieur Beauminet?

— Je dis, mon épouse, répondit magistralement le mari, que si vous n'y prenez garde, toute la soupe à l'oignon va s'évaporer par-dessus les bords de la *castrole*.

— C'est ma foi vrai! s'écria la femme en se précipitant d'un bond vers le poêlon, et le retirant du feu.

Le commissionnaire avait tout vu en moins de dix secondes. Il choisit ce moment pour faire jouer le châssis mobile de la porte, et se pencher en avant.

Mais il se recula précipitamment et à demi suffoqué.

Par l'ouverture du châssis, une bouffée de chaleur intense et imprégnée d'odeurs fort peu agréables s'était ruée au dehors, et avait failli étouffer l'imprudent commissionnaire, lequel avait été immédiatement pris à la gorge par une effroyable quinte de toux.

La concierge avait complaisamment attendu que l'accès fût passé, puis elle lui avait dit, avec un engageant sourire et de sa voix la plus mielleuse :

— Que demande monsieur?

— Madame, répondit le commissionnaire après avoir toussé une dernière fois, j'apporte une lettre à un de vos locataires; en même temps, il sortit de la poche de sa veste de velours une lettre qu'il montra, et fit aussitôt disparaître après.

— Très bien ! monsieur, reprit la concierge toujours souriante, veuillez me donner cette lettre, je la remettrai à ce locataire ?

— Je ne demanderais pas mieux, madame, répondit le commissionnaire, mais c'est que je suis chargé de rapporter une réponse ; et comme la commission m'a été très généreusement payée par le bourgeois qui m'envoie, je voudrais la bien faire.

— Rien de plus juste, monsieur; que ne le disiez-vous tout de suite ? répondit la concierge. Quel est le nom de la personne pour qui est cette lettre ?

— M. Austin Verdier, madame, le connaissez-vous ?

— Si je connais la famille Austin Verdier, monsieur ? s'écria-t-elle; des gens du bon Dieu ! honnêtes comme pas un, et cependant bien malheureux, sans avoir jamais rien fait pour cela. Si je connais la famille Austin Verdier ? c'est-à-dire que je ne connais qu'elle, monsieur.

— C'est cela même, madame; cette famille est donc véritablement malheureuse ?

— C'est-à-dire, monsieur, reprit la concierge, avec un accent de compassion, que, sans une certaine dame qui vient ici toutes les semaines avec son ange de fille, si mignonne, si gentille, et pas fière du tout avec le pauvre monde, je ne sais pas ce que la famille Austin Verdier deviendrait !

— Je suis précisément envoyé par cette dame, reprit le commissionnaire. Il paraît, d'après ce que l'on m'a dit, qu'elle est depuis quelques jours assez gravement indisposée pour ne pouvoir sortir, ce qui l'a probablement empêchée de venir hier faire sa visite habituelle à ces personnes, auxquelles elle s'intéresse beaucoup.

— Tiens, c'est vrai ! s'écria la concierge d'un air étonné. Effectivement, nous n'avons pas vu ces deux dames hier, ce qui nous a beaucoup surpris.

— Enormément ! ponça le mari de sa voix de tam-tam, sans abandonner son travail de réparation.

Tout en causant avec la portière, le commissionnaire, sans en avoir l'air, n'avait cessé d'examiner attentivement sa bavarde interlocutrice. A ces dernières paroles, il avait, à la dérobée, lancé un regard inquisiteur sur la grosse femme.

Mais la grosse portière disait bien ce qu'elle pensait, sans réticences, et poussée seulement par l'intérêt qu'elle portait à ses locataires, cela était facile à reconnaître.

— S'il en est ainsi, reprit le commissionnaire, je crois que ces braves gens seront heureux de recevoir cette lettre de leur bienfaitrice; car, ajouta-t-il avec une bonhomie parfaite, on me l'a fort recommandée.

— Pauvres gens! reprit-elle; le fait est qu'ils ne roulent pas sur l'or! Il ne faut pas les faire attendre. Tenez, mon bonhomme, prenez l'escalier M, au « cintième », au fond du « collidor » D, à gauche, au numéro 119, vous frapperez! c'est là, cent treize marches à monter; c'est un peu haut.

— Bah! je suis bien payé.

— C'est vrai; et puis, vous vous reposerez en route.

— Comme de juste; je vous remercie bien de votre complaisance, madame.

— Il n'y a pas de quoi, mon ami; est-ce que les braves gens ne doivent pas s'entr'aider entre eux autant que possible.

— Eh donc! pour être pauvre, on n'est pas des chiens!

— Vous avez raison, madame.

Ils se saluèrent.

La portière se hâta de refermer son châssis, et le commissionnaire disparut dans l'escalier M.

Après s'être reposé plusieurs fois dans l'escalier, car, en effet, la montée était dure et le brave homme n'était plus jeune, puis, après avoir scrupuleusement suivi les indications minutieuses de la portière, le commissionnaire s'arrêta enfin, avec un ouf! de satisfaction, devant la porte du numéro 119.

La clef était sur la porte; il frappa doucement deux coups, et s'essuya le front.

— Entrez, répondit presque aussitôt une voix de femme.

Le commissionnaire tourna la clef dans la serrure et pénétra dans la chambre.

Il se trouva alors dans une pièce de médiocre étendue, pauvrement meublée de quelques chaises, d'un vieux secrétaire, d'une commode, d'une table et de deux lits : l'un caché au fond d'une alcôve fermée pendant le jour, et l'autre dissimulé derrière un rideau de serge verte.

Une porte donnait sur un cabinet lambrissé, servant à la fois de cabinet de toilette et de débarras, et dans lequel se trouvait un troisième lit.

Sur la cheminée, il y avait une montre en aluminium posée sur un support, des tasses, des verres, un sucrier et quelques menus objets disposés dans le meilleur ordre.

Puis une glace de petite dimension, et à la muraille, accrochés çà et là, quelques gravures assez belles dans des cadres de bois noir. Tel était ce pauvre mobilier.

Mais tout brillait de propreté ; on n'aurait découvert un grain de poussière nulle part, pas même à la loupe.

Une jeune fille de dix-huit à vingt ans, assez jolie, mais l'air souffreteux et très pâle, travaillait près de la fenêtre avec une excellente machine à coudre, cadeau probablement de la comtesse de Valenfleurs.

Un vieillard de soixante-neuf à soixante-dix ans, aux traits distingués, mais à l'expression triste et résignée, copiait de la musique avec une rapidité prodigieuse, bien qu'avec une rare perfection, assis sur une chaise paillée devant une table en bois blanc peinte en noir.

Une fillette de dix à onze ans, maigre et maladive, aidait sa mère dans les apprêts du déjeuner.

Celle-ci était une femme de cinquante à cinquante-trois ans à peu près, aux traits doux, mais empreints d'une grande tristesse, que les larmes avaient rendue presque complètement aveugle.

Elle n'y voyait plus que très peu ; cependant, tout en

surveillant attentivement le déjeuner, elle tricotait un bas de laine avec une ardeur fébrile.

C'était la misère cachée qui se respecte et se résigne, mais avec tout son parfum d'honnêteté et cette auréole que donne le malheur vaillamment et noblement supporté.

En pénétrant dans cette pièce, avant même qu'un mot eût été prononcé, le commissionnaire, au premier regard, avait été édifié sur le compte des habitants de cette pauvre demeure.

— Que désirez-vous, monsieur ? lui dit le vieillard en se levant et lui offrant une chaise.

Le commissionnaire refusa poliment, et s'acquitta de son message avec la plus parfaite convenance ; en peu de mots, mais en termes presque choisis.

Les pauvres gens se montrèrent très affectés de l'indisposition de leur bienfaitrice, sur le compte de laquelle leur reconnaissance ne tarissait point.

Ils trouvaient pour l'exprimer des mots venant véritablement du cœur, et leurs yeux étaient pleins de larmes en parlant des deux anges, ainsi qu'ils nommaient les deux dames, dont l'inépuisable bonté faisait luire un pur rayon de soleil dans leur misérable mansarde.

Il fallut que le commissionnaire insistât pour que le vieillard se décidât à ouvrir la lettre, dont il s'échappa un billet de banque de deux cents francs.

— Oh! s'écria-t-il avec une émotion profonde, en essuyant les larmes qui inondaient son visage; cette somme est en ce moment une fortune pour nous : elle ne pouvait arriver mieux à point ! et pourtant, je la donnerais volontiers pour être assuré que notre bienfaitrice est bien portante.

Le commissionnaire était plus ému qu'il ne lui convenait de le laisser paraître.

Il rassura de son mieux ces braves et dignes gens et se retira en les assurant que madame de Valenfleurs ne les oublierait pas, et que bientôt ils recevraient sa visite.

Puis, après avoir salué toute la famille, avec un véritable respect, il se retira.

— Chou blanc ! s'écria le commissionnaire dès qu'il se retrouva seul dans l'escalier : sapristi ! il faut avouer que ces gredins-là sont de rudes mâtins tout de même.

Et il hocha la tête à plusieurs reprises d'un air préoccupé, tout en se hâtant de descendre.

De qui parlait-il ainsi ?

Sans s'arrêter à causer avec la portière, qui le guettait derrière son châssis, sans doute pour savoir ce qu'il avait fait et dit avec ses locataires, le commissionnaire la salua profondément en passant devant sa loge, puis il s'engagea d'un pas assez rapide dans le dernier corridor, et il quitta la maison par la porte donnant sur la rue de la Plaine.

Il jeta un regard autour de lui et aperçut aussitôt le garçon marchand de vins, qui, sans doute, lui aussi, avait terminé ses affaires, planté les jambes écartées et les bras derrière le dos, en admiration devant la mirifique affiche d'un grand journal à annonces alléchantes et d'une moralité plus que suspecte, dont nous tairons le nom, qui n'a rien à faire ici, ne serait-ce que par pudeur, et à cause du respect profond que nous professons pour nos aimés lecteurs.

De même que lors de leur première rencontre, les deux hommes ne semblèrent nullement faire attention l'un à l'autre, et tirèrent chacun d'un côté différent.

Seulement, par un de ces hasards singuliers, si fréquents, qui ne sauraient s'expliquer, vingt minutes à peine après cette deuxième rencontre, ils se retrouvaient ensemble devant la porte de l'hôtel d'Hérigoyen, dans lequel ils pénétraient presque en même temps, non sans s'être assurés d'abord par un regard circulaire que l'avenue était déserte, et que nul espion n'était embusqué aux environs.

En ce moment, Julian d'Hérigoyen et son père, retirés dans un salon particulier, devant la porte duquel le Canadien Charbonneau faisait sentinelle pour en défendre l'accès à tout le monde, sauf à certaines personnes qui lui avaient été désignées, causaient avec animation avec le comte Armand.

Le jeune comte était en proie à une vive surexcitation morale, que ses deux amis, malgré tous leurs efforts, ne réussissaient pas à calmer.

Il formait les plans les plus insensés et les plus impraticables pour retrouver sa chère Vanda, et se plaignait avec amertume de la mollesse avec laquelle ses amis prenaient part au coup terrible qui le frappait.

Il s'exprimait en termes qui eussent été très blessants pour ses amis, si ceux-ci n'eussent pas fait la part de la profonde douleur du jeune homme et de l'impétuosité naturelle de son caractère.

A demi étendue sur un sopha, se trouvait la comtesse de Valenfleurs, aux côtés de laquelle, comme deux anges gardiens, se tenaient Denizà et Mariette, pleurant silencieusement, sans paraître entendre rien de ce qui se disait près d'elles.

Sur ces entrefaites, les deux hommes dont nous avons parlé pénétraient dans le salon, dont Charbonneau leur avait ouvert la porte sans difficulté.

Ces deux hommes étaient le garçon marchand de vins, notre ami Bernard Zumeta, et le commissionnaire, M. Pascal Bonhomme, ancien chef de la brigade de sûreté.

— Enfin! s'écria le comte Armand avec explosion, en les voyant entrer, enfin! nous allons donc avoir des nouvelles.

Le policier hocha la tête.

— Quant à moi, dit-il en saluant les dames, pour ma part, ce que j'ai appris se borne à très peu de chose. L'enlèvement a certainement été effectué dans la maison de la rue des Acacias, n° 96, cela ne fait pas le moindre doute pour moi, les dispositions mêmes de cette maison l'indiquent péremptoirement; c'était là seulement qu'un rapt aussi audacieux pouvait être exécuté avec des chances presque certaines de succès : cette masure est un véritable coupe-gorge; on croirait presque qu'elle a été construite tout exprès. Du reste, les choses ont été conduites de telle sorte et avec une si remarquable habileté, que les habitants eux-mêmes de cette maison, qui tous sont de très honnêtes ouvriers, sont dans la plus complète ignorance du crime commis presque sous leurs yeux. D'ailleurs, cela n'a rien de surprenant, cette maison est composée de trois corps de bâtiments séparés par des cours, et reliés entre eux par des corridors sombres avec deux entrées différentes, l'une sur la rue des Acacias, l'autre sur la rue de la Plaine; cette dernière rue compte à peine quelques maisons très éloignées les unes des autres, et séparées par des terrains vagues; elle offre toutes les conditions favorables pour l'exécution d'un guet-à-pens comme celui qui nous occupe. En somme, et pour me résumer, je n'ai rien appris qui puisse nous être utile, si ce n'est la certitude acquise que c'est là où la malheureuse jeune femme a été enlevée.

— Ceci ne saurait être une conclusion, monsieur, dit le jeune comte avec une impatience à peine contenue.

— Non, certes, monsieur le comte, répondit un peu sèchement le policier. Il me reste à donner mon avis, si vous jugez nécessaire de l'entendre, sur la manière dont les bandits ont, selon toute apparence, dû procéder.

— Parlez, monsieur, reprit le jeune homme avec un sourire amer.

— Ce ne sont que des appréciations personnelles, monsieur.

— Soit, soit. Veuillez, je vous prie, venir au fait.

— Le fait, le voici, monsieur le comte, reprit nettement le policier, intérieurement blessé de la façon dont on l'interrogeait. Lorsque les deux dames eurent pénétré dans le dernier couloir, à dix pas de la loge du concierge et à peu près à égale distance de l'escalier M, qu'elles devaient prendre pour se rendre chez les personnes qu'elles venaient visiter, des bandits, à l'avance embusqués dans l'ombre, se sont emparés d'elles à l'improviste, ont étouffé leurs cris et les ont emportées dans une voiture qui, sans doute, attendait rue de la Plaine. Rien de plus simple et de plus facile à exécuter, à cette heure avancée de la journée, où la nuit était presque noire; seulement, une fois en voiture, toutes traces se perdent: comment retrouver, au milieu de tant d'autres, sur le macadam ou les pavés, les empreintes des roues de cette voiture? cela est matériellement impossible. Donc, nous avons fait buisson creux. Tout ce qu'il me soit possible d'affirmer, c'est que personne n'a vu les dames entrer dans la maison ni en sortir, et que mademoiselle de Valenfleurs et sa compagne, miss Lucy Gordon, ne sont pas montées chez les braves gens qu'elles allaient voir; ce fait est positivement acquis pour moi.

— Est-ce donc à ce résultat mesquin que toutes vos recherches ont abouti, monsieur; vous, monsieur, qui cependant passez avec raison pour un policier habile... vous n'avez rien découvert? dit le jeune comte avec dédain. Je vous avoue que cela m'étonne fort.

— Monsieur le comte, je suis désespéré de ce résultat négatif, répondit le policier avec une feinte humilité pleine d'ironie, croyez-le bien, mais permettez-moi de vous faire observer que des investigations et des recherches semblables à celles auxquelles nous nous livrons sont excessivement difficiles et exigent un temps considérable pour arriver à un résultat satisfaisant. Paris n'a pas été construit en un jour, et comme on dit : à l'impossible nul n'est tenu.

— Vous renoncez donc à trouver la clef de ce mystère?

— Dieu m'en garde! monsieur le comte. Seulement, il me faut le temps nécessaire. La précipitation est mauvaise conseillère en toutes choses; ce n'est qu'à force de patience que l'on réussit, et sans aller plus loin, je suis convaincu que M. Zumeta, avec qui j'ai partagé la besogne, n'a pas été plus heureux que moi dans ses recherches, beaucoup plus difficiles encore, à la vérité, que celles auxquelles je me livrais, puisqu'il s'était chargé d'inspecter le dehors, tandis que moi, je procédais à une enquête où, de déductions en déductions, j'espérais arriver à la vérité, si l'indice même le plus léger m'était venu en aide.

Bernard sourit sans rien répondre.

— Peut-être, monsieur, répondit le comte, pour lequel ce sourire n'était point passé inaperçu; à l'époque où M. Zumeta et moi nous habitions l'Amérique, nous nous sommes livrés, dans les savanes, à des recherches bien autrement difficiles, n'est-ce pas, messieurs? et pourtant, vous le savez, ces recherches ont toujours été couronnées de succès.

— Je ne dis pas non, monsieur le comte, répondit le policier avec une certaine roideur; mais chaque pays a ses coutumes : Paris ne ressemble nullement aux déserts dont vous parlez; les moyens dont vous vous serviez en Amérique seraient d'une exécution impossible en France; les finesses de Bas-de-Cuir et des autres batteurs d'estrade dont les romanciers nous racontent les merveilles, seraient bientôt déjouées et réduites à néant par nos bandits parisiens. Du reste, interrogez M. Zumeta; il a été, dit-on, coureur des bois, et l'un des plus adroits, vous verrez quels renseignements il vous donnera, ajouta-t-il avec une pointe presque imperceptible d'ironie.

— C'est ce que je vais faire avec votre permission, monsieur, dit vivement le jeune comte. Et s'adressant alors à Bernard : Parlez, je vous prie, mon ami, ajouta-t-il, vous avez sans doute quelque chose d'intéressant à nous révéler?

— Je le crois, mon cher comte, répondit Bernard avec bonhomie. Mais vous me permettrez de faire observer à monsieur Bonhomme, avant toutes choses, que si chaque pays a ses coutumes, ces coutumes, lorsqu'elles sont bonnes, doivent être employées partout par les hommes intelligents, sans faux amour-propre, et surtout en oubliant cette suprématie imaginaire que les Français se figurent à tort posséder sur les autres nations, et leur fait ainsi commettre des fautes graves et parfois irréparables, lorsqu'au contraire nous ne sacrifions que trop habituellement, pour notre malheur, à la routine. Pour le cas présent, M. Bonhomme a procédé d'après les principes adoptés depuis longues années par l'administration de la police. Il devait échouer; c'est ce qui est arrivé.

— Monsieur, il me semble cependant...

— Permettez, monsieur, interrompit brusquement Bernard ; je ne mets pas en doute votre habileté, que je connais de longue date et que j'apprécie, croyez-le bien, comme elle mérite de l'être ; je ne vous dirai pas que, à quelque nation qu'ils appartiennent, les hommes sont partout les mêmes, et que ce qui est bon pour les uns, à quelque nuance près, ne saurait être mauvais pour les autres. Je me bornerai à vous dire que, dans notre affaire, il est une chose à laquelle vous n'avez pas fait assez attention : c'est que nous sortons complètement des conditions habituelles ; nous avons devant nous un homme qui, pendant un long séjour dans les savanes américaines, s'est approprié toutes les finesses, toutes les ruses, et, passez-moi le mot, toutes les rouéries des Peaux-Rouges, qui, tout sauvages qu'ils sont, ou que vous les supposez être, laissent bien loin derrière eux et sont autrement habiles que les plus rusés bandits parisiens. Cet homme ne peut donc être combattu, et ne sera vaincu que par ses propres armes, et en employant les moyens dont il se sert lui-même.

— Bravo, bien dit ! s'écrièrent les trois hommes.

— Cela est spécieux, murmura le policier ; ce sont les résultats qu'il faut voir, ajouta-t-il du bout des lèvres.

— M. Pascal Bonhomme a procédé à ses recherches selon les us et coutumes français ; moi, j'ai cru devoir adopter les procédés usités dans les pampas de Buenos-Ayres, et qu'emploient les Gauchos.

— Serait-il indiscret, monsieur Zumeta, dit le policier avec une légère pointe d'ironie, de vous demander quels sont ces procédés ?

— Nullement, monsieur, répondit l'ancien coureur des bois en souriant ; seulement ils sont difficiles à comprendre pour des personnes prévenues, et surtout pour les Parisiens, gens très spirituels, j'en conviens, trop spirituels même, mais essentiellement sceptiques pour tout ce qui leur paraît être en dehors des errements connus et adoptés, à tort ou à raison, par la majorité. Ecoutez cependant, puisque vous le désirez; vous en croirez d'ailleurs ce que vous voudrez. Il existe à Buenos-Ayres, particulièrement dans les *pampas*, bien qu'on en rencontre fréquemment dans d'autres contrées de l'Amérique, des hommes qui possèdent une telle puissance microscopique dans l'œil, que rien n'échappe à leur vue; ils découvrent après des mois entiers, des années même, ces faits ont été mille fois constatés et sont hors de doute, des traces cachées par des centaines et des milliers d'autres, qui se sont croisées dans tous les sens par-dessus; et ce n'est pas seulement dans les déserts que ces miracles et ces prodiges se produisent : Buenos-Ayres est une ville de six cent mille âmes, surnommée l'Athènes de l'Amérique du Sud, dont les rues sont en tout semblables à celles de Paris: eh bien! les *gauchos* y suivent une piste avec autant de sûreté et de rapidité que dans les solitudes perdues des pampas; on donne à ces hommes le nom de *rastreadores*, ce qui signifie *découvreurs de traces*, et leur témoignage, reconnu infaillible, est admis par les tribunaux correctionnels.

— Cela ressemble fort, monsieur, vous me permettrez de vous le dire, à un conte des *Mille et une nuits*, fit le policier avec un imperceptible mouvement d'épaules.

— N'est-ce pas? monsieur, répondit Bernard, toujours souriant; et pourtant, tout ce que j'ai eu l'honneur de vous dire est de la plus rigoureuse exactitude; or, voici quelque chose qui vous semblera plus extraordinaire encore : Il est prouvé que les Américains ne possèdent pas seuls cette énorme et étrange puissance microscopique dans l'œil, et je vais vous en donner la preuve; M. Julian d'Hérigoyen et moi, nous avons pendant plusieurs années chassé dans les pampas buenos-ayriennes, et ce fait singulier nous frappa. Le hasard nous fit lier avec un rastreador célèbre. Cet homme reconnut que nous possédions cette puissance dans la prunelle : il la développa en nous par un exercice continu, en nous faisant suivre des pistes de plus en plus compliquées, et de plus en plus difficiles; de sorte qu'en moins de trois ans, grâce à ce rastreador, dont les leçons nous avaient profité, nous passions dans les pampas pour de très habiles découvreurs de traces. Plus tard, pendant nos longues chasses dans les prairies du Mexique et des États-Unis, nous eûmes l'occasion de nous perfectionner encore, et nous arrivâmes à obtenir des résultats prodigieux, dont les Peaux-Rouges étaient eux-mêmes effrayés; ils nous prenaient pour des sorciers.

— Je ne doute nullement que ce que vous dites ne soit vrai, monsieur; mais je vous avoue que cela me confond, brouille toutes mes idées et me plonge dans une véritable stupeur. J'attends le récit des résultats que vous avez sans doute obtenus pour me former une opinion sur cette affaire étrange.

— Ces résultats, monsieur, sont nécessairement très restreints. Souvenez-vous que je n'ai eu qu'une heure à peine pour me livrer à des recherches forcément très difficiles, quand on est au début d'une piste; mais, tels qu'ils sont, les voici. Dans le troisième corridor, que vous n'avez traversé que bien longtemps après moi, j'ai trouvé d'abord ce mignon bouton de manchette que madame de Valenfleurs reconnaîtra, je suis sûr, pour avoir appartenu à sa fille.

Et il prit dans une poche de son gilet un bouton de manchette fort petit, en or, avec une rose au milieu, et il le présenta à la comtesse et à son fils, qui le reconnurent aussitôt.

— Oh! merci, monsieur Bernard! s'écria la comtesse en lui tendant sa main blanche et effilée, que l'ancien coureur des bois baisa courtoisement. Soyez béni pour cette relique de mon enfant que vous me rendez.

— Merci ami, lui dit le jeune comte avec une émotion profonde.

— Mais passons, continua Bernard, ceci ne prouve qu'une chose : c'est que, ainsi que vous l'avez constaté avec raison, cher monsieur Bonhomme, le rapt a eu lieu dans le corridor, et non autre part; ce bouton trouvé, je suis sorti dans la rue de la Plaine : c'était là où je devais établir mon champ d'investigations. Je reconnus d'abord les pas d'une dizaine d'homme, pressés, mêlés et enchevêtrés les uns dans les autres, mais pas une seule trace de bottines de femmes. Evidemment, les deux dames avaient été portées par leurs ravisseurs ; seulement, au lieu d'une voiture, il y en avait deux. Ces voitures avaient attendu assez longtemps ; il y avait une voiture de maître attelée de deux chevaux noirs très fringants, et un coupé de remise à deux places, attelé d'un seul cheval blanc.

— Hum ! voilà des renseignements bien positifs, monsieur, dit le policier.

— Bon ! ce n'est rien encore, attendez ; vous allez voir. Les voitures avaient été arrêtées presqu'à toucher les palissades en planches qui se trouvent devant la maison en question ; les chevaux avaient creusé la terre avec leurs sabots. En se frottant contre les palissades, les bossettes d'argent de leurs mors ont laissé des traces sur les planches ; le cocher et les valets de pied, il y en avait deux, étaient descendus, sans doute pour aider à l'enlèvement. Leurs traces sont visibles en avant et en arrière, pour monter et descendre ; des couvertures avaient été jetées sur le dos des chevaux. En les relevant, quelques poils noirs tombèrent sur le sol ; j'en ai recueilli quelques-uns, les voici. Et il les montra dans un papier.

— C'est prodigieux ! s'écria le docteur d'Hérigoyen.

Le policier se sentait *empoigné* malgré lui ; il ne dit rien.

Bernard sourit et continua tranquillement son étrange démonstration.

— Le cheval du coupé de remise était blanc, dit-il, je l'ai reconnu de la même façon ; le cocher lui avait mis une musette : j'ai retrouvé plusieurs grains d'avoine par terre. Les ravisseurs ont séparé les deux jeunes filles en sortant de la maison : Mademoiselle de Valenfleurs a été placée dans la voiture de maître, et sa demoiselle de compagnie, miss Lucy Gordon, dans la remise de place ; le bas de sa robe de mousseline s'est déchiré quand on l'a mise dans la voiture ; voici le morceau que j'ai retrouvé. A chaque portière droite des deux voitures, il y a des traces de chaussons, de lisière probablement, et celles de bottines élégantes et cambrées : j'ai relevé les traces du Mayor, que j'avais plusieurs fois vues dans les savanes, près de la portière de la voiture de maître ; quant à d'autres traces élégantes, aussi relevées par moi, près de l'autre voiture, elles doivent appartenir aussi à un homme du monde, mais je ne les connais pas. Les deux voitures sont parties grand train ; mais comme le Mayor sait, de longue date, à quels ennemis il a affaire et qu'il se méfie considérablement de nous, pendant plus d'une heure, les deux voitures se sont livrées à une espèce de *steeple-chase* endiablé, d'une extrémité à l'autre de la rue, allant, venant, tournant, retournant, embrouillant et enchevêtrant leurs traces comme à plaisir, afin de mieux nous donner le change ; puis, lorsqu'elles supposèrent avoir réussi, elles se séparèrent brusquement : la voiture de maître s'est dirigée vers le haut de l'avenue de la Grande-Armée, en passant très près de l'Arc-de-Triomphe ; quant au coupé de remise, il a pris l'avenue Joséphine, comme s'il voulait descendre vers la Seine. La séparation définitive des deux voitures s'est opérée sur la place même, tout près de l'Arc-de-Triomphe. A dix pas à peine où la séparation avait eu lieu entre les deux voitures, l'équipage de maître a eu une de ses glaces brisée violemment : tout e fait supposer que c'est par mademoiselle de Valenfleurs. La voiture s'est alors arrêtée brusquement, le Mayor est descendu ; mais à peine son pied droit posé à terre, il est remonté. Alors, des recherches minutieuses ont été faites par les deux valets de pied ; ils s'éclairaient avec une des lanternes de la voiture ; ils l'ont, pendant un instant, posée à terre, j'ai vu les traces ; les valets de pied n'ont rien découvert, et la voiture est repartie au grand trot. Moi, j'ai été plus heureux, j'ai découvert, à six ou huit pas environ de l'endroit où la voiture avait stationné pendant quelques instants, ce bouton d'oreille en diamant, lancé évidemment par mademoiselle de Valenfleurs, à travers la glace qu'elle avait brisée : ce bouton avait roulé presque sous les chaînes des bornes dont l'Arc-de-Triomphe est entouré, voici ce diamant ; il est d'un grand prix.

L'ancien coureur des bois remit alors le bouton d'oreille au jeune comte.

Celui-ci le couvrit de baisers furieux ; et, après l'avoir fait reconnaître à sa mère, il le reprit et le conserva.

La comtesse de Valenfleurs sourit avec tristesse, en jetant un long regard à son fils.

— Le temps me pressait, reprit Bernard ; j'ai marqué soigneusement la fin de ma piste, et je me suis hâté de retourner rue de la Plaine, comme cela était convenu entre nous, cher monsieur Bonhomme, au cas peu probable, mais après tout possible, où vous auriez besoin de moi, ou moi besoin de vous. J'ai fait encore quelques autres découvertes peu importantes, en vous attendant ; puis, ne sachant plus comment tuer le temps, je me suis planté comme un véritable badaud devant l'affiche où vous m'avez trouvé, les yeux écarquillés et les bras derrière le dos. Tout ce que j'ai découvert est de bien peu d'importance peut-être à vos yeux, cher monsieur ; mais, au moins, ces quelques renseignements, en les coordonnant les uns avec les autres, donnent un ensemble de faits très graves. Je tiens enfin le fil que je cherchais, et maintenant, avant vingt-quatre heures, je vous le jure, j'arriverai au bout, à moins qu'il n'en ait pas, ajouta-t-il avec un sourire matois. Que dites-vous maintenant des trouveurs de traces des pampas buenos-ayriens, eh ! cher monsieur Bonhomme ?

Et il éclata d'un rire joyeux, malgré la gravité de la situation.

— Monsieur, répondit le policier avec une franchise exempte cette fois d'arrière-pensée, pardonnez-moi mon outrecuidance : je suis un niais et un présomptueux ; je me croyais habile, et je suis contraint d'avouer que je ne suis qu'un écolier à peine à l'A B C du métier. Je confesse mon ignorance ; vous êtes mon maître.

Et il le salua gravement.

— Eh ! mon cher monsieur, reprit Bernard, toujours souriant : seulement habitué aux finesses et aux rouxeries d'une certaine catégorie de malfaiteurs dont vous savez sur le bout du doigt toutes les ruses, vous avez été pris à l'improviste, et vous vous êtes trouvé complétement dévoyé quand vous avez rencontré devant vous un adversaire de la trempe de celui que nous combattons, et se servant d'armes qui vous sont inconnues, voilà tout. La lutte n'est possible, et ne peut être égale avec cet homme qu'en employant et retournant contre lui les procédés qu'il emploie lui-même : cela est vrai et indiscutable ; mais, malheureusement pour lui, il est seul. Les complices qu'il est contraint de s'adjoindre ne sont pas à la hauteur de ses conceptions hardies, bien que triés sur le volet parmi les plus redoutables scélérats qui exercent leur odieux métier dans les bas-fonds parisiens ; ceux-là, mieux que personne, vous les connaissez et les avez percés à jour. C'est contre ces misérables que votre concours nous sera non seulement utile, mais indispensable, car il nous arrive à nous, vis-à-vis d'eux, absolument la même chose qui vous est arrivée à vous en face du Mayor.

— Ma foi, je l'ignore, monsieur, après ce que je viens d'entendre. Dans tous les cas, je tâcherai, autant que possible, de profiter de vos leçons, afin de ne pas rester au-dessous de la mission que ces messieurs et vous m'avez confiée ; et, à ce propos,, expliquez-moi donc, je vous prie, comment vous, seul, avez retrouvé ce diamant, si vainement cherché par les ravisseurs.

— Tout simplement, cher monsieur, parce que le Mayor a commis une faute grave.

— Lui ! comment cela ? je ne comprends pas ?

— Parce que vous ne vous donnez pas la peine d'y réfléchir sérieusement. Le Mayor, sans doute furieux de l'acte désespéré de mademoiselle de Valenfleurs, a perdu son sang-froid, d'autant plus que tandis qu'il descendait, par une portière, la jeune fille a probablement essayé de s'échapper par l'autre ; ce qui l'a engagé à remonter précipitamment, afin de l'en empêcher en la retenant. Il a ordonné des recherches, mais dans un rayon trop restreint ; trop troublé en ce moment pour se rendre bien compte de la force de projection de ce bouton d'oreille dont, malgré sa petitesse, le poids est cependant assez grand, et que la jeune fille a évidemment lancé avec toute la vigueur qu'elle puisait dans son désespoir : dans ces conditions, les recherches se seraient prolongées pendant la nuit tout entière, sans aucun résultat. Moi, étant de sang-froid, je me suis aussitôt rendu compte de l'événement. Après avoir relevé la position exacte des débris de la glace sur le sol, j'ai marché droit devant moi avec un écart d'un mètre à droite et à gauche ; le bouton, lancé au hasard ayant pu aussi bien être projeté en avant de la voiture, comme en arrière, et aussi directement. Je suis ainsi arrivé tout droit au diamant, je n'ai eu pour ainsi dire qu'à me baisser et à le ramasser.

— Je comprends, monsieur, c'est prodigieux de raisonnement.

— Vous avez dit le mot, monsieur. Toute notre science, à nous autres coureurs des bois, n'est basée que sur trois choses : une grande puissance de vue, une observation minutieuse et du raisonnement. Il s'agit pour nous, ainsi que le disent si pittoresquement les comédiens, de nous mettre dans la peau du bonhomme, ajouta-t-il en riant, et, à force de raisonnement, d'arriver à faire ce qu'il ferait en pareille circonstance. C'est une affaire d'habitude, tout simplement.

— Peste ! C'est aussi une affaire d'habileté ! Quel excellent chef de la Sûreté vous feriez !

— Peut-être non, monsieur ; il m'arriverait sans doute ce qui vous arrive aujourd'hui à vous, dont cependant l'habileté est incontestable.

Le jeune comte s'approcha alors du coureur des bois, et lui serrant affectueusement la main, il lui dit avec émotion :

— Cher et aimé Bernard, ne soyez pas si modeste ; nous vous connaissons tous, et nous savons ce que vous valez, mon ami. Ma mère et moi, nous n'en sommes plus à compter les dettes que nous avons contractées envers vous et MM. d'Hérigoyen : c'est une dette de plus, voilà tout ; merci du fond du cœur. Maintenant, venons au fait ;

notre pauvre Vanda se désespère, elle souffre d'horribles douleurs ; elle nous appelle à son secours. Comment la délivrerons-nous ?

— Bravo ! voilà qui est parler net. Eh bien, cher comte, à mon avis, nous ferons bien, je crois, de tenir *un conseil médecine*, comme nous faisions au désert ; qu'en penses-tu, Julian, fumons-nous un calumet ?

— C'est mon avis, cher ami, répondit Julian.

— Soit, dit le comte ; tout de suite, alors.

— Certes, répondit Bernard.

Les dames se levèrent.

— Quelles que soient les résolutions que vous preniez, merci, messieurs, dit la comtesse avec un sourire navré.

Et elle sortit au bras du docteur, en compagnie des deux autres dames.

— Ami Charbonneau, dit Bernard, appelez Tahera et entrez tous deux ; nous avons besoin de vous.

— Dans un instant, répondit le Canadien.

En effet, quelques minutes plus tard, Charbonneau arriva, suivi du docteur d'Hérigoyen et du guerrier comanche.

Sur l'ordre de Bernard, des sièges, au nombre de six, furent disposés en cercle au milieu du salon.

Chacun prit place.

Charbonneau avait décroché un très beau calumet à une panoplie ; il le chargea de tabac indien et le présenta tout allumé au docteur d'Hérigoyen, le président d'âge de cette réunion.

— Ceci, dit le docteur, est un grand conseil-médecine : il a été convoqué pour aviser aux moyens de délivrer mademoiselle Vanda de Valenfleurs, enlevée traîtreusement par le bandit nommé le Mayor, que déjà vous avez vaincu plusieurs fois et que, avec l'aide de Dieu, vous vaincrez encore, mais définitivement cette fois. Cet enlèvement a été exécuté pendant la nuit précédente.

Puis en quelques mots le docteur, afin de mettre le guerrier comanche et le chasseur canadien au courant de la situation, résuma les renseignements obtenus par Bernard.

Cela fait, M. d'Hérigoyen se rassit, puis il fuma pendant une minute ou deux ; ensuite, il passa le calumet au jeune comte qui imita son exemple.

Le calumet fit ainsi plusieurs fois le tour du cercle.

Le policier ouvrait de grands yeux ébahis. Il ne comprenait rien à cette cérémonie singulière, dont la signification symbolique lui échappait complètement.

Lorsque tout le tabac du calumet fut brûlé, le comte Armand de Valenfleurs se leva :

— Je suis le plus jeune de l'assemblée, dit-il d'une voix émue : je n'ai pas d'avis à donner à des hommes aussi expérimentés que ceux réunis autour de moi ; je ne puis que former un vœu : retrouver le plus tôt possible ma fiancée ; je n'ai pas la tête assez libre en ce moment pour diriger une expédition, mais je promets sur l'honneur de donner l'exemple de l'obéissance et de me soumettre sans protester à toutes les résolution prises par la majorité.

Cette franche et sage déclaration, faite par ce jeune homme si ardent, causa une vive satisfaction.

Le policier se leva, sur un geste muet du docteur, du siége qu'il occupait en dehors du cercle du conseil.

— Je crois, dit-il, que nous devons agir avec la plus grande prudence. Je me charge de réunir, dans le plus bref délai, une quarantaine d'hommes résolus, honnêtes et intelligents, qui seront pour nous des auxiliaires indispensables, si nous sommes, ce qui est plus que probable, contraints d'en appeler à la force ; j'ajoute qu'à mon avis, rien ne doit être tenté avant que nous soyons assurés du concours de ces hommes.

— Cela nous ferait perdre un temps précieux, dit Julian ; il nous faut agir promptement.

— Pour ma part, je ne suis pas partisan d'avoir recours à la police ; faisons nos affaires nous-mêmes, et surtout faisons vite, dit Bernard.

— Oui, dit Charbonneau ; il faut surprendre le Mayor sans lui laisser le temps de prendre ses précautions.

— A mon avis, dit le docteur, dans une affaire aussi grave, on doit procéder avec une rapidité foudroyante, chaque heure perdue augmentant les difficultés déjà si grandes de la situation,

Toutes les personnes présentes avaient tour à tour émis leur opinion.

Seul Tahera avait gardé le silence, bien qu'il comprît très bien ce qui avait été dit; ainsi que nous l'avons rapporté plus haut, depuis son arrivée en France, le guerrier comanche s'était appliqué à apprendre la langue française, et il la parlait très couramment.

— Mon frère le guerrier du Bison-Blanc ne nous donnera-t-il pas son avis? lui demanda alors le docteur avec déférence.

Tahera sembla hésiter un instant, puis soudain il se leva, cambra sa haute taille, promena un instant son regard sur les assistants, et, étendant le bras droit en avant:

— Un guerrier va parler, dit-il d'une voix haute et ferme. Sommes-nous des hommes, sommes-nous des chefs? Pourquoi bavarder comme des femmes au lieu d'agir comme des guerriers? Le *chèvrefeuille des bois* nous appelle à son secours : écoutez! J'entends d'ici ses cris de désespoir; ses sanglots douloureux brisent sa blanche poitrine; elle est faible comme un roseau pliant, seule et sans défense aux mains du plus féroce fauve des savanes. Nous l'aimons, la vierge pure aux yeux de gazelle, c'est la joie de sa mère, qui se sent mourir loin d'elle! Ne ferons-nous rien pour la sauver? Nous sommes des hommes braves, lançons-nous sans hésiter sur le sentier de la guerre; surprenons notre ennemi par la rapidité de nos manœuvres; nous sommes assez nombreux pour abattre le fauve et le mettre aux abois. Il y a deux pistes, formons deux troupes : le Cœur-Sombre commandera l'une, la Main-de-Fer l'autre. L'ennemi, attaqué ainsi de deux côtés à la fois, sera pris comme un jaguar dans un piège. Ne demandons pas de secours étrangers; nous nous connaissons tous, nous savons qu'il ne peut y avoir de traîtres parmi nous. Cela, et notre ardent désir de sauver *le chèvrefeuille des bois*, nous donnera la victoire et décidera notre succès; pas d'hésitations, pas de demi-mesures : tombons sur notre ennemi avec la rapidité du jaguar bondissant sur sa proie. Telles sont les pensées que le *Wacondah* met dans mon cœur ! J'ai dit. Ai-je bien parlé, hommes puissants ?

Le guerrier comanche se rassit alors, et reprit son impassibilité indienne.

— Messieurs et amis, dit alors le docteur, vous avez entendu les paroles de notre frère Tahera. Quel est votre avis sur le plan qu'il propose au *Conseil-Médecine ?* Un de vous a-t-il quelque chose à dire pour ou contre?

— J'approuve le plan de notre frère, le guerrier comanche, dit le jeune comte en se levant.

— Je l'approuve, dit le docteur.

— Je l'approuve, dit le Canadien.

— Je l'approuve comme étant le seul qui puisse nous faire réussir, dit Bernard.

— Je l'approuve à cause de son étrangeté même, dit le policier.

— Moi aussi, messieurs, dit Julian en se levant à son tour, je l'approuve ; mais avec cette simple modification que seuls, Bernard et moi, après nous être déguisés, nous nous mettrons d'abord chacun sur une piste, trois hommes marchant ensemble pouvant éveiller les soupçons : les deux pistes bien reconnues, alors nous agirons.

— Mais, dit Bernard, si nos amis restent ici, cela nous occasionnera un retard peut-être très long.

— Je propose, dit le Canadien, que nous marchions à une certaine distance des deux chefs, de façon à ne pas les perdre de vue, tout en ne paraissant ni les connaître ni les suivre.

Le plan de Tahera, ainsi modifié, fut accepté à l'unanimité.

Les deux troupes furent ensuite ainsi distribuées : Julian, suivi par le comte Armand et le Chasseur canadien, devait se mettre sur la piste de la voiture de maître; Bernard, accompagné de Tahera et du policier, suivrait la piste du coupé de remise.

Cela bien convenu, on procéda immédiatement à se procurer les déguisements nécessaires.

La journée n'était pas encore avancée: il était à peine midi et demi. D'un commun accord, il fut arrêté que l'on se mettrait immédiatement à l'œuvre.

En effet, une demi-heure plus tard, c'est-à-dire vers une heure de l'après-midi, les deux petites troupes, bien déguisées et surtout bien armées, sans qu'on en vît rien extérieurement, quittèrent à une demi-heure d'intervalle le boulevard de Courcelles, la première par l'hôtel d'Hérigoyen, la seconde par celui de Valenfleurs.

Le boulevard était à peu près désert; la sortie s'exécuta donc heureusement, et sans attirer l'attention, grâce aux précautions prises de faire marcher chaque homme isolément et à une distance assez grande les uns des autres, pour ne pas donner prise aux soupçons. Rien de suspect ne fut aperçu.

Ainsi que l'avait dit Tahera, cette fois ils étaient bien véritablement sur le *sentier de la guerre*.

XX

DANS LEQUEL LE LECTEUR EST RASSURÉ SUR LE SORT DE FIL-EN-QUATRE, ET ASSISTE A UNE CONVERSATION ENTRE COQUINS, TRÈS INTÉRESSANTE.

Le Loupeur n'était pas mort; il n'avait même pas été blessé.

Le proverbe si consolant pour les ivrognes, s'applique trop souvent aussi aux scélérats, et les fait, en maintes circonstances, échapper sains et saufs à des dangers terribles, où un honnête homme périrait inévitablement.

Mais les voies de la Providence sont insondables, et

probablement elle a des raisons secrètes, mais excellentes, pour qu'il en soit ainsi.

Toujours est-il que cela est ; ce fait est indéniable.

Donc, le Loupeur n'avait été ni tué, ni blessé.

La balle, bien dirigée plutôt par le hasard que par la jeune fille, l'aurait frappé en plein cœur, si, heureusement ou malheureusement, — ceci dépend entièrement du point de vue où se placera le lecteur — si, disons-nous, cette balle ne s'était pas engagée dans le portefeuille bourré de billets de banque, que, l'on s'en souvient sans doute, le bandit avait reçu quelques heures auparavant du Mayor, dans le tapis-franc de la Marlouze, et qu'il portait dans la poche gauche de sa redingote.

Cependant la commotion qu'il avait reçue avait été si forte, la douleur si vive, que le bandit avait été comme foudroyé, et, après avoir tourné sur lui-même, en battant l'air de ses bras, il était tombé roide, la face en avant sur le tapis.

Il demeura ainsi pendant longtemps plongé dans un évanouissement profond.

Lorsqu'enfin il reprit connaissance et ouvrit les yeux, la lampe était éteinte, le jour se levait, le soleil émergeait au-dessus de l'horizon.

Il était près de cinq heures du matin.

D'abord il ne se souvint de rien.

La mémoire est celle de nos facultés qui nous abandonne la première, mais en revanche, c'est aussi celle qui revient le plus promptement.

Le bandit se demanda, de la meilleure foi du monde, pourquoi il se trouvait là, étendu sur le tapis comme un pourceau dans sa bauge, le guéridon renversé, le verre et la bouteille brisés et gisant près de lui, au lieu d'être couché dans son lit, comme l'exigeait la logique.

— Allons ! murmura-t-il entre ses dents avec dépit, je me suis encore soûlé comme une brute ! le diable soit de moi ! je n'en fais jamais d'autres ! Quand je me sens quelque argent en poche, c'est plus fort que moi, il faut que je boive ! Pouah, j'ai la langue pâteuse et je crève de soif !

Triple idiot que je suis! Depuis combien de temps suis-je là? Stupide animal de se changer ainsi en éponge!

Tout en s'adressant à soi-même ces dures vérités, il essaya machinalement de changer de position.

Mais au premier mouvement qu'il fit, il ressentit tout à coup une douleur si cuisante, qu'il se laissa retomber avec un cri d'angoisse.

— Sacre Dieu! s'écria-t-il, me serai-je donc blessé en tombant? Il ne me manquerait plus que cela! je serais un joli garçon! Mille démons! que je souffre! Je suis blessé, c'est sûr; mais où, et comment cela m'est-il arrivé?

Tout à coup la lumière se fit dans son esprit, la mémoire lui revint.

— Mille démons! s'écria-t-il en se frappant le front, je me souviens! Oh! je me vengerai! Où est-elle, cette misérable fille, échappée sans doute pendant que je faisais la carpe! Sacrebleu! être ainsi roulé par une enfant! Mille démons!... Voyons, suis-je donc une femmelette, moi aussi? Je ne veux pas rester là, cordieu! Allons; debout, mort diable! je veux savoir si je dois vivre ou mourir...

Et il ajouta, comme par réflexion :

— Voilà, mon bonhomme; c'est bien fait pour toi; tu t'es soûlé comme un imbécile; tu sais cependant bien que lorsqu'on veut fêter Vénus, il faut mettre Bacchus au rancart. C'est de ta faute! fallait pas y aller. Mais, sois calme, je la repincerai, la particulière, et nous aurons une explication, je ne vous dis que cela!

Alors, cet homme à la volonté de fer, tout en exhalant sa colère furieuse en termes plus ou moins crapuleux et orduriers, malgré la douleur qui, à chaque mouvement qu'il faisait, lui arrachait des gémissements et même des cris, réussit non seulement à se relever, mais encore à redresser le guéridon et à ramasser les débris de verre épars sur le tapis, et à réparer autant que possible le désordre de la pièce.

Après avoir remis à la panoplie le revolver, que précédemment il en avait décroché, il fit, en s'appuyant sur une canne et en se retenant aux meubles, tout en continuant de sacrer et de gémir, une recherche exacte des différentes pièces de l'appartement, sans oublier ni les cabinets noirs, ni les placards.

Il s'était imaginé que miss Lucy Gordon était restée cachée dans l'appartement même.

Naturellement, il ne retrouva pas la jeune fille partie depuis plus de trois heures.

Mais il ramassa les revolvers qu'elle avait jetés en fuyant et la clef de la porte d'entrée tombée sur le palier.

— Sacredieu que je souffre, grommelait-il, en regagnant péniblement sa chambre à coucher; elle me le paiera, la drôlesse! Aïe! quelle douleur; je mettrai le feu à l'hôtel qu'elle habite, plutôt que de ne pas me venger! Aïe! il faut pourtant que je voie cette gueuse de blessure qui me fait souffrir comme un damné. Voyons un peu.

Il retira alors vivement sa redingote et la jeta sur un meuble, non sans d'affreuses souffrances.

Dans le mouvement qu'il fit, son portefeuille sortit de la poche du vêtement et tomba sur le tapis.

Le bandit le releva en grommelant.

Il s'aperçut avec stupéfaction que son portefeuille était presque entièrement traversé par une balle, et que celle-ci s'était arrêtée sur la couverture opposée à celle par laquelle elle avait pénétré après avoir troué la redingote.

— En voilà une chance! s'écria-t-il avec une surprise joyeuse. Mort diable! il était temps! Mais si je ne suis pas blessé, qu'ai-je donc?

Il enleva sans plus tarder son gilet et ouvrit sa chemise.

Alors il aperçut à la place même du cœur une contusion affreuse, large comme une pièce de cinq francs en argent et noire comme de l'encre.

— Sacrebleu! reprit-il, tout en examinant curieusement la contusion, je ne suis plus étonné d'être si oppressé et de tant souffrir! Bah! à la grâce du diable, ce n'est rien qu'un méchant bobo, j'en reviendrai!

Le Loupeur, en effet, en avait vu bien d'autres pendant ses longues pérégrinations à travers le monde.

La nécessité lui avait fait acquérir certaines connaissances médicales, fort utiles dans des circonstances exceptionnelles, comme par exemple celle dans laquelle il se trouvait en ce moment, où il est presque impossible de réclamer l'aide d'un médecin, — ces messieurs ayant souvent la mauvaise habitude et l'indiscrétion d'adresser à leurs malades des questions très gênantes, parfois, pour ceux-ci.

Le bandit ouvrit une armoire fort bien dissimulée dans la muraille, dont les tablettes, chargées de pots, de fioles et de boîtes de toutes sortes, lui donnaient l'apparence d'une véritable pharmacie, et, en effet, c'en était une.

Il choisit avec soin certains ingrédients, qu'il mélangea et manipula avec beaucoup d'adresse et de rapidité. Puis, étendant avec une spatule ce mélange sur un morceau de peau très mince, taillé en rond, ce qui lui donnait l'apparence d'une mouche de Gênes, il le fit tiédir à la flamme d'une bougie; puis il l'appliqua sur la contusion, non sans geindre et sacrer comme un beau diable.

Puis, ce singulier pansement terminé, il s'étendit sur un sopha en se tordant comme une vipère.

Le remède était sans doute des plus héroïques; car, pendant plus de vingt minutes, ses souffrances furent telles que la sueur perlait à ses tempes, en gouttes grosses comme des pois.

Mais l'effet de cette médication endiablée fut presque immédiat, c'est-à-dire que la douleur se calma presque complètement, à ce point que le blessé s'endormit profondément.

Le Loupeur aurait probablement dormi ainsi jusqu'au soir, mais vers midi, au meilleur de son sommeil, il fut éveillé en sursaut par le tintement furieux de sa sonnette.

— Bon! murmura-t-il d'un ton de mauvaise humeur, en se dressant sur son séant et se frottant les yeux avec rage, que me veut-on encore? je dormais si bien!

15.

La sonnette, qui s'était arrêtée un instant, recommença son carillon avec plus de force.

— Ce sont des amis, grommela-t-il; il faut voir. Ce doit être pressé pour que l'on vienne me relancer jusqu'ici.

Il se leva, rajusta ses vêtements en un tour de main.

Puis il se rassit sur le divan et fit jouer un ressort caché dans la muraille, qui lui permettait d'ouvrir sa porte sans se déranger, lorsque quelqu'un de ses affidés sonnait d'une certaine façon convenue.

Un bruit de pas se fit presque aussitôt entendre dans les pièces précédant la chambre à coucher.

Puis la porte de cette dernière pièce s'ouvrit et deux hommes parurent.

Ces deux hommes étaient Fil-en-Quatre et Sébastian.

Sans autrement se déranger, le Loupeur leur fit signe de s'asseoir, ce qu'ils firent aussitôt.

Puis, s'adressant à Fil-en-Quatre.

— Quoi de nouveau? lui demanda-t-il.

Mais avant de donner la réponse de Fil-en-Quatre, nous rétrogaderons de quelques heures, afin d'expliquer au lecteur comment il se faisait que Fil-en-Quatre, si adroitement *lacé* au beau milieu de la nuit par Tahera, et enfermé étroitement sur l'ordre de William's Fillmore, pénétrait douze heures plus tard, c'est-à-dire à midi, avec sa désinvolture et son insouciance ordinaire, dans le logis du Loupeur, en compagnie de Sébastian.

Voici ce qui s'était passé :

Lorsque le digne Polyte, dit Fil-en-Quatre, avait été enfermé, bien garotté, dans la remise, ses idées n'étaient pas encore bien lucides; il se ressentait de la rude secousse qu'il avait reçue.

Ce n'est pas impunément que l'on frise la mort de si près.

Ses idées tourbillonnaient de telle sorte dans son cerveau bourrelé, qu'il était impossible qu'il se rendît un compte exact de ce qui lui était arrivé.

Il comprenait vaguement qu'il avait couru un grand danger, dans lequel son camarade la Dèche avait, lui, perdu la vie, et à la suite duquel il avait été arrêté.

L'endroit dans lequel on l'avait enfermé était obscur et noir comme un four.

La première pensée logique qui se fit jour dans son esprit fut que les auteurs de son arrestation étaient des sergents de ville, ou des agents de police, qui, par hasard, l'avaient surpris pendant qu'ils faisaient une ronde et l'avaient pincé. Et tout naturellement, il supposa qu'on l'avait conduit au poste et enfermé dans le violon, en attendant la voiture cellulaire qui, en passant, le prendrait et le transporterait à la Préfecture de police.

La perspective était des plus désagréables pour Polyte.

Il avait toutes espèces de raisons, plus graves les unes que les autres, de ne pas renouveler connaissance avec la justice.

D'abord parce qu'il avait été condamné pour vol avec effraction à vingt ans de travaux forcés, et que, ayant réussi à s'échapper du bagne de Rochefort, où il était détenu, depuis six ans qu'il s'était évadé et qu'il jouissait d'une trop longue impunité, il avait commis, seul ou avec certains complices, une foule très longue de méfaits, dont la plupart entraînaient la peine capitale.

Les idées du bandit n'étaient nullement couleur de rose.

La nuit tout entière s'écoula pour lui dans des transes terribles.

— Mon affaire est claire, murmurait-t-il parfois. Quel fichu sort ! Moi, qui avais si bien réussi à ne pas me faire pincer par les plus malins, je m'suis laissé prendre comme un imbécile ! C'est trop fort de café. Brigand de Loupeur, va, si j'suis fauché, tu la dans'ras avec moi ! Oh ! ça, tu peux en être sûr !

Tous les scélérats sont de la même trempe.

Dès qu'ils se sentent pris, leur premier mouvement est de rejeter sur d'autres la faute qu'ils ont commise de se laisser prendre.

Ils ne pensent plus qu'à une chose, se venger de leurs complices, plus heureux ou plus adroits qu'ils ne l'ont été.

D'ailleurs, ils ont une peur atroce de mourir seuls, c'est pour eux une consolation, et presque une joie, de voir un ou plusieurs de leurs complices partager leur sort...

Cependant, vers deux heures du matin, le bandit accablé de fatigues morales et physiques, s'endormit enfin malgré lui d'un sommeil lourd, tourmenté et rempli d'atroces cauchemars.

Vers l'aube, il fut réveillé brusquement et presque en sursaut.

Il voulut crier, mais il sentit qu'il était bâillonné et aveuglé en même temps par une couverture dans laquelle on l'avait roulé, et ficelé comme un saucisson d'Arles.

On le souleva par les pieds et par la tête, et on l'emporta sans qu'un seul mot fût prononcé.

Sa situation se compliquait singulièrement.

— C'est donc pas les *roussins* qui m'ont pincé, murmura le bandit. Diable ! diable ! c'est encore plus grave que je ne le croyais. Qu'est-ce qu'ils veulent faire de moi? Ils vont m' suriner, c'est sûr ! En v'là une chance !

En ce moment, il entendit le bruit d'une porte qui se refermait.

Puis, presque aussitôt, on le posa à terre.

Il sentit qu'on le secouait brutalement ; il crut sa dernière minute venue.

Mais soudain les mains se retirèrent, et tout à coup le sol se déroba sous lui : son corps se plia en deux, ce qui fut loin de lui causer une sensation agréable.

Il était pendu par le milieu du corps, il se balançait dans l'espace.

Mais montait-il ou descendait-il? voilà ce qu'il ignorait.

Dans un cas comme dans l'autre, sa position était très désagréable, et encore plus douloureuse.

La corde passée autour de son corps lui entrait dans les chairs, et de plus le sang, se précipitant avec force à son cerveau, le mettait sous le coup d'une apoplexie foudroyante.

Si ce supplice atroce se fût prolongé pendant deux ou trois minutes encore, il serait certainement mort.

Soudain il reçut une forte secousse et tomba rudement comme une masse inerte sur un sol quelconque.

— Cristi ! il n'est pas trop tôt ! murmura-t-il en faisant des efforts inouïs pour rattraper sa respiration, et soufflant comme un phoque après une trop longue immersion.

En un tour de main, il fut débarrassé de ses liens, et on lui rendit en même temps que la liberté de ses membres, l'ouïe, la vue et la parole.

Mais Fil-en-Quatre voulait se donner le temps de la réflexion.

Il resta donc étendu, les yeux fermés, immobile et sans donner signe de vie, bien qu'il fût très grouillant, qu'il jouît complètement de toutes ses facultés, et fort en état de se lever si cela lui eût convenu.

Mais, comme nous l'avons dit, il voulait réfléchir et surtout gagner du temps.

Malheureusement pour lui, cette diplomatie fut aussitôt déjouée d'une façon très désagréable.

Au moment où il s'y attendait le moins, et pendant qu'il se félicitait en son for intérieur du succès de sa ruse, un si vigoureux coup de canne lui fut asséné sur les reins, qu'il bondit sur ses pieds en poussant un cri de douleur et se trouva debout en moins d'une seconde, les yeux ouverts comme ceux d'une souris qui guette.

Il jeta machinalement un regard circulaire autour de lui, et retint avec peine une exclamation de surprise.

L'endroit où il se trouvait ne ressemblait en rien à l'idée qu'il s'en était faite.

Ce n'était ni une cave, ni une geôle, ni une prison.

C'était une pièce fort bien meublée, ressemblant beaucoup plus à un atelier d'artiste peintre, ou d'homme de lettres, qu'à toute autre chose.

Toutes les prévisions du bandit étaient fausses. Il n'apercevait rien de ce qu'il s'attendait à voir.

Une seule chose, cependant, qui ne manquait pas d'une certaine importance, lui causa une vive préoccupation, jointe à une grande frayeur.

Cette pièce, dans laquelle déjà nous avons plusieurs fois conduit le lecteur, était l'atelier ou le pied-à-terre, comme on voudra, de master Williams Fillmore.

Le digne citoyen des Etats-Unis était assis dans un fauteuil devant la table chargée de papiers, ayant un revolver à droite et un autre à gauche à portée de sa main.

Derrière lui se tenait debout un homme tenant un revolver à la main, et dont les traits disparaissaient sous les larges ailes rabattues de son chapeau; deux autres, dans des conditions identiques, se tenaient immobiles devant la porte.

— Approche, drôle, dit master Fillmore d'une voix rude.

Fil-en-Quatre jeta un regard de détresse autour de lui, et fit deux ou trois pas du côté de la table, en esquissant un sourire ressemblant singulièrement à une grimace.

Au fond, il craignait une exécution sommaire.

— Comment te nommes-tu? reprit l'Américain en lui lançant un regard qui le fit frissonner.

— Polyte, dit Fil-en-Quatre, monsieur, répondit le bandit, d'une voix hésitante.

— Veux-tu être poignardé séance tenante et être jeté à la Seine, comme l'a été ton camarade ?

La question était formidable.

Le bandit pâlit et trembla.

La voix lui manqua pour articuler une parole.

— Réponds, reprit l'interrogateur; tu es un forçat évadé, un assassin et un voleur. En te tuant, justice sera faite.

— Que voulez-vous que je réponde? balbutia-t-il.

— Que faisais-tu quand tu as été arrêté cette nuit?

— Moi, monsieur, je... je passais; je rentrais chez moi avec un ami.

— Tu mens, tu espionnais ma maison. Ton ami et toi, vous vous étiez embusqués pour attendre une personne entrée chez moi et l'assassiner à sa sortie. Je t'avertis que toute dénégation est inutile. Je te connais depuis longtemps : tu appartiens à la bande du Loupeur. Dans ton intérêt même, je t'engage à ne pas essayer de mentir.

— Hein ! si vous me connaissez, je n'ai rien à vous dire, il me semble.

— Si, tu peux m'avouer pour le compte de qui, toi et ton camarade, vous vouliez assassiner la personne en question. Je te donne cinq minutes pour te confesser à moi. Si, dans cinq minutes, tu ne m'as pas satisfait, tu mourras ; et, se tournant vers les deux hommes debout devant la porte : soyez prêts, ajouta-t-il.

Les deux hommes se rapprochèrent de Fil-en-Quatre.

La situation se faisait de plus en plus critique pour Fil-en-Quatre.

Il ignorait aux mains de qui il se trouvait.

Tout cet appareil menaçant, après la nuit qu'il avait passée, l'impressionnait beaucoup.

De même que tous les hommes accoutumés à la violence comme argument suprême, il ne doutait pas que les menaces qu'on lui faisait ne fussent mises à exécution. Sa résolution fut tout de suite prise.

Se sauver aux dépens de ses complices, en avouant tout ce qu'il avait fait et ce qu'il savait, sans aucune restriction.

Cependant, par suite de cette gloriole qui faisait le côté saillant de son caractère, le bandit ne voulut pas se rendre aux injonctions qui lui étaient faites sans protester une fois encore à sa manière.

En conséquence, il feignit une hésitation et une répugnance qui n'existaient pas en réalité dans sa pensée, à entrer enfin définitivement dans la voie des aveux.

L'Américain ne fut pas dupe de ce manège intéressé.

— C'est bien, dit-il. Puisque ce drôle prétend se moquer de nous, saisissez-le et montrez-lui à qui il a affaire ; serrez-lui les pouces jusqu'à ce que le sang lui sorte sous les ongles : cela l'engagera peut-être à se montrer plus complaisant ; d'ailleurs, les cinq minutes sont écoulées.

Les deux hommes s'emparèrent à l'improviste de Fil-en-Quatre.

Tandis que l'un le maintenait avec une vigueur véritablement athlétique, l'autre, après lui avoir attaché les mains, lui passait vivement une cordelle, fine comme du fouet, mais très solide, autour des pouces, à la naissance des ongles, et d'un coup brusque il la serra avec force.

Le bandit poussa un cri de douleur horrible et se tordit avec angoisse.

La souffrance avait dû être effroyable.

— Sacré Dieu! s'écria-t-il d'une voix rauque, vous me faites mal, nom d'un nom! laissez-moi, tonnerre!

— Cela n'est encore qu'un avertissement, reprit l'Américain, toujours impassible; veux-tu parler, oui ou non?

— Si je l'veux! Je l'crois bien, que je l'veux! j'suis plus d'à moitié mort! Oh! là, là! s'écria-t-il en geignant, s'il y a du bon sens à tourmenter ainsi un bon garçon!

— Eh bien, parle!

— Détachez-moi, d'abord.

— Soit! mais prends garde, sois sage!

— Y a pas de soin, vous allez voir!

L'Américain fit un signe.

Les deux hommes lâchèrent le bandit, mais, après l'avoir détaché, ils restèrent près de lui.

Fil-en-Quatre leur lança un regard sournois en dessous, en secouant les épaules avec un geste inimitable de gausserie parisienne.

Et, se tortillant comme une vipère, il dit, de sa voix enrouée, traînarde et gouailleuse :

— Qu'c'est bête de disloquer comme ça les gens! comment qu' j' pourrai travailler d' mon état à c't'heure, avec les pouces en compote! malheur!

L'Américain fixa sur lui un regard d'une expression telle, que le bandit frissonna, et que toute son effronterie tomba subitement.

— C'est bon, dit-il en grommelant, on y va; faites sortir vos larbins, y n'ont pas besoin d'savoir ce qu'j'vais vous dire.

— Allez, dit l'Américain aux trois hommes, mais ne vous éloignez pas hors de la portée de la voix.

Les trois hommes sortirent sans prononcer un mot.

— Parle maintenant, nous sommes seuls, dit l'Américain lorsque la porte se fut refermée.

— Tant pis! s'écria Fil-en-Quatre; contre la force y a pas d'résistance; j'vas tout vous dégoiser, et, foi d'Polyte, qu'est mon nom, j'en sais long; j'vas vous en apprendre de marioles, en long et en large, soyez calme!

Et sans plus de tergiversations, il commença.

Sa confession fut longue.

Ainsi qu'il s'en était vanté, il en savait long.

Il n'oublia rien, disant avec la même franchise ce qu'il avait fait et ce qu'avaient fait les autres.

L'Américain l'écoutait avec l'attention la plus soutenue, évidemment intéressé par ce récit étrange, bien que son visage demeurât impassible.

Lorsque Fil-en-Quatre arriva à l'épisode se rapportant à M. Blanchet, au long entretien que le Loupeur et lui avaient eu avec cet homme, et le marché qui s'en était suivi, l'Américain laissa subitement tomber son masque d'indifférence pour montrer une vive surprise et une profonde émotion.

Il insista sur certains incidents de cet entretien, qu'il se fit répéter.

Puis il reprit son indifférence pour écouter la suite du récit.

— Est-ce tout? demanda l'Américain à Fil-en-Quatre, lorsque enfin celui-ci se tut.

— Oui, monsieur, répondit le bandit; je vous ai parlé avec la plus entière franchise, sans rien ajouter ni retrancher. Vous connaissez maintenant c't'affaire tout au moins aussi bien que moi.

— C'est bien.

Il y eut un assez long silence.

L'Américain réfléchissait profondément.

Il avait l'air sombre et préoccupé; parfois ses sourcils se fronçaient à se joindre sous l'effort de la pensée.

Evidemment il cherchait une solution, qu'il ne réussissait pas à trouver.

Quant à Fil-en-Quatre, debout devant lui, il se balançait

d'une jambe sur l'autre, regardait autour de lui et secouait ses pouces, bien que la douleur qu'il avait éprouvée fût presque complètement calmée.

En somme, il avait eu beaucoup plus de peur que de mal. Et, ainsi qu'il se le disait à lui-même, il avait de la chance de s'en être tiré à si bon marché.

Cependant il restait un point noir qui l'inquiétait beaucoup : sa position vis-à-vis de l'Américain n'était pas nette, et ne s'était nullement éclaircie.

L'avenir l'effrayait ; maintenant qu'il avait parlé, que ferait-on de lui ?

Le fait est que la situation était restée presque aussi critique.

L'Américain releva tout à coup la tête, et interpellant brusquement Fil-en-Quatre :

— Aimes-tu l'or ? lui demanda-t-il à brûle-pourpoint.

Le bandit s'attendait si peu à cette question, qu'il resta la bouche ouverte et les yeux écarquillés.

— Quand tu me regarderas comme un idiot pendant une heure, imbécile ! Voyons, réponds : aimes-tu l'or ? Réponds oui ou non, by god !

— Faites excuse, monsieur, j'sais pas le latin ; mais c'est égal, j'ai une profonde estime pour l'or ; quant à ça, 'vous en f...iche mon billet.

— Bien ; alors nous pourrons nous entendre.

— J'en serai bien content, monsieur ; pour ma part, je ne demande pas mieux, répondit-il en saluant de l'air le plus aimable.

— Ecoute-moi.

— C'est-à-dire que je me délecte à boire vos paroles.

— Assez ! fit l'Américain en fronçant le sourcil.

— Suffit, milord ; j'suis, sans comparaison, *métamorphosé* en carpe.

— Encore !

Fil-en-Quatre baissa la tête.

L'Américain reprit :

— Ecoute bien, veux-tu gagner dix mille francs, sortir

d'ici libre de t'aller faire pendre où tu voudras, et ne plus avoir rien à redouter de moi?

— C'est mon plus ardent désir, milord; dix mille francs ne se trouvent pas souvent sous le pas d'un cheval; vous pouvez y aller carrément.

— Puis-je me fier à toi?

— Oui, si je vous donne ma parole, et si vous tenez vos promesses.

— Je ferai plus : je te mettrai à l'abri des vengeances du Loupeur et des autres gredins que tu as trahis.

— Ça, c'est pas à dédaigner ; j'accepte, milord.

— Tu es fin et rusé?

— Je ne passe pas positivement pour un imbécile, dit-il avec fatuité.

— Eh bien, voici ce que j'attends de toi.

— Allez-y.

L'Américain eut alors une longue conversation à demi-voix avec le bandit.

Celui-ci écoutait attentivement sans se permettre la plus légère observation.

— M'as-tu bien compris? dit l'Américain en terminant.

— Parfaitement, monsieur, répondit-il; tout cela est clair comme de l'eau de roche.

— Et tu le feras?

— Je vous en donne ma parole.

— Prends bien garde à l'engagement que tu prends, dix mille francs ou un coup de poignard dans le cœur après d'affreuses tortures; fusses-tu caché dans les entrailles de la terre! Si tu joues un double jeu, je le saurai, et tu seras perdu sans rémission.

— Et les dix mille francs? demanda-t-il avec empressement.

— Tu recevras deux mille francs tout de suite; quant aux autres huit mille francs, tu ne les recevras qu'après l'affaire; je veux avoir une garantie contre toi.

— Ça va! ma peau est en jeu, vous pouvez compter sur moi, tant pis pour les autres, ce sont des rats, ils n'y vont que par billets de cent, et encore ! ils pratiquent l'assassinat au rabais ; ça fait suer, ma parole d'honneur ! avec vous, à la bonne heure ! on sait au moins sur quoi compter.

— Si je suis satisfait de votre conduite, je saurai vous récompenser ; mais si vous ne marchez pas droit, prenez garde ! et souvenez-vous de ce que je vous ai dit... Voici deux billets de mille francs à valoir sur ce que je vous ai promis.

Et il prit, dans un tiroir de la table, deux billets, qu'il présenta à Fil-en-Quatre.

— Merci, j'aimerais mieux de l'or ; je marque mal, ajouta-t-il en montrant son costume d'un geste énergique, quand j'voudrai changer les *fafiots*, on m'accusera de les avoir grinchi, et on me mettra la main sur le collet, non, merci, n'en faut pas !

L'Américain sourit.

— Vous êtes prudent, c'est bien ; gardez ces deux billets, voici en plus deux cents francs en or et cent francs en pièces de cinq francs. Vous vous servirez de cette monnaie pour vous acheter d'autres habits, et servir à vos besoins particuliers. Je ne veux pas lésiner avec vous ; l'affaire faite, vous toucherez huit mille francs, et peut-être plus.

— Bon ! vous êtes le roi des hommes ; j'vous r'vaudrai ça, y a pas d'soin, foi de Polyte !

— Nous verrons ; maintenant, il reste une dernière formalité à remplir.

— Laquelle ?

— Vous laisser bander les yeux, et n'enlever le bandeau que lorsqu'on vous aura conduit où vous voulez vous rendre, et après avoir compté jusqu'à cent : y consentez-vous ?

— J'crois bien ! qué qu'ça m'fait : j'tiens pas au paysage, seul'ment vous avez bien tort d'vous méfier d'moi, vrai !

— Il le faut.

— Allons, allez-y, j'm'y oppose pas.

— Où voulez-vous aller?

— Rond-point des Champs-Élysées, j'casserai une croûte chez un ami, et delà j'irai un peu voir le Loupeur.

— C'est bien.

L'Américain frappa dans ses mains.

Les trois hommes entrèrent; il échangea quelques mots en anglais avec eux.

Puis l'un des trois hommes, celui qui lui avait serré les pouces, enfonça sur la tête de Fil-en-Quatre, qui se laissa faire en riant, un bonnet de soie noire, percé au nez et à la bouche, qu'il lui attacha solidement derrière la nuque.

Puis le bandit fut enlevé doucement et transporté à bras pendant une dizaine de minutes, et assis dans une voiture.

Une autre personne prit place près de lui, et la voiture partit au grand trot.

— Cristi! quel chic! disait Fil-en-Quatre en ricanant, un ambassadeur, quoi! En voilà du plaisir!

Le trajet fut assez long.

Enfin la voiture s'arrêta, le bandit fut descendu et assis sur un banc.

— Vous pouvez vous débarrasser de votre bonnet, lui dit-on à voix basse à l'oreille.

— Merci, répondit-il sur le même ton.

Fil-en-Quatre compta religieusement jusqu'à cent, puis il enleva son bonnet.

Il regarda vivement autour de lui.

Il était au rond-point des Champs-Élysées, presque à la porte du marchand de vins chez lequel quelques jours auparavant il avait écrit la lettre à M. Blanchet.

Il entra dans la boutique.

— Tiens, lui dit le marchand de vins, vous arrivez bien; la personne à laquelle vous avez donné rendez-vous attend depuis cinq minutes dans le cabinet. Le déjeuner est commandé.

— Tâchez qu'il soit bon, hein? fit-il en riant, et surtout n'faites pas attendre; j'ai une polissonne de fringale à tout casser.

— Soyez calme, ce sera bon, votre ami a bien fait les choses. Dans cinq minutes, vous serez servi; il est à peine neuf heures du matin.

— J'sais bien, mais j'ai affaire.

Et il entra dans le cabinet où M. Blanchet l'attendait en lisant le *Petit Journal*.

— Ah! vous voilà, dit Blanchet ou Sébastian, comme il plaira au lecteur de le nommer; quoi de nouveau?

— Beaucoup de choses, répondit Fil-en-Quatre en s'asseyant en face de son amphytrion.

— Alors, dites vite, s'écria Blanchet en se frottant les mains.

— Pas d'ça, Lisette, ça gâte les manchettes, fit-il en riant, nous sommes ici pour déjeuner; déjeunons; j'n'aime parler qu'en plein air, ajouta-t-il avec un regard d'intelligence.

— Soit, dit l'autre, vous avez raison, répondez seulement à une seule question?

— Laquelle?

— Est-ce bon?

— Du nanan! je n'vous dis qu'ça.

— Bien : je n'en demande pas davantage.

— D'autant plus que je n'vous dirais rien, reprit-il en ricanant; j'aime pas les cloisons en papier mâché; on n'se fait pas une idée comme c'est malsain.

En ce moment, le cabaretier arriva chargé de plats et d'assiettes.

La table, mise en un tour de main, le déjeuner fut aussitôt servi.

— Hein? fit le cabaretier. Je vous ai dit dans cinq minutes; suis-je exact?

— C'est-à dire que les feignants de l'Observatoire ne sont que d'la Saint-Jean auprès de vous, répliqua Fil-en-Quatre en riant.

Le déjeuner se passa sans incidents d'aucune sorte.

Après avoir pris le café, le pousse-café et la rincette, les deux hommes se levèrent de table très bien lestés.

Sebastian solda la dépense, et ils sortirent la pipe à la bouche et dans d'excellentes dispositions.

Tout leur souriait; ils se sentaient tout guillerets.

— Où allez-vous? demanda Sebastian.

— Faire une visite au Loupeur.

— Bon! cela se trouve bien; j'ai à lui parler.

— Et moi aussi, c'est même devant lui que j'vous dirai ce qui s'est passé cette nuit.

— Pourquoi pas plutôt tout de suite?

— Parce que j'peux pas, foi d'homme, mais vous ne perdrez rien pour attendre.

— Alors, hâtons-nous?

— J'demande pas mieux.

Un remise passait à vide, Sebastian le héla.

— Où faut-y vous conduire? dit le cocher.

— Chaussée du Maine, au coin d'la rue du Château; à la course, dit Fil-en-Quatre en riant.

Les deux hommes montèrent dans la voiture, qui partit aussitôt.

Le cheval était bon, ou à peu près; la course dura à peine vingt-cinq minutes.

Après avoir réglé le compte du cocher, Fil-en-Quatre, suivi par son compagnon, se dirigea vers la rue du Terrier-aux-Lapins, et, en quelques minutes, ils atteignirent la maison où nous les avons vus arriver.

Le Loupeur avait adressé à Fil-en-Quatre la même question que précédemment Sebastian lui avait faite.

Fil-en-Quatre lui fit la même réponse:

— Bien des choses, répondit le bandit.

— Ah! ah! fit le Loupeur en se redressant, voyons un peu ça; est-ce que tu aurais réussi? Il est bien fin le bourgeois en question.

— Oui, pas mal, mais j'arrive pas de Pontoise, non plus moi, fit-il d'un air narquois.

— Non, c'est juste, tu viens de Rochefort, fit le Loupeur avec un ricanement ironique.

— C'est la même chose.

— C'est vrai; raconte-nous ton histoire.

— Elle n'est pas longue, mais elle est émouvante, répondit-il sur le même ton.

— Bon! est-ce qu'il y a eu du grabuge?

— Pas trop; mais assez. Le père la Dèche a dévissé son billard.

— Comment! il est mort?

— Oui, nous avons eu la douleur de le perdre; il gigotte, à c'te heure, dans les filets de Saint-Cloud.

— Bon! comment cela est-il arrivé?

— Dame! comme ça arrive généralement, il a voulu estourbir le bourgeois de la rue Benard, tu sais?

— Oui, oui! va toujours.

— C'est un rude gars tout d'même! Il a étranglé net le père la Dèche, voilà! C'est pas plus malin que ça!

— Tant pis pour lui. Passons à autre chose de plus réjouissant.

— T'as raison, ma vieille, d'autant plus qu'c'est d'sa faute; j'lui avais cependant bien dit. Pour lors, j'm'avais collé avec mon camaro dans l'renfoncement d'une échoppe de libraire de la cour des Fontaines; j'avais légèrement déboulonné la devanture, de façon à tout voir sans être aperçu. Vers une heure du matin, arrive le bourgeois de Montrouge avec un autre qui marchait derrière lui; mais celui-là était un simple passant, il a continué sa route et a pris la rue d'Valois. Le bourgeois, lui, s'était arrêté, après avoir reluqué de tous les côtés. N'voyant personne, — c'était pas l'moment d'crier not' nom sur les toits, — le bourgeois se mit à siffler d'une certaine façon; une fenêtre s'ouvrit à une maison faisant l'angle à droite de la cour, et un homme cria : « C'est-y vous? — Oui, a répondu le bourgeois, descendez, j'peux pas monter. — Je viens, a dit l'autre. » Pour lors la f'nêtre s'est r'fermée, et au bout de cinq minutes, l'homme de la maison est sorti. « V'nez, a dit l'bourgeois, ne restons pas là. » Ils sont venus alors se planter juste sous l'renfoncement où nous étions cachés. J'aurais pu les toucher en étendant les bras; c'était d'la chance.

— Oui, une chance extraordinaire, dit le Loupeur en le regardant d'un air singulier. Continue.

Fil-en-Quatre, bien qu'il eût parfaitement remarqué le soupçon qui avait germé dans l'esprit du Loupeur, feignit de ne l'avoir pas vu. Il continua de l'air le plus détaché :

— Pour lors, ils ont pendant quelque temps baragouiné je ne sais quoi dans un langage impossible. Je rageais, c'est rien de l'dire, fallait l'voir, lorsque tout à coup le bourgeois de Montrouge se mit à rire en disant, en français cette fois : « Laissez-les faire ; ils feront buisson creux. Demain, la comtesse sera partie du boulevard de Courcelles et en sûreté dans la petite maison de la rue de Reuilly, 227. — Le Mayor est bien fin, il a des espions partout, a répliqué l'autre. — Il n'y a aucun danger ; personne ne sait que cette maison appartient à Julian. Il l'a fait acheter par un de ses domestiques, qui est ainsi censé propriétaire. Il est impossible qu'on aille la chercher là. — C'est vrai, dit l'autre, c'est bien joué, d'autant que s'il se hasarde à tenter quelque chose contre l'hôtel, dont la maîtresse n'y sera plus, nous leur avons préparé une réception à laquelle ils ne s'attendent pas. »

L'aplomb imperturbable de Fil-en-Quatre, la bonhomie railleuse avec laquelle il racontait cette histoire, avaient complètement donné le change au Loupeur ; ses soupçons s'étaient éteints. D'ailleurs, les détails dans lesquels il entrait, les noms qu'il donnait, et qu'il devait ignorer, lui prouvaient la véracité de son lieutenant.

— Tu dis, rue de Reuilly ? lui demanda-t-il.

— Oui ; numéro 227.

— Très bien ; je ne l'oublierai pas. J'irai faire une promenade par là aujourd'hui même, pour bien étudier le terrain avant de frapper le grand coup. Comment tout ça a-t-il fini ?

— Tout simplement ; ils ont recommencé à baragouiner, puis à reparler français, et, finalement, ils se sont séparés en s'serrant la main, et le bourgeois de Montrouge a dit : « Ils auront beau faire, nous les pincerons.

— Oui, a répondu l'autre, si comme vous l'dites, personne ne connaît la maison. — Au revoir et bonn'chance. » Il est rentré, et l'bourgeois a tourné du côté de la rue des Bons-Enfants. Pour lors, l'moment était bon : il était seul, nous avons foncé d'sus, mais le gredin s'méfiait, il a empoigné l'père la Dèche par le cou, et moi, il m'a envoyé dinguer les quatre fers en l'air à dix pas... Quand je m'suis rel'vé, il s'était tiré les pattes ; y ne restait que l'père la Dèche étendu, et f'sant la carpe sur l'pavé ; il était mort. C'était le moment de s'la courir, j'l'ai pas raté, et me v'là.

— Bien, je suis content de toi, Polyte ; le renseignement que tu me donnes est précieux, je verrai à l'utiliser.

— Tant mieux, car j'ai bigrement besoin d'braise.

— Tu as toujours besoin d'argent !

— Pardi, parce que j'en ai jamais.

— Tiens, voilà cinquante francs.

— Hum ! y a pas gras.

— Si tu n'en veux pas, faut l'dire.

— Dame ! j'suis bien forcé de les prendre puisque j'ai pas un radis.

Le Loupeur haussa les épaules, et se tournant vers Sébastian :

— Vous avez quelque chose à me dire ? lui demanda-t-il.

— Oui, monsieur, répondit Sébastian ; je désire savoir où en sont les choses, et quand il vous plaira de m'associer à votre expédition, ainsi que cela a été convenu entre nous.

— Vous avez entendu le rapport de notre ami Fil-en-Quatre, monsieur : il vous a instruit plus et mieux que je n'aurais pu le faire moi-même. Donc, voilà où nous en sommes : mademoiselle de Valenfleurs a été enlevée hier, vers huit heures et demie, et mise en lieu sûr par le Mayor.

— Hum ! fit Sébastian, en êtes-vous bien certain ?

— Dame ! il me semble...

— Oh! interrompit-il brusquement, vous ne comprenez pas ma pensée : je m'intéresse beaucoup à cette jeune femme pour mille raisons particulières ; si j'émets une observation, ce n'est pas un doute, mais un espoir.

— Oui, je sais ce que vous allez me dire : on retrouvera ses traces, n'est-ce pas ?

— Oui, telle est ma pensée, je ne vous le cache pas, à moins que le Mayor, en bête féroce qu'il est, ne tue la fille comme il a tué la mère ; et encore, les hommes qui, en ce moment, doivent être déjà sur la piste du Mayor, retrouveront son corps.

— Oh ! oh ! fit le Loupeur en riant, toutes ces histoires de pistes, de « suiveurs », de traces, de batteurs d'estrade, etc., sont fort amusantes et tiennent très bien leur place dans les romans ; mais la réalité est toute différente. Croyez-moi, tous les Bas-de-cuir et les chercheurs de pistes de l'Amérique seraient bien embarrassés pour trouver une piste quelconque dans l'immense forêt parisienne.

— Ne vous y fiez pas, dit sérieusement Sébastian ; je connais de longue date les deux coureurs des bois auquel le Mayor a affaire : ce sont de rudes hommes, auxquels j'ai vu, en maintes circonstances, accomplir en ce genre, et comme en se jouant, des tours de force réputés impossibles.

— Tant mieux, nous les verrons à l'œuvre.

— Ils y sont déjà, sachez-le bien ; et si vous me permettez de vous donner un conseil, redoublez de prudence, car s'ils se mettent à vos trousses, si fin que vous soyez, ils vous réduiront aux abois.

— C'est ce que nous verrons, s'ils me découvrent ; mais à propos de quoi me dites-vous tout cela ?

— Dans votre intérêt d'abord et dans le mien ensuite.

— Je ne comprends pas.

— Je veux dire que vous n'avez pas un instant à perdre pour frapper le grand coup et en finir, vous et moi, avec le Mayor ; vous, pour toucher les sommes promises par lui, moi, pour obtenir enfin la vengeance que je poursuis depuis longtemps sans l'obtenir.

— Ayez encore un peu de patience. J'ai des renseignements à prendre, des recherches à exécuter, un plan en cours d'exécution à modifier à cause des nouvelles que j'ai reçues. Cela me prendra au moins deux ou trois jours. Ce serait une folie de tenter quelque chose avant cela.

— Peut-être sera-t-il trop tard, dit Sébastian en hochant la tête d'un air de doute. Je vous le répète encore : prenez garde !... Vous ne savez pas ce que sont ces hommes, et moi je les connais depuis vingt ans !

— Très bien ; c'est convenu ! s'écria-t-il en riant. Vous tenez donc toujours à participer à l'expédition décisive ?

— Plus que jamais ; sans cela, serais-je ici ?

— C'est juste. Nos conventions tiennent toujours.

— Parfaitement. Nous n'avons rien à y modifier, il me semble ?

— Rien, c'est vrai. Et l'argent ?

— Il est prêt, d'ailleurs vous en avez déjà touché la moitié.

— J'irai prendre le reste en venant vous chercher pour le bal ?

— C'est convenu ; seulement, ne tardez pas trop, croyez-moi...

— Allons donc ! vous êtes un trembleur ; mais, soyez tranquille, je ne perdrai pas de temps ; j'ai autant que vous hâte d'en finir. Avez-vous autre chose à me dire ?

— Un renseignement que je voudrais vous demander.

— Parlez !

— Qu'est-ce que c'est que cet homme de la cour des Fontaines ?

— Voilà ce que je ne saurais vous dire. C'est un homme sombre, mystérieux, cachant sa vie, et ne fréquentant que quelques personnes. Il est très riche et passe pour Yankee ; du reste, il en a toutes les allures ; mais, malgré la perfection avec laquelle il parle anglais, je le crois Français ; il paraît très étroitement lié avec nos ennemis. A ce titre, il m'est suspect. Je ne vous le décrirai pas ; il change de visage, de tournure et de manières chaque jour avec une rare perfection. Je ne crois pas qu'il fasse cela seulement pour son plaisir particulier. Quel est son but ? Voilà ce que je n'ai pu découvrir depuis trois mois que je le surveille. J'ai comme un pressentiment que cet individu, quelle que soit sa véritable personnalité, est un de nos plus dangereux adversaires, et qu'au dernier moment, il démasquera tout à coup ses batteries et nous jouera quelque mauvais tour. J'ai la conviction qu'il s'entend avec nos ennemis pour nous nuire. Ce qui est certain, c'est qu'il connaît le Mayor : il lui a crié son nom en plein bois de Boulogne, c'est le Mayor qui me l'a signalé.

— Diable !... Et vous ne l'avez pas supprimé ?

— J'ai essayé dix fois sans réussir ; c'est une véritable anguille, on ne sait vraiment par quel bout le prendre.

— C'est fâcheux.

— Très fâcheux ; vous avez raison ; mais qu'y faire ? Heureusement que tout cela finira bientôt.

— C'est mon plus cher désir. Je compte sur votre parole, n'est-ce pas ?

— C'est dit ; soyez tranquille.

— Très bien. Alors je me retire.

— Si t'as pu rien à m'dire, je m'la casse aussi, tu sais ?

— Oui ; seulement, ce n'est pas le moment de se la couler douce, tu entends, j'ai besoin de toi.

— Qué qui faut faire ?

— Te rendre tout droit au faubourg Antoine, et aller m'attendre chez la mère Chaublanc.

— A la r'nommée des escargots sympathiques, au coin d'la rue de Reuilly, je n'connais qu' ça ; merci en v'là un rude ruban de queue.

— C'est comme cela, ma vieille, et pas d'flème, hein ? n'en faut pas.

— Du moment qu' c'est pour affaires, y a pas d' soin ; on y s'ra, mon bonhomme. Surtout n' me fais pas poser,

16.

j' déteste ça, quand j' reste tout seul, j' m'em... nuie comme un lampion dans une armoire.

— J'arriverai le plus tôt possible. Maintenant, adieu, messieurs, il faut que je m'habille pour sortir. De mon côté, j'ai beaucoup à faire aujourd'hui.

Sébastian et Fil-en-Quatre prirent congé et se retirèrent, reconduits jusqu'à l'antichambre par le Loupeur, qui referma avec soin la porte derrière eux.

XXI

COMMENT LE LOUPEUR REÇUT UNE VISITE A LAQUELLE IL NE S'ATTENDAIT PAS, ET DE QUELLE FAÇON IL QUITTA SON DOMICILE.

Après s'être débarrassé de ses visiteurs, le Loupeur avait repris lentement, et d'un air préoccupé, le chemin de sa chambre à coucher.

En traversant la salle à manger, son regard tomba par hasard sur des comestibles rangés dans un certain ordre sur un buffet.

Le bandit s'arrêta ; un sourire amer plissa ses lèvres, et il serra les poings avec rage, en laissant échapper entre ses dents serrées une malédiction à demi articulée.

M. de Montréal était un viveur émérite. Maintes fois, alors qu'il n'était pas encor un bandit, il avait dû ses plus beaux triomphes, près de certaines femmes, à un souper fin, largement arrosé d'un vin généreux.

Bien qu'il n'eût pas espéré réussir par les mêmes moyens avec la pudique et innocente jeune fille, dont il espérait faire sa proie, cependant, redoutant d'être contraint de séquestrer au moins pendant quelques jours celle dont il avait juré la perte, il avait acheté la veille tous les éléments, non seulement d'un succulent souper, mais encore les vivres nécessaires à l'alimentation de deux personnes pendant au moins quatre jours, temps qu'il avait jugé nécessaire pour amener la jeune fille à céder à ses désirs.

Le plan de séduction qu'il avait dressé contre miss Lucy Gordon était des plus habiles.

Il se proposait de le mettre à exécution et de le faire réussir dès que sa victime serait entre ses mains.

Malheureusement pour lui et heureusement pour miss Lucy Gordon, cet homme, pour imposer silence à quelques cris de rébellion de sa conscience, car il ne se dissimulait nullement ce que le crime qu'il se proposait de commettre avait de vil et d'odieux, ne trouva pas de meilleur moyen pour oublier ses derniers scrupules que de s'enivrer.

Alors le bandit avait reparu sous l'homme du monde, et s'était presque aussitôt changé en une brute féroce.

Le plan si habilement élaboré avait été oublié pour faire place à la folie furieuse, aux ignobles péripéties auxquelles nous avons assisté.

Sa victime lui avait échappé après l'avoir vaincu.

Ces souvenirs honteux avaient été subitement réveillés en lui à la vue des comestibles.

— Bah ! grommela-t-il après un instant, je me suis saoûlé comme un bélître ; je n'ai eu que ce que je méritais ; mais la fois prochaine, et je ne tarderai pas à la faire surgir, je prendrai ma revanche. Rira bien qui rira le dernier.

Un sourire cynique courut sur ses lèvres.

Il prit sur le buffet un pâté de foie gras, une poularde truffée, deux bouteilles de vin, et porta le tout sur la table, mit le couvert en une seconde, et, s'installant commodément devant ce repas improvisé, il se mit à manger de bon appétit.

— Il ne faut pas que cela soit perdu, disait-il tout en découpant la poularde. Il est tard, je me sens en appétit ; ces bonnes choses achèveront de me remettre.

Après avoir mangé la moitié de la poularde, une large tranche du pâté, du fromage, des fruits, et avoir vidé les deux bouteilles de pomard, il se leva complètement rassasié.

— Mille diable ! dit-il en remettant tout en ordre, je me sens tout autre, définitivement rien n'est tel que la bonne chère, pour transformer un homme et lui faire voir tout en rose ; le diable soit des femmes ! elles ne servent qu'à vous abrutir ; rien de tel que la liberté !

Sur ces derniers mots, il revint dans sa chambre à coucher, où il procéda aussitôt à sa toilette.

Par ce mot : toilette, nous n'entendons nullement que le bandit endossa un costume d'homme du monde semblable à celui qu'il portait en ce moment.

Nullement ; c'était, au contraire, l'homme du monde qui allait redevenir bandit, et, au moyen d'un habile maquillage, reprendre la peau d'un rôdeur de barrière, l'habitué du tapis franc de la Marlouze, enfin le Loupeur, le chef suprême de l'armée roulante.

Ce déguisement lui était indispensable pour les recherches qu'il se proposait de faire dans le faubourg Saint-Antoine.

Il y procéda donc avec le plus grand soin, absolument comme l'aurait fait un acteur en renom se préparant à entrer en scène.

Du reste, dans son cabinet de toilette se trouvaient tous les ingrédients nécessaires pour opérer cette métamorphose.

Ce fut un long, pénible et difficile travail ; il se prolongea pendant plus de trois quarts d'heure ; le Loupeur n'était jamais content ; il y avait toujours quelque chose qui n'allait pas selon son goût et jurait avec le reste.

Enfin, à force de patience et en corrigeant à droite, à gauche, en haut et en bas, il finit par atteindre la perfection désirée.

En effet, il avait lieu d'être satisfait ; il avait accompli un véritable chef-d'œuvre.

Il ne restait plus absolument rien de M. de Montréal, le Loupeur renaissait tout entier, et dans toute sa hideur typique.

— Voilà qui est fait ! dit-il avec un sourire gouailleur : bien fins seraient ceux qui, sous ce badigeon, reconnaîtraient le beau Lucien de Montréal, l'habitué du foyer de l'Opéra et l'élégant viveur du Café anglais. Voyons, ajouta-t-il, vais-je aller tout droit au faubourg Antoine rejoindre Fil-en-Quatre? J'aurais bien besoin de voir cet animal de Romieux; ce que m'a dit mon copain me trotte dans la tête... Deux heures et demie ! fit-il en regardant la pendule; il est trop tard maintenant, jamais je n'aurai le temps d'aller d'ici à Passy, et de Passy à la rue de Reuilly, c'est un véritable voyage... Bah! nous verrons ce soir; allons toujours au plus pressé.

Il prit sa casquette, bourra et alluma son brûle-gueule; mais, au moment où il allait sortir, la sonnette fit entendre son carillon.

— Encore des visites ! s'écria-t-il avec humeur; que le diable les caresse ! je vais sortir d'un autre côté; mais, si c'était important... On ne vient guère me voir pour le plaisir de me serrer la main ! mieux vaut voir.

Il fit alors jouer le ressort.

La porte fut brusquement ouverte et fermée, des pas pressés se firent entendre dans les pièces adjacentes, deux hommes parurent.

Ces deux hommes étaient le Mayor et ce bon M. Romieux, toussant, geignant, et l'air papelard, selon son habitude.

Le Loupeur, bien qu'il n'en laissât rien paraître, fut très agréablement surpris en les reconnaissant, et il se félicita intérieurement de les avoir reçus.

— Bonjour, cher monsieur de Montréal, dit le Mayor en riant; est-ce que nous vous dérangeons ? Il paraît que vous faites la grasse matinée.

Et il se laissa aller sur le divan, où déjà le Manchot avait pris place.

— Je rentre à l'instant, monsieur; mais pas de noms propres entre nous, s'il vous plaît, répondit sèchement le Loupeur; dites-moi plutôt ce qui vous amène !

— Sur ma foi, monsieur, la réponse est charmante, reprit le Mayor; n'avions-nous pas un rendez-vous ce matin chez la Mariouze ?

— C'est possible, monsieur; excusez-moi, je l'ai complètement oublié.

— C'est bien naturel, dit le Manchot avec son éternel ricanement ; une nuit de noces !

Le Loupeur lança à la dérobée un regard foudroyant sur le misérable.

— Ah !... fit le Mayor, de son air le plus placide ; je vous excuse. Aussi, me doutant de quelque chose comme cela, n'ai-je pas hésité à venir vous voir, au risque de vous troubler dans vos voluptueux ébats.

— Le fait est, cher monsieur le Loupeur, que vous êtes un peu pâle ; vos yeux sont éteints, fit le Manchot en ricanant, vous semblez considérablement... eh ! eh ! comment dirai-je ?...

— Ne dites rien, vous me ferez plaisir, interrompit le bandit d'une voix sourde.

— Hum ! vous avez le bonheur lugubre, cher monsieur ; mais, après tout, c'est votre affaire, dit le Mayor.

— Vous aviez sans doute une raison sérieuse pour me venir ainsi relancer jusque chez moi, monsieur, répondit froidement le Loupeur.

— Oui, et une raison très grave, répondit le Mayor avec hauteur ; quoique je trouve le mot relancer un peu trop vif, de vous à moi.

— Pourquoi donc, s'il vous plaît, monsieur ? Si l'un de nous doit des ménagements à l'autre, ce n'est pas moi, je le suppose, fit-il du ton le plus agressif.

— Passons, dit le Mayor d'un air conciliant ; je ne suis pas venu ici pour vous chercher querelle, monsieur, mais bien pour vous parler de nos affaires.

— Très bien, je suis à vos ordres, parlez, monsieur.

— Voici la chose en deux mots, cher monsieur, reprit le Mayor ; hier, après la réussite de notre audacieux coup de main et nous être séparés, j'ai conduit ma fil... Mlle de Valenfleurs, veux-je dire, chez moi, reprit-il en se mordant les lèvres ; mais elle n'y reste que provisoirement, en attendant que je lui trouve une maison convenable et surtout plus sûre.

— Je ne comprends pas vos dernières paroles, monsieur ; il me semble que cependant votre maison offre toutes les conditions de sûreté nécessaires.

Le Mayor hocha la tête d'un air de doute.

— Pour vous, Parisien, reprit-il, cette maison offre certainement toutes les conditions de sûreté désirables, je le reconnais ; j'ajouterai même que, le cas échéant, j'y pourrais jouer avec la police française, que l'on prétend si fine et si rusée, une longue partie, que certainement je gagnerai, j'en suis certain.

— Eh bien, alors ?

— Si vous connaissiez comme je les connais, monsieur, les hommes contre lesquels j'ai à me défendre, vous ne parleriez pas ainsi que vous l'avez fait. Depuis quelques heures à peine, n'est-ce pas, nous avons réussi à nous emparer de ces deux dames ? Eh bien, ces hommes, mes adversaires, ont déjà découvert nos traces ; ils sont sur notre piste et ils ne la lâcheront pas, croyez-le, avant de nous avoir découverts, ce qui sera au plus tard dans quelques heures.

— Vous avez donc obtenu des renseignements certains sur eux ?

— Je ne sais rien, je n'ai rien appris, monsieur ; mais je le sens, je le devine, ils rôdent autour de nous. Ces hommes possèdent une faculté étrange, incompréhensible, qui leur permet de se diriger à coup sûr à travers les chemins les plus sombres, les dédales les plus inextricables.

— Allons donc ! ceci est de la fantaisie, monsieur : me prenez-vous pour un niais ? Vous êtes la seconde personne qui me parle ainsi aujourd'hui.

— Comment ! s'écria le Mayor avec surprise, que voulez-vous dire ?

— Je veux dire, monsieur, qu'un de mes affidés, qui a longtemps habité l'Amérique, m'a tenu à peu près le même langage que vous me tenez en ce moment. Je lui ai ri au nez. Je lui ai répondu à peu près ce que je vais avoir l'honneur de vous répondre à propos de cette prescience des coureurs des bois, si vous le désirez, monsieur.

— Je ne vous cache pas que je suis très curieux de connaître votre opinion à ce sujet.

— Soit, monsieur, la voici : j'ai lu, comme tout le monde, les charmants romans de Fenimore Cooper et d'autres auteurs plus modernes, sur les mystérieuses savanes et prairies américaines ; c'est fort ingénieux et fort attachant, j'en conviens ; mais suivre une piste à travers un désert si étendu qu'il soit, n'a rien à mon avis qui dépasse les limites du possible ; j'admets même, jusqu'à un certain point, ces théories attrayantes par leur singularité. Mais je suis fermement convaincu qu'un coureur des bois, si habile qu'il fût, serait très embarrassé s'il lui fallait mettre en pratique ses étranges talents dans les rues de Paris, où toute piste, à la mode des Peaux-Rouges bien entendu, est impossible. La police seule possède des moyens presque infaillibles pour nous découvrir, parce qu'elle connaît tous nos repaires, tous nos lieux de rendez-vous ; que nos dossiers sont à la préfecture, nos signalements répandus partout ; que la police nous cerne et nous traque sans cesse, et cela avec succès, le plus souvent, au moyen des nombreux agents qu'elle compte parmi nous, ou de faux-frères qui nous vendent sans vergogne aucune, dès qu'ils sont pris, pour un adoucissement de peine, ou pour quelques misérables pièces de cinq francs : voilà monsieur, le seul ennemi véritablement redoutable que nous ayons. Tant que nous ne l'aurons pas à nos trousses, nous pourrons être tranquilles et dormir sur nos deux oreilles, comme on dit, ajouta-t-il en riant. Quant à ces fameux coureurs des bois dont vous êtes si fort effrayé, laissez-les s'égarer sur les pistes de fantaisie qu'ils s'amusent à suivre ; c'est un exercice salutaire et peu dangereux pour nous.

— Vous reconnaîtrez bientôt votre erreur, monsieur.

— C'est possible, monsieur, mais je vous répète — car telle est ma conviction — que, jusqu'à ce que cette irrésistible habileté me soit bien prouvée et bien démontrée, je n'en croirai pas un traître mot. Veuillez donc, je vous prie, revenir à la question, dont il me semble que nous nous sommes beaucoup trop écartés, pour, permettez-moi de dire le mot vrai, discuter sur des niaiseries qui ne devraient pas un seul instant attirer l'attention d'hommes sérieux et intelligents, comme nous avons la prétention de l'être, vous et moi.

— Eh! eh! fit le Manchot avec son éternel et agaçant ricanement, bien sanglé, cher ami : ta crainte de ces coureurs de bois très redoutables, là-bas dans les savanes mexicaines, j'en conviens, était appuyée sur des faits indiscutables ; mais ici, à Paris, je les considère, en somme comme fort inoffensifs. Cette crainte, que tu laisses voir à tout propos, passe tout doucement chez toi à l'état de monomanie. Prends-y garde, cher ami, la monomanie n'est qu'un côté de la folie, et, ma foi, depuis quelque temps, pour cette cause ou une autre que j'ignore, tu me sembles baisser considérablement.

— Tais-toi, double brute! lui dit rudement le Mayor ; tu n'es qu'une vipère hideuse, que j'aurais dû écraser depuis longtemps sous le talon de ma botte.

— Eh! eh! essaie! cher ami, essaie. Eh! eh! en somme, puisque tu as une si profonde terreur de ces deux hommes, pourquoi diable as-tu enlevé ces deux petites filles, qui probablement ne demandaient pas mieux que ne pas faire ton honorable connaissance? Eh! eh! tu serais bien tranquille en ce moment, au lieu que je veux que le diable me caresse, si tu n'as pas tout à fait l'air d'un fou!

— Te tairas-tu, gredin! s'écria le Mayor en levant le poing avec rage.

— Eh! eh! fit l'autre en se reculant vivement; doucement mon doux ami, modère ton ardeur quant à présent ; quelque jour nous réglerons nos comptes, sois-en certain, ajouta-t-il avec un venimeux sourire.

Le Mayor haussa les épaules avec mépris, et tournant dédaigneusement le dos à son complice, il reprit, en s'adressant au Loupeur, qui avait assisté, froid et impassible, à cette querelle :

— Mademoiselle de Valenfleurs ne semble pas d'un caractère facile, ni être douée d'une douceur angélique, dit-il avec un sourire contraint. J'avais cru devoir, pour certaines raisons, la laisser libre de ses membres. Elle a profité de cette courtoisie dont j'usais avec elle, et qui devait l'engager à m'être reconnaissante, pour me cribler d'injures et de menaces : plusieurs fois elle tenta de se précipiter par la portière ; une fois même elle brisa une glace et a laissé tomber une de ses boucles d'oreilles sur l'avenue de la Grande-Armée, de sorte que j'eus une difficulté extrême à la conduire chez moi. Mais là, ce fut encore pis. Elle pleura, sanglota, se débattit, eut des crises nerveuses inquiétantes, et appela à grands cris son amie, cette Lucy Gordon que vous avez emmenée. A toutes les questions qu'on lui adressait, à tout ce qu'on lui disait, elle s'obstinait à ne répondre que ces deux mots : Lucy Gordon. Bon sang ne peut mentir, elle a véritablement le diable au corps !

— Eh ! eh ! chère petite, elle a de qui tenir, dit le Manchot.

— Que puis-je à cela, moi, monsieur ? dit le Loupeur.

— Ma foi ! je ne sais trop ; le fait est que, ennuyé de ses jérémiades, et pour obtenir un peu de tranquillité, je lui ai promis de lui rendre son amie, pensant que peut-être, puisqu'elles s'aiment tant, quand elles seront réunies, j'aurai plus facilement raison de ma fil..., de mademoiselle de Valenfleurs. Enfin, ajouta-t-il en riant faux, j'ai pensé que les quelques heures de tête-à-tête que vous avez passées avec cette chère miss Lucy Gordon, ont dû amener un peu de calme dans votre esprit, et que vous ne vous refuserez pas à ce que je la réunisse à son amie qui semble ne pouvoir vivre loin d'elle. Il est bien entendu, ajouta le Mayor du ton le plus conciliant, que vous serez libre de voir votre charmante maîtresse à toute heure, et de causer avec elle tout autant qu'il vous plaira.

Le Loupeur fit une affreuse grimace sans répondre.

Il se trouvait placé dans une situation d'autant plus désagréable qu'elle était ridicule.

Il ne savait quel parti prendre pour sauvegarder son amour-propre.

— Refuseriez-vous? demanda le Mayor, en fronçant légèrement le sourcil.

— Non, eh! eh! fit le Manchot, seulement il ne se soucie pas d'accepter.

— Je ne refuse ni n'accepte, dit sèchement le Loupeur.

— Qu'est-ce à dire? s'écria le Mayor.

— Oui, que signifie cette réponse?... Eh! eh! fit le Manchot en riant.

— Vous avez entendu? reprit le Loupeur.

— J'ai entendu que votre réponse n'en est pas une.

— Vous croyez? fit-il avec un sourire amer.

— Je vous serai obligé de me l'expliquer.

— Cela me sera facile.

— J'attends.

— Miss Lucy Gordon n'est plus ici.

— Comment! miss Lucy Gordon n'est plus ici? s'écria le Mayor avec stupeur.

— Je vous l'ai dit, reprit froidement le Loupeur.

— Mais où est-elle, alors?

— Oui, eh! eh! où est-elle, cette chère enfant? ajouta le Manchot.

— Que sais-je? chez elle, probablement.

— Comment! chez elle? à l'hôtel de Valenfleurs? reprit le Mayor avec une surprise croissante.

— Dame! c'est là qu'elle demeure, il me semble, reprit sèchement le bandit, à moins cependant qu'elle se soit jetée à la Seine, ce qui ne serait pas impossible.

— Ah! çà, que signifie cet imbroglio?

— Ce n'est pas un imbroglio; c'est la vérité que vous me demandez, et que je vous dis.

Le Mayor commençait à soupçonner quelque sombre mystère sous ces froides et sèches réponses du bandit.

Il reprit après un instant :

— Que s'est-il donc passé ici?

— Que vous importe? Il doit vous suffire de savoir qu'elle n'est plus ici.

— Non pas, mon maître, vous ne me donnerez pas ainsi le change, s'il vous plaît! Cette affaire prend des proportions très grandes de gravité, il importe qu'elle soit tirée au clair, notre intérêt l'exige, notre sûreté est menacée par ce départ...

— Ou par cette fuite... Eh! eh! cela est plus probable.

— Je le crois comme vous, dit le Loupeur avec un accent glacé.

— Hum! quand cette jeune fille est-elle partie?

— Vers une heure du matin, environ.

— Mais l'heure exacte?

— Je l'ignore.

— Vous étiez donc absent?

— J'étais présent; mais je ne pouvais ni voir, ni entendre, ni par conséquent m'opposer à la fuite de cette jeune femme.

— Malheureux! Vous étiez donc ivre?

— Notre cher Loupeur, en véritable sybarite qu'il est, dit le Manchot en riant, a voulu allier Bacchus et Vénus, eh! eh! Il a roulé sous la table, et Vénus a pris la poudre d'escampette... Eh! eh! c'est fort drôle! j'aurais voulu voir la mine qu'il a faite, en s'éveillant, en ne retrouvant plus son adorée près de lui, eh! eh!

— Silence! double brute, dit rudement le Mayor au Manchot; et vous, monsieur, ajouta-t-il en s'adressant au Loupeur, cessez, je vous prie, ces réticences blessantes pour nous, et expliquez-vous franchement, une fois pour toutes. Nos existences à tous sont en jeu : il importe que nous connaissions bien, et dans toute son étendue, le danger qui nous menace, afin de le conjurer si cela est encore possible, ce dont, je vous l'avoue, je doute fort.

— Je l'ignore comme vous, monsieur; mais, après tout, vous avez raison. Si j'ai agi comme un niais et une brute, seul je dois en subir les conséquences; vous avez le droit d'exiger de moi une confession tout entière. Je m'exécute, monsieur; seulement, imposez silence à ce mauvais drôle, car, s'il s'avisait de me railler avec ses affreux ricanements pendant que je vous raconterai ce qui s'est passé, sur ma parole! je le clouerai sur la muraille avec mon poignard comme une immonde chenille qu'il est.

— N'ayez pas peur! Eh! eh! mon doux ami, je me tiendrai coi ; je vous connais trop rageur pour me risquer à plaisanter avec vous hors de propos.

— C'est votre affaire, dit le Loupeur d'une voix sombre, vous êtes averti.

Alors, sans plus tergiverser, le Loupeur, avec une franchise cynique, raconta dans tous ses plus minutieux détails la scène horrible qui s'était passée entre lui et la jeune femme ; la défense désespérée, héroïque de miss Lucy Gordon ; et comment, affolée par le désespoir, elle s'était emparée de ses revolvers, oubliés sur un guéridon, avait tiré sur lui et l'avait renversé pour mort.

Quant à ce qui s'était passé après sa chute, naturellement il l'ignorait, et il lui fut impossible de rien dire sur la fuite de la jeune fille, et comment cette fuite s'était opérée.

— Peste! dit le Mayor, quelle virago! C'est une Yankee pur-sang : je les connais de longue date : ce sont des gaillardes résolues dont on ne vient pas facilement à bout quand elles se mettent en tête de résister, ce qui est rare, ajouta-t-il avec un ricanement cynique. C'est égal, fit-il, après un instant, voilà une déplorable affaire !

Le Loupeur montra alors le portefeuille, presque entièrement traversé par la balle du revolver, et, découvrant sa poitrine :

— Regardez, dit-il.

— Oui, oui, c'est une maîtresse femme, dit le Mayor en devenant pensif et hochant la tête à plusieurs reprises.

— Eh! eh! fit le Manchot, toujours ricanant, si jamais, comme je l'espère, je réussis à m'emparer de la belle Deniza, les choses ne se passeront pas ainsi entre nous, je vous le jure !... Eh! eh! nous avons un vieux compte à débrouiller ensemble ! Je prendrai mes précautions pour ne pas me faire rouler comme vous l'avez été, eh! eh! l'ami Loupeur.

— Mort diable! vous direz ce que vous voudrez, s'écria

le Mayor, tout cela est pitoyable; nous voilà dans un gâchis dont je ne sais comment nous sortirons! Que faire à présent? Comment imposer silence à cette misérable femme?

— Bon! reprit le Manchot, je vois que vous commencez déjà à perdre la tête. Quant à moi, je ne vois pas qu'il y ait tant à nous préoccuper. Cette drôlesse s'est échappée, très-bien; et puis, après? Elle s'est sauvée en courant tout droit devant elle, sans plus savoir où elle allait que se souvenir d'où elle sortait; l'épouvante lui faisait tout oublier; elle ne pensait probablement qu'à fuir son aimable galant; elle sera tombée épuisée dans quelque coin, voilà tout; d'ailleurs, ne connaissant pas Paris, il lui sera impossible, si on l'interroge, de donner les moindres renseignements sur son enlèvement et l'endroit où elle a été conduite; nous n'avons donc rien à redouter d'elle.

— Je suis de cet avis, dit le Loupeur.

— Hum! fit le Mayor d'un air peu convaincu.

— Mais, reprit le Manchot en ricanant, si je ne me trompe, l'enlèvement de ces deux péronelles n'était, il me semble, que la première, et la moins importante partie de notre plan; n'est-il pas vrai? eh! eh! mes compagnons.

— C'est vrai. Mais, maintenant.

— Rien n'est changé, cher ami; n'avions-nous pas un double motif en venant chez notre digne associé? Peut-être l'avez-vous oublié?

— Nullement.

— Très bien: nous voulions donc d'abord lui emprunter sa maîtresse, mais surtout réclamer son concours pour l'enlèvement de la comtesse de Valenfleurs, et surtout celui de la charmante Deniza, à laquelle, je l'avoue, je m'intéresse très particulièrement, eh! eh! fit-il avec un sourire railleur.

— Parfaitement; mais, quoi que vous en disiez, à mon avis, après la fuite de l'Américaine, cela me paraît bien difficile, presque impossible même; à moins d'être des niais, nos ennemis se sont mis sur leurs gardes.

— Non pas! La situation est toujours la même! s'écria vivement le Manchot; seulement il faut se hâter et agir tout de suite et sans hésiter. Eh! eh! n'avons-nous pas la certitude que la comtesse est seule à l'hôtel, en compagnie de mesdames Zumeta et d'Hérigoyen, *alias* Deniza, avec ses domestiques, dont trois au moins sont payés par nous? Ne doivent-ils pas nous ouvrir eux-mêmes la porte de l'hôtel? Eh! eh! pendant que les coureurs des bois nous cherchent bien loin, pourquoi n'irions-nous pas faire une petite visite à domicile à ces charmantes et intéressantes dames? Toutes les chances sont pour nous, il me semble; qu'en dites-vous, monsieur le Loupeur? Eh! eh! c'est une idée, cela!

— Mais notre ami est blessé, dit le Mayor. Cette contusion doit le faire horriblement souffrir et lui enlever une grande partie de ses forces; et peut-être y aura-t-il bataille.

— Ce serait tant mieux, car alors cela me rendrait toute mon énergie; l'espoir de la vengeance me soutiendrait et me donnerait des forces. Mais, je vous prie, ne vous occupez pas plus de ma blessure que je ne m'en occupe moi-même.

— Eh bien! que pensez-vous du plan de notre associé?

— Je le trouve mauvais et irréalisable, dit nettement le Loupeur.

— Eh! eh! fit le Manchot, vous tranchez carrément les questions, mon maître.

— C'est possible. Vous allez reconnaître que j'ai raison: d'abord nous ne sommes pas en Amérique, mais à Paris, où on ne force pas en plein jour un hôtel dans le quartier le plus peuplé et le plus riche de la ville, comme on forcerait la mansarde d'une couturière. A peine auriez-vous pénétré dans l'hôtel que déjà la police serait à vos trousses, vous seriez pris comme dans une souricière, et tout serait perdu.

— Mort-diable! il y a du vrai là-dedans! s'écria le Mayor.

— Tout est vrai, reprit le Loupeur ; les domestiques de madame de Valenfleurs, que vous payez très cher probablement, se moquent de vous et vous volent votre argent en vous donnant de faux renseignements ; ils ne savent pas le premier mot de ce qui se passe dans l'hôtel.

— Et vous le savez, vous, n'est-ce pas ? fit le Manchot avec ironie.

— Certes, beaucoup mieux que vous, et en voici la preuve.

Et il donna dans les plus grands détails les renseignements qui, une heure auparavant, lui avaient été fournis par Fil-en-Quatre.

Les deux bandits furent frappés de stupeur à cette nouvelle, à laquelle ils étaient loin de s'attendre.

— Donc je pense, continua le Loupeur, que tous les inconvénients et les difficultés que nous rencontrerions sur le boulevard de Courcelles n'existeront pas rue de Reuilly. C'est donc cette maison si bien cachée que nous devons assaillir à l'improviste au milieu de la nuit, s'il est possible ; d'ailleurs, quand vous êtes arrivés, je me proposais d'aller pousser une reconnaissance de ce côté afin de pouvoir bien prendre nos mesures. Que pensez-vous de ce plan ? C'est tout simplement un changement de front : le fond, c'est-à-dire le but, reste le même ; j'ai soif de vengeance, mais je ne veux pas risquer de me faire prendre comme un sot et sans avoir réussi.

— A la bonne heure, voilà qui est parler ! Je vous reconnais, dit le Mayor en se frottant les mains ; moi aussi, je veux me venger, et depuis plus de vingt ans j'attends cette vengeance !

— Mais, fit observer le Manchot, nous introduirons-nous seulement nous trois dans cette maison ?

— Non pas : ce serait de gaieté de cœur nous jeter dans un guêpier. Je vous demande vingt-quatres heures pour prendre mes mesures de façon à assurer le succès de notre coup de main ; je ne veux pas échouer cette fois.

— Oui. Eh! eh! prenez bien vos précautions, il ne faut rien oublier. Eh! eh! c'est un coup de partie!

Cet éternel ricanement du Manchot agaçait les oreilles de ses auditeurs comme le grincement d'une scie ébréchée.

— Et nos hommes que nous avons embusqués prêts à agir? fit le Mayor.

— Il faut les congédier au plus vite, dit le Loupeur. Où sont-ils?

— Aux environs de Saint-Philippe-du-Roule, reprit le Mayor.

— Bon! Pendant que vous irez les congédier, moi je me rendrai au faubourg Saint-Antoine; nous n'avons pas un instant à perdre. Est-ce convenu?

— Certes! Quand nous reverrons-nous? demanda le Mayor.

— Ce soir, chez la Marlouze, je vous rendrai compte de ce que j'aurai vu et fait, et nous prendrons nos dernières mesures.

— C'est bien, nous y serons, eh! eh! dit le Manchot.

— Partons! dit le Mayor.

— En route! répéta le Loupeur.

En ce moment, la sonnette fit entendre un éclatant carillon.

Les trois hommes, qui s'étaient levés, s'arrêtèrent et s'entre-regardèrent avec inquiétude : le bruit de la sonnette n'était pas celui qui annonçait d'habitude les affiliés.

— Qu'est cela? demanda le Mayor.

— Je ne sais pas, répondit le Loupeur avec une surprise mêlée d'inquiétude.

— Il faut voir! ponctua le Manchot.

Un second coup de sonnette, plus vif et plus éclatant que le premier, retentit au milieu du silence.

Une voix claire et menaçante prononça alors ces six mots cabalistiques qui, sous le second Empire, effrayaient beaucoup plus, bien souvent, les innocents que les coupables :

17.

— Ouvrez au nom de la loi !

Les trois bandits se regardèrent avec épouvante.

— Déjà ! grommela le Mayor.

— Nous sommes perdus ! murmura le Manchot.

— Attendez, dit le Loupeur.

Le bandit traversa alors l'appartement à pas de loup ; il s'approcha de la porte d'entrée, contre laquelle il osa même appliquer son oreille, et il écouta.

Il rejoignit presque aussitôt ses deux complices, toujours immobiles au milieu de la chambre à coucher, en proie à une vive appréhension.

— Il n'y a pas à en douter, dit nettement le Loupeur, c'est la police.

— Nous sommes perdus ! répéta le Manchot tremblant comme la feuille.

— Non, répondit seulement le Loupeur en haussant les épaules.

— Mais nous sommes ici dans une véritable souricière ! s'écria le Mayor.

— Plus bas s'il vous plaît, reprit le Loupeur ; il est inutile qu'on sache que nous sommes ici.

— Mais que comptez-vous faire ? demanda le Mayor en armant ses revolvers ; quant à moi, je vous le jure, on ne me prendra pas vivant.

— Il n'y a pas besoin d'armes ici, dit vivement le Loupeur ; serrez vos revolvers, c'est la ruse et non la force que nous devons employer.

— Au nom de la loi, ouvrez ! reprit pour la seconde fois la voix du dehors.

— Bon ! nous avons le temps, dit le Loupeur.

Il alla fermer solidement toutes les portes les unes après les autres.

— Cela les occupera pendant quelques minutes, dit-il.

Les deux hommes le regardaient avec stupéfaction.

Le bandit souriait ; ils le crurent fou.

— Etes-vous prêts ? dit-il.

— Oui, répondirent-ils machinalement.

Le Loupeur s'approcha de la cheminée et poussa un

ressort invisible caché dans les moulures du cadre de la glace.

Au même instant la rosace du plafond et la lampe pendue au milieu s'enlevèrent, disparurent et démasquèrent une ouverture ronde plus que suffisante pour le passage d'un homme.

En même temps un escalier ou plutôt une échelle à compartiments se déploya et vint se fixer sur le tapis.

— Voilà notre chemin, dit le Loupeur; hâtons-nous!

Les trois hommes montèrent.

Au moment où la rosace redescendait et reprenait sa place, les bandits entendirent une dernière sommation, suivie un instant après par le bruit sec de la porte que l'on enfonçait.

— Où sommes-nous ici? demanda le Mayor à voix basse.

— Vous le voyez, répondit le Loupeur sur le même ton; ce grenier communique avec la maison voisine; nous sommes parfaitement en sûreté.

— Hum! je ne sais trop! murmura le Mayor. Je donnerais volontiers une grosse somme pour voir ce qui se passe au-dessous de nous.

— Pourquoi cette curiosité?

— Vous vous trompez; ce n'est pas de la curiosité. Je voudrais m'assurer, si cela était possible, que nous avons affaire à la police et non à nos anciens adversaires des Savanes américaines.

Le Loupeur haussa les épaules.

— N'avez-vous pas entendu les sommations? dit-il.

— Ces sommations ne prouvent rien pour moi.

— Eh bien! qu'à cela ne tienne; ce désir est facile à satisfaire, le cas est prévu; baissez-vous, et poussez cette planchette: il y a là un judas dissimulé dans les ornements de la rosace, vous verrez tout à votre aise.

— C'est très ingénieux, dit le Mayor en s'étendant sur le sol du grenier; cette idée est-elle de vous?

— Certainement. Déjà plusieurs fois j'ai eu recours à cette cachette dans des cas comme celui-ci; j'ai fait pratiquer cette trappe par deux ouvriers très habiles, morts depuis longtemps déjà.

— Je vous en félicite, reprit le Mayor avec un sourire énigmatique ; de sorte que, grâce à la mort de ces deux hommes, vous êtes aujourd'hui seul maître de votre secret ?...

— Mon Dieu, oui ! répondit le Loupeur avec un accent incisif ; seuls, votre compagnon et vous, partagez aujourd'hui ce secret avec moi.

— Et ce n'est pas nous qui le trahirons, dit le Mayor avec une fausse bonhomie.

— Oui, murmura le Manchot, il est en sûreté avec nous.

En ce moment, plusieurs personnes pénétrèrent dans la chambre à coucher.

Le Mayor commanda d'un geste le silence, et il regarda.

Tout à coup il fit un brusque mouvement en arrière.

— C'est lui ! murmura-t-il avec épouvante ; oh ! mes pressentiments ne me trompaient pas !

Le Loupeur voulut l'interroger, mais le Mayor lui imposa silence du regard et se replaça au judas.

C'étaient en effet Bernard, Tahera et le policier qui venaient d'entrer.

Depuis la place de l'Arc-de-Triomphe de l'Etoile, ils avaient suivi les traces de la voiture de remise.

Après maints et maints détours, — car la voiture n'était pas venue directement, et à plusieurs reprises elle avait fait de brusques crochets afin d'embrouiller ses traces, mais sans parvenir à dépister l'habile batteur d'estrade, qui semblait doué de seconde vue et marchait avec une sûreté implacable, — Bernard était enfin arrivé tout droit devant la porte de la maison de la rue du Terrier-aux-Lapins, habitée par le Loupeur.

Là, il avait fait une halte de deux ou trois minutes.

Puis, dès que ses deux compagnons l'avaient eu rejoint, il s'était enfoncé dans le corridor sombre ou, pour mieux dire, l'allée.

Il avait monté trois étages et s'était arrêté devant une porte en disant seulement ces deux mots :

— C'est là.

Le policier avait alors fait les trois sommations obligatoires.

Elles étaient demeurées sans réponse.

— Cet homme est sans doute sorti ? dit-il en se tournant vers Bernard.

— Non, il est chez lui et il n'est pas seul ; j'ai vu les traces de miss Lucy Gordon : ces traces s'éloignent de la maison, mais j'en ai découvert d'autres toutes fraîches et que je connais depuis longtemps, elles s'arrêtent à cette porte.

— Et quelles sont ces traces ?

— Celles du Mayor et de son âme damnée Felitz Oyandi. Il y a à peine une heure qu'ils sont venus et ils ne sont pas partis ; d'autres sont venus avant eux ce matin, mais ils sont repartis ; dans ces deux dernières traces il y en a une même que je crois reconnaître. Ce serait bizarre que cet homme fût venu ici !

— Mais peut-être l'homme qui habite ici a-t-il quitté son appartement par une autre porte ?

— Nous aurions aperçu ses traces au dehors, dans la rue ou sur la chaussée, répondit nettement Bernard ; il y est, et, je vous le répète, il n'est pas seul.

Le policier n'en était plus maintenant à s'étonner de ce qu'il entendait et de ce qu'il voyait ; ils n'insista pas et força la porte.

Ils entrèrent.

Bernard marchait en avant, regardant et examinant tout avec la plus sérieuse attention.

— Les oiseaux se sont échappés, dit-il en pénétrant dans la chambre à coucher, mais le nid est encore chaud.

— Comment ont-ils pu fuir ? demanda le policier. Nous avons visité tout l'appartement, il n'existe pas d'autre sortie, et là se trouve le gros mur de séparation avec la maison voisine.

— C'est vrai, dit Bernard, il doit y avoir pourtant

quelque issue secrète ; cherchons donc, nous trouverons, car ils sont certainement partis.

— Pas de ce côté, toujours, dit le policier ; c'est matériellement impossible.

— Alors cette issue se trouve dans le parquet ou dans le plafond, reprit Bernard gaiement ; avec un peu de patience, nous la découvrirons, soyez tranquille ; du reste, c'est plaisir de lutter avec des gaillards de cette force. Allons, à l'œuvre !

— Essayons, je ne demande pas mieux, dit le policier. Tout cela m'intéresse au plus haut point ; jamais, depuis trente ans, je n'ai suivi d'une façon aussi étrange les traces d'un bandit ; cela bouleverse toutes mes théories.

— Eh ! fit tout à coup Bernard en se penchant vers le tapis.

Il venait d'apercevoir la marque, imperceptible pour tout autre que lui, des deux montants de l'échelle sur le tapis.

Machinalement il leva les yeux au plafond.

La suspension de la lampe avait un dernier mouvement de balancement, mais si faible qu'il était presque impossible de l'apercevoir.

— C'est par là qu'ils sont envolés ! s'écria-t-il.

Le Mayor en avait assez.

Il n'était plus besoin d'en apprendre davantage, la piste était retrouvée.

Il referma le judas, et se levant brusquement :

— Fuyons ! s'écria-t-il d'une voix sourde ; fuyons ! ils ont tout découvert.

Le Loupeur, convaincu qu'il était en sûreté et que jamais on ne découvrirait cette cachette si adroitement dissimulée, s'était assis tranquillement à terre en attendant que les fureteurs, fatigués de leurs vaines recherches, prissent le parti de s'en aller, ainsi qu'ils l'avaient déjà fait plusieurs fois.

— Mille diables ! s'écria-t-il avec rage, ces hommes sont donc des démons ?

— Ne vous en avais-je pas prévenu ? Ah ! ce sont de

rudes adversaires ! Ce n'est pas la première fois que je les vois à l'œuvre ! ajouta-t-il en serrant les poings avec un rugissement de tigre.

— Ils ne nous tiennent pas encore ! s'écria le Loupeur ; venez, suivez-moi !

Ses deux compagnons lui obéirent avec un empressement que les circonstances dans lesquelles ils se trouvaient justifiaient pleinement.

Ils traversèrent le grenier, et, à un certain endroit où il restait quelques débris de ce qui autrefois avait été une armoire, le Loupeur poussa un ressort.

Une porte dissimulée dans la muraille s'ouvrit et leur livra passage.

Ils passèrent et refermèrent la porte derrière eux.

Ils se trouvèrent alors dans un second grenier.

Ils le traversèrent en courant, ouvrirent une porte fermée seulement au loquet.

Ils virent alors un escalier qu'ils descendirent rapidement sans rencontrer personne. Un instant après, ils étaient dans la rue.

Cette rue était déserte.

Le Mayor respira.

— L'alerte a été chaude, dit-il. Séparons-nous ici. Sauvons-nous chacun d'un côté différent. Vous, Loupeur, allez au faubourg Saint-Antoine ; nous nous retrouverons à Saint-Philippe-du Roule, ajouta-t-il en s'adressant au Manchot ; le premier arrivé attendra l'autre.

— A ce soir chez la Marlouze ! dit le Loupeur.

— C'est entendu. Bonne chance !

Les trois bandits s'éloignèrent alors dans trois directions différentes.

A peine avaient-ils disparu depuis dix minutes, que les trois batteurs d'estrade apparurent, à leur tour, sur le seuil de la porte de la maison par laquelle s'étaient échappés ceux qu'ils poursuivaient si rudement.

Bernard et ses compagnons avaient suivi les bandits pas à pas dans toutes leurs évolutions.

Mais, naturellement, retardés par les recherches auxquelles ils étaient contraints de se livrer pour découvrir les portes et les passages traversés par les bandits, ils n'étaient arrivés qu'une dizaine de minutes après eux.

— Encore manqués ! s'écria le policier désappointé.

— Bon ! ce n'est donc rien d'avoir découvert cette tanière ?.. N'ayez peur, nous les retrouverons bientôt. Rien ne se perd à Paris, cher monsieur Bonhomme, dit gaiement Bernard... Ne bougez pas, je vous prie, du seuil de la porte ; laissez-moi un peu examiner le trottoir à mon aise : il nous apprendra quelque chose probablement.

Il s'avança alors, fit un pas ou deux sur le trottoir.

Il s'arrêta, et pendant trois ou quatre minutes il demeura à demi courbé, les yeux attentivement fixés sur le sol.

Puis il se redressa en se frottant les mains.

— C'est simple comme bonjour ! dit-il en riant.

— Quoi donc ? demanda curieusement le policier.

— Voici toute l'histoire ; nos trois gaillards arrivés sur le trottoir se sont arrêtés ; ils se sont consultés, et, afin de mieux embrouiller leur piste, ils ont convenu de se séparer et de se sauver chacun d'un côté différent.

— Bigre ! dit le policier, nous sommes flambés alors !

— Bon !... pourquoi donc cela ? L'homme qu'il nous importe surtout d'arrêter, c'est le Mayor, n'est-ce pas ?

— Evidemment.

— Eh bien ! laissons les autres aller quant à présent où il leur plaira, nous les retrouverons toujours ; attachons-nous aux traces du Mayor, elles sont assez reconnaissables. Lui pris, les autres ne tarderont pas à tomber dans la nasse.

— Ainsi ?...

— Ainsi, cher monsieur Bonhomme, nous nous mettons aux trousses du Mayor.

— Allons, alors !

Ils descendirent la rue et se trouvèrent bientôt sur la chaussée du Maine.

— Ah ! fit Bernard, il a pris une voiture. Caraï ! c'est bien joué !

— Cette fois, nous ne le rejoindrons plus, dit le policier avec dépit!

— Tiens, c'est donc vot'ami, c'monsieur qu'a monté dans la voiture à Giblou? dit tout à coup un gamin d'une douzaine d'années en train de jouer avec d'autres enfants de son âge, sur le bord du trottoir, au roi détrôné, sur un tas de sable.

— Oui, dit Bernard en riant; je donnerais bien une pièce de vingt sous pour savoir où il est passé!

— C'est pas malin, reprit le gamin; faites un peu voir la pièce de vingt sous?

— Tiens, la voici.

— Merci, m'sieur, dit le gamin en empochant la pièce de vingt sous. Il avait l'air drôlement pressé, votre ami, à preuve qu'il a montré cent sous à Giblou, en lui disant: « C'est pour toi, si tu m'mènes rondement au coin de la rue des Écuries-d'Artois et du faubourg Saint-Honoré. »

— Hein! que dites-vous de ce hasard? dit Bernard au policier.

— La Providence est pour nous!

— Merci, garçon, dit Bernard au gamin qui lui tira la langue en ricanant.

Ils s'éloignèrent.

— Abus de prudence: la voiture est de trop, dit le policier.

— Je le crois, dit Bernard; le Mayor a oublié que dans sa position on doit avoir sa voiture ou ne prendre que celle des maraudeurs.

Cinq minutes plus tard, les trois hommes montaient, eux aussi, dans une voiture dont le cheval, vigoureusement sanglé par quelques coups de fouet, partait d'un train à faire trois lieues à l'heure.

La poursuite recommençait, plus ardente que jamais.

XXII

POURQUOI WILLIAMS FILLMORE, *Alias* **NAVAJA, FIT UNE VISITE A M. JULIAN D'HÉRIGOYEN, ET CE QUI S'EN SUIVIT**

Nous reviendrons maintenant sur nos pas, afin d'expliquer au lecteur certains événements qui s'étaient passés pendant la matinée à l'hôtel d'Hérigoyen, et que nous devons faire connaître aux lecteurs, car ils eurent une grande influence sur le dénouement de cette histoire.

Personne n'avait dormi dans les deux hôtels, celui de Valenfleurs et celui d'Hérigoyen.

Vers cinq heures du matin, après s'être assuré que la comtesse était enfin remise des crises nerveuses qui l'avaient assaillie pendant cette nuit terrible et s'était endormie d'un sommeil calme et réparateur, Julian et Bernard, accablés de fatigue et de soucis, s'étaient retirés et s'étaient jetés sur les divans du fumoir de Julian, pour essayer de prendre quelques instants d'un repos indispensable, non sans donner l'ordre pourtant qu'on les avertît immédiatement s'il survenait quelque chose de nouveau.

Vers sept heures et demie du matin, le valet de chambre de Julian était entré dans le fumoir et avait éveillé son maître, en lui annonçant la visite de don Cristoval de Cardenas et de don Pancho de Cardenas, son fils.

Instruits, quelques instants auparavant seulement, des affreux événements qui s'étaient passés et du malheur arrivé à la comtesse de Valenfleurs, les deux Mexicains étaient accourus en toute hâte auprès de leurs amis, pour les rassurer d'abord et ensuite pour leur offrir leurs services et se mettre à leur disposition.

Julian les remercia chaleureusement; il leur raconta

en détail ces événements dont ils n'avaient encore acquis qu'une connaissance sommaire.

Les quatre hommes discutaient entre eux sur ce qu'il convenait de faire et les mesures les plus efficaces à prendre, lorsque le valet de chambre entra et remit à son maître, sur un plateau d'argent, une carte de visite.

Julian jeta les yeux sur cette carte et la passa à Bernard en lui disant :

— Qu'en penses-tu ?

Cette carte contenait un nom gravé, et au-dessous un seul mot écrit au crayon, ainsi :

W. Fillmore Esquire.
Pressé.

— Ainsi qu'il nous l'a promis, il a sans doute fait quelque découverte importante, répondit Bernard ; c'est un homme sûr et dévoué, nous devons le recevoir.

— C'est aussi mon avis, dit Julian. Faites entrer, ajouta Julian en s'adressant au valet de chambre.

Les deux Mexicains firent un mouvement pour se lever et prendre congé.

— Non, restez, je vous en prie, dit Julian ; la personne qui m'a fait passer cette carte est une de nos vieilles connaissance de l'*Arizona*, que peut-être vous ne serez pas fâchés de revoir.

— Qui est-ce donc ? demanda don Cristoval avec curiosité.

— Je veux vous laisser le plaisir de la surprise, répondit Julian avec un fin sourire ; tout ce que je puis dire, c'est que dans une circonstance très critique il nous a rendu un grand service, dont vous l'avez récompensé avec une générosité toute royale.

— Je n'y suis plus du tout, répondit don Cristoval plus intrigué que jamais.

— Le voici, dit Bernard.

En effet, le valet de chambre souleva la portière et annonça :

— Master Williams Fillmore.

Et l'Américain parut.

Il salua avec courtoisie les personnes présentes, mais tout à coup il s'arrêta et s'écria avec une vive surprise :

— Le señor don Cristoval de Cardenas !

— En effet, monsieur, répondit l'haciendero, qui l'examinait avec attention ; attendez donc... Ah ! oui, je me rappelle vous êtes, vous, le señor...

— Williams Fillmore de New-York, pour vous servir, caballero, répondit-il avec un fin sourire ; j'ai peut-être porté un autre nom en Amérique, mais ce nom je l'ai oublié, ainsi que tout ce qui s'y rapporte, excepté le souvenir de reconnaissance de vos généreux procédés envers moi, et l'inaltérable dévouement que je vous ai voué, señor, ainsi qu'à ces deux messieurs, ajouta-t-il en saluant Julian et Bernard.

— Je vois que vous êtes resté homme d'esprit, señor, dit l'haciendero en souriant, je sais depuis longtemps que vous êtes homme de cœur ; je suis heureux de vous revoir, señor.

Et il lui tendit la main.

L'Américain s'inclina et la serra respectueusement.

Cet incident vidé, on prit place.

— Vous avez donc du nouveau ? demanda Julian à son singulier visiteur.

— Oui, et qui vous intéressera, j'en suis sûr, monsieur.

— Je n'en doute pas, dit Julian.

— Vous n'avez pas perdu de temps pour vous mettre en quête ! dit Bernard en riant.

— Ne me faites pas plus de compliments que je n'en mérite, cher monsieur, répondit-il sur le même ton. J'avais ces renseignements sous la main ; je m'en suis servi, voilà tout, et comme dans une affaire aussi grave que celle dont vous vous occupez, il ne faut pas perdre un instant, quand on peut faire autrement, je me suis hâté de vous les transmettre, voilà tout.

— Je vous reconnais bien là, dit Julian gracieusement ; de quoi s'agit-il donc ?

— Cette nuit, l'ami comanche de monsieur Bernard a *lassé* un drôle...

— Deux, interrompit Bernard en riant ; malheureusement l'un des deux a été étranglé net.

— De celui-là je ne vous dirai rien, sinon que je l'ai fait jeter dans la Seine du haut du pont des Saints-Pères.

— Que le diable ait son âme ! fit Bernard.

— Je ne vous parlerai donc que de l'autre, un mauvais drôle cousu de mauvaises affaires, un peu assassin, voleur et incendiaire, échappé du bagne de Rochefort, et répondant pour le présent au nom de Fil-en-Quatre.

— Un bien joli sujet ! fit Bernard.

— Oui, et précieux surtout, vous allez en juger.

— Voyons, voyons, dirent les assistants avec curiosité.

— J'étais assez embarrassé de ce drôle, je vous l'avoue ; je ne me souciais pas de lui rendre la liberté ; d'un autre côté, il m'était fort difficile de le garder. Il ne me restait donc qu'un seul moyen de prévenir une évasion probable et de n'avoir pas à redouter ses dénonciations, c'était de l'envoyer rejoindre son compagnon au fond de la Seine.

— Caraï ! dit Bernard, le moyen était raide !

— J'en conviens, mais je n'en voyais pas d'autre ; j'allais donc le mettre à exécution lorsque soudain il me vint une idée.

— Cela ne m'étonne pas, dit Bernard gaiement ; je vous sais très ingénieux : voyons l'idée.

— Tais-toi donc, bavard, dit Julian d'un ton de bonne humeur.

— C'est juste, fit-il, je ne souffle pas mot.

L'Américain reprit en souriant :

— Le moyen était tout simple ; je suis même étonné maintenant de ne pas y avoir songé plus tôt. Les drôles de l'espèce de Fil-en-Quatre n'ont qu'une passion : l'or ; qu'un désir : en récolter le plus possible, n'importe comment ; qu'une crainte : la mort cachée reçue dans les ténèbres. Joignez à cela un égoïsme féroce et une absence complète de sens moral, et vous comprendrez que ce que je fis était tout indiqué ; je fis amener ce drôle devant moi avec un appareil effrayant ; je le menaça de le tuer, et j'allai même jusqu'à le soumettre à un commencement de torture ; un quart d'heure me suffit pour le mettre au point où je voulais l'amener ; alors je lui proposai de nous servir sans lui révéler aucun nom, bien entendu, et je lui offris dix mille francs s'il voulait trahir ses complices à mon profit.

— Et il accepta ? demanda Julian.

— Oui, avec enthousiasme, lorsque je lui eus promis de lui compter deux mille francs d'avance. Il paraît que vos ennemis sont assez ladres ; ils ne lâchent leur argent que très difficilement et par petites, très petites sommes.

— Cela doit être ainsi, dit Bernard en riant ; surtout si c'est Félitz Oyandi qui tient les clefs de la caisse : ce cher ami tondrait volontiers sur un œuf.

— Oui, dit l'Américain, il pratique l'assassinat au rabais. Nos conventions faites, je confessai le drôle dans l'espoir d'obtenir de lui quelques renseignements, si cela était possible.

— A la bonne heure, avez-vous appris quelque chose ?

— Je le crois bien ; mon prisonnier était bien plus important que je ne l'avais supposé ; ce Fil-en-Quatre est tout simplement le lieutenant du Loupeur.

— Qu'est-ce que c'est que le Loupeur ? demanda Julian.

— C'est vrai, ceci demande une explication. Le Loupeur est après le Mayor et Felitz Oyandi, et peut-être avant eux, l'homme le plus important de tous les misérables qui vous ont déclaré la guerre ; je suis contraint d'entrer dans de certains détails biographiques, afin de vous le faire bien connaître.

— Allez, allez, rien ne nous presse, dit Julian.

— Pendant mes longues pérégrinations en Amérique, et surtout à New-York, où je résidai pendant un assez long laps de temps, le hasard me mit en rapport avec une foule d'individus de mœurs et de caractères assez suspects. Vous savez que New-York est à la fois la ville puritaine par excellence et le refuge de tous les aventuriers plus ou moins tarés de l'ancien et du nouveau monde. Ils y affluent de toutes parts pour y pêcher en eau trouble, ce à quoi, je dois l'avouer, ils réussissent pour la plupart. Je ne citerai comme exemple qu'un certain capitaine de commerce qui est aujourd'hui député officiel et se distingue de ses collègues par son dévouement sans bornes à la dynastie napoléonienne. Cet homme arriva à New-York commandant un magnifique trois-mâts de Bordeaux dont je tairai le nom. A peine mouillé, il descendit à terre, vendit le navire, la cargaison, le tout en bloc et au rabais, empocha l'argent, mit l'équipage à terre et disparut, sans même avoir payé ces pauvres diables de matelots. Dix ans après cet acte de piraterie, il revint à Bordeaux riche de plusieurs millions, prit à petit bruit des arrangements plus ou moins honorables avec ceux qu'il avait trompés. Il acheta de magnifiques propriétés et se fit nommer député. Or, le second capitaine de ce navire était un gaillard intelligent, sans scrupules, et prêt à tout faire pour de l'argent. Le capitaine, contraint de le mettre dans ses intérêts pour la réussite du coup qu'il méditait, lui donna, l'affaire faite, une fort jolie part du gâteau. Cet homme, nommé Philippe de Chermont, était issu d'une vieille et honorable famille poitevine, qu'il avait déshonorée par ses débauches et ses crimes. Marin distingué, il lui aurait été facile de se créer en peu de temps une fort belle position. Ses vices le perdirent. Il s'était embarqué en qualité de second sur le navire que vous savez deux jours seulement après avoir commis un crime horrible, qui, découvert plus tard, lui valut une condamnation à mort par contumace. J'avais connu ce Chermont à Toulon, dans certains endroits mal famés qu'il fréquentait alors, et où il jouissait de la plus exécrable réputation. Grande fut ma surprise lorsque je le retrouvai à New-York, sous le nom de Lucien de Montréal, jouant gros jeu et menant le train d'un homme très riche. Ce Montréal, puisqu'il se faisait nommer ainsi, était un joueur de profession et un grec fort habile, ce qui ne l'empêchait pas de pratiquer, au besoin, le vol à main armée, et d'être affilié à tous les gredins de New-York, scélérats émérites qui rendraient des points à tous ceux de Londres et de Paris, qui, cependant, ne passent ni pour être maladroits ni pour avoir des scrupules. Certaines raisons m'obligèrent à quitter définitivement New-York. Depuis lors, pendant tout le reste de mon séjour en Amérique, je n'entendis plus parler de ce Chermont ou Montréal. Il y a six mois à peu près, le hasard, qui n'en fait jamais d'autres, me mit subitement face à face avec cet homme dans le foyer de l'Opéra. La reconnaissance fut mutuelle ; il m'aborda de la façon la plus cordiale, causa avec moi, et, tout en essayant de me faire parler, il éluda avec soin toutes mes questions ; de sorte que, lorsque nous nous séparâmes, nous ne savions rien sur le compte l'un de l'autre.

— Sur ma foi de Dieu ! s'écria Bernard, c'est un vrai roman.

— Trop réel, malheureusement, monsieur ; et, si vous me le permettez, je vous prouverai bientôt qu'il vous intéresse beaucoup plus que vous ne le supposez.

— Je m'en doute, reprit Bernard.

— Continuez, je vous prie, monsieur, dit Julian ; il me semble entrevoir certaines lueurs. La malheureuse miss Lucie Gordon, la demoiselle de compagnie de mademoiselle de Valenfleurs, a laissé plusieurs fois échapper cette nuit, dans son délire, ce nom de Montréal.

— Je sais ce qui s'est passé, monsieur ; c'est par ce misérable que cette jeune fille a été enlevée hier soir ; je l'ai appris ce matin par ce drôle de Fil-en-Quatre.

— Ainsi, nous avions donc raison, reprit vivement Julian, lorsque Bernard et moi nous protestions si énergiquement contre l'accusation de complicité que M. Bonhomme prétendait faire peser sur elle !

— La pauvre enfant est innocente même d'une mauvaise pensée, dit avec force l'Américain, elle a été victime d'un guet-apens infâme.

— Je vous remercie, monsieur, vos paroles me comblent de joie !

— Et moi aussi ! s'écria Bernard : voyez un peu cet

animal avec sa « toquade » de chercher la femme ! Il l'avait joliment trouvée ! Pauvre chère enfant !

Cette singulière boutade amena un sourire sur toutes les lèvres.

— Continuez, monsieur !

— J'arrive à ce qui vous intéresse, messieurs : veuillez donc m'écouter avec attention.

— Nous ne perdons pas un mot.

— Cette rencontre avec Montréal m'inquiéta sérieusement. Je le savais capable de tout ; je le connaissais trop bien pour qu'il ne me redoutât pas beaucoup et ne cherchât pas à se débarrasser de moi, n'importe par quel moyen. Je me tins donc dans la plus grande réserve, et j'avisai à déjouer ses projets, s'il en avait formé contre moi ; à force de soins, de démarches, d'investigations et surtout d'argent, voici ce que je réussis à découvrir ; j'avoue que j'en fus épouvanté : cet homme, sous le nom de Montréal, menait la vie à grandes guides ; il était cité comme un viveur émérité et jetait avec insouciance l'or à pleines mains par les fenêtres, bien qu'on ne lui connût ni rentes ni propriétés. Il faisait partie de plusieurs grands cercles, pariait aux courses et était très choyé par nos grandes héraïres du *high-life* ; mais cette existence fastueuse et au grand jour avait un revers terrible et cachait une seconde existence pleine de crimes et d'ombres. Cet homme doué, il faut le reconnaître, d'une grande intelligence et d'une immense énergie, à force de volonté avait réussi à reconstituer jusqu'à un certain point la redoutable association des cours des miracles du moyen âge, sous le nom générique d'*armée roulante*, et il était devenu le chef respecté et obéi de cette monstrueuse coalition de bandits toujours en lutte ouverte contre la société. L'*armée roulante*, ainsi qu'il l'a organisée, n'est pas une bande ; tous les adhérents sont libres ; ils agissent à leur guise sous leur propre responsabilité : seulement le chef, le *Loupeur*, mot argot qui signifie *flâneur*, indique la plupart du temps à ses adhérents embarrassés les coups à faire, leur donne des conseils, leur facilite les moyens d'exécution, etc.,

etc.; il a des affiliés dans toutes les classes de la société, depuis les plus basses jusqu'aux plus hautes ; il traite à forfait avec les individus qui réclament son assistance, soit pour un assassinat, soit pour un vol, un enlèvement, une vengeance, enfin tous ces crimes dont la liste défraie journellement les cours d'assises, et dans lesquels trop souvent les véritables coupables échappent derrière un incognito sévèrement conservé aux efforts de la justice ; les complices même les plus intimes de cet homme ne connaissent pas tous ses domiciles et n'ont jamais vu son véritable visage, qu'il *maquille*, c'est le mot technique, avec une remarquable perfection. En somme, il est tout et il n'est rien dans cette étrange association ; sa personnalité est si complètement dissimulée et masquée que, s'il lui plaisait demain de se retirer pour vivre paisiblement du prix de ses rapines, il serait impossible à ses complices de le retrouver et par conséquent de le dénoncer.

— Hum ! Savez-vous que vous nous faites là le portrait d'un redoutable bandit ? Sa puissance doit être énorme !

— Elle est immense. Il tient dans ses mains tous les bandits de Paris, sans que ceux-ci s'en doutent eux-mêmes. Son influence sur eux dépasse toute croyance ; ils lui obéissent sur un mot, sur un signe, tout en croyant conserver leur libre arbitre. Le Loupeur est pour eux un camarade, rien de plus ; ce n'est que lorsqu'il prend, et cela très rarement, le commandement d'une expédition ou la direction d'une affaire, qu'il leur fait sentir son pouvoir ; le coup fait, l'affaire terminée, il rentre en apparence dans la foule.

— C'est incroyable ! s'écria Bernard ; et cette police parisienne si vantée, que fait-elle donc ?

— Rien, et elle n'a rien à faire ; elle sent, elle devine une direction secrète, une influence cachée présidant à toutes les grandes affaires ; mais elle est dans l'impossibilité de découvrir ce mystère d'iniquité, par la raison simple et logique que le Loupeur n'a pas de confident, que seul il possède son secret. Il faudrait s'emparer de ce Protée insaisissable, le prendre sur le fait, en flagrant délit ; et encore on ne découvrirait rien du mécanisme machiavélique de ses opérations ; il serait confondu avec les coupables vulgaires, et ce serait tout.

— Sur ma foi de Dieu, c'est très fort ! dit Bernard en hochant la tête.

— C'est à lui que se sont adressés vos ennemis ; il leur a fourni, sur leur demande, une armée de bandits, cinq cents au moins ; il leur en aurait fourni mille, s'ils en avaient eu besoin. Aucun de ces hommes, sauf Fil-en-Quatre son lieutenant, ne sait pour le compte de qui il *travaille ;* les sommes payées par le Mayor dépassent un million ; aussi, vous voyez quelle guerre terrible vous est faite. Le Mayor veut en finir avec vous, enlever madame de Valenfleurs et vous tenir à sa discrétion.

— Il n'en est pas encore là, grâce à Dieu ! dit Julian avec un sourire amer.

— Et j'espère que jamais il n'y sera. Afin de vous prouver la puissance d'investigation que possède cet homme, le fait suivant suffira : le Mayor avait eu soin de ne pas paraître et de se dissimuler derrière Felitz Oyandi dans la transaction intervenue entre eux et lui. Felitz Oyandi se cache sous le nom de Romieux. Eh bien ! quelques jours plus tard, à la suite d'une discussion d'intérêts un peu vive dans un tapis franc, le Mayor ayant voulu élever le ton, le Loupeur lui cracha pour ainsi dire son nom au visage et prouva à ses deux complices qu'il les connaissait et n'ignorait rien de leur vie passée. Où avait-il puisé ces renseignements ? Le Mayor, dont vous connaissez la vigueur musculaire, bondit sur le Loupeur un couteau à la main ; celui-ci le désarma et le réduisit à demander grâce aussi facilement que s'il n'eût eu affaire qu'à un enfant.

— Caraï ! c'est donc un géant ? s'écria Bernard avec surprise.

— Nullement. C'est un homme de taille moyenne, mince, fluet, d'apparence presque efféminée, mais il cache des muscles d'acier et une force athlétique sous ces dehors trompeurs à tous les points de vue. Maintenant j'arrive à la question principale ; voici le plan de vos adversaires.

— Ah ! ah ! voyons cela ! dit Bernard.

— Oh ! il est simple : envahir l'hôtel de Valenfleurs à l'improviste, s'emparer de la comtesse, de madame d'Hérigoyen, tuer miss Lucy Gordon, mettre le feu à l'hôtel et vous faire périr dans les flammes.

— A la bonne heure, voilà un plan dans toutes les règles ! s'écria Bernard ; il doit être du Mayor !

— Et avec combien d'hommes comptent-ils exécuter ce plan ? demanda Julian d'une voix frémissante.

— Trente au moins. Ce plan me semble inexécutable, je commence par vous le dire, mais il aura certainement un commencement d'exécution qui peut causer des malheurs terribles.

— Oui, murmura Julian, mais comment faire ?

— Pourquoi ne pas avoir recours à la police ? dit don Cristoval.

— Non ! s'écria vivement Bernard ; ce ne serait pas une solution !

— D'autant plus qu'ils ont des espions partout et qu'ils seraient avertis ; alors, qui sait ce qu'ils imagineraient ?

— C'est vrai, dit Julian ; mais j'ai beau me creuser la tête, je ne trouve rien.

— Etes-vous décidés à en finir à tout prix avec ces misérables ? reprit l'Américain.

— Oui, coûte que coûte ! dit nettement Julian ; les trois dames menacées doivent être sauvées !

— Ainsi que notre chère Vanda, ajouta Bernard.

— La pensée seule du danger que pourrait courir Denizà, reprit Julian avec énergie, me change en tigre. Quoi qu'il arrive, ces monstres doivent, une fois pour toutes, rentrer dans l'enfer qui les a vomis.

— Bien, monsieur ; j'avais compris que telle serait votre résolution ; aussi, j'ai pris mes mesures en conséquence.

— Que voulez-vous dire, monsieur ?

— Veuillez m'écouter. Une attaque dans ce quartier est

une folie ; à peine commencée, elle serait aussitôt réprimée. N'est-ce pas votre avis ?

— Certes !

— Le Mayor et ses principaux complices s'échapperaient, car ils ne sont pas hommes à se jeter dans la gueule du loup sans se ménager des moyens de retraite ?

— C'est évident.

— Très bien. Laissez-les nous attaquer ; mais changez le champ de bataille, et choisissez-le de telle sorte que les éléments de succès soient tous en votre faveur.

— Certainement, cette idée est bonne ; mieux vaudrait qu'il en fût ainsi. Mais ce champ de bataille, où le prendre ? demanda Julian.

— Il est tout trouvé, monsieur.

— Je ne comprends pas.

— Vous avez acheté, rue de Reuilly, 229, une ancienne petite maison. Le Loupeur le sait, malgré toutes les précautions prises par vous pour que le secret fût gardé.

— Pardieu ! s'écria Julian en se frappant le front, c'est cela ! Je vous remercie, monsieur. La maison peut être habitée d'un moment à l'autre ; il n'y manque rien. Oui, ce sera un admirable champ de bataille.

— Le quartier est isolé, le jardin immense, rempli de retraites mystérieuses : en moins de deux heures, la maison peut être mise à l'abri d'un coup de main.

— Et sans craindre d'être dérangés, nous infligerons à ces drôles le châtiment qu'ils ont si bien mérité ! s'écria Bernard en se frottant les mains.

— Mais il faut vous presser, opérer ce déménagement ce matin même, sinon je ne réponds plus ne rien.

— Pourquoi donc, monsieur ?

— Ce matin, lorsque Fil-en-Quatre m'a révélé que le Loupeur avait connaissance de la maison de la rue de Reuilly, je ne sais par quelle inspiration je lui ai dit : « Surtout n'oubliez pas d'avertir le Loupeur que M. d'Hérigoyen, craignant que le Mayor essaie d'enlever la comtesse de Valenfleurs, lui a prêté cette maison pour s'y cacher en attendant qu'il ait trouvé les moyens de la met-

18.

tre à l'abri de tous dangers, et qu'elle doit s'y installer aujourd'hui même. »

— Vous lui avez dit cela, monsieur ? dit Julian en le regardant fixement.

L'Américain supporta la pesanteur de ce regard sans baisser les yeux et sans qu'un seul muscle de son visage tressaillît.

— Ne me soupçonnez pas de trahison, monsieur, dit-il en souriant. Je m'étonne que vous n'ayez pas compris ma pensée, sachant comme vous le savez combien je hais le Mayor; du reste, ajouta-t-il, dès ce moment je me constitue prisonnier; gardez-moi comme otage. Vous le pouvez d'ailleurs; un seul mot de vous suffirait pour me perdre.

— Pardonnez-moi cette mauvaise pensée, monsieur, dit vivement Julian du ton le plus affable; je n'ai pas bien l'esprit présent depuis cette nuit. Vous êtes un galant homme; j'ai eu tort de vous faire cette insulte gratuite. Ne m'en veuillez pas, je vous en prie. Vous nous rejoindrez là-bas quand il vous plaira, et vous serez le bienvenu.

Et il lui tendit gracieusement la main, que l'Américain serra avec affection et reconnaissance.

— Avant une heure, ces dames seront installées là-bas, et elles ne manqueront pas d'amis pour les défendre.

— Je me charge avec mon fils et vingt de mes Sonoriens de leur faire bonne garde, dit avec élan don Cristoval.

— Je vous remercie et j'accepte, mon ami, car vous le savez, j'ai fort affaire ici.

— Ne vous inquiétez de rien : je réponds de tout.

— D'ailleurs, avec mes domestiques et ceux de la comtesse, sans parler de nous, il nous est facile, en comptant vos Sonoriens, d'atteindre un effectif d'une cinquantaine d'hommes, ce qui est plus que suffisant.

— Oui : seulement, dissimulez-les; faites-les entrer isolément, à moins qu'ils ne partent tout de suite, car la maison ne sera pas surveillée avant deux ou trois heures, dit l'Américain.

— Oh ! alors, nous avons plus de temps qu'il ne nous en faut ; d'ailleurs les préparatifs ne seront pas longs ; ces dames n'auront presque rien à emporter.

— Seulement il est inutile d'inquiéter ces dames, tu me comprends, dit Bernard.

— Sois tranquille ; je serai prudent.

— Il ne me reste plus que quelques mots à vous dire, monsieur.

— Parlez, je vous prie, répondit Julian avec un sourire.

— Vous avez deux chances en votre faveur ; je vous avais gardé cette bonne nouvelle pour la fin.

— Caraï, elle sera bien reçue, dit Bernard ; depuis quelque temps elles n'abondent pas ici.

— Les voici, je vous les donne pour ce qu'elles sont. Vous avez sans doute entendu parler de l'affaire de la *Maison des Voleurs* ?

— Dans la plaine du Bourget-Drancy ? Parfaitement. Seulement, la police n'a pas réussi, je crois à trouver le mot de cette énigme, dit-on.

— Ce mot, le voici : la maison appartenait et était habitée par Sébastian.

— L'ancien matelot du Mayor ? fit Bernard avec surprise.

— Lui-même ; il réussit à s'échapper grâce au courage et à la présence d'esprit d'une femme que, paraît-il, il a épousée ; plusieurs des bandits avaient été tués par Sebastian, qui s'était défendu comme un démon ; les autres furent assassinés froidement par le Mayor, dans la crainte d'être plus tard dénoncé par eux.

— C'était prudent, dit Bernard.

— Je reconnais là les procédés habituels du Mayor envers ses complices, ajouta Julian.

— N'est-ce pas ? Or, il arriva de ceci que Sebastian, enragé contre le Mayor, se mit je ne sais comment en relations avec Fil-en-Quatre et le Loupeur afin d'assurer sa vengeance, qu'il leur raconta la vie peu édifiante de son ancien chef, et qu'il apprit ainsi au Loupeur de quelle façon ses bandits, car c'était lui qui les avait fournis, avaient été assassinés et par qui, de sorte que le Mayor s'est fait un ennemi implacable du chef de l'armée roulante, que celui-ci a fait le serment de venger ses affidés, et, aussitôt après l'affaire terminée, de le tuer comme un chien ! Ce sont, d'après Fil-en-Quatre, ses propres expressions : donc, tout compte fait, sans parler de vous, messieurs, le Mayor aura à lutter, en me comptant, contre trois ennemis qui, je vous en réponds, ne lui feront pas grâce si l'occasion de se venger leur est offerte.

— Caraï ! ce n'est pas à dédaigner. Je vous remercie de ces bonnes nouvelles.

— Maintenant, si vous le permettez, je vais me retirer. Serez-vous rue de Reuilly ce soir.

— Parfaitement ; avant une heure, ces dames auront quitté l'hôtel.

— Très bien. J'aurai l'honneur de vous voir pour vous donner des nouvelles, dès que j'aurai entendu le rapport de Fil-en-Quatre ; étant ainsi informés des intentions de l'ennemi, nous parviendrons plus facilement à déjouer ses machinations ; mais je mets une condition *sine qua non* aux services que, grâce à notre espion, il me sera possible de vous rendre.

— Parlez, monsieur, dit gracieusement Julian ; quelle qu'elle soit, cette condition vous est à l'avance accordée.

— Je désire, le moment venu de frapper le coup décisif, que vous me permettiez de combattre à vos côtés.

— Avec joie, monsieur. C'est un nouveau et important service que vous nous rendrez.

— Allons ! allons ! dit Bernard en se frottant les mains selon son habitude quand il était satisfait ; cela va bien. Je ne sais pourquoi, j'ai le pressentiment que nous serons bientôt débarrassés de ce misérable Mayor et de son âme damnée, mon ex-ami Felitz Oyandi !... Le diable soit des amis comme ceux-là, va ! ajouta-t-il en riant.

— *Amen !* dit Julian.

— *Amen !* répétèrent les assistants.

L'Américain prit alors congé et se retira, accompagné

par Julian, qui avait résolu d'aller, sans plus tarder, s'entendre avec la comtesse.

Le docteur d'Hérigoyen se promenait dans le jardin avec M. Pascal Bonhomme, qu'il agaçait singulièrement en lui faisant un éloge outré de miss Lucy Gordon, qu'il venait de voir et qu'il avait trouvée à peu près guérie des terribles secousses qu'elle avait éprouvées.

Les quatre hommes se saluèrent.

Julian demanda à son père si madame de Valenfleurs était visible.

— Je la quitte à l'instant, répondit le docteur. Elle est triste, mais résignée, et, ce qui est le principal, en bonne santé. Tu peux te présenter chez elle quand cela te plaira,

— C'est ce que je vais faire à l'instant, répondit Julian.

— Ah! dit l'Américain, une dernière recommandation. Cher monsieur Pascal Bonhomme, soyez donc assez aimable pour passer une revue sérieuse de la livrée de madame de Valenfleurs. En y regardant bien, vous trouverez probablement dans le nombre quelques-unes de vos *pratiques*.

— Vous croyez, cher monsieur ? répondit le policier.

— J'en suis sûr. Je tiens de source certaine qu'il doit y en avoir au moins trois.

— Diable! il faut voir cela, dit vivement le policier.

— Venez, dit Julian ; mieux vaut en finir tout de suite. Au revoir, monsieur, dit-il à l'Américain.

Et il franchit la porte de communication suivi par le policier, tandis que l'Américain se retirait d'un autre côté.

Julian fit appeler Jérôme Desrieux, l'intendant de la comtesse, l'informa de ce qu'il désirait de lui.

Puis, le laissant avec le policier, il se dirigea vers l'appartement de madame de Valenfleurs.

Clairette l'annonça à sa maîtresse ; il fut reçu aussitôt.

Madame la comtesse de Valenfleurs avait entendu certains commentaires sur miss Lucy Gordon qui l'avaient fort attristée.

Elle avait repoussé avec horreur les insinuations malveillantes répandues sur le compte de cette jeune fille, insinuations qui représentaient la demoiselle de compagnie comme complice de l'enlèvement de la malheureuse Vanda.

La comtesse avait presque élevé cette jeune fille.

Elle l'avait vue grandir auprès d'elle ; elle avait suivi avec sollicitude les métamorphoses successives de l'enfant en femme ; elle connaissait à fond son caractère ; pas un des replis les plus cachés de ce cœur de vingt ans n'était ignoré d'elle.

Tous les secrets de miss Lucy Gordon, la comtesse les avait devinés, mieux peut-être que celle-ci ne se les expliquait à elle-même.

Elle la savait foncièrement honnête et chaste.

S'il en eût été autrement, malgré la sincère et profonde amitié que les deux jeunes filles éprouvaient l'une pour l'autre, la comtesse ne l'aurait pas laissée une heure près de sa chère Vanda.

Toutes ces insinuations qu'elle traitait d'odieuses calomnies, et qui en réalité n'étaient pas autre chose, avaient fort attristé la comtesse, car elle comprenait combien la pauvre enfant devait souffrir de son isolement et de l'espèce de suspicion dans laquelle on la tenait depuis son retour — suscipion dont certainement elle avait dû s'apercevoir.

Madame la comtesse de Valenfleurs avait formé le généreux projet de consoler cette âme blessée et de lui rendre, en causant intimement avec elle, cette estime d'elle-même qu'on essayait de lui ravir.

Cette démarche, en prouvant à la jeune fille qu'elle lui avait conservé toute son amitié et sa confiance la plus entière, devait, dans la pensée de la comtesse, opérer la guérison morale de l'intéressante malade, en lui rendant le courage nécessaire pour établir d'une manière incontestable son innocence aux yeux de tous.

Le matin du jour où s'étaient passés les événements rapportés dans nos deux précédents chapitres, la jeune fille, avertie par Clairette de la visite de madame de Valenfleurs, sentit son cœur douloureusement se serrer. Elle était encore bien souffrante des émotions terribles de la nuit précédente.

Cependant, malgré sa grande faiblesse, elle voulut, par respect pour sa noble bienfaitrice, se lever pour la recevoir.

Lorsque la comtesse entra dans la chambre à coucher de la jeune Américaine, celle-ci essaya de se soulever du fauteuil dans lequel elle était assise.

Mais madame de Valenfleurs l'en empêcha par une douce violence, l'embrassa en l'appelant son enfant, s'assit près d'elle en conservant dans les siennes ses mains moites et tremblantes, et toutes deux confondirent leurs larmes en parlant de leur chère Vanda.

La comtesse avait trouvé le chemin du cœur de la pauvre enfant.

Elle se sentit soudain réhabilitée par cette immense bonté de sa bienfaitrice ; son cœur déborda.

Quelle plus impartiale et plus indulgente confidente pouvait-elle prendre de ses douleurs secrètes que cette noble femme à laquelle elle devait tout ?

Elle résolut de ne rien lui cacher. Comme tous les cœurs blessés dans ce qu'ils ont de plus précieux, elle éprouvait le besoin de partager avec une âme qui la comprît et sympathisât avec elle le fardeau trop lourd pour elle de ses douleurs.

Cédant alors à l'élan de son cœur, miss Lucy Gordon se laissa glisser aux genoux de sa bienfaitrice, malgré les efforts de celle-ci pour l'en empêcher, et, cachant son visage pour ne pas laisser voir la rougeur que la honte et la pudeur offensée faisaient monter à son front, elle commença, d'une voix tremblante d'abord, mais qui, sous l'influence des douces paroles de la comtesse, alla de plus en plus se raffermissant, sa confession tout entière.

Elle raconta avec une noble franchise ce qui s'était passé entre elle et M. Lucien de Montréal, depuis le premier jour qu'elle l'avait rencontré et l'avait conduit chez son père, sans rien cacher ni pallier, jusqu'à la scène horrible de la nuit précédente : comment elle avait été enlevée, transportée dans une voiture, et comment après un long évanouissement elle s'était trouvée étendue sur une chaise longue dans une chambre inconnue.

Elle avoua tout avec une franchise pudique, la violence de son ravisseur, sa résistance, ses prières, son désespoir, sa vengeance, sa fuite effarée dans les ténèbres à travers la ville ; comment, épuisée par cette lutte effroyable et succombant à l'épouvante, elle était tombée sans connaissance sur un banc d'un boulevard dont elle ignorait le nom ; puis comment, en ouvrant les yeux, elle s'était vue, avec une surprise extrême, couchée dans sa chambre, entourée de gens qui, la supposant encore évanouie, proféraient contre elle les paroles les plus blessantes et les insinuations les plus perfides sur sa conduite.

Enfin, elle n'oublia rien, et ce fut en fondant en larmes qu'elle avoua à sa bienfaitrice que rien n'avait été plus douloureux pour elle que ces odieux et injustes soupçons que l'on manifestait si hautement.

La comtesse l'embrassa, pleura avec elle, lui prodigua les plus douces caresses, et la consola si bien que la jeune fille se sentit réconfortée et ne put de nouveau retenir ses larmes. Mais larmes de bonheur, celles-là ! Elles la rendaient heureuse.

La comtesse, en agissant comme elle l'avait fait avec la pauvre enfant, lui avait subitement rendu cette confiance en soi-même qui double les forces et la volonté.

Clairette entr'ouvrit légèrement la porte de la chambre à coucher, annonça avec un bon sourire que madame d'Hérigoyen et madame Zumeta désiraient prendre des nouvelles de l'état inquiétant de miss Lucy Gordon.

Ceci était une touchante comédie imaginée par madame de Valenfleurs, pour aider à la cure morale de sa chère malade, cure qu'elle avait si bien commencée et que, sans doute, la visite des deux dames allait compléter.

— Vous le voyez, chère enfant, dit la comtesse en lui mettant un baiser au front, je ne suis pas la seule à n'avoir pas douté de votre innocence?

— Oh! ma chère et bien-aimée protectrice, vous êtes si bonne, s'écria la jeune Américaine avec attendrissement, que toutes les personnes qui vous approchent deviennent meilleures!

— Taisez-vous, flatteuse! Eh bien! qu'en pensez-vous? Recevons-nous ces dames?

— Oh! je suis honteuse de les faire ainsi attendre, moi à qui elles font un si grand honneur.

— Fais entrer, Clairette; et vous, mignonne, ne pleurez plus, je le veux.

— Oh! chère madame, laissez couler ces larmes, elles me font tant de bien!

Les deux dames entrèrent; le docteur d'Hérigoyen les accompagnait.

— Je viens comme médecin, dit-il gaiement; à moins que vous ne soyez complètement guérie, chère enfant, comme j'en ai grand'peur, d'abord à cause de la garde-malade que je surprends près de vous, et ensuite en vous voyant si fraîche et si reposée. Vous n'avez pas le droit de me chasser.

— Quand même j'en aurais le droit, mon bon docteur, j'ai trop de reconnaissance pour vos bons soins de cette nuit et trop de remercîments à vous adresser, je ne le ferais pas, répondit la jeune fille avec un sourire charmant.

— Oh! si le sourire est revenu, dit-il en riant, je réclame mes honoraires : on m'embrasse quand on est guéri.

— Oh! de grand cœur, mon bon docteur! s'écria-t-elle.

Et elle pencha vers le docteur son front rougissant qu'il effleura de ses lèvres.

Les dames furent charmantes pour la jeune Américaine; elles avaient à cœur de lui prouver que jamais elles n'avaient douté d'elle.

Le docteur, après avoir accepté le fauteuil que la comtesse lui offrait et s'y être confortablement installé, reprit la parole :

— Mon fils, dit-il en souriant, et mon brave ami Bernard ont vertement relevé ce Pascal Bonhomme, l'ancien chef de la police de sûreté, lorsqu'il a voulu prétendre que vous étiez, chère enfant, complice de l'enlèvement de notre chère Vanda, qui nous sera bientôt rendue, je l'espère. Comprenez-vous que ce vieux drôle ose soutenir comme article de foi que dans tous les crimes qui se commettent il y a une femme, et que c'est cette femme que d'abord on doit chercher? Voilà sur quelle base il établissait ses soupçons sur cette chère enfant. Cela est non-seulement ridicule, mais encore odieux. Décidément, ces policiers sont d'étranges animaux; ils ont surtout une singulière façon d'envisager l'humanité et particulièrement les femmes !

Les dames et la jeune malade elle-même ne purent s'empêcher de rire à cet bizarre boutade du docteur.

Puis la comtesse, avec ce tact exquis qu'elle possédait, et sans trop appuyer sur certains détails scabreux pour la pudeur inquiète de la jeune fille, raconta alors a scène effroyable dans laquelle la pauvre enfant avait joué un rôle si dramatique.

Deniza et Mariette se récrièrent d'horreur, et elles redoublèrent de caresses et de douces paroles pour la malheureuse enfant, qui non seulement était innocente, mais encore avait failli être la victime d'un infâme attentat de la part d'un misérable.

— Bah ! dit le docteur en riant, tout cela est de l'histoire ancienne pour moi : je connais toute l'affaire sur le bout du doigt.

— Vous la connaissiez? s'écria la comtesse avec surprise.

— Parfaitement, dans tous ses détails, oui, madame la comtesse.

— Alors, comment se fait-il que vous me l'ayez laissé

ignorer, méchant homme? lui dit-elle en souriant et le menaçant du doigt.

— Oh! pour bien des raisons, madame la comtesse, répondit-il avec un fin sourire : d'abord parce que vous ne m'avez rien demandé...

— C'est vrai ; c'est une raison, mais ensuite?

— Ensuite, parce que j'aurais été dans l'impossibilité de vous satisfaire.

— Oh! oh! pourquoi donc cela, s'il vous plaît?

— Tout simplement parce que c'était un secret surpris à l'exaltation de la fièvre et au délire, et qu'un médecin est un confesseur obligé bien autrement qu'un prêtre à garder le silence, parce que la plus légère indiscrétion de sa part, — je ne parle pas du cas actuel dont les révélations n'ont rien que d'honorable, — mais, dans d'autres circonstances, la plus légère indiscrétion de la part du médecin, je le répète, peut causer d'irréparables malheurs : le déshonneur et peut-être la perte du malade.

— Vous avez cent fois raison, docteur, reprit doucement la comtesse; les secrets de la confession ne sont rien, comparés à ceux que vous révèle trop souvent le délire des malades au chevet desquels vous êtes appelé.

— O mon Dieu! s'écria la jeune Américaine confuse et rougissante, j'ai donc parlé pendant ma fièvre, mon bon docteur?

— Comme une charmante petite caillette, chère enfant, répondit-il en souriant; mais ces confidences forcées étaient faites avec un accent qui glaçait le sang dans mes veines; si graves que fussent les aveux qui vous échappaient, ils ne m'ont rien appris que je n'eusse deviné déjà ; rassurez-vous donc, chère miss Lucy; vos paroles n'ont produit d'autre effet sur moi que celui de me faire apparaître plus grande et plus lumineuse votre innocence que l'homme de la police avait osé suspecter.

— O mon Dieu! qu'allez-vous donc penser de moi? mon bon docteur, s'écria-t-elle avec confusion, en cachant son charmant visage dans ses mains.

— Je pense, chère demoiselle, puisque vous désirez le

savoir ce que tous nous pensons de vous : c'est-à-dire que vous êtes une pure et chaste enfant, dont la conduite pendant cette scène effroyable a été sublime d'énergie et de pudeur révoltée ! Je pense qu'une jeune fille qui, enfermée sans défense ni espoir de secours avec un monstre à face humaine ivre de vin et de luxure, trouve dans la honte d'une brutale et ignoble attaque et la crainte du déshonneur, trouve, dis-je, assez de courage pour se révolter contre le misérable qui, par des actes odieux, tente de flétrir et de profaner toutes ses saintes et nobles croyances, et fait résolûment le sacrifice de sa vie en essayant de tuer le scélérat qui la torture, je pense que cette jeune fille, se faisant ainsi un linceul immaculé de sa robe virginale, a droit au respect et à l'admiration de tous ceux qui ont l'honneur et le bonheur de la connaître !

— Bien, mon excellent ami ! s'écria la comtesse enthousiasmée ; il était impossible de mieux exprimer les sentiments que nous éprouvons tous pour cette chère et vaillante enfant !

La conversation se prolongea pendant quelque temps encore.

Mais le docteur ayant fait observer que son intéressante malade était bien faible encore pour supporter de si fortes émotions, les dames se levèrent, embrassèrent affectueusement la jeune fille et la laissèrent seule en l'engageant à prendre un peu de repos, ce dont elle devait avoir grand besoin.

La comtesse, complètement remise de ses émotions de la nuit, accompagna le docteur et les deux dames jusqu'à la porte de communication avec l'hôtel d'Hérigoyen.

Puis on se sépara en se promettant mutuellement de se revoir bientôt.

Lorsque Julian se présenta chez madame de Valenfleurs, depuis quelques minutes à peine elle était remontée du jardin après avoir reconduit le docteur, et elle causait avec ses deux amies des événements de la nuit et de son inquiétude mortelle sur ce qui était arrivé à sa fille adoptive.

Ce fut en ce moment que Julian fut introduit dans l'atelier-boudoir où se tenaient les trois dames.

Julian fut intérieurement satisfait de les rencontrer ensemble.

La négociation qu'il allait entamer en devenait ainsi plus facile.

Après s'être affectueusement informé de l'état dans lequel se trouvait la comtesse, et si elle se ressentait encore des terribles émotions qu'elle avait subies, et que la comtesse l'eut assuré qu'elle n'éprouvait plus qu'une grande fatigue, et que sans la douleur et l'inquiétude poignante causées par son ignorance sur le sort de sa fille elle se considérerait comme complètement guérie, Julian lui demanda avec intérêt des nouvelles de miss Lucy Gordon, dont l'état affreux, quand on l'avait ramenée à l'hôtel, lui avait causé un véritable chagrin.

— Cette chère Lucy est bien maintenant, répondit la comtesse. Chez elle, c'était surtout le moral qui était affecté, certaines paroles qu'elle avait entendues en revenant à elle, et des soupçons maladroitement exprimés sur sa personne quand on la croyait encore évanouie avaient causé tout le mal. Mais, grâce à Dieu, maintenant elle sait que jamais la pensée ne m'est venue de l'accuser et qu'au contraire nous savons qu'elle a failli être victime d'un infâme guet-apens. Ces assurances lui ont rendu tout le calme de son esprit; elle est bien.

— Je suis heureux, madame, de ce que vous m'apprenez; ni mon père, ni Bernard, ni moi, vous le savez, n'avons jamais voulu admettre que cette jeune fille fût coupable.

— Je le lui ai dit, monsieur, et cette conviction de votre part l'a rendue bien heureuse.

— J'en suis charmé, madame; mais maintenant ce n'est pas une conviction, mais bien une certitude complète que nous avons tous de son innocence. Une personne qui sort de chez moi m'a révélé ce qui s'est passé, et mes amis et moi nous avons admiré le courage et l'énergie de cette chère enfant dans une situation aussi affreuse. Aussi, je vous en prie, veuillez être notre interprète auprès d'elle et lui exprimer tout ce que nous éprouvons d'admiration et de respect pour sa noble conduite.

— Je lui répéterai vos généreuses paroles, cher frère, dit la comtesse avec un séduisant sourire; elles compléteront, j'en suis certaine, sa guérison.

— Je vous remercie, chère sœur, répondit-il sur le même ton; je ne pouvais avoir un plus charmant et plus aimable interprète.

— Bien! reprit-elle finement, maintenant faites-moi connaître le but véritable de votre visite matinale?

— Bon! répondit-il en riant, comment savez-vous si ma visite a un autre but que celui de vous voir?

— Je le devine, mon cher Julian. Dans les circonstances anormales où nous nous trouvons, quand vous avez la tête bourrelée de tant de choses sérieuses, vous n'êtes pas homme à perdre ainsi votre temps en vaines cérémonies et à bavarder avec des femmes.

— Si aimables qu'elles soient d'ailleurs, dit Denizà avec un sourire légèrement railleur. Exécutez-vous, beau ténébreux, et venez au fait.

— Oui, oui, exécutez-vous, monsieur le diplomate, ajouta Mariette en riant.

— Les femmes sont des démons... c'est-à-dire des anges! La langue m'a fourché! s'écria-t-il en riant; eh bien! soit, j'en conviens : ma visite avait encore un autre but.

— Dites vite! s'écria la comtesse.

— Oui, oui! répétèrent les autres dames.

— Vous le voulez, je m'exécute. Seulement promettez-moi de faire ce que je vais vous demander, et ce, sans exiger des explications qui seraient trop longues en ce moment, mais que je vous promets de ne pas vous refuser ce soir.

— Hein! C'est bien grave, cela, dit Denizà.

— Il promet de nous tout révéler ce soir, fit observer Mariette.

— C'est une raison, dit la comtesse; bah! risquons-nous.

— D'autant plus, ajouta Denizà, qu'il nous faudra toujours céder.

— Les hommes sont si autoritaires! dit Mariette en faisant une petite mine à croquer.

— Donc vous acceptez? reprit-il.

— Nous nous résignons, corrigea Denizà avec un adorable sourire.

— C'est la même chose, dit-il en riant. Voici ce dont il s'agit, ajouta-t-il en redevenant sérieux subitement: pour certaines raisons très importantes, il faut que, à une heure de l'après-dînée, vous trois, mesdames, ainsi que miss Lucy Gordon, vous abandonniez vos hôtels, et accompagnées par don Cristoval de Cardenas, vous alliez vous installer pour huit jours dans une délicieuse maison achetée par moi dans un quartier excentrique, en prévision de ce qui arrive aujourd'hui; c'est principalement à vous que je m'adresse, chère comtesse : les trois autres dames ne vont avec vous que pour vous tenir compagnie.

— C'est donc une fuite? dit la comtesse devenue pensive.

— Non; c'est une précaution tout au plus, mais précaution indispensable. Ne prenez avec vous que les objets absolument nécessaires; la maison est amplement garnie de tout. Vous emmènerez vos femmes; la livrée vous suivra, sauf quelques domestiques que nous laisserons à la garde des deux hôtels. Ne vous inquiétez en aucune façon de ce départ précipité. Je vous le répète, ce n'est qu'une précaution; et peut-être même ce délai de huit jours, que je vous ai assigné, ne sera-t-il pas atteint.

— Nous obéirons, mon cher Julian, répondit la comtesse. Pour que vous ayez pris une détermination aussi grave, il faut que vous y ayez été contraint par des raisons d'une importance exceptionnelle.

— Vous me rendez justice, chère comtesse. Bientôt vous reconnaîtrez que, dans votre propre intérêt et surtout dans celui de notre chère Vanda, je devais agir ainsi que je le fais.

— J'en suis certaine. Ainsi, à une heure ou une heure et demie au plus tard, nous partirons?

— Peut-être ne serai-je pas à l'hôtel alors; permettez-moi donc de vous dire au revoir : nous nous retrouverons ce soir dans votre nouvelle demeure.

Julian prit alors congé. Sa femme le suivit ainsi que Mariette.

Pendant le court trajet qu'ils avaient à faire, Julian expliqua en quelques mots ce qui se passait et les motifs qui l'engageaient à faire au plus vite quitter son hôtel à la comtesse.

Denizà approuva son mari et lui promit le secret jusqu'au soir.

En traversant le jardin, Julian rencontra le policier.

— Eh bien! lui demanda-t-il, votre inspection a-t-elle eu un bon résultat?

— Excellent, répondit le policier. J'ai reconnu dans la livrée de la comtesse trois mauvais drôles qui ne devaient être là que dans de mauvaises intentions : trois forçats en rupture de ban, rien que cela!

— Diable! fit Julian; il paraît que notre ami Fillmore était bien renseigné et qu'il avait raison : une épuration était indispensable.

— Elle est faite.

— Vous avez congédié ces drôles en les envoyant se faire pendre ailleurs?

— Je m'en suis bien gardé! ils n'y seraient pas allés! Je les connais, dit-il en riant; je les ai fait arrêter en les recommandant au prône; leur compte est bon; ceux-là, du moins, ne nous inquiéteront plus.

— Vous avez parfaitement fait.

Julian rendit compte à ses amis de la façon dont il s'était acquitté de sa mission.

Il s'entendait avec son père pour surveiller le départ et veiller à ce que tout se passât sans bruit.

Puis il convint avec don Cristoval de l'heure à laquelle

il viendrait chercher les dames pour les conduire rue de Reuilly.

Tout cela convenu, l'haciendero et son fils prirent congé.

— *No tenga usted cuidado* — ne vous inquiétez pas! — dit don Cristoval à Julian en lui serrant la main.

Et les deux hommes se retirèrent.

Il fut entendu entre le père et le fils que le docteur resterait à l'hôtel pour surveiller tout, mais qu'ils se verraient chaque jour.

Julian écrivit un mot à Michel, son intendant, pour l'avertir, afin qu'il ne fût pas pris à l'improviste par l'arrivée subite de tant de monde, et il fit aussitôt porter cette lettre par son valet de chambre.

Les dames s'occupaient activement de leurs préparatifs de voyage.

Seule, la charmante Mariette n'eut rien à faire qu'à aider ses deux amies, venue de chez elle avec l'intention de passer quelques jours à l'hôtel d'Hérigoyen. Tout était prêt.

Après le déjeuner eut lieu le conseil dont nous avons rendu compte dans un précédent chapitre.

Tous nos personnages sortirent pour commencer leurs investigations.

Une heure plus tard, ce fut au tour des dames de quitter l'hôtel, dont elles partirent sous la garde affectueuse de don Cristoval de Cardenas et de son fils.

Deux voitures emmenaient les camèristes; un fourgon de campagne suivait chargé de bagages.

Les dames ont toujours une foule de choses à emporter avec elles, même dans leurs plus courtes excursions.

A deux heures, il ne restait plus que quatre domestiques de confiance et l'intendant Jérôme Desrieux dans l'hôtel de Valenfleurs.

Le digne intendant n'avait pas voulu abandonner son poste, ce dont la comtesse l'avait fort remercié.

Dans l'hôtel d'Hérigoyen la situation était la même.

19.

Le docteur avait donné le commandement général des deux hôtels à son brave Moucharaby, responsabilité qui flattait singulièrement l'ancien spahis.

Nous reprendrons maintenant notre récit au point où nous l'avons laissé.

XXIII

DANS LEQUEL DEUX FANTÔMES SE RETROUVENT A L'IMPROVISTE EN PRÉSENCE ET CE QUI EN ADVIENT.

Deux jours s'étaient écoulés depuis que les dames habitaient la maison de la rue de Reuilly.

Rien n'était venu encore justifier les craintes de Julian.

Les dames jouissaient d'un repos complet que rien ne troublait. Elles étaient là comme dans une thébaïde, tant les bruits de la ville arrivaient peu à leurs oreilles. On se serait cru à cent lieues de Paris.

Cette ex-petite maison était en réalité un fort grand et fort élégant hôtel frileusement caché sous de hautes futaies séculaires, au milieu desquelles il disparaissait presque entièrement.

Tout ce que le luxe et le confortable peuvent inventer avait été prodigué comme à plaisir dans ce délicieux réduit. Les appartements étaient vastes, commodes, bien distribués, nombreux surtout.

Dix familles auraient facilement pu habiter là côte à côte, sans se gêner et même sans se voir. Chacun était chez soi.

Les communs étaient spacieux, bien agencés et fournis de tout le nécessaire.

Le parc était immense. Depuis très longtemps négligés, les arbres avaient poussé en pleine liberté, étaient devenus fort touffus, ce qui donnait au parc une apparence de forêt vierge tout à fait réjouissante.

Il abondait en kiosques, ruines, grottes, labyrinthes de toutes sortes, gracieux et admirablement situés.

En somme, c'était un charmant séjour pour y rêver à son aise et respirer à pleins poumons l'odeur âcre, parfumée et bienfaisante des grands bois.

Les dames étaient véritablement charmées de leur nouvelle demeure ; elles n'avaient qu'une crainte, celle de la quitter trop vite.

Dans de telles conditions, la vie ne pouvait s'écouler que douce et agréable pour les jolies locataires de ce palais des Mille et une Nuits réalisé en plein Paris.

Chaque jour Williams Fillmore venait ponctuellement faire sa visite à Julian et lui dire :

— Rien de nouveau encore ; ils se préparent ; la bombe ne tardera pas à éclater.

Il s'était passé un fait singulier.

A peine Julian avait-il quitté l'hôtel d'Hérigoyen pour se mettre sur la piste du Mayor, qu'il s'était senti pris d'une grande inquiétude et avait tout abandonné pour retourner à l'hôtel et rejoindre Denizà, en donnant pour prétexte à ses deux compagnons que mieux valait laisser Bernard agir seul et attendre son rapport, et savoir à quoi s'en tenir sur ses recherches, afin de manœuvrer à coup sûr.

Mais la vérité était qu'il avait peur pour Denizà, après ce que lui avait rapporté Williams Fillmore à propos des intentions de Felitz Oyandi contre la jeune femme. Il voulait la revoir au plus vite et ne plus la quitter jusqu'à ce qu'il l'eût vue bien en sûreté dans la maison de la rue de Reuilly.

Ce sentiment était à la fois si naturel et si humain, que ses deux compagnons le comprirent et ne firent aucune difficulté pour rebrousser chemin.

D'ailleurs, le comte Armand était, lui aussi, fort inquiet de sa mère, et désirait vivement non seulement la revoir, mais encore s'assurer qu'elle était véritablement en sûreté dans la nouvelle retraite que Julian lui avait choisie.

Ils retournèrent donc à l'hôtel.

Mais il était déjà trop tard. Les dames étaient parties depuis un quart d'heure.

Les trois hommes n'eurent pas besoin de se consulter ; leur résolution fut prise en une seconde : tous trois avaient la même pensée au cœur. Julian fit atteler une voiture, et, dix minutes plus tard, ils partaient eux aussi pour la maison de la rue de Reuilly, où leur arrivée fut saluée par les dames avec de véritables exclamations de joie.

Pendant ce temps-là, le Mayor et ses deux complices essayaient de donner le change à notre ami Bernard Zumeta.

L'observation faite par Bernard à ses amis était juste.

En effet, cette fois, le Mayor avait commis une faute grossière, ce qui était extraordinaire de la part d'un homme d'un esprit aussi fin et aussi délié que le sien.

Sans doute, énervé par une longue lutte, sentant ses ennemis sur ses talons, se voyant presque forcé, il n'avait plus eu qu'une seule pensée, s'éloigner au plus vite, n'importe comment ; en un mot, la fièvre de la peur l'avait pris, il avait perdu la tête, son sang-froid l'avait abandonné, et alors il n'avait plus raisonné avec cette logique implacable qui le caractérisait.

Telle était la pensée de Bernard, et il ne s'était pas trompé.

En effet, en atteignant la Chaussée du Maine, le Mayor avait vu sortir d'une cour une voiture vide dont le cocher conduisait le cheval par le mors. Le fugitif avait jeté un regard rapide autour de lui.

Sur la chaussée il n'y avait que quelques rares passants marchant fort vite, sans regarder ni à droite ni à gauche, et pas une seule voiture en vue sur toute la longueur de la chaussée, depuis le pont du chemin de fer de l'Ouest jusqu'à l'église de Saint-Pierre de Montrouge.

Le temps pressait ; d'un moment à l'autre ses ennemis pouvaient survenir eux aussi.

Le Mayor monta dans la voiture et fit son marché avec le cocher sans remarquer, et peut-être même sans les voir, des gamins jouant sur un tas de sable au roi détrôné, à deux pas de la voiture, sur le bord du trottoir.

Si le Mayor n'avait pas été si effaré par la crainte de tomber entre les mains de ceux qu'il fuyait et s'il avait su prendre patience quelques minutes encore, il aurait certainement rencontré un de ces coupés le plus souvent sans numéros auxquels on donne le nom de maraudeurs et même de rôdeurs, qui jamais ne s'arrêtent aux stations réglementaires et ne chargent qu'en marchant ; il n'aurait eu alors à redouter ni les curieux ni les écouteurs.

Cependant, en arrivant à la rue de Rennes, ses nerfs étant un peu calmés et son esprit par conséquent plus lucide, le Mayor se ravisa.

Il arrêta le cocher, lui donna les cinq francs promis et descendit.

A quelques pas plus loin, il monta dans une autre voiture, qu'il prit à la station du chemin de fer.

Il quitta cette seconde voiture sur la place du Palais-Royal ; il en prit alors une troisième par laquelle il se fit conduire, non pas au coin de la rue des Écuries-d'Artois et du faubourg Saint-Honoré, mais à l'angle de la rue de Berri et des Champs-Élysées.

Mais la faute était commise, l'homme par lequel il était chassé était trop fin pour se laisser tromper par ces ruses enfantines.

Mais, heureusement pour le Mayor, Bernard, qui depuis qu'il était monté en voiture, n'avait pas desserré les dents, tressaillit tout à coup et, arrêtant le cocher :

— Retournez, lui dit-il, et allez au pas jusqu'à l'église, en suivant le milieu de la chaussée.

Le cocher obéit.

Bernard, après avoir recommandé d'un signe à ses compagnons de garder le silence, sauta à terre et se mit à marcher les bras derrière le dos et la tête légèrement penchée vers le sol.

Le policier ne comprenait rien à la manœuvre singulière du coureur des bois. Plusieurs fois il fut sur le point de l'interpeller et de lui demander quelle lubie lui passait par la tête.

Mais chaque fois, au moment d'ouvrir la bouche, il s'arrêta net, en voyant les sourcils froncés et l'air préoccupé de Bernard.

A la hauteur de la rue Thibaut, le coureur des bois ordonna au cocher de faire halte. Puis, coupant la chaussée en droite ligne, il s'engagea dans la rue Thibaut, la suivit dans toute sa longueur, et, arrivé à l'avenue d'Orléans, il s'arrêta, sembla examiner le sol pendant quelques instants, enfin il ordonna au cocher d'un geste de venir le rejoindre.

Lorsque la voiture eût débouché sur l'avenue d'Orléans, Bernard remonta, mais au lieu d'entrer dans l'intérieur, il se plaça près du cocher.

— Bon train jusqu'au carrefour de l'Observatoire! lui dit-il.

La voiture partit au grand trot.

Le policier se donnait au diable pour deviner cette énigme que le coureur des bois lui posait.

Tahera souriait. Il avait compris.

Au carrefour de l'Observatoire, Bernard redescendit de nouveau et recommença à examiner attentivement le sol, allant, venant, regardant à droite, regardant à gauche, se baissant, se relevant, semblant se consulter, puis reprenant son examen.

Tout à coup il se frappa le front, pivota sur lui-même et se dirigea vers la station des voitures du boulevard Montparnasse.

Là il recommença son examen, mais il fut court. Il s'approcha du surveillant de la station, le salua poliment et échangea quelques paroles rapides avec lui.

Puis, après avoir pris congé du surveillant, il revint vers sa voiture.

Son visage était radieux.

Le cocher ne comprenait rien à ce manège; il n'était pas éloigné de croire que sa pratique était folle.

— Un louis pour vous, lui dit Bernard, si dans une demi-heure vous me conduisez au faubourg Saint-Antoine !

— Ça va, bourgeois, s'écria le cocher joyeux; à quel endroit?

— A cinquante pas avant la rue de Reuilly.

— Convenu; montez-vous près de moi, bourgeois?

— Non, ce n'est plus la peine, répondit-il en ouvrant la portière et reprenant sa place dans l'intérieur; allez, et bon train !

— Soyez calme, bourgeois, dit le cocher. Hue, cocotte! ajouta-t-il en enveloppant son cheval d'un formidable coup de fouet.

Les chevaux des voitures de place sont très intelligents. Celui-ci comprit qu'il n'était plus temps de s'amuser, et il partit d'un train d'enfer.

— Nous les tenons! dit Bernard en se frottant les mains à s'enlever l'épiderme.

Tahera souriait toujours.

Le policier regardait le coureur des bois d'un air si ébahi, que Bernard lui rit au nez sans cérémonie.

— Vous ne comprenez pas? lui dit-il en riant.

— Je l'avoue en toute humilité, répondit le policier.

— Je parie que Tahera a compris, lui?

— Oui, répondit laconiquement le Comanche.

— Hum ! fit le policier avec dépit, il paraît alors que je suis un niais ?

— Pas le moins du monde, cher monsieur Bonhomme.

— Cependant, il me semble...

— Il vous semble mal, voilà tout. Écoutez-moi, et vous allez tout savoir.

— Je vous avoue que je n'en serais pas fâché.

— Très bien. Tout ce que j'ai fait est la suite d'un raisonnement.

— Oh! oh! fit le policier.

— C'est ainsi. Vous allez voir. J'ai fait rebrousser chemin au cocher d'abord, n'est-ce pas?

— Oui; pourquoi cela?

— Tout simplement parce que je me suis dit : « A quoi bon perdre mon temps à poursuivre le Mayor? Il n'est pas à redouter en ce moment; il a peur et il se sauve; laissons-le rentrer tranquillement chez lui. Il retrouvera là-bas Julian qui, si besoin est, lui taillera des croupières. »

— Soit, j'admets cela à la rigueur; mais cela ne m'explique pas les singulières manœuvres auxquelles vous vous êtes ensuite livré.

— Toujours la suite de mon raisonnement, ceci est encore plus simple. Ce matin, pendant que vous dormiez, nous avons reçu la visite de l'un de nos amis, lequel nous a appris que le Loupeur...

— Comment, le Loupeur?... Cet insaisissable bandit est mêlé à cette affaire? interrompit vivement le policier.

— Je ne vous l'ai pas dit?

— Pas un mot.

— Alors, c'est que je l'ai oublié; le Loupeur est le premier lieutenant du Mayor.

— Ah! diable!

— C'est un de ses appartements que nous avons découvert et que nous avons visité; lui, le Mayor et son complice Felitz Oyandi tenaient un conciliabule secret que nous avons troublé très désagréablement. Alors nos trois gaillards se sont sauvés dans trois directions différentes.

— Bigre de bigre!

— Il faut que vous sachiez que Julian a acheté une maison rue de Reuilly, où par parenthèse, nous allons le rencontrer ainsi que la comtesse de Valenfleurs, et ce pour des raisons que je vous expliquerai plus tard; or, cet ami dont je vous ai parlé nous a appris que le Loupeur avait découvert, on ne sait comment, que Julian possédait cette maison rue de Reuilly et qu'il se proposait aujourd'hui même de rôder aux environs pour la reconnaître ; me comprenez-vous ?

— Pas très bien ; dans quel but cette reconnaissance ?

— Afin de s'y introduire à la première occasion, avec une bande de gredins comme lui.

— A quoi bon ?

— C'est ce que je vous expliquerai bientôt.

— Comme il vous plaira ; mais cela ne me dit pas...

— Voyons, c'est cependant limpide : j'ai abandonné la piste du Mayor, qui ne m'intéressait plus.

— J'y suis ! s'écria le policier, pour vous mettre sur la piste du Loupeur !...

— Tout juste.

— Et vous avez retrouvé ses traces ?

— A la rue Thibaut, de là au carrefour de l'Observatoire, et enfin à la station des voitures ; alors j'ai interrogé le surveillant, qui m'a appris qu'un individu d'assez mauvaise mine, il y a trois quarts d'heure à peu près, avait pris une voiture en ordonnant au cocher de le conduire à place de la Bastille, au coin de la rue de Lyon.

— Je comprends parfaitement. Mes compliments, monsieur. Sur ma foi, vous êtes un rude homme. Quel malheur que vous ne vous soyez pas mis dans la police ! quels services vous auriez rendus !

— Bah ! dans un pays de routine comme la France, dit Bernard en riant, on aurait trouvé cent mille raisons pour me prouver que mon système est mauvais, et on aurait refusé de l'adopter. Cette innovation aurait gêné et dérangé trop de braves gens qui vivent comme des coqs en pâte munis de douces sinécu.es.

— Ce n'est que trop vrai ! dit le policier avec un soupir étouffé.

Et comme Bernard avait du temps devant lui, il raconta en détail à M. Pascal Bonhomme la visite de William Fillmore, et comment, après cette visite si intéressante, une émigration générale pour s'installer rue de Reuilly avait été décidée et exécutée immédiatement.

— C'est bien joué ! dit le policier ; mais vous me permettrez de vous faire observer, monsieur, que le moyen est des plus violents et singulièrement sauvage.

— Bah! qui veut la fin veut les moyens. Ne vous ai-je pas averti que nous agissions à la mode des Peaux-Rouges? Et puis en somme, est-ce que, au prix de quelques gouttes de sang versées, et quel sang! nous ne rendons pas, à nos risques et périls, un immense service à la société tout entière, en la délivrant de ce ramassis de gredins sans foi ni loi qui lui ont déclaré une guerre sans merci?

— A votre point de vue, vous avez raison certainement; mais nos lois défendent de se faire justice soi-même.

— Allons donc! si les lois sont mauvaises, qu'on les change!

— Ceci est bientôt dit.

— Et plus vite fait quand on veut. Ces lois défendent les coquins contre les honnêtes gens, c'est absurde.

— Je ne dis pas non.

— D'ailleurs, dans toute cette affaire nous n'attaquons pas, nous prenons nos précautions et nous nous tenons sur nos gardes; si l'on veut envahir notre maison nous nous défendrons, et rudement je vous le jure; qui oserait nous en blâmer?

— Personne assurément; la question posée ainsi, j'avoue que vous êtes dans votre droit et que ce sera tant pis pour ceux qui s'aviseront de vous attaquer,

En ce moment la voiture s'arrêta.

— Est-ce marcher, ça, hein! bourgeois? dit le cocher.

— Très bien! répondit Bernard. Voici le louis convenu et cent sous pour boire.

— Merci, bourgeois; à votre service. Ma foi, Cocotte est éreintée, je suis près de mon remisage, je vais rentrer et me donner du bon temps. A vous revoir, bourgeois!

Et le cocher fit tourner sa voiture et s'éloigna au petit pas, ce qui sembla faire un sensible plaisir à Cocotte.

A peine descendu, Bernard retrouva les traces du Loupeur.

Nous ne nous appesantirons pas sur cette seconde piste;

nous nous bornerons à constater que Bernard le suivit dans le faubourg Saint-Antoine, dans la rue de Reuilly et tout autour de la maison.

Seulement elle était double.

Il y avait un autre pas à côté de celui du Loupeur.

Cette seconde trace était celle des pas de Fil-en-Quatre, auquel, on s'en souvient, le Loupeur avait donné rendez-vous dans un cabaret borgne situé non loin de l'ancienne petite-maison.

Vers cinq heures du soir, leurs affaires terminées, Bernard et ses deux compagnons sonnèrent à la porte de la maison, qui s'ouvrait aussitôt.

Grande fut la surprise de Bernard lorsque, dans la première personne qu'il aperçut, il reconnut Julian.

Celui-ci lui avoua en riant qu'il n'avait pas rempli la tâche qu'il avait acceptée, son inquiétude étant trop grande pour lui permettre aucun travail tant que la comtesse et sa chère Deniza ne seraient point en sûreté, que d'ailleurs il avait compté sur lui.

Bernard se mit franchement à rire, et il lui avoua que lui aussi avait compté sur lui.

Il rapporta alors à Julian tout ce qu'il avait fait.

Le résultat était important du reste, l'échec du Loupeur ayant dû effrayer le bandit en lui prouvant que, le jour où ses redoutables adversaires voudraient s'emparer de lui, cela leur serait facile malgré ses ruses et ses finesses.

Mais les deux coureurs des bois, maintenant que tout était en ordre et préparé pour une énergique résistance, décidèrent de ne pas plus longtemps rester inactifs.

Le second jour après celui de leur installation rue de Reuilly, vers dix heures du matin, ils quittèrent la maison avec leurs amis, résolus à se remettre sur la piste du Mayor et à ne pas la quitter avant d'en avoir atteint la fin.

Madame la comtesse de Valenfleurs se plaisait beaucoup, nous l'avons dit, dans cette maison ; car elle avait surtout besoin de solitude, afin de s'entretenir avec sa douleur.

C'était depuis qu'elle l'avait perdue qu'elle sentait toute

l'affection qu'elle portait à Vanda et combien celle dont elle avait fait sa fille lui était devenue chère.

Vers deux heures de l'après-dîner, la comtesse s'enfonça sous les hautes frondaisons et ses pas se dirigèrent machinalement vers un kiosque situé dans la partie la plus reculée et la plus touffue du parc.

Cette construction pittoresque, perdue pour ainsi dire sous les hautes futaies, lui rappelait ses courses passées à travers les forêts américaines, les émotions douces ou terribles éprouvées à cette époque déjà si loin d'elle, et que par le souvenir elle faisait repasser devant ses yeux.

La comtesse, plutôt poussée par son cœur que par sa volonté, se trouva subitement en face du kiosque. Elle poussa la porte et entra.

Ce kiosque ne se composait que d'une seule pièce de forme octogone; elle recevait le jour par quatre hautes fenêtres garnies de vitraux peints enchâssés dans du plomb et représentant des scènes de chasse.

L'ameublement était simple et de bon goût : un divan circulaire, un piano de Pleyel, une table ronde, un guéridon chargé de musique, de livres et de brochures. Quelques chaises et fauteuils, des tabourets, des corbeilles à ouvrage, quelques tableaux de maîtres accrochés aux murailles, un lustre en cristal tombant du plafond, et c'était tout.

Dans le parc de son hôtel du boulevard de Courcelles, la comtesse de Valenfleurs avait un kiosque tout semblable à celui-ci, où elle venait souvent, en compagnie de Vanda, causer, lire, faire de la musique ou rêver, tandis que la jeune fille dessinait ou brodait près d'elle.

Madame de Valenfleurs promena un regard triste et mouillé de larmes autour d'elle.

Trois jours auparavant, elle avait passé plusieurs heures dans le kiosque de son hôtel, entre Vanda et miss Lucy Gordon, heureuses toutes trois et formant de charmants projets pour la saison des eaux, où elles devaient se rendre vers le milieu de juillet.

Un temps bien court s'était écoulé, et toute cette joie s'était changée en tristesse et en douleur.

Plus de chants joyeux, plus de rires cristallins : des larmes amères et l'appréhension terrible de devenir malheureux.

La comtesse se laissa aller sur un fauteuil, où elle s'affaissa et se plongea dans une douloureuse rêverie, sans même songer à essuyer les larmes brûlantes qui coulaient lentement le long de ses joues pâlies par la souffrance.

Un silence profond, presque solennel, régnait dans cette partie du parc.

Soudain la comtesse entendit un bruit, dont elle ne se rendit pas compte d'abord, mais qui se renouvela presque aussitôt, avec une intensité plus grande.

La porte du kiosque avait été brusquement ouverte.

La comtesse releva sa tête alourdie par la souffrance et poussa un cri de frayeur.

Dans l'entrebâillement de la porte, sur le seuil du kiosque, un homme se tenait debout, les bras croisés sur la poitrine, les traits sombres, les sourcils froncés à se joindre, les traits livides, presque repoussants, et fixant sur elle un regard d'une expression étrange.

— Ah! ah! dit-il d'une voix sourde, vous m'avez reconnu ? c'est bien !

La comtesse le regarda sans répondre.

Elle se préparait intérieurement à soutenir la lutte affreuse qu'elle sentait prochaine.

Cet homme était le Mayor ou plutôt le marquis de Garmandia, son premier mari.

Bien que l'âge, les excès de toute sorte et les hasards d'une existence aventureuse eussent profondément modifié les traits du marquis, qu'une balafre reçue à l'attaque de la Florida lui eût partagé le visage et que les années eussent lourdement pesé sur toute sa personne, cependant à l'expression de son regard louche, sans rayonnement, aux paupières à demi baissées, il était impossible de le méconnaître.

Après deux ou trois minutes, le Mayor, ou plutôt le marquis, ouvrit définitivement la porte, et pénétra résolûment dans le kiosque.

A quelques pas de la comtesse seulement, il s'arrêta.

— Nous nous sommes donc, vous et moi, échappés tous deux du tombeau, lui dit-il avec une ironie cruelle ; c'est plaisir à se revoir ainsi plus de vingt ans après sa mort, jeunes, forts et heureux.

— Oui, dit la comtesse d'une voix lente et basse, mais ferme ; l'assassin se retrouve face à face avec sa victime, qu'il croyait cependant avoir pour toujours scellée toute vivante dans la tombe.

— On me l'avait dit, reprit le marquis d'une voix rauque ; je ne voulais pas le croire, et pourtant je vous avais vue et reconnue là-bas, en Amérique, aux portes d'Hermosillo ; cette ressemblance me semblait tellement extravagante, que jusqu'à aujourd'hui, malgré le témoignage de mes yeux, je pensais avoir été le jouet de la fièvre qui me brûlait le cerveau et le peuplait de fantômes. Mais vous voilà : ma tête est calme ; je vous ai examinée avec attention, j'ai entendu le son de votre voix ; l'erreur n'est plus possible, c'est bien vous ! vous êtes vivante !

— Oui, répondit-elle avec une indicible amertume, je suis vivante ! malgré vous ! malgré l'horrible assassinat dont j'ai été la victime !

— Oh ! oh ! mort diable ! voilà de biens grands mots, madame, fit-il en ricanant, pour un acte violent peut-être, mais qui, en somme, en vous débarrassant de moi et en vous laissant libre et riche, a tourné à votre bénéfice et vous a faite heureuse.

— Monsieur ! s'écria-t-elle avec dignité.

— Je vous mets au défi de me prouver le contraire, madame, reprit-il avec un rire ressemblant à un grincement de dents.

— Oh ! monsieur ! s'écria-t-elle avec dégoût.

— Précisons, si vous le voulez bien, madame. A peine libre, vous vous remariez ; votre tempérament de feu ne s'arrangeait pas sans doute d'un long veuvage ; vous épousez un charmant gentilhomme qui meurt après deux ou trois ans de mariage, en vous laissant un fils au berceau et vous léguant toute sa fortune, qui était très considérable ; de sorte que vous êtes maintenant huit ou dix fois millionnaire, et libre de nouveau ; moi, au contraire, ruiné par votre mort, car vous aviez honnêtement emporté le magot...

— Monsieur ! ces paroles...

— Sont justes, madame. Vous avez tout emporté. Donc, ruiné, poursuivi pour vous avoir assassiné, je brise ma carrière militaire, si avancée déjà ; je suis contraint de me brûler la cervelle et de disparaître ; je vous rencontre au Mexique, par hasard, et sans vous reconnaître ; deux fois vous me causez des dommages énormes et mettez ma vie en danger : la première fois lors de l'attaque de votre camp, où tous mes compagnons furent massacrés ; la seconde, à la Florida, où le même fait se renouvela ; je ne survécus que par miracle. Je devins amoureux d'une femme...

— Vous ! fit-elle avec un sourire d'écrasant mépris.

— Oh ! ne souriez pas, madame ! Cette femme je l'ai aimée avec passion, avec délire ; elle me donna une fille, Vanda, une admirable enfant, ma consolation dans mes heures sombres, mon bonheur de tous les instants. Cette enfant, vous me la ravissez ! Vous l'élevez près de vous, et vous me volez sa tendresse, à moi, son père, en vous faisant aimer d'elle !... Ma femme, ma chère Luz, je l'ai tuée il y a deux mois, à la sortie de votre hôtel ; moi je tenais le poignard, mais c'est vous qui l'avez enfoncé dans son cœur, car elle vous aimait, elle aussi ! Elle m'a soustrait, pour vous en faire une arme contre moi, un portefeuille contenant des papiers dont le moindre suffit pour faire tomber ma tête ; je suis seul, abandonné, proscrit, haï, persécuté, sans un ami, et n'ayant que des ennemis. Vous, au contraire, madame, vous êtes heureuse, aimée, respectée, choyée, riche, admirée, entourée d'amis dévoués prêts à se sacrifier pour vous ; comparez votre sort à celui que vous m'avez fait, et jugez entre nous !

— C'est Dieu qui vous jugera, monsieur! répondit-elle sévèrement.

— Dieu! s'écria-t-il avec un ricanement de sinistre défi; où est-il? où est sa justice? Je la cherche partout, je ne la vois nulle part! Pourqoui donc suis-je si malheureux, moi, quand vous, madame, vous êtes si heureuse?

— Cette question, adressez-vous-la à vous-même, monsieur, si vous l'osez! et s'il vous reste au cœur l'ombre seulement d'un sentiment humain, vous frémirez de la réponse que vous fera votre conscience.

Il y eut un court silence pendant lequel les deux interlocuteurs de cette conversation étrange, s'il est possible de donner ce nom à cette altercation fiévreuse, semblèrent reprendre haleine un instant, comme deux duellistes sur le terrain s'arrêtent avant d'engager la dernière et décisive partie.

— Tenez, madame! s'écria enfin le marquis avec une violence contenue; toujours et partout vous avez été mon mauvais génie; vous seule êtes la cause première de toutes mes erreurs et de tous mes crimes; constamment et en toutes circonstances je vous ai rencontrée sur mon chemin, me barrant le passage, déjouant mes projets, anéantissant mes joies, brisant mon bonheur, et, systématiquement et comme de parti pris, faisant de moi un paria, un damné en horreur aux hommes et à lui-même!

— Parce que je suis votre remords vivant, monsieur, répondit froidement la comtesse, parce que le Dieu que vous essayez de nier, mais dont la main puissante s'est appesantie sur vous, ce Dieu dont la justice est lente, mais inévitable, a voulu que je vive, moi, pauvre femme innocente, que vous avez si indignement traitée et si lâchement assassinée, pour me dresser devant vous, partout et toujours, afin de vous prouver combien sont fragiles vos résolutions et folles vos continuelles révoltes contre toutes les lois divines et humaines que, pauvre insensé, vous vous êtes plu avec une fureur impuissante à fouler rageusement sous vos pieds, en jetant un défi de fauve aux abois à la société tout entière, qui vous a avec horreur rejeté de son sein !

Le Mayor frémit à cette flétrissure qu'il recevait en plein visage.

— Madame !... s'écria-t-il avec rage et se contenant à peine.

— Finissons-en, monsieur, reprit résolûment la comtesse, dont, le premier saisissement passé, le courage grandissait avec le danger qu'elle sentait proche et inévitable ; je n'ai pas à discuter mes actes devant vous ; je ne vous connais pas. Le marquis de Garmandia s'est tué après avoir assassiné sa femme. Nous sommes morts l'un pour l'autre ; il n'y a plus de marquis ni de marquise de Garmandia pour nous ni pour le monde. Venez donc au fait, monsieur, et finissons-en ; cette entrevue n'a que trop duré.

— Prenez garde, madame ! s'cria-t-il d'une voix rauque en faisant un pas en avant.

— Trêve de menaces, monsieur ! répondit-elle en se redressant superbe de dédain et de mépris. Vous ne pouvez rien contre moi. Vous devez depuis longtemps le voir. Dieu est entre nous ; il saura me défendre contre cette nouvelle attaque comme il l'a déjà fait chaque fois que vous avez essayé de m'assassiner ou de me combattre ! Laissez donc là ces vaines fanfaronnades qui ne m'effraient pas, et encore une fois, venez au fait, car vous ne vous êtes pas introduit dans ce kiosque dans le seul but de m'outrager, j'imagine ? Quel marché honteux avez-vous à me proposer ? Parlez, je suis prête à m'imposer les plus grands sacrifices pour sauver ma fille.

— Votre fille, madame ? s'écria-t-il avec un rugissement de fauve.

— Oui, monsieur, ma fille ! reprit-elle avec une énergie pleine de fierté ; ma fille sinon par le sang, mais du moins par le cœur ! Vanda que je chéris comme si je l'avais portée dans mon sein, que j'ai élevée, instruite, rendue aimante et bonne, chaste et pure comme les anges qui lui sourient dans le ciel, que je veux faire heureuse, enviée et estimée, bien que depuis longtemps je sache à quel monstre odieux elle doit le jour ! Cette œuvre de dévouement que j'ai accomplie avec une ferveur joyeuse sera ma seule vengeance de tout le mal que vous m'avez fait et de celui que vous tenterez de me faire encore !

— Vanda ! ma fille ! le seul bien qui me reste, vous la rendre, à vous ? Oh ! oh ! s'écria-t-il avec égarement.

— Ce sera, monsieur, que vous y consentiez ou non ! dit-elle sévèrement ; je saurai vous y contraindre. Cette enfant que vous avez reniée et que maintenant vous prétendez aimer, elle pleure, elle a le cœur brisé. Vous n'entendez pas ses sanglots ; vous n'écoutez pas ses plaintes, ses prières, et vous êtes son père, dites-vous ? Allons donc ! Les tigres et les panthères vous donneraient des leçons d'amour paternel : ils ont, eux, des entrailles pour leurs petits ; vous, vous n'avez plus rien au cœur que l'égoïsme de la cruauté et la luxure de la vengeance ! Je ne suis pas dupe de vos semblants d'amour pour votre fille ; vous ne l'aimez pas, vous ne l'avez jamais aimée ; sans cela, la laisseriez-vous souffrir ? Moi, monsieur, moi sa mère véritable, quoi que vous en disiez, depuis que vous avez assassiné l'autre, — car vous êtes un lâche tueur de femmes ! — moi, je donnerais avec joie ma vie pour lui épargner un chagrin et la voir sourire. Sachez-le bien, monsieur, ce n'est pas le hasard de la naissance qui constitue la paternité ; il faut avoir veillé sans cesse sur un enfant, avoir entouré de tendresse et de soins affectueux sa frêle existence, avoir suivi et dirigé avec une sollicitude de toutes les secondes les développements de son intelligence, de ses instincts et de son caractère, modéré les uns, encouragé les autres, en avoir fait enfin un homme de valeur ou une femme estimable, pour avoir le droit de revendiquer une paternité qui, sans ces conditions essentielles, n'est qu'une dérision ! Ne me parlez donc plus de votre amour pour votre fille. Si cet amour a jamais existé, il est mort ; d'ailleurs, vous êtes malheureusement impuissant à ressentir d'autres sentiments que celui de la haine ; l'enlèvement de Vanda n'est pas autre chose qu'une vengeance. Voulez-vous un million, deux millions même pour me la rendre? Parlez, monsieur : avant une heure vous les recevrez. Que m'importe l'argent, à moi? Je veux que ma fille soit heureuse !

Malgré lui, le bandit, en écoutant ces nobles et généreuse paroles, s'était senti ému, pour la première fois peut-être, par un sentiment étrange.

Quelque chose d'inconnu avait vibré dans sa poitrine, l'avait fait tressaillir et lui avait fait monter la rougeur au front.

Alors, sombre, haletant, il avait écouté madame de Valenfleurs comme dompté par une force mystérieuse plus puissante que sa volonté, et sans même essayer de l'interrompre.

Il y un court silence.

La comtesse examinait curieusement à la dérobée, sur les traits énergiques de cet homme, les sentiments qui tour à tour venaient s'y refléter.

Enfin, le marquis, d'un geste brusque, passa fiévreusement la main sur son front, et il reprit, mais cette fois d'une voix triste et presque douce :

— Et si je consentais, madame, à m'imposer ce sacrifice, dit-il, et à vous rendre ma fille, consentiriez-vous à votre tour à me la laisser voir quelquefois ?

— Sait-elle qu'elle est votre fille ? demanda nettement la comtesse.

— Depuis son enlèvement elle pleure et appelle sa compagne, dont j'avais jugé à propos de la séparer.

— Pour la livrer à un de vos complices qui a tenté de l'obtenir par un crime et n'a même pas reculé devant l'emploi de la force brutale pour essayer de vaincre sa résistance. Oui, je sais cette histoire, dit la comtesse avec dégoût.

— Que m'importe cela ? s'écria-t-il en reprenant subitement sa nature féroce. Il aimait cette femme, je la lui ai abandonnée. Mais elle lui a échappé et s'est enfuie; elle a glissé comme une couleuvre entre ses mains, et sans doute cette belle éplorée a réussi à revenir près de vous ?

La comtesse détourna la tête sans répondre.

— J'ai essayé de calmer ma fille, de la consoler, reprit-il ; mais tous mes efforts ont été stériles. Elle se plaint de son enlèvement, m'injurie, et pourquoi ne l'avouerais-je pas, moi que rien n'arrête, que rien n'émeut, je me suis senti faible devant le désespoir de cette enfant, et je n'ai pas osé, non, mille démons d'enfer ! s'écria-t-il en frappant du pied avec colère et en serrant les poings, je n'ai pas osé lui révéler les liens qui nous unissent.

— C'est Dieu qui vous a inspiré à votre insu, monsieur, dit la comtesse avec dignité ; car cette révélation terrible l'aurait plus sûrement tuée qu'un coup de poignard dans le cœur. Elle n'aurait pas résisté à la honte de vous savoir son père !

— Madame, qu'osez-vous dire ? s'écria-t-il les dents serrées, le regard plein de lueurs fauves.

— La vérité, monsieur ; puisque votre âme est si complétement atrophiée qu'elle ne comprend plus rien aux sentiments d'honneur et de délicatesse, il faut bien que je vous les explique.

— Oh ! c'est affreux ! murmura-t-il presque à voix basse.

Et il reprit :

— C'est alors que j'ai conçu le projet de vous enlever, vous aussi, madame, pour vous réunir à elle, et que je me suis introduit dans cette maison, malgré vos nombreux domestiques, et que j'ai réussi à parvenir jusqu'à vous. Mais maintenant j'ai réfléchi : je ne veux pas que ma fille souffre et soit malheureuse près de moi. Je vous renouvelle la question que je vous ai adressée déjà : si je consens à me séparer de Vanda et à vous la rendre, consentirez-vous à me la laisser voir quelquefois ?

— Monsieur... dit la comtesse avec embarras.

— C'est une réponse nette et catégorique que je vous demande, madame ! reprit-il avec impatience

— Eh bien ! puisque vous l'exigez, monsieur, je serai franche avec vous, répondit résolûment la comtesse ;

quand même j'y consentirais, monsieur, cela me serait impossible, vous le savez mieux que moi. A quel titre la verriez-vous? pourquoi? sous quels prétextes? comment? Oubliez-vous donc que vous êtes proscrit, mis au ban de la société? Vous exposerez-vous à être un jour ou l'autre arrêté devant elle et à lui révéler ainsi cette horrible vérité que toujours elle doit ignorer? Comment supposez-vous que Vanda, après l'odieux attentat dont vous vous êtes rendu coupable envers elle, en l'enlevant violemment et en la ravissant à la famille à laquelle elle croit appartenir, pour la séquestrer dans je ne sais quel odieux repaire, comment supposez-vous que la pauvre enfant puisse consentir à vous revoir? Pourrait-elle avoir la force nécessaire pour supporter votre présence sans que son cœur se brisât aussitôt d'angoisse et de honte à votre seul aspect? Non, monsieur, cela n'est pas possible, vous devez le comprendre. Votre vue la tuerait ou la rendrait folle. Si vous l'aimez véritablement, monsieur, il faut vous résigner à un sacrifice complet, à ne plus la voir!

— Jamais je n'accepterai une aussi terrible condition, madame, répondit-il en fronçant les sourcils à se joindre.

— Ce n'est pas moi qui vous l'impose, monsieur, dit vivement la comtesse. Hélas! c'est vous même! Votre existence criminelle vous condamne à ne plus voir votre fille qu'en cachette, à la dérobée, par hasard, et sans même que votre présence soit soupçonnée par elle. Vous êtes, malgré vous, contraint à subir les conséquences fatales de la position anormale que vos crimes vous ont faite. Croyez moi, monsieur, acceptez la transaction avantageuse que je vous offre et qui seule est possible. Tout ce que vous désirerez, je vous le remettrai, non seulement sans regrets, mais encore avec joie, tant est grand mon désir de voir cette chère enfant heureuse. Je lui apprendrai à prier pour vous, à vous bénir! Et tenez, j'irai plus loin encore s'il le faut. Ce portefeuille, cette arme terrible remise entre mes mains, je vous le rendrai intact, tel que je l'ai reçu.

— Vous feriez cela? s'écria-t-il avec surprise.

Mais se remettant aussitôt et hochant la tête avec découragement :

— Mais non, ajouta-t-il, il est trop tard maintenant pour reculer dans la voie funeste dans laquelle je suis engagé ! Un instant, séduit par la magie de vos paroles, madame, et l'espoir trompeur que vous faisiez miroiter devant mes yeux éblouis, j'ai cru que je pouvais m'arrêter ; je reconnais mon erreur, que mon destin s'accomplisse, madame ! Gardez vos richesses dont je n'ai que faire, ce portefeuille arme terrible en effet, mais dont je saurai me garantir. Depuis vingt ans j'attends ma revanche ; je la tiens aujourd'hui, je ne la laisserai pas échapper ; vos larmes ni vos prières n'y feront rien, vous me connaissez !

— Je ne pleure pas, monsieur, répondit la comtesse avec une noble fierté ; je ne m'abaisserai pas à vous prier ; j'ai cru, moi aussi, pendant un instant, qu'il restait quelque chose d'humain au fond de votre cœur. Je me suis trompée, que votre destin s'accomplisse !

— Le vôtre s'accomplira d'abord ! s'écria-t-il en ricanant ; suivez-moi, madame ; je ne suis demeuré que trop longtemps ici.

— Je ne vous suivrai pas, monsieur, répondit-elle résolûment, à moins que vous n'employiez la force.

— Qu'à cela ne tienne, madame ! reprit-il en souriant amèrement.

Et, se penchant un peu en dehors de la porte, il fit entendre un léger sifflement.

Deux hommes parurent aussitôt.

Le premier était Fil-en-Quatre, le second Sebastian.

Le marquis s'était retourné vers la comtesse et n'avait pas vu Sebastian.

— Cet homme ici ! s'écria madame de Valenfleurs en se reculant avec épouvante.

Le marquis se retourna vivement.

— Sebastian ici ! s'écria-t-il d'une voix sourde en cherchant ses revolvers.

Sebastian s'approchait, froid et impassible comme toujours.

— Ah ! vous me reconnaissez ? fit l'ancien matelot avec un rire de démon. Ce n'est plus au Drancy ! Il fait jour, et j'ai des armes, mon maître !

Et, levant subitement le bras, il fit feu de son revolver ; mais le marquis avait été aussi prompt que lui, les deux coups n'en firent qu'un.

Un frisson passa sur les traits du marquis ; la balle de Sebastian lui avait troué l'épaule. Quant à l'ancien matelot, il était étendu sans mouvement sur le sol.

— Eh ! eh ! fit le bandit en ricanant, j'en tiens ! mais je le crois bien malade ; voyons un peu.

Il quitta le kiosque, s'approcha de Sebastian et se pencha sur lui.

— Il n'est pas mort, mais il n'en vaut guère mieux : un ennemi de moins !

Et il lui brûla froidement la cervelle.

Alors, regardant autour de lui, il aperçut Fil-en-Quatre immobile près du kiosque.

— Eh bien ! que fais-tu donc, mon garçon ? lui dit-il tout en rechargeant ses revolvers.

— J'attends vos ordres.

— Bien. Emporte, emporte, lui dit-il en désignant la comtesse ; dépêche-toi, nous sommes pressés.

Fil-en-Quatre entra dans le kiosque et s'avança vers la comtesse.

— Laissez-moi !... je ne veux pas que cet homme me touche ! s'écria madame de Valenfleurs d'une voix anxieuse, laissez-moi ! Au secours !... à l'assassin !... à moi !... reprit-elle en proie à une plus vive épouvante.

— Un mot de plus, madame, s'écria le marquis en levant son poignard, un mot de plus, et je vous jette morte à mes pieds ! et toi, drôle, dépêche !

La comtesse s'était évanouie. Fil-en-Quatre la saisit, la roula dans un châle, l'enleva comme il eût fait d'un enfant et la jeta sur son épaule.

— Maintenant hâtons-nous, dit le marquis ; je crains que tout ce bruit n'ait donné l'éveil.

— C'est de vot' faute, dit le bandit d'un air bourru ; il ne fallait pas rester si longtemps à écouter des histoires ; allons, en route !

Le marquis, après avoir arrêté tant bien que mal le sang qui sortait de sa blessure, suivit Fil-en-Quatre.

Mais les deux coups de revolver et les cris de la comtesse avaient été entendus.

Bientôt les fugitifs entendirent sous bois les pas pressés de plusieurs hommes qui accouraient en toute hâte dans différentes directions.

— Mort diable ! s'écria le marquis, dépêchons-nous ; quelques pas encore, et nous sommes sauvés.

Et il redoubla d'efforts.

Il siffla : un sifflet pareil lui répondit presque aussitôt.

— Voici nos hommes, nous sommes sauvés ! s'écria le marquis. Courage, garçon !

En ce moment, plusieurs coups de feu éclatèrent sous le couvert.

— Mille tonnerres ! s'écria le marquis, nous sommes vus !

Fil en-Quatre ne répondit pas ; il courait toujours.

Mais sa course s'appesantissait.

Tout à coup il chancela.

— Prenez-la, partez ; j'ai mon compte ! dit-il d'une voix chevrotante. — Y a pas d' soin, ajouta-t-il. Ah ! si j'avais pu me sauver !

Le marquis s'arrêta.

— Tu es blessé ? lui demanda-t-il.

— Je suis tué ! répondit Fil-en-Quatre en s'appuyant contre un arbre.

— Au secours ! s'écria la comtesse d'une voix vibrante.

Et, se débarrassant des bras presque inertes du bandit, elle essaya de fuir.

— Ah ! démon ! s'écria-t-il avec rage, cette fois tu mourras !

Et il la saisit par le bras.

Une seconde décharge éclata ; le marquis chancela.

— Mort diable ! j'en tiens ! s'écria-t-il avec rage.

Il laissa échapper son poignard et s'enfuit.

On entendit le bruit d'une course précipitée.

Un homme parut, bondissant comme une panthère.

Il s'élança sur Fil-en-Quatre qui était tombé à genoux, se rua sur lui et le renversa.

Le bandit poussa un horrible cri d'agonie, se tordit dans une dernière convulsion et resta immobile.

Tahera, après l'avoir scalpé, lui avait enfoncé son poignard dans le cœur.

Une foule de gens apparurent alors.

On s'empressa autour de la comtesse évanouie de nouveau et étendue sur le sol.

Sans compter Fil-en-Quatre, cinq autres bandits avaient été tués raide dans le parc, et Sebastian dont on ignorait la mort ; plusieurs bandits, grièvement blessés, avaient réussi à s'échapper en escaladant les murailles du parc.

Le marquis était du nombre ; lui aussi avait disparu.

— Cette fois, ils ont senti notre poudre, dit Bernard en se frottant les mains ; à bientôt la dernière bataille ; mais je voudrais bien savoir ce qu'est devenu Julian, ajouta-t-il à demi-voix et pour lui seul.

— Que ferons-nous de ces cadavres ? demanda le policier.

— Qu'on les enfouisse dans un trou ; comme cela ils seront au moins bons à quelque chose, dit Bernard ; ils fumeront la terre.

— Au fait, c'est une idée, dit le policier avec philosophie ; nul ne les réclamera !

XXIV

COMMENT LES COUREURS DES BOIS ATTEIGNIRENT ENFIN LE BOUT DE LEUR DOUBLE PISTE, ET COMMENT FELITZ OYANDI EUT UNE DISCUSSION ORAGEUSE AVEC DARDAR, ET CE QUI S'ENSUIVIT.

Nous avons dit plus haut que Julian et Bernard, sans se douter de ce qui se passerait pendant leur absence à la maison de la rue de Reuilly, avaient précisément choisi ce jour-là pour reprendre leurs investigations et, s'il était possible, les terminer, c'est-à-dire découvrir la retraite où les ravisseurs de Vanda avaient emmené la malheureuse jeune fille, en même temps qu'ils essaieraient de retrouver le Mayor.

Donc, vers onze heures du matin, après un déjeuner sommaire, Julian, le comte Armand et Charbonneau étaient montés dans une voiture et s'étaient fait conduire à l'ancienne barrière de l'Étoile.

Julian voulait reprendre la piste où Bernard l'avait arrêtée, aux environs de l'Arc de Triomphe.

De son côté, Bernard était monté dans une seconde voiture avec le policier et Tahera et s'était fait conduire à une centaine de pas de l'église Saint-Philippe de Roule, où il avait perdu les dernières traces du Mayor le jour où, se sentant vigoureusement chassé par le coureur des bois, le bandit avait donné l'ordre à ses hommes de se disperser, et où lui-même, après avoir traversé l'église, s'était blotti dans une voiture qui l'attendait et avait gagné au pied.

Après être descendus, les trois hommes commencèrent leurs recherches. Bientôt Bernard reconnut les traces du Mayor ; une fois sur la piste, le coureur des bois ne devait plus la perdre.

Mais, chose singulière, ces traces, au lieu de remonter le faubourg, le descendaient. Elles allaient du côté de la rue Royale, contournaient la Madeleine, remontaient le boulevard, et, à la hauteur du café de la Paix, ces traces se confondaient avec deux autres que Bernard reconnut pour être celles de Felitz Oyandi et du Loupeur.

Puis ces trois traces pénétraient ensemble dans le café.

Les trois hommes, après un assez long séjour dans le café de la Paix, étaient sortis par une autre porte que celle par laquelle ils étaient entrés.

Le Mayor et le Loupeur étaient restés pendant quelques

instants sur le trottoir, tandis que Felitz Oyandi s'était dirigé vers le Grand-Hôtel, avait pénétré dans la cour et était monté dans une voiture de l'hôtel, qui était venue s'arrêter devant ; les deux autres hommes étaient restés sur le boulevard ; ceux-ci étaient montés dans la voiture qui s'était alors éloignée au grand trot dans la direction de la Bastille.

Tous ces détails, qui paraîtront peut-être incroyables, étaient cependant d'une exactitude rigoureuse.

Bernard avait lu comme à livre ouvert ces traces presque imperceptibles, laissées sur le sol et perdues au milieu de centaines d'autres.

Tout cela était net et clair dans l'esprit du coureur des bois. Il avait reconstruit en un instant les longues pérégrinations et jusqu'aux hésitations des trois hommes à travers les rues et les boulevards qu'ils avaient traversés.

Bernard sourit, et se frottant joyeusement les mains :

— Décidément, dit-il, le Mayor n'est pas aussi fort que je l'avais cru jusqu'à présent.

Sa voiture avait reçu l'ordre de suivre à une dizaine de mètres en arrière ; il fit signe au cocher de venir se ranger à la lisière du trottoir, ce qui fut aussitôt exécuté.

— Montez, messieurs ! dit-il en se frottant les mains ; notre tâche est terminée.

Les deux hommes montèrent dans la voiture.

— Au coin de la rue de Reuilly et du faubourg Saint-Antoine et bon train ! recommanda Bernard.

Les chevaux, vigoureusement enlevés par le cocher, filèrent comme un trait le long des boulevards.

Bernard avait en moins d'un instant compris le plan du Mayor : plan habile et surtout des plus audacieux.

Tandis que ses ennemis allaient le relancer dans ses repaires, il prenait, lui, de son côté, vigoureusement l'offensive, et tentait de s'introduire chez eux et d'enlever la comtesse par surprise.

Il expliqua en quelques mots ce plan hardi à ses deux compagnons.

— Malheureusement, dit-il en terminant, le Mayor a commis une maladresse. Au lieu d'essayer de nous donner le change en perdant ses traces sur les grands boulevards, ce qui prouve qu'il ne nous connaît pas encore bien, en supposant que nous nous laisserions prendre à ce stratagème enfantin, il aurait dû tout simplement partir de sa maison, dont nous ignorons encore la situation, et se rendre directement au faubourg Saint-Antoine, où il aurait donné rendez-vous à ses complices aux environs de la rue de Reuilly; s'il avait agi ainsi, il nous aurait certainement dépistés, et peut-être son coup aurait-il réussi, au lieu qu'à présent il a compromis le succès de son coup de main, qui, je l'espère, échouera piteusement. Le Mayor s'est rouillé, il n'a plus ni cette décision ni cette sûreté de coup d'œil qu'il possédait à un si haut degré. Le séjour des villes l'a perdu ; il est dépaysé et ne voit plus clair. Essayer de nous faire perdre ses traces sur les grands boulevards! Le niais, entre mille je les reconnaîtrais! La situation est maintenant nette pour lui, elle se résume en trois mots : il est perdu.

Lorsque la voiture s'arrêta à l'angle de la rue de Reuilly, Bernard expédia Tahera en batteur d'estrade sur les derrières de maison, et il se hâta, en compagnie du policier, de gagner l'ancienne petite-maison.

Quand il arriva, don Cristoval et don Pancho étaient engagés dans une grave discussion avec Williams Fillmore.

L'Américain avait vu le matin Fil-en-Quatre ; le bandit lui avait annoncé la résolution prise par le Mayor de donner le jour même l'assaut à la nouvelle demeure de la comtesse, vers trois heures, à la tête de vingt-cinq ou trente hommes.

Williams Fillmore avait félicité Fil-en-Quatre de son exactitude à remplir ses engagements envers lui ; il l'avait congédié en lui ordonnant de rejoindre le Mayor et, une fois les murs escaladés, de s'échapper et de venir donner l'alarme.

Malheureusement pour lui, le bandit n'avait pas réussi

à remplir cette partie de ses engagements, et il avait été victime du double jeu qu'il jouait.

L'Américain était venu en toute hâte annoncer le danger pressant dont les hôtes de la maison étaient menacés.

Le retour de Bernard, dont il connaissait l'énergie et la décision, lui causa une vive satisfaction, et en deux mots il lui expliqua la situation que le coureur des bois, nous le savons, avait déjà devinée depuis une heure.

Bernard prit aussitôt toutes les mesures que réclamait la prudence.

Les domestiques et les Sonoriens de don Cristoval furent réunis : leur nombre s'élevait à peu près à cinquante. Dix furent laissés pour garder les dames.

Ce fut alors que l'on constata l'absence de la comtesse, ce qui causa une vive inquiétude à ses amis.

Bernard, don Cristoval, don Pancho et Williams Fillmore se mirent à la tête chacun d'un détachement de dix hommes. Ces quatre détachements devaient entrer dans le parc par des côtés différents et en occuper toute la largeur.

Bernard leur ordonna de ne s'avancer que doucement, avec la plus grande précaution, de manière à envelopper les bandits et à les prendre ainsi dans un immense coup de filet.

Au moment où les divers détachements prenaient leurs positions pour pénétrer dans le parc, Tahera arriva.

Les renseignements qu'il donna furent brefs, mais positifs : une quinzaine de bandits étaient disséminés dans la rue déserte, et ne possédant pas une seule maison, située derrière le parc.

Ces bandits surveillaient le parc, dans lequel une trentaine d'autres, à la tête desquels se trouvaient Felitz Oyandi, le Mayor et le Loupeur, avaient pénétré en forçant une porte percée dans le mur de clôture.

Ils devaient, au calcul de Tahera, avoir envahi le parc depuis plus de trois quarts d'heure.

Ce dernier détail étonna Bernard.

Il ne comprenait rien à l'inaction des bandits, le succès de leur surprise dépendant surtout de la rapidité de leur attaque. Il ignorait que cette inaction apparente et incompréhensible était causée par la longue altercation du Mayor avec la comtesse.

Mais, sans perdre de temps à chercher le mot de cette énigme, le coureur des bois donna le signal de la marche en avant.

Les quatre détachements disparurent aussitôt sous bois.

Bernard et ses compagnons étaient beaucoup plus rapprochés du kiosque que ne l'imaginait le Mayor, qui se supposait déjà maître de la situation, lorsque la comtesse, saisie par Fil-en-Quatre, qui n'avait obéi qu'à contre-cœur à l'ordre péremptoire de son chef, avait crié au secours et à l'assassin.

On sait le reste, et comment le Mayor, au lieu du succès sur lequel il comptait, avait cette fois encore subi un échec et s'était échappé à grand peine, avec deux blessures, peu graves à la vérité, mais suffisantes pour l'empêcher de recommencer l'attaque.

Madame de Valenfleurs n'avait pas tardé à reprendre connaissance, grâce aux soins empressés de don Cristoval ; et, se sentant assez forte pour marcher, car c'était une noble et vaillante nature, elle avait accepté le bras de l'haciendero, et tous deux s'avançaient doucement, en causant des événements affreux dont le parc avait été si inopinément le sanglant théâtre.

Tout à coup, au moment où Bernard et ses amis n'étaient plus qu'à quelques pas des bâtiments, deux détonations se firent entendre coup sur coup, mêlées à des cris de terreur poussés par des femmes et dominés par les aboiements furieux d'un chien.

— Mon Dieu ! s'écria la comtesse toute tremblante, que se passe-t-il donc encore ?

— Je reconnais la voix de Dardar ! s'écria Bernard en s'élançant à travers les montées.

Tout le monde le suivit.

En arrivant au premier étage, un spectacle affreux s'offrit aux regards des arrivants et les glaça d'horreur.

Le bon M. Romieux, affreusement déchiré et perdant son sang par cent morsures horribles, était étendu râlant sur le palier, se tordant comme un serpent dans les affres d'une agonie effroyable.

Sur le seuil même de la porte toute grande ouverte de l'appartement de miss Lucy Gordon, un bandit, renversé sur le dos et maintenu par les pattes puissantes de Dardar, le redoutable molosse, se débattait avec fureur, sans réussir à s'échapper des griffes du chien qui, tout en aboyant, le mordait à pleine gueule.

Un peu en arrière, miss Lucy Gordon, les vêtements ensanglantés, le visage livide et les yeux fermés, à demi étendue sur une chaise longue, recevait les soins de Clairette, qui n'interrompait sa charitable besogne que pour crier à pleins poumons à l'aide.

— Tiens bon, Dardar, mon brave chien! cria Bernard, tiens bon! mais ne mords pas trop!

Le chien releva vivement la tête, fixa son regard presque humain sur le coureur des bois, remua vivement la queue et poussa un joyeux aboiement.

— Eh! eh! fit Bernard en examinant le moribond et le poussant du pied, qu'avons-nous donc ici? Eh! sur ma foi de Dieu! je ne me trompe pas! Comment, c'est vous, cher monsieur Felitz Oyandi? Vous ne vous corrigerez donc jamais? Pour cette fois je crois que votre affaire est faite, hein? C'est égal, il faut avouer, cher monsieur, que vous n'avez pas de chance avec les chiens, qu'ils soient de Terre-Neuve ou du mont Saint-Bernard! C'est piquant!

— Tuez-moi! implora le misérable, tuez-moi, par pitié! je souffre comme un damné!

— Déjà? fit-il avec ironie; vous tuer, moi? Ma foi, non; ce serait vous rendre service, et nous ne nous aimons pas assez pour cela, dit l'implacable coureur des bois.

Il haussa les épaules et se détourna avec dégoût.

Cependant le policier s'était approché du bandit.

Il l'examinait avec la plus sérieuse attention, tandis que le docteur d'Hérigoyen, qui venait faire visite à ses amis, accourait, prévenu à l'instant de la blessure de miss Lucy Gordon, enjambait par-dessus le bandit toujours maintenu par Dardar, et pénétrait dans l'appartement.

Bernard s'était approché du policier.

— Eh! notre ami, lui dit-il gaiement, vous regardez bien attentivement ce coquin! Serait-ce, par hasard, une de vos anciennes connaissances?

— Vous ne croyez peut-être pas dire si vrai, cher monsieur Zumeta, répondit le policier sur le même ton en massant délicatement une prise de tabac dans sa boîte d'argent niellé ; maintenant que j'ai rappelé mes souvenirs, je reconnais parfaitement ce drôle ; c'est une de mes anciennes pratiques.

Et, se penchant à l'oreille du coureur des bois, il ajouta à voix basse :

— Peut-être ferions-nous bien de l'interroger?

— A votre aise, répondit Bernard en baissant aussi la voix ; seulement, cher monsieur, vous vous chargerez, n'est-ce pas? de cet interrogatoire; j'avoue mon incompétence en pareille matière. Vous devez savoir beaucoup mieux que moi de quelle façon on doit parler à des drôles de cette espèce.

— C'est vrai ; mais ne vous y trompez pas, reprit en souriant le policier, cet homme n'est pas, tant s'en faut, ce qu'il vous paraît ; c'est le locataire de la maison que nous avons visitée il y a deux jours.

— Ah! diable! ceci change la thèse.

— Eh! là-bas! mes braves bourgeois! cria le bandit en interrompant sans façon la conversation des deux hommes, il est très réussi, votre toutou! c'est un rude garde du corps, j'en sais quelque chose; mais, vrai, je ne serais pas fâché, si aimable qu'il soit, de causer avec d'autres interlocuteurs, mais à deux pattes, si cela était possible.

— Patience, Loupeur, lui dit le policier en riant, nous nous occupons de vous.

— Tiens, vous me connaissez, vous ? Elle est bonne, celle-là, par exemple !

Sur un signe du policier, Bernard consentit à faire lâcher prise au chien.

— Ici, Dardar, mon vieux ! lui cria-t-il ; viens, tu es un beau et brave chien !

Dardar se trouva d'un bond près de son ami, jappant doucement, agitant la queue et faisant le beau, tout fier des caresses que lui prodiguait Bernard.

Le Loupeur se releva vivement.

— Bravo ! s'écria-t-il en riant et faisant jouer toutes ses articulations ; rien de cassé ; quelques coups de dents par-ci par-là, mais rien de grave ; j'en reviendrai. C'est égal, ce toutou est magnifique, je ne dirai pas le contraire. D'ailleurs j'adore les bêtes ; mais je ne me soucie pas d'un nouveau tête-à-tête avec lui ; quel gaillard ! Comme il a arrangé ce pauvre père Romieux ! En voilà un qui n'en mène pas large ! Il le dévorait tout vivant. J'ai tiré sur lui un coup de révolver ; je l'ai manqué, mais il ne m'a pas manqué, lui ! Quelle poigne, mes enfants ! Oh là là ! je passe la main ; je demande un autre partenaire ! Merci, n'en faut plus !

Les deux hommes avaient écouté en souriant la singulière élucubration du bandit. Lorsqu'il s'arrêta, faute d'haleine sans doute, le policier lui dit avec une exquise politesse, tout en se bourrant le nez de tabac :

— Si vous m'aviez fait l'honneur de me regarder un peu plus attentivement, cher monsieur, vous vous seriez évité, j'en suis certain, ce long *boniment* de carrefour ; il ne nous trompe pas. Nous vous connaissons très bien, vous ne nous donnerez pas le change ; redevenez donc, je vous prie, ce que vous êtes réellement, c'est-à-dire un homme comme il faut, ce qui nous fera grand plaisir.

— Ah ! ah ! dit le Loupeur en l'examinant à son tour et fronçant le sourcil, le Giverneur ! Excusez-moi, monsieur, je ne savais pas me trouver en aussi bonne compagnie.

— A la bonne heure! je vous reconnais à présent, dit le policier toujours souriant; vous plairait-il de m'accorder quelques minutes d'entretien ?

— Pourquoi non, cher monsieur? Je suis prisonnier, je suppose.

— Hum! je ne le sais pas encore bien moi-même, reprit le policier en hochant doucement la tête; cela dépendra beaucoup, je crois, de la tournure que prendra notre entretien!

— Oh! alors, tout peut s'arranger ; mais, pardon, je désirerais, avant que d'aller plus loin, avoir des nouvelles de cette jeune dame, que, dans un moment de rancune, j'ai eu la maladresse de blesser.

— Vous vouliez la tuer, sans doute ? reprit le policier avec un sourire caustique.

— Ma foi! oui, j'y tâchais ; vous le savez, quand on est en colère, malheureusement on voit rouge. Maintenant que je suis de sang-froid, je serais désespéré d'avoir réussi ; je regrette sincèrement ce moment d'emportement, d'autant plus que que tous les torts sont de mon côté et que je me suis conduit envers cette dame comme le dernier des misérables.

— Je vais moi-même aux renseignement, monsieur ; votre vue pourrait lui être désagréable.

— Mille grâces, monsieur ! En effet, il serait extraordinaire qu'il en fût autrement, répondit-il avec une désinvolture complète.

Le policier s'éloigna et pénétra dans l'appartement, où déjà étaient entrées, par une autre porte, la comtesse, Deniza et Mariette.

— Vous êtes arrivé à temps, monsieur, dit le Loupeur à Bernard avec un laisser-aller charmant.

— Pour vous ? répondit le coureur des bois avec ironie.

— Non, mais pour madame la comtesse de Valenfleurs.

Dix minutes plus tard vous n'auriez trouvé que son cadavre ; notre chef avait juré de la tuer.

— Comment nommez-vous ce chef, monsieur ?

— Ma foi, vous m'en demandez trop long, monsieur, répondit-il avec un fin sourire ; on le nomme le *chef*, et voilà tout. D'ailleurs, nous ne le voyons que très rarement ; c'était le père Romieux, le manchot, qui lui servait d'intermédiaire avec nous ; il nous donnait aussi ses ordres que nous exécutions.

— Ah ! ah ! vous dites que le manchot se nomme Romieux ?

— Peut-être a-t-il un autre nom, mais maintenant, qu'importe cela ? Son compte est réglé.

En ce moment le policier revint.

— Eh bien, cher monsieur, quelles nouvelles ? demanda le Loupeur.

— Monsieur, je suis heureux de vous apprendre, répondit le policier, que la blessure est moins grave qu'on ne l'avait supposé d'abord ; la balle a glissé sur une côte elle a dévié et n'a fait que traverser les chairs, sans attaquer aucun organe délicat. Dans quinze jours, au dire du docteur qui lui donne ses soins, cette intéressante jeune femme sera sinon guérie, du moins en pleine convalescence.

— Dieu soit loué ! s'écria le Loupeur avec une émotion véritable ; pauvre chère enfant ! au moins je n'aurai pas sa mort à me reprocher ! Maintenant, messieurs, je suis à vos ordres.

— Suivez-nous, dit le policier.

Le Loupeur fit un geste d'assentiment.

Ils repassèrent alors devant Felitz Oyandi.

Le misérable râlait toujours, mais il allait s'affaiblissant rapidement.

Il était horrible à voir ; son crâne était à nu, le cuir chevelu avait été enlevé.

— Bon, dit Bernard avec une parfaite indifférence ; Tahera a fait encore des siennes ; voilà le cinquième scalp qu'il prend depuis une heure ! Sur ma foi de Dieu !

je ne comprends pas cette volupté que les Comanches éprouvent à enlever ainsi des chevelures.

Le Loupeur, malgré son féroce courage, était devenu blême à cette vue horrible ; il frissonnait, ce supplice épouvantable le glaçait de terreur.

Les trois hommes descendirent au rez-de-chaussée, ils pénétrèrent dans un petit salon où quelques minutes plus tard Tahera les rejoignit.

A la vue du Comanche, le Loupeur éprouva, malgré lui, un certain malaise, bien qu'il affectât la plus parfaite tranquillité.

— Vous avez scalpé l'homme de là-haut, chef ? lui dit Bernard.

— Oui, sa chevelure est très belle ; Tahera avait fait le serment de l'enlever ; il a attendu bien des lunes. Ce qu'un guerrier comanche dit, il doit le faire ; à présent son serment est accompli.

— C'est juste, chef : vous êtes un grand guerrier, votre parole est d'or ; mais pourquoi, après l'avoir scalpé, ne l'avez-vous pas tué ?

— Le Manchot est pire qu'un chien : un chien est bon et fidèle, le Manchot est une bête puante, un coyote : il doit mourir comme un coyote immonde : voilà pourquoi, sans doute, mon frère la Main de fer a refusé de le tuer quand le Manchot l'en a supplié.

— Hein ! quelle logique serrée ont ces Peaux-Rouges ? dit au policier Bernard qui ne trouvait rien à répondre à cette question.

Et il ajouta :

— Est-il mort ?

— Oui, il est mort, mais c'est trop tôt ; il aurait dû souffrir tout un jour encore !

— Oui, vous avez raison ; mais puisqu'il est mort, que le diable l'emporte ! faites-le jeter dans le trou avec les autres ; et puis, écoutez, chef : je vous prie de le fouiller vous-même, et vous m'apporterez, s'il vous plaît, ce que vous aurez trouvé dans ses poches.

— Il sera fait comme le désire mon frère la Main de fer.

Et, après avoir ainsi parlé, Tahera quitta le salon, au grand soulagement du Loupeur, que sa présence inquiétait secrètement.

— Sapristi ! quel type ! s'écria le Loupeur en respirant à pleins poumons ; il m'a donné la chair de poule ! Est-ce que tous ses compatriotes lui ressemblent ?

— Ils sont beaucoup plus féroces, dit Bernard avec bonhomie. Tahera est très doux ; il a, depuis son enfance, presque toujours fréquenté les blancs... il a modifié son caractère ; en vivant avec eux, il est devenu meilleur.

— Bigre ! s'écria le Loupeur, s'il s'est ainsi civilisé, qu'est-ce qu'il était donc auparavant ? Hum ! voilà un peuple au milieu duquel je ne voudrais pas vivre, par exemple !

Bernard se mit à rire.

L'interrogatoire commença, très serré et conduit avec une rare habileté par l'ancien chef de la brigade de sûreté, qui savait sur le bout du doigt l'art de circonvenir un coupable.

Il aurait fait un excellent juge d'instruction.

Cet interrogatoire, nous devons le constater, fut aussi très habilement supporté par le Loupeur, qui n'était pas un bandit vulgaire et possédait aussi bien que n'importe quel diplomate le talent des réticences calculées de façon à ne jamais rien compromettre.

Bernard assistait impassible à cet interrogatoire, ne s'en mêlant en aucune façon et laissant s'escrimer les deux adversaires, qu'il jugeait de même force ; aussi, dans son for intérieur, était-il convaincu que ce ne serait qu'une lutte de mots sans résultats positifs.

Tahera rentra et remit au coureur des bois différents objets sans importance et un portefeuille bourré de papiers.

Bernard, pour s'occuper, parcourut des yeux ces papiers.

21.

Soudain, interrompant une question faite par le policier et la coupant sans pitié en deux :

— Pardon ! dit-il.

Et présentant un papier au Loupeur :

— Lisez ceci, ajouta-t-il, et ensuite vous serez édifié sur le compte de votre chef et la récompense qu'il vous réservait.

Le Loupeur prit le papier et le parcourut avec une vive indignation.

— Le misérable ! s'écria-t-il tout à coup en froissant avec rage le papier entre ses mains crispées ; ainsi, il méditait notre mort à tous ! Voilà la récompense qu'il se proposait de nous donner, pour l'avoir fidèlement servi ! Il nous réservait le sort de ses complices de la *Maison des voleurs*. Oh ! et cet ignoble Felitz Oyandi se vante d'avoir soufflé lui-même cette odieuse trahison au Mayor, qui le félicite d'avoir eu cette idée qui arrange tout ! Cordieu ! c'est écrit en toutes lettres... Mort de ma vie ! je me vengerai de ce hideux misérable ! Dussé-je être guillotiné dix ans plus tôt, disposez de moi, messieurs ; je vous suis acquis à la vie et à la mort. Il faut que je me venge quoi qu'il advienne ! D'ailleurs, cette odieuse trahison me dégage de tous les engagements pris avec cet homme sans foi ni loi.

— C'est bien ! dit alors Bernard. Maintenant, écoutez-moi : nous faisons la guerre au Mayor, puisque vous savez son nom, pour notre propre compte ; nous n'avons aucunes relations avec la police ; nous rendons nos arrêts et nous les exécutons nous-mêmes à nos risques et périls. Monsieur, que vous connaissez, paraît-il, vous l'affirmera.

— C'est vrai, dit le policier ; je ne suis pas ici officiellement.

— Votre affirmation me suffirait, monsieur, sans qu'il fût besoin de la faire attester par une autre personne, dit le Loupeur en s'inclinant courtoisement.

— Allons droit au but, reprit Bernard.

— Soit.

— Je vous propose un marché.

— Lequel? monsieur, Il faudra qu'il soit bien désavantageux pour moi pour que je le refuse, répondit le bandit.

— Je dois avant tout préciser la question, afin d'éviter tout malentendu entre nous.

— Précisez, je ne demande pas mieux ; ce marché ne peut être pire que la position dans laquelle je me trouve vis-à-vis de vous.

— C'est à vous d'en juger. C'est précisément cette position que je tiens à bien établir ; nous sommes des espèces de francs-juges, ainsi que je vous l'ai fait comprendre ; vous avez été surpris en flagrant délit de meurtre dans une maison qui est la mienne, sur une jeune dame à mon service?

— Tout cela est vrai, je le reconnais, monsieur.

— Je suis donc en droit, reprit Bernard, de vous appliquer la loi de Lynch des savanes américaines et de vous traiter comme l'a été votre complice Felitz Oyandi ; et ce ne serait que justice, ajouta-t-il avec sévérité.

— Vous avez ce droit et un plus grand encore, monsieur, je le reconnais : celui de la force, contre laquelle on ne discute pas. Voyons maintenant la proposition dont vous m'avez parlé.

— La voici : je vous offre deux cent mille francs et votre passage gratuit sur un navire qui vous conduira dans n'importe quel pays où il vous plaira de vous rendre, si vous vous engagez loyalement à nous faire retrouver avant ce soir la jeune fille enlevée par vous et le Mayor il y a deux jours, ainsi que le misérable qui vous a préparé et vous a ordonné ce crime. Réfléchissez avant de me répondre ; je pourrais me passer de votre concours, mais cela me ferait perdre un temps précieux ; il importe d'en finir au plus vite.

— Peut-être ! fit le Loupeur en ricanant. Mais la question n'est pas là pour moi : quand recevrai-je la récompense promise ?

— Une heure après la réussite.

— Vous me le promettez?

— Je m'y engage sur ma parole d'honnête homme.

— J'accepte; quelles garanties me demandez-vous.

— Aucune autre que votre parole de bandit.

— Soit, je vous la donne : moi, comte Philippe de Chermont de Montréal, dit le Loupeur, sur le blason de ma famille, je m'engage à vous faire retrouver la jeune fille enlevée par le Mayor, et le Mayor lui-même avant dix heures du soir. Cela vous suffit-il?

— Je vous l'ai dit ; d'ailleurs vous voulez vous venger?

— Oui, surtout ; j'abandonnerais volontiers ces deux cent mille francs pour avoir le plaisir d'abattre de ma main ce misérable comme un chien enragé !

— C'est bien ; j'ai votre parole de gentilhomme et de bandit, cela me suffit ; je compte sur vous.

— Vous avez raison.

Que l'on ne soit pas étonné de voir un scélérat mis au ban de la société arguer de sa noblesse et le prendre de très haut en parlant de son écusson; il en a toujours été ainsi de noble à vilain.

En ceci comme en bien d'autres choses, la noblesse est logique, elle se souvient de son origine.

Nos nobles d'aujourd'hui sont bien, pour la plupart, des descendants directs des barons pillards qui allaient *à la proie* ou s'enrôlaient dans les compagnies d'écorcheurs.

Les mœurs se sont modifiées, le fond est toujours resté le même.

Le fameux Bouchard, sire de Montmorency, le premier baron chrétien, lequel vivait au dixième siècle, n'était-il pas un chef de brigands et de pirates d'eau douce! Le duc d'Angoulême, fils posthume de Charles IX — de sanglante mémoire — et de Marie Touchet, qui faisait de la fausse monnaie et qui s'étonnait que ses domestiques lui réclamassent des gages, son hôtel étant situé sur un carrefour où aboutissaient quatre rues, et ce comte de Charolais, prince du sang, qui s'amusait, pour passer le temps, à tuer à coups de fusil les couvreurs sur les toits, qu'étaient-ils?

Nous nous arrêtons; la liste serait inépuisable.

Le banditisme n'a jamais déshonoré un gentilhomme, pas plus que la trahison.

Les nobles sont cosmopolites, lords d'Angleterre, grands d'Espagne ou comtes palatins et ducs français.

On vole, on pille, on incendie. On soulève une guerre civile, on se plonge dans le sang jusqu'à la nuque, mais on a quand même sa parole de gentilhomme, qu'il n'est permis à personne de mettre en doute.

Seulement, aujourd'hui, avec le progrès, les errements du *bon vieux temps* n'ont plus de cours légal. Les assassins et les escrocs titrés — quand on les prend, car ils sont lestes à disparaître, — passent en cour d'assises ou en police correctionnelle et sont envoyés au bagne, à la guillotine ou dans les maisons centrales.

C'est un malheur des temps.

Jadis il en était parfois de même, mais aucun gentilhomme ne se considérait comme déshonoré pour cela. C'était un des inconvénients du métier, voilà tout.

Les écussons des anciens preux, même les plus notoirement couverts de boue et de sang, demeurent immaculés, c'est convenu. Quelle belle et grande institution que la noblesse! Et combien nos pères, en 1789, ont été coupables de la vouloir détruire! Mais passons : cela nous conduirait trop loin.

— C'est bien, dit Bernard, j'ai confiance en vous.

— Cette confiance doit être entière! répondit le Loupeur.

— C'est ainsi que je l'entends.

— Alors, à l'œuvre! Il faut nous presser, je partirai en avant pour vous préparer les voies. Avez-vous une voiture que je puisse prendre, afin d'aller plus vite?

— Oui, un fiacre acheté tout exprès pour les promenades incognito.

Et il ordonna d'atteler.

— Vous emmènerez avec vous une douzaine d'hommes résolus et bien armés, cela suffira ; seulement, vous devez, par le costume, ressembler à des agents de police en bourgeois. M. Pascal Bonhomme, qui sera votre chef apparent, vous indiquera ce que vous devez faire pour cela. Il y aura probablement bataille : ainsi soyez prêts. Vingt minutes après mon départ, vous quitterez cette maison ; M. Bonhomme vous conduira à la cour de Rome.

— Chez la Marlouze? demanda le policier. Oh! oh!

— Soyez tranquille, je vous y attendrai.

— C'est bien ; voulez-vous des armes?

— Je ne serais pas fâché d'en avoir, mais peut-être craindrez-vous de m'en confier?

Bernard haussa les épaules.

— Voici deux revolvers à six coups et un poignard, dit-il ; n'ai-je pas votre parole?

— Vous avez plus que cela, mon désir de me venger d'un traître, et la certitude d'être bientôt, grâce à vous, à l'abri de toutes poursuites.

Un domestique annonça que le fiacre était attelé.

— Au revoir! dit le Loupeur ; bientôt tout sera fini.

Et il sortit sans saluer.

Par les soins du policier, les hommes désignés par Bernard, au nombre desquels se trouvait l'Américain, furent bientôt travestis de façon à faire illusion aux yeux les plus clairvoyants.

Don Cristoval et son fils avaient insisté pour faire partie de l'expédition ; mais Bernard réussit à leur faire comprendre, à leur grand regret, qu'ils devaient rester pour veiller sur les dames et les protéger au cas où une nouvelle échauffourée, peu probable mais possible cependant, aurait lieu pendant l'absence des autres défenseurs.

Après avoir prévenu les dames et le docteur d'Hérigoyen qu'il était obligé de s'absenter de nouveau, Bernard et ses compagnons montèrent dans trois voitures de place qu'un domestique avait été chercher, et ils se firent conduire rue Saint-Martin, numéro 27. Cinq heures sonnaient au moment où ils se mettaient en route.

On se souvient que Julian d'Hérigoyen, le comte Armand et le chasseur canadien, s'étaient mis sur la piste de l'équipage dans lequel le Mayor avait enlevé Vanda.

Depuis lors, les trois hommes n'avaient pas reparu et n'avaient point donné de leurs nouvelles.

Voici ce qui s'était passé.

La piste était magnifique, parfaitement marquée et, par conséquent, facile à suivre, bien que le cocher de la voiture fût revenu deux ou trois fois sur ses pas et eût fait de nombreux et brusques crochets dans le but évident d'embrouiller ses passées et par conséquent ses traces.

Mais Julian était un trop vieux coureur des bois pour se laisser prendre à aucune de ces ruses. Il avait imperturbablement suivi la direction réelle de l'équipage.

La voiture marchait grand train. Elle avait gagné le pont de l'Alma par l'avenue Joséphine. Elle s'était arrêtée pendant quelques instants sur le quai, un peu avant le pont. Puis elle s'était remise à un trot allongé, avait traversé le pont et avait filé en remontant le long des quais de la rive gauche jusqu'au pont de la Concorde, où elle était repassée sur la rive droite.

Seulement, avant de faire cette nouvelle évolution, elle s'était arrêtée une seconde fois.

Julian remarqua près de la première voiture les traces d'une autre. Cette deuxième voiture paraissait avoir stationné assez longtemps près du quai.

Cette particularité singulière donna fort à penser à Julian.

Les deux voitures s'étaient trouvées arrêtées à une quinzaine de pas l'une de l'autre, et presque en face l'une de l'autre.

Il y avait là une énigme.

Soudain, Julian s'était frappé le front et avait sérieusement examiné le terrain entre les deux voitures.

Tout à coup il s'était baissé, et, à la place où avait stationné la deuxième voiture, il avait ramassé un bouton d'oreille en diamant, semblable à celui trouvé par Bernard près de l'Arc de Triomphe.

Vanda ne perdait pas espoir; chaque fois qu'elle en avait l'occasion, elle laissait des traces de son passage. Elle savait que ses amis tenteraient l'impossible pour la sauver.

Ce bouton d'oreille si providentiellement retrouvé expliqua à Julian le plan du Mayor et comment il l'avait exécuté.

Plusieurs hommes, embusqués sous la voûte du pont, attendaient l'arrivée de la voiture du Mayor. Aussitôt que cette voiture s'était arrêtée, ces hommes, qui probablement s'étaient à l'avance munis de brancards, avaient, sans que le Mayor et Vanda missent pied à terre, opéré au moyen de ces brancards leur transbordement d'une voiture dans l'autre.

Puis la voiture abandonnée par le Mayor avait continué sa course du côté du boulevard Saint-Michel et s'était perdue dans le dédale des hauteurs de Montrouge, tandis que la seconde, dans laquelle se trouvaient maintenant la jeune fille et son ravisseur, avait tout simplement traversé le pont de la Concorde, gagné la grande allée des Champs-Élysées et monté jusqu'à l'Arc de Triomphe de l'Étoile.

Cette seconde voiture était un coupé de remise; ce fut à elle que Julian s'arrêta.

Ce coupé avait l'allure honnête d'une voiture de place qui suit son itinéraire sans penser à mal. Il allait tout droit, franchement, sans crochets ni détours.

Le Mayor était convaincu qu'il avait dépisté ses ennemis, grâce à cette habile manœuvre.

Et en effet, cela avait failli arriver.

Julian avait hésité longtemps; sans le bouton de diamant, peut-être se fût-il laissé tromper.

Le coupé, trottant cahin-caha, car la mise en scène avait été admirablement soignée, avait suivi, en ballottant à droite et à gauche, la grande allée jusqu'à l'avenue Montaigne.

Là, il avait tourné et avait gagné les quais en descendant la Seine, il avait passé devant la Manutention, avait gravi au pas la pente du Trocadéro, puis il avait pris la rampe de Passy, au sommet de laquelle se trouve une espèce de carrefour.

Il avait tourné à droite, avait fait quelques pas et s'était tout prosaïquement arrêté devant la porte d'une maison isolée, d'assez piètre apparence.

Là, le cocher avait quitté son siège et s'était approché de la porte de la maison, non pour sonner — il n'y avait pas apparence de sonnette, — mais sans doute afin d'ouvrir lui-même cette porte.

Puis le Mayor avait mis pied à terre. Ses traces n'étaient pas nettes; elles étaient piétinées comme s'il y avait eu, non pas lutte, mais certains efforts.

Évidemment Vanda résistait; elle refusait de descendre. Le Mayor, selon toutes probabilités, l'avait enlevée dans ses bras et transportée dans la maison, sans lui laisser poser le pied à terre.

Mais la jeune fille n'en avait pas moins, malgré les minutieuses précautions de son ravisseur, réussi à laisser des traces de son passage.

Une bague fort riche, dernier cadeau de son fiancé, avait été jetée par elle, comme un appel suprême pour venir à son secours !

Le comte Armand recueillit pieusement la bague, ainsi qu'il avait déjà fait pour les boutons d'oreilles.

— C'est l'histoire du Petit Poucet mise en action, dit gaiement Julian.

— Vous me promettez, n'est-ce pas, mon ami, que nous la retrouverons ? lui demanda le comte avec anxiété.

— Il me semble que nous sommes sur la voie, répondit Julian en riant.

— Oui, c'est admirable ! s'écria le jeune homme !

— Eh bien, continuons nos recherches.

Après avoir *déballé* ses voyageurs, ainsi que disent élégamment MM. les cochers, celui du coupé remonta sur son siège et repartit.

La comédie avait été poussée jusqu'au bout : il y avait eu simulacre de paiement. Un sou avait roulé dans la poussière.

La porte de la maison s'était rouverte. Etait-ce tout de suite, était-ce plus tard? C'est ce que Julian ne réussit pas à établir avec certitude.

Cependant il supposa qu'il devait faire jour.

Deux hommes étaient sortis, le Mayor et un autre que, à l'examen attentif des traces, Julian reconnut pour être Felitz Oyandi.

Julian ne dit rien de cette découverte à ses compagnons, afin de ne pas augmenter l'inquiétude du comte Armand.

Selon toutes probabilités, Vanda, après avoir été transportée dans cette maison, n'en était pas sortie, tout au moins par la porte.

C'était ce dont il importait de s'assurer.

Nous avons dit que cette maison était isolée ; elle s'élevait entre une double rangée de palissades en planches ; jusqu'à une assez longue distance à droite et à gauche, il n'y avait pas d'autres maisons.

Les trois batteurs d'estrade commencèrent alors un examen approfondi des palissades, ce qui leur prit beaucoup de temps ; mais leur patience et leur opiniâtreté furent récompensées.

Deux planches mal clouées furent découvertes par Charbonneau et leur livrèrent passage ; derrière eux ils eurent soin de replacer les planches.

Les chasseurs, car ils étaient de véritables chasseurs d'hommes, reconnurent alors que la maison isolée possédait un assez grand jardin, complètement en friche du reste, ressemblant à une forêt vierge en miniature, et clos par un treillage semblable à ceux usités le long des voies des chemins de fer, treillage que l'on achète au mètre.

Celui-ci était en fort mauvais état ; il fut très facile de se frayer un passage au travers.

En quelques minutes, les trois hommes se trouvèrent près de la maison.

C'était une espèce de masure légèrement construite, n'ayant qu'un rez-de-chaussée avec deux fenêtres à hauteur d'appui donnant sur le jardin, et entre les fenêtres une porte surélevée de trois marches ; en somme, c'était une masure.

Il ne fallait pas songer à s'introduire par les fenêtres, garnies de solides volets en chêne fermés et retenus à l'intérieur. Restait la porte, fermée avec une serrure à gorge et un verrou de sûreté; il aurait fallu la briser pour l'ouvrir.

Nos rôdeurs furent un instant déconfenancés.

Cependant, comme ils n'étaient pas hommes à se décourager après avoir réussi à venir jusque-là, ils firent le tour de la maison afin de s'assurer si, d'un autre côté, ils ne rencontreraient pas plus de facilités.

Derrière la maison, il y avait une espèce de hangar à demi ruiné.

Ce hangar, fait avec d'énormes pieux plantés en terre, était recouvert en papier bitumé et atteignait presque le toit de la maison.

Charbonneau saisit un des montants, grimpa comme un chat, atteignit le toit après quelques vigoureux efforts et disparut presque aussitôt.

Julian et le comte Armand retournèrent du côté de la porte.

Un silence de mort régnait dans l'intérieur de la maison.

Soudain les deux hommes entendirent un grand bruit de ferraille; la porte s'ouvrit et Charbonneau parut.

— Entrez, dit-il, la maison est vide ; nous sommes les maîtres.

Ils entrèrent, mais en ayant le soin de laisser la porte ouverte et poussée seulement, afin de s'assurer une retraite en cas de besoin; et ils commencèrent la visite de la maison.

Ce fut bientôt fait; elle ne se composait que de trois

pièces : une chambre à coucher en désordre, où l'on ne couchait presque jamais ; une cuisine servant de débarras ; deux cabinets noirs et un cabinet de travail, celui-là même où nous avons assisté à la première entrevue de ce bon M. Romieux avec le Loupeur.

Tout y était vide ; il n'y avait pas un chat.

Charbonneau s'était introduit dans la maison en levant un châssis à tabatière et en se laissant tomber dans un grenier complètement vide.

Julian fronça le sourcil.

— Cette masure est à double fond, je le sens, dit-il ; a-t-elle des caves ?

On chercha une entrée de cave ; il n'y en avait pas.

— Allons, reprit Julian, ne nous décourageons pas ; cherchons, sondons les murs et les planchers !

On se mit à l'œuvre aussitôt.

Soudain Julian s'arrêta.

Son regard s'était fixé, par hasard, sur un point lumineux, gros comme une pointe d'épingle. Il se baissa pour mieux voir ; les deux autres attendaient anxieux.

— C'est là, dit-il en frappant du pied ; relevez le misérable tapis qui est au milieu de la pièce.

Ce fut fait en un instant.

Le comte Armand et Charbonneau ne virent rien. Ils crurent que leur compagnon s'était trompé ; ils le regardaient haletant.

Julian souriait ; son regard allait du plancher au bureau et du bureau à la glace et à la cheminée.

Tout à coup il éclata de rire :

— C'est très ingénieux, dit-il, mais cette fois nous les tenons. Charbonneau, avez-vous la lanterne sourde que je vous ai recommandé de prendre ?

— Certes, monsieur ! la voici.

— Bien ; il fait très sombre ici ; allumez-la, bientôt nous ne verrons plus clair. Maintenant, messieurs, placez-vous le plus près possible des fenêtres et ne bougez pas ; là très bien.

Les deux hommes avaient obéi militairement.

Julian s'était mis sur le fauteuil en cuir devant le bureau.

— Attention ! dit-il.

Il appuya vigoureusement le pied droit sur le sol.

Aussitôt une partie du plancher se détacha et glissa sans bruit dans une rainure invisible.

— Là, ajouta le coureur des bois ; voici le passage.

En effet, en se déplaçant, le parquet avait démasqué un escalier s'enfonçant profondément en terre.

Les trois hommes mirent le revolver au poing et descendirent. L'escalier avait soixante-trois marches.

Qnand ils atteignirent le sol, ils se trouvèrent dans un vaste souterrain de date très ancienne et percé de nombreuses galeries s'enfonçant dans plusieurs directions.

Julian prit la lanterne et examina attentivement le sol.

— Allons ! dit-il.

Le souterrain faisait de nombreux et brusques détours.

Tantôt il montait, tantôt il descendait, parfois il se rétrécissait, d'autres fois il s'abaissait ; souvent il fallait traverser des flaques d'eau stagnantes ou franchir des amas de décombres.

On entendait un bruit sourd et continu ressemblant au roulement éloigné du tonnerre ; de distance en distance les explorateurs rencontraient de lourds et massifs piliers, servant à soutenir les voûtes.

Depuis une vingtaine de minutes, les trois hommes avançaient ainsi à peu près dans les ténèbres mais sans se décourager, lorsque tout à coup Julian repoussa vivement ses amis derrière un pilier et masqua l'âme de sa lanterne, en murmurant ce seul mot d'une voix basse comme un souffle :

— Silence !

Les trois amis virent presque aussitôt apparaître une espèce de colosse, tenant une lanterne de la main gauche et un revolver de la droite, marchant le corps penché en avant, et promenant la lumière de sa lanterne dans toutes les directions.

— Le diable m'emporte! grommelait-il entre haut et bas, si je n'ai pas cru entendre marcher et apercevoir un point rouge comme une étoile ! je me serai trompé pour sûr; ces vieilles carrières sont hantées par des légions de démons, on ne sait jamais à quoi s'en tenir avec elles! Il serait pourtant bien temps que le patron revienne! La petite fait un boucan à tout casser ! Il n'y a pas moyen de lui fermer la bec ! Allons, il n'y a rien; j'vas aller, puisque j'ai tant fait, jusqu'au Trocadero, où sont les autres ; j'm'ennuie d'être enfermé tout seul dans ce grand appartement, sans même pouvoir jaspiner un brin avec les larbins; j'ramènerai un zig, nous jargouillerons en tuant le ver; ça y est, tant pis !

Mais au moment où le pauvre diable allait s'engager dans une galerie latérale, un nœud coulant tomba sur ses épaules, et il roula comme une masse sur le sol humide du souterrain, sans même pousser un cri, en laissant du même coup tomber sa lanterne et son revolver.

Julian l'avait *lassé* à trente pas à la mode mexicaine.

En un tour de main le bandit, plus qu'à demi étranglé, fut baillonné et garrotté, en même temps qu'on le débarrassait de ses armes et que le nœud qui lui serrait la gorge, était relâché.

On ne lui avait laissé que les jambes de libres.

— Marche ! lui dit durement Julian; si tu bronches, tu es mort !

— Gredin d'sort ! grommela le bandit tout en se hâtant d'obéir ; en v'là une déveine ! Où faut-il aller? demanda-t-il après un instant.

— Conduis-nous à l'endroit d'où tu viens.

— V'là l'essayer ; pas d'chance tout de même !

— Où conduit cet escalier? demanda Julian.

— Aux chambres secrètes.

— Combien êtes-vous là? Ne mens pas, il t'en cuirait.

— Je suis seul. Nom d'un nom! c'est-y tannant, tout

d'même ! les autres sont au Trocadéro ; j'suis fumé, quoi !

— C'est bien : monte, mais prends garde !

— Foi d'la Venette, qu'est mon nom, j'ai pas menti ! J'suis mordu, quoi ! Contr'la force, y'a pas d'résistance ; c'est vrai, parole sacrée !

— Silence ! monte, ou sinon !...

— C'est bon, on y va, gredin d'sort !

Il ne se fit pas répéter cet ordre péremptoire.

Les trois compagnons montaient derrière lui, le revolver au poing.

Arrivé à la dernière marche de l'escalier, il s'arrêta sur une espèce de palier, et, montrant une porte :

— C'est là, dit-il.

— Ouvre ! ordonna Julian.

— J'sais pas si y r'naud'ra, l'patron, quand y saura ça ! non, rien qu'un peu ! fit-il en secouan. les épaules.

Mais, sur un geste menaçant de Julian, il se hâta d'ouvrir.

Ils entrèrent et se trouvèrent alors dans une espèce de salon, dont les meubles, fort beaux, étaient déchirés et tâchés de graisse et de vin.

C'était là que le bandit avait établi son corps de garde.

La porte secrète fut soigneusement refermée.

— Y a-t-il d'autres portes pour arriver ici ? demanda Julian.

— J'en connais trois, dans d'autres parties de la maison. Polichinelle d'sort, va ! J'savais bien qu'y avait du monde !

— Maintenant, fais bien attention à la question que je vais t'adresser.

— Allez-y, quoi ! Puisque j'suis pigé marron y a pas besoin d'faire tant d'manières quoi !

— Où est la jeune fille enlevée il y a deux jours par ton chef ?

— C'est pas malin ; elle est là, à côté ; vous n'tarderez pas à l'entendre chanter ; elle ne décesse pas de crier au secours ! Dieu merci, qu'j'en suis sans comparaison tout otolondré, quoi ! Et tenez, qu'est-ce que je disais ?

Soudain, en effet, la voix de la malheureuse Vanda s'éleva avec une expression déchirante.

La pauvre enfant appelait à l'aide avec des sanglots convulsifs.

Les trois hommes frémirent à ces accents désespérés.

XXV

COMME QUOI LE SANGLIER, FORCÉ DANS SA BAUGE, FIT TÊTE A LA MEUTE, ET FUT ENFIN RÉDUIT AUX ABOIS.

Il y eut un moment de stupeur ; les trois hommes se regardaient avec une douloureuse surprise.

Mais tout à coup le comte Armand se redressa ; un jet de flamme jaillit de son regard.

— Oh! s'écria-t-il avec égarement, c'est Vanda, c'est elle, ma bien-aimée!... Je veux!...

— Il s'élançait.

Julian le retint par le bras.

— Silence, monsieur! lui dit-il sévèrement ; restez ici, je vous l'ordonne!

— Oh! pardon, pardon, mon ami! répondit le jeune homme avec désespoir ; mais ces cris me brisent le cœur! J'ai eu tort, c'est vrai ; mais entendez, mon Dieu! entendez!

— J'entends, monsieur ; moi aussi, j'ai l'âme navrée de cette douleur ; mais je suis patient, parce que je veux réussir ; tandis que si je vous laissais faire, votre violence insensée perdrait tout !

— Vous avez raison, mon ami, répondit le jeune homme les yeux pleins de larmes ; pardonnez-moi, je suis un fou, un ingrat! Si atroce que soit la torture que m'impose votre volonté, je vous obéis.

— Je ne vous demande que quelques minutes de patience; est-ce donc trop, lorsqu'après tant de difficultés vaincues nous touchons enfin au but?

— Je me résigne; agissez comme vous croirez devoir le faire dans mon intérêt; je le sais, c'est lui seul qui vous dirige; je ne vous blesserai plus par mes folles violences!

— Bien, mon ami, dit Julian en lui tendant la main, vous êtes un homme!

— Merci de la leçon, mon ami, dit le jeune comte avec un sourire triste en lui serrant affectueusement la main.

Tout était oublié dans cette chaleureuse étreinte de deux cœurs généreux.

— Si y a du bon sens à jacasser comme ça! grommelait le bandit en haussant les épaules; si ça servait à quelque chose, encore!...

— Approche! lui dit Julian.

— A vos ordres, répondit-il.

— Reste-t-il encore quelque chose d'honnête en toi? lui demanda Julian en fixant sur lui son regard d'aigle; réponds franchement, tu t'en trouveras bien.

Le bandit sembla hésiter un instant; mais prenant tout à coup son parti :

— Eh bien, dit-il, puisque vous y tenez, voilà : je suis ribotteur à mort, couleuvre comme y a pas; j'peux pas travailler, c'est pus fort que moi, faut que j'noce! Voleur, oui, faut ben vivre; mais assassin, jamais! V'là pourquoi qu'on m'appelle la Venette. Tuer dans une batterie, en défendant ma peau, c'est aut'chose; j'vois rouge quand j'suis trop éméché, mais j'assassine pas. A jeun, j'suis pas pus méchant qu'un hanneton; j'flich'rai pas tant seulement une calotte à un cricri; mais quand j'suis bu, je m'connais pas; faut que j'pioche et que j'bûche, car j'ai d'l'atout, ajouta-t-il en montrant sa carrure d'athlète, c'qui fait que, dame, quand j'tape, j'fais des malheurs; v'là ma philigraphie, vrai, foi d'homme!

— C'est bien, je te crois; veux-tu gagner trente mille francs? lui dit *ex abrupto* Julian qui ne l'avait pas perdu un instant de vue.

— Hein! comment qu'vous dites ça, mon général?...

Si j'veux gagner trente mille francs ? s'écria-t-il tout ahuri.

— Oui ; veux-tu gagner trente mille francs ?

— J'crois bien, c'te bêtise ! même plus, si ça peut vous être agréable. Censément, qué qui faut faire pour ça, dites un peu voir, hein ?

— M'obéir aveuglément.

— J'veux bien ; c'est pas difficile.

— M'aider à sauver la jeune dame que toi et tes complices vous avez enlevée il y a deux jours.

— J'demande pas mieux. J'lui en veux pas, moi, à c'te mignonne fillette, qu'est tout plein gentille.

— Et la défendre si je te l'ordonne.

— Et j'aurais trente mille francs, de vrai ?

— Je t'en donne ma parole.

— Ça m'va ! C'est plaisir de s'bûcher pour trente mille francs !

— Détachez cet homme, Charbonneau, et rendez-lui ses armes.

Le Canadien obéit.

— Merci, et sans rancune, dit en riant la Venette dès qu'il fut libre.

— Maintenant dis-moi combien il y a de monde ici.

— Une quinzaine de larbins, mais tous feignants qui saignent déjà du nez : rien à craindre de leur part.

— Qu'est-ce que c'est que ce Trocadéro dont tu m'as parlé ?

— Un carrefour des carrières, situé juste sous le Trocadéro.

— Et il y a des hommes dans ce carrefour ?

— Oui, une vingtaine, et peut-être plus, si les autres ont rappliqué ; des pratiques finies !... c'est Fil-en-Quatre qui doit les commander, un maigriot qu'est mauvais comme une teigne.

— C'est ton ami, ce Fil-en-Quatre ?

— Mon frangin intime, les cinq doigts de la main, quoi !

— Hum ! s'il fallait le tuer ?...

— Dam ! tant pis pour lui ; les affaires sont les affaires ; trente mille francs ne se trouvent pas tous les jours dans la poche d'un sergent d'ville, pas vrai ? Faut gagner sa braise, tant pis pour celui qu'étrenne ; Fil-en-Quatre m'en ferait autant s'il était à ma place et moi à la sienne ; c'est réglé, ça !

— Allons, je vois que je puis compter sur toi ; conduis-toi bien, et tu ne le regretteras pas ; à présent, dis-moi comment je pourrai parvenir jusqu'à la jeune dame ?

— C'est pas malin ; poussez l'bouton qu'est là, dans c'te rosace, et une porte s'ouvrira subito ; une vraie féerie, quoi ! c'est pire qu'aux Délass'-Com' !

— Bien ; reste ici et attends mes ordres.

— Oui, mon maître.

— Surtout fais bonne garde, et avertis-moi au premier bruit suspect.

— Soyez calme ; c'est entendu.

— Restez, vous aussi, Charbonneau ; peut-être ne serez-vous pas trop de deux, dit-il au Canadien en lui lançant un regard d'intelligence que celui-ci comprit.

— Allez, monsieur, ne vous inquiétez de rien, répondit le chasseur.

— A présent, venez cher comte, dit Julian au jeune homme ; je crois que nous causerons une agréable surprise à votre charmante fiancée.

— Pauvre Vanda ! murmura le jeune homme avec passion, je vais donc enfin la revoir !

Julian appuya alors légèrement sur le bouton que lui avait indiqué la Venette : la cloison s'ouvrit aussitôt, sans produire le plus léger bruit.

Les deux hommes entrèrent doucement, en étouffant le bruit de leurs pas, et refermèrent derrière eux la porte secrète.

Ils se trouvèrent alors dans un délicieux boudoir, de grandeur moyenne, meublé avec un goût exquis et les soins les plus délicats.

Cette bonbonnière charmante était éclairée par le haut ; on n'apercevait aucune porte.

Ce délicieux séjour était une prison, une cage dont les barreaux dorés étaient à demi dissimulés sous la soie des tentures.

Vanda, revêtue du même costume qu'elle portait deux jours auparavant, bien que de riches vêtements fussent étalés sur des meubles, à quelques pas et presque en face d'elle, était à demi couchée sur une chaise longue, et, ses magnifiques cheveux inondant ses blanches épaules, son charmant visage caché dans ses mains, elle pleurait et sanglotait tout bas avec désespoir.

Le jeune comte ne put résister à ce spectacle navrant et s'élança d'un bond vers la pauvre éplorée, tomba à ses genoux, et d'une voix douce et plaintive il murmura plutôt qu'il ne prononça ce seul mot :

— Vanda !...

— Armand ! s'écria-t-elle en se dressant toute droite galvanisée, transfigurée, radieuse. Armand ! mon ami, mon frère, mon fiancé ! mon amour ! reprit-elle en riant et pleurant à la fois. Oh ! je le savais bien, moi, qu'à force de l'appeler tu viendrais, mon bien-aimé !

— Hélas ! ma chérie, répondit tristement le jeune homme, ce n'est pas moi qui t'ai retrouvée ; je suis aveugle, moi ; un autre, un ami, un frère, plus clairvoyant que moi, m'a guidé à travers ces ténèbres et, sans m'égarer une seconde, m'a conduit près de toi.

Et, se détournant à demi, Armand désigna d'un geste Julian d'Hérigoyen qui se tenait souriant à quelques pas en arrière, jouissant du bonheur des deux jeunes gens et se payant ainsi de toutes ses peines.

— Lui ! s'écria la jeune fille avec effusion ; je le savais, mon cœur me l'avait dit ; lui seul pouvait accomplir ce miracle ! Oh ! je suis heureuse ! bien heureuse !

Mais le choc avait été trop rude ; tant de joie après tant de douleur avait brisé les forces épuisées de la jeune fille : ses traits pâlirent tout à coup, elle chancela, poussa un soupir et tomba défaillante dans les bras de son fiancé.

Elle avait perdu connaissance.

— Mon Dieu ! s'écria le jeune homme épouvanté de l'état où il la voyait et la reposant doucement sur la chaise longue; mon Dieu! Julian! mon ami! voyez, je vous en supplie, secourez-la; que lui arrive-t-il donc?

— Rien qui doive vous effrayer, mon ami, répondit-il. Rassurez-vous; la joie subite et si inattendue qu'elle a éprouvée lui a causé cette syncope; mais ce n'est rien, je vous le répète. D'ailleurs, voyez, déjà elle revient à elle, et elle vous sourit.

— Oh! s'écria l'impétueux jeune homme, oh! Vanda, ma chérie, parle-moi, souris-moi encore, afin de bien me convaincre que tu ne souffres plus! Une terreur folle s'est emparée de moi en te voyant ainsi défaillir dans mes bras!

— A présent c'est passé, cher Armand, répondit-elle avec tendresse; je me sens bien, mes forces reviennent; dans quelques instants, je l'espère, je serai en état de te suivre. Nous allons partir, n'est-ce pas, mon ami?

— Ne suis-je pas venu tout exprès pour te ramener à ma mère?

— Pauvre mère! comme elle a dû souffrir de mon absence si prolongée? dit la jeune fille avec sentiment; quelle inquiétude je lui ai causée sans le vouloir! Oh! que de caresses je lui prodiguerai pour lui faire oublier ses souffrances!

Quand elle te reverra, ma bien-aimée, notre mère oubliera toutes ses douleurs.

— Et Lucy, mon ami, ma compagne, qu'est-elle devenue, elle aussi! J'ai tremblé pour elle, c'est en vain que je l'ai demandée! Toutes mes questions sont restées sans réponse.

— Plus heureuse que toi, ma chérie, miss Lucy Gordon a réussi à s'échapper des bras de ses ravisseurs, et elle est revenue à l'hôtel dans un état horrible; mais rassure-toi; à présent, bien que fort malade encore, elle va beaucoup mieux.

— Pauvre chère Lucy! fit-elle en soupirant.

— Comment avez-vous été traitée, chère Vanda, depuis que vous avez été conduite ici? lui demanda alors Julian avec intérêt.

22.

— Je ne puis me plaindre, mon ami ; on a eu pour moi les soins les plus délicats, les attentions les plus grandes ; on se montre empressé à me plaire et à me faire oublier ma réclusion ; mais cet homme par lequel j'ai été enlevée et conduite dans cette maison me fait peur ; mon cœur se serre, un frisson de terreur agite tout mon corps, tout mon sang se glace lorsque son regard froid et glauque se fixe sur moi ; j'ai tout tenté pour lui échapper, plusieurs fois j'ai voulu me précipiter par la portière et me briser sur les pavés du chemin, plutôt que de le sentir près de moi ; mais il me surveillait avec une attention jalouse, toujours il a réussi à me retenir ; j'ai semé mes bijoux sur la route dans l'espoir qu'ils seraient plus tard retrouvés par vous et serviraient à faire découvrir mes traces, mes pauvres bijoux que j'aimais tant ! une bague qui me venait de toi, cher Armand, et qui m'était si précieuse, j'ai eu le courage de m'en séparer.

— Tes bijoux, ces chers jalons semés par toi, ma bien-aimée, ne sont pas perdus. Console-toi ; Julian et Bernard, ces deux amis si dévoués, tes sauveurs, ma chérie, les ont retrouvés tous les uns après les autres, et c'est grâce à eux que nous sommes arrivés enfin jusqu'ici.

— Dis-tu vrai, cher Armand ? s'écria-t-elle avec une joie délirante ; oh ! alors, c'était donc véritablement une inspiration du ciel qui me poussait, pour ainsi dire, malgré moi, à les semer ainsi sur la route, chaque fois que l'occasion m'en était offerte !

— Tiens, ma bien-aimée, les voici tous ; regarde, s'écria-t-il en les lui présentant.

— Oh ! quel bonheur ! s'écria-t-elle avec un rire perlé. Mes chers bijoux, les voilà, c'est bien eux ! Oh ! maintenant, ils me seront doublement chers !

— Permettez-moi une question, chère enfant, dit Julian ; pourriez-vous me dire si, après votre enlèvement, vous avez été directement conduite ici ?

— La voiture dans laquelle j'avais été transportée a marché très longtemps et très vite pendant près de trois heures. A un certain moment, nous avons changé de voi ture ; je ne suis arrivée ici que vers trois ou quatre heures du matin, je ne saurais le préciser. Cette maison est la seule dans laquelle je sois entrée. Avant de me faire descendre on m'a bandé les yeux, probablement afin que je ne puisse pas reconnaître les passages par lesquels on me conduisait. J'étais portée dans une espèce de litière ; j'ai senti que nous montions et que nous descendions souvent pour remonter encore : je crois être certaine d'avoir traversé des souterrains d'une assez grande étendue. Je dois être reléguée dans une campagne assez éloignée de Paris.

— Chère enfant, on vous a trompée à dessein ; vous n'avez pas quitté Paris, vous êtes à Passy, c'est-à-dire fort près de l'hôtel habité par votre famille, reprit Julian en souriant ; le long trajet fait par les deux voitures qui, tour à tour, vous ont transportée et n'ont fait que tourner sur elles-mêmes tout simplement, avait pour but d'embrouiller les traces des roues et de réussir ainsi à faire perdre votre piste.

— Ainsi, je suis à Paris ? dit-elle avec une grande surprise.

— Oui, chère enfant, vous ne l'avez pas quitté un instant. Tout au moins, reprit-il, vous devez connaître cette maison, dans laquelle vous êtes déjà depuis deux jours.

— Je l'ignore ; comment le saurais-je, cher monsieur Julian ? Regardez autour de vous, je suis au fond d'une espèce de puits ; ma vue ne peut se reposer que sur des murailles froides et tristes, percées de portes secrètes qui s'ouvrent sans bruit et qui semblent continuellement devoir s'ouvrir à l'improviste ; je meurs de peur dans cette cage affreuse ; je n'ose fermer les yeux de crainte de m'endormir vaincue par la fatigue et la souffrance ; cette torture est horrible ; si je restais seulement quelques jours dans cette odieuse prison, je mourrais ou je deviendrais folle.

— Oh ! cet homme est un démon ! s'écria Armand avec une douloureuse colère.

— Mais, reprit la jeune fille avec tristesse, que me

veut cet homme ? De quel droit m'a-t-il enlevée ainsi à ma famille et à tous ceux qui me sont chers ?

— Le sais-je, pauvre chère enfant? reprit le jeune comte avec tristesse. Ce monstre, que maintes fois, en Amérique, nous avons heurté sur notre chemin, prétend avoir à se venger d'une insulte que ma mère lui aurait faite

— Lui, ce misérable? s'écria vivement la jeune fille. Oh! viens, Armand! fuyons! Je tremble, à chaque instant, de le voir paraître. Il te tuerait, Armand ! Viens, je t'en supplie; ne restons pas un instant de plus dans ce coupe-gorge.

En ce moment, la porte secrète qui avait livré passage aux deux hommes s'ouvrit subitement, et le chasseur canadien parut.

— Qu'y a-t-il ? lui demanda Julian.

— Je ne sais, monsieur, répondit Charbonneau. Depuis quelques instants, un bruit singulier, ressemblant à une lutte, se fait entendre dans les souterrains. J'ai cru devoir venir vous avertir en toute hâte et prendre vos ordres.

— Vous avez eu raison, dit Julian.

Et il ajouta à voix basse, en jetant à la dérobée un regard sur la jeune fille.

— Que faire avec cette pauvre enfant ?

— Le bruit augmente rapidement. Il se rapproche, dit la Venette en paraissant à son tour sur le seuil de la porte secrète. On distingue parfaitement les détonations répétées des revolvers et les cris des combattants. Un combat acharné se livre dans les souterrains, il n'y a plus à en douter.

— Ce sont nos amis, et ils sont aux prises avec les bandits du Mayor ! s'écria Julian. Il faut courir à leur aide.

Le comte Armand lui montra Vanda d'un regard désespéré.

— C'est vrai ! s'écria vivement Julian ; nous ne pouvons exposer cette enfant dans cette bagarre. Restez près d'elle, comte. Je vais avec nos deux compagnons.

— Non ! s'écria résolument la jeune fille, je ne veux pas rester ici davantage ! pas une minute ! pas une seconde ! Qui sait si vous me retrouveriez vivante ? D'ailleurs, c'est pour moi, pour moi seule, que vous risquez si généreusement votre vie ; je dois, je veux rester avec vous, quoi qu'il arrive !

— Viens donc, ma bien-aimée ! s'écria le jeune comte avec un enthousiasme fébrile ; je te ferai un rempart de mon corps !

— Oui ! oui ! allons, reprit-elle en se levant et rattachant vivement les longues tresses éparses de ses magnifiques cheveux en même temps qu'elle s'enveloppai d'une mante qui se trouvait sous sa main.

— Arrêtez ! il est trop tard ! s'écria la Venette en accourant. J'ai reconnu les cris d'appel de mes anciens camarades ! Dans un instant ils seront au pied de l'escalier qui conduit ici.

— Si ce sont eux qui viennent ici, c'est qu'alors il battent en retraite ! s'écria Julian. Venez, venez, le succès de la partie est en notre main.

Ils se précipitèrent dans le premier salon servant, comme on le sait, de geôle aux gardiens de la jeune fille.

La porte des souterrains était ouverte.

Les cris et les coups de feu retentissaient avec un fracas effrayant, doublés et triplés encore par les échos des voûtes.

Julian ordonna d'un geste à ses compagnons de se retirer en arrière, puis, se penchant sur l'escalier et portant les deux mains à sa bouche, il poussa à deux reprises le cri de l'épervier d'eau, son ancien signal avec Bernard dans les hautes savanes américaines du Farwest.

Puis il écouta anxieux.

Presque aussitôt le même cri lui répondit, mais assez éloigné encore.

— C'est bien, dit Julian en se redressant froidement ; je ne m'étais pas trompé, ce sont nos amis ; soyons prêts, le moment venu, à les soutenir vigoureusement !

Le comte Armand fit asseoir sa chère Vanda à l'écart

de façon à ce qu'elle ne fût exposée à aucun danger, puis il vint, les revolvers au poing, se ranger résolument près de ses compagnons.

Quelques minutes s'écoulèrent.

Les bruits du combat qui se livrait dans les souterrains se rapprochaient de plus en plus. On apercevait déjà les éclairs des coups de feu.

Tout à coup un sifflement aigu, ressemblant à celui du serpent cascabel, s'éleva du fond du souterrain. Julian répondit aussitôt.

— A présent allons! dit-il froidement à ses compagnons; malheureusement nous tirerons en aveugles.

— Attendez! cria la Venette.

Il ouvrit vivement une armoire, en retira plusieurs torches, les alluma, et, s'élançant dans l'escalier, il les fixa de distance en distance dans des mains de fer scellées à droite et à gauche dans la muraille.

Puis il remonta avec une rapidité prodigieuse, en secouant les oreilles sous une grêle de balles pleuvant dru autour de lui, mais dont pas une seule ne l'atteignit.

— Bien, lui dit Julian.

Approbation laconique dont le coquin se montra très fier.

Les bandits avaient été surpris grâce au Loupeur, qui, descendu ainsi que Bernard et ses compagnons par le puits du tapis franc de la Marlouze, les avait conduits directement au carrefour du Trocadéro, le rendez-vous habituel des bandits.

Bernard et ses amis s'étaient rués sur eux à l'improviste.

Le Loupeur avait brûlé la cervelle à leur chef, et dans ce premier moment de surprise plusieurs bandits avaient été tués.

Mais comme ils étaient beaucoup plus nombreux que les assaillants, ils n'avaient pas tardé à se rallier, et avaient bravement soutenu le choc, en opérant leur retraite du côté de la maison du Mayor où ils se croyaient certains de trouver du secours.

Mais leurs adversaires, quoique moins nombreux qu'eux, étaient beaucoup mieux armés.

Le terrain était jonché des cadavres des bandits.

Une vingtaine au plus restaient debout encore, lorsque le signal de Julian s'était fait entendre.

Les bandits n'étaient plus qu'à quelques pas seulement de l'escalier. Ils redoublèrent d'efforts pour l'atteindre, et ils y réussirent au moment où, à son tour, Bernard annonçait à son ami l'approche des bandits par un sifflement de serpent cascabel.

En apercevant cet homme qui apparaissait au haut de l'escalier en brandissant des torches allumées, les bandits comprirent immédiatement qu'ils étaient trahis.

Ils poussèrent des cris de rage et firent une décharge générale contre le traître qu'ils avaient reconnu.

Puis ils s'élancèrent en courant à travers les montées.

— Feu à volonté ! cria Julian.

Les coups de revolvers commencèrent à crépiter sans interruption. Les balles plurent sur les bandits, complétement à découvert.

Ils étaient entre deux feux.

En proie à un inexprimable désespoir et se sentant perdus, les affiliés du Mayor renoncèrent à gravir l'escalier sous cette grêle de balles.

Ils redescendirent en désordre, résolus à vendre chèrement leur vie ; quant à se rendre et à demander quartier, ils n'y songèrent pas un instant.

Mais, en touchant le sol du souterrain, ils n'étaient plus qu'une douzaine, tous plus ou moins gravement blessés.

. Une dernière décharge, éclata, terrible, presque à bout portant.

On entendit des piétinements sourds et furieux, des cris et des imprécations étouffés.

Puis le silence se fit tout à coup.

Les misérables étaient morts, ils avaient tous succombé sans qu'un seul échappât.

Bernard, par un dernier signal, se hâta de prévenir ses amis.

Le combat avait été rude ; cinq des serviteurs de la comtesse de Valenfleurs et des Sonoriens de don Cristoval de Cardenas avaient succombé, trois autres étaient blessés. La victoire coûtait cher.

Mais une fois encore, et probablement pour la dernière, la troupe du Mayor était anéantie.

— Tout est fini, dit Julian ; les bandits sont vaincus ; déposez, quant à présent, vos révolvers, mais chargez-les : peut-être en aurons-nous besoin encore ; nous ne tenons pas le Mayor.

Bernard et ses compagnons parurent alors à l'entrée du salon ; ils étaient noirs de poudre et couverts de sang pour la plupart.

Bernard et le policier avaient tous deux reçu de légères blessures, que Julian pansa en quelques minutes ; le Loupeur ne s'était pas épargné, mais il était sorti sauf de la mêlée.

Williams Fillmore avait été moins heureux. Une balle lui avait cassé le bras droit.

Quant à Tahera, il était radieux ; depuis bien longtemps il ne s'était pas trouvé à pareille fête ; aussi il s'en était donné à cœur joie, et son couteau à scalper avait fait une rude besogne sur les crânes des malheureux rôdeurs de barrières.

Aussitôt le combat terminé, le comte Bernard s'était hâté de ramener sa fiancée dans le deuxième salon, autant pour la soustraire à la vue des blessés que pour permettre à Julian de panser ces blessés et de leur donner tous les soins nécessaires.

Grâce à la *Venette* qui tenait à gagner loyalement son argent et qui se félicitait dans son for intérieur d'avoir abandonné ses anciens *camaros*, ainsi qu'il les nommait, les coureurs des bois et leurs compagnons furent fournis en abondance d'eau, de serviettes, de brosses et même de charpie, de bandes, etc., dont les armoires étaient pleines, sans doute en prévision de quelque événement semblable.

Quelques minutes suffirent pour faire disparaître toutes les traces de la longue excursion des chasseurs d'hommes à travers les carrières abandonnées et les désordres causés dans leurs vêtements pendant la lutte acharnée qu'ils avaient eue à soutenir.

Cela fait, la première émotion passée et le calme rétabli, vinrent les explications.

Chacun rendit compte des manœuvres qu'il avait exécutées et des événements qui s'étaient passés.

Mais les dangers, les ennuis et les fatigues furent bientôt oubliés devant l'importance du résultat obtenu.

Vanda avait assisté à ces longues explications faites dans le salon où d'abord elle s'était retirée avec son fiancé, et dans lequel ses amis n'avaient pas tardé à la rejoindre. La jeune fille remercia ses sauveurs avec effusion et pleura de joie à la pensée de revoir bientôt sa mère bien-aimée.

— Partons! Que faisons nous ici? Partons! répétait-elle sans cesse.

— Pourquoi ne partons-nous pas? demanda Armand avec une impatience à peine contenue. Il me semble qu'il est inutile de rester plus longtemps ici.

— Mon cher comte, répondit Julian avec ce sang-froid dont il ne se départait jamais et qui imposait tant au fougueux jeune homme, mon cher comte, s'il était possible de faire sûrement partir mademoiselle de Valenfleurs, j'aurais été le premier à faire cette proposition. N'oubliez pas que le Mayor nous a échappé jusqu'à ce moment. Nous ne savons pas où il est, et nous ignorons ce qu'il machine contre nous. Nous sommes donc tenus à la plus grande réserve. Nous devons surtout ne rien laisser au hasard. Quelle douleur ce serait pour nous si, par notre faute, la chère enfant que nous avons si miraculeusement sauvée retombait au pouvoir de ce misérable sans foi ni loi!

— Oh! mon ami, la seule pensée qu'un tel malheur soit possible me fait trembler! s'écria le jeune comte en frémissant.

—. Le sanglier est aux abois, mais il n'est pas forcé, dit rudement le Loupeur. Tant que nous ne l'aurons point porté bas, il se retournera contre nous. Tout ce que nous avons fait aujourd'hui ne servira à rien ; ce sera à recommencer dans quelques jours.

— Vous comprenez, n'est-ce pas, mon cher comte? reprit Julian; il nous faut en finir une fois pour toutes avec ce monstre; c'est une nécessité implacable et fatale qui s'impose à nous, si nous ne voulons plus vivre dans des appréhensions continuelles et être exposés à des dangers terribles et sans cesse renaissants.

— Oui, murmura Vanda presque à voix basse : car ce démon me tuerait, j'en ai le pressentiment, ajouta-t-elle, avec un frisson de terreur; oh! s'écria-t-elle avec un cri d'épouvante; voyez! là! là! il est là!

Et elle étendit le bras vers l'extrémité du salon.

— A moi, Armand! à moi! sauve ta fiancée! s'écria-t-elle à demi folle de peur.

Le jeune comte la prit dans ses bras, et, la remettant sur la chaise longue, il se plaça fier et résolu devant elle, prêt à la défendre.

Le Mayor venait d'apparaître dans l'entrebâillement d'une porte secrète.

Son visage pâle et convulsé par la colère avait une expression terrible.

— Ah! murmura-t-il d'une voix sourde et hachée, c'est donc vrai? C'est lui qu'elle aime! le fils de Léona!

Tous les chasseurs s'étaient pour ainsi dire instinctivement groupés autour de la jeune fille.

— Voici le sanglier rentré dans sa bauge, reprit-il avec une ironie amère; mais, avant d'être forcé, il découdra quelques-uns des chiens acharnés contre lui. Et d'abord à toi, beau muguet d'amour! si je n'ai pu tuer la mère, au moins tuerai-je le fils!

Et, par un mouvement rapide comme la pensée, il leva son revolver et tira.

Mais, plus rapide encore, Vanda s'était jetée, par un effort sublime, devant son fiancé.

— Ah! je meurs! s'écria-t-elle d'une voix défaillante.

Et elle tomba dans les bras d'Armand fou de douleur, en murmurant : Armand, Armand! je t'aime!

Elle s'évanouit; une large plaque rouge s'étendait sur sa robe blanche et s'élargissait de plus en plus sur la poitrine, près du cœur.

Les assistants étaient frappés de stupeur, si rapidement avait été accompli cet odieux et lâche assassinat.

Les traits du Mayor avaient pris une expression horrible; il avait laissé tomber son revolver.

— Elle! c'est elle que j'ai frappée! s'écria-t-il avec horreur. J'ai tué ma fille, moi! oh! je suis maudit!

— Misérable! s'écria le Loupeur.

Et il lui déchargea son revolver en pleine poitrine.

Le Mayor chancela.

— Merci! dit-il avec un rire affreux; tiens, voici ta récompense!

Et, prenant un autre revolver à sa ceinture, il lui fracassa le crâne.

Le Loupeur tomba raide mort.

— Va donc, chien! murmura le Mayor en promenant un regard égaré autour de lui.

Il chancelait comme un homme ivre.

Il avait la sueur au front, mais il restait debout.

— Il faut en finir avec ce tigre! s'écria l'Américain en bondissant en avant un revolver au poing.

Un nouveau coup de feu éclata.

Le Mayor poussa un hurlement effroyable et tomba tout de son long sur le plancher, ou plutôt il s'écroula comme un chêne déraciné par l'ouragan.

Les événements terribles que nous avons mis tant de temps à rapporter s'étaient accomplis avec une rapidité véritablement foudroyante.

Depuis le premier coup de feu tiré par le Mayor jusqu'à

celui qui l'avait renversé, il ne s'était pas écoulé trois minutes.

Quant à l'apathie apparente des assistants, voici d'où elle provenait :

Julian, en voyant tomber la jeune fille, s'était élancé vers elle, s'était penché sur son corps et avait examiné anxieusement sa blessure.

Les chasseurs, en proie à la perplexité la plus grande, avaient tout oublié pendant un instant pour ne songer qu'à la malheureuse victime et connaître définitivement ce qu'ils avaient à craindre ou à espérer.

Ces hommes à cœur de lion pleuraient comme des enfants en contemplant les traits de l'intéressante victime qu'ils croyaient en danger de mort. Tout autre intérêt disparaissait pour eux devant celui-là.

Tout à coup Julian se releva, serra affectueusement la main du jeune comte en proie au plus violent désespoir, et le sourire le plus encourageant sur les lèvres :

— Rassurez-vous comte, lui dit-il presque gaiement ; Dieu a permis que la main de ce misérable tremblât au moment d'accomplir son épouvantable forfait; la blessure de notre chère Vanda n'est rien, une simple égratignure à laquelle, dans deux ou trois jours, elle ne songera plus que pour en rire. La balle n'a fait qu'effleurer les chairs ; un pouce plus à gauche, elle était morte ; mais grâce à Dieu, je vous le répète, ce n'est rien.

— Serait-il possible, mon ami ! s'écria le jeune homme haletant d'espoir, mais craignant encore qu'il ne se réalisât pas ; mais ce sang ?

— Je vous donne ma parole d'honneur, comte, que notre chère Vanda ne court aucun danger, reprit sérieusement Julian ; quant à ce sang qui vous effraye, il provient de quelques vaisseaux sanguins du tissu superficiel brusquement déchirés par le passage de la balle ; ce sera pour notre chère malade, après tant de cruelles émotions, une excellente saignée, ajouta-t-il en souriant.

Et il acheva le pansement, ce qui ne fut pas long.

Le Mayor s'était à demi redressé sur un coude.

Il écoutait avidement ces paroles.

— Ah! murmura-t-il avec un accent étrange, Dieu n'a pas permis que je tue ma fille, ma pauvre et chère enfant! Au moins cette malédiction ne pèsera pas sur moi!

Il poussa un profond soupir et il retomba évanoui.

Le comte Armand avait fait transporter sa fiancée, toujours sans connaissance, dans une pièce voisine, pour ne pas blesser son regard, quand elle rouvrirait les yeux, pas l'aspect hideux de cette scène de carnage.

Après avoir fait jeter dans le souterrain le cadavre du Loupeur et refermer la porte secrète, Julian d'Hérigoyen, sachant que le marquis vivait encore, ordonna à la Venette et à l'un des Sonoriens d'étendre son corps sur une chaise longue, et il examina ses blessures qu'il sonda et qu'il se hâta de panser.

Sur ces entrefaites, le Mayor ouvrit les yeux.

Il fixa pendant quelques instants avec une expression singulière son regard atone sur l'homme qu'il savait être son implacable ennemi, et qui cependant lui prodiguait les soins les plus attentifs.

Puis, d'une voix basse, mais ferme et parfaitement distincte :

— Nous nous sommes fait une rude guerre, dit-il.

— Je ne vous ai jamais attaqué, je n'ai fait que me défendre contre vous.

— Oui, fit-il avec amertume, mais quelle défense! Oh! je vous haïssais bien, et je sens que je vous hais encore!

— Oui, vous ne pardonnez jamais le mal que vous faites.

— Jamais!... Mais que vous importe, à présent? La partie est décidée, je l'ai perdue, perdue sans retour!... ajouta-t-il avec un sourd grondement.

— A quoi bon parler de ces choses? dit Julian avec un léger mouvement d'épaule.

— C'est vrai! Enfin, c'est fini, la fatalité était sur moi! Vous ne me haïssez donc pas, vous, que vous me donnez ainsi des soins?

— Pourquoi vous haïrais-je maintenant? D'ailleurs je suis médecin; j'accomplis un devoir d'humanité.

— Oh! l'humanité! fit-il avec une indicible amertume.

Il y eut un silence.

Le Mayor semblait réfléchir.

— Ainsi, reprit-il après un instant, mademoiselle de Valenfleurs ne mourra pas?... C'est bien ce que vous avez déclaré, n'est-ce pas?

— J'ai déclaré, répondit Julian, que, grâce à Dieu, la blessure que vous lui avez faite n'était rien et que dans deux jours elle ne s'en ressentirait plus.

— Merci, reprit-il avec une émotion profonde; vous me sauvez du désespoir. Maintenant, veuillez me dire franchement ce que vous pensez de mes blessures; je souffre comme un damné, j'ai du feu dans la poitrine. Elles sont mortelles, n'est-ce pas? Je suis un homme et un vieux soldat, ne me trompez pas... parlez sans ménagements...

— Vous avez reçu quatre blessures : deux n'ont qu'une gravité relative, les deux dernières sont mortelles; c'est un miracle que vous viviez encore.

— Très bien; je le savais, merci. Ce miracle ne se prolongera pas sans doute pendant longtemps. Combien me reste-t-il à souffrir encore avant de mourir?

— Deux heures à peine.

— C'est ce que je pensais : deux heures c'est plus qu'il n'en faut; voulez-vous adoucir pour moi les tortures atroces de ces deux heures et me rendre la mort presque douce?

— Si cela dépend de moi, oui! répondit franchement Julian.

— Je désire voir une dernière fois madame la comtesse de Valenfleurs.

— C'est que...

— Oh! interrompit-il avec amertume, vous n'avez plus rien à redouter de moi, dans l'état où je suis; d'ailleurs, si vous le désirez, vous assisterez à cette entrevue suprême...

— Vous ne m'avez pas compris, monsieur ; madame de Valenfleurs est, vous le savez, à l'autre bout de Paris, et avant...

— Pardon, monsieur, interrompit une seconde fois le marquis ; madame Valenfleurs est depuis une heure dans sa maison ou plutôt son hôtel du boulevard de Courcelles. Je la guettais, et je l'ai vue passer en voiture et entrer, en compagnie de votre père, dans son hôtel.

— Mais si madame de Valenfleurs refuse de vous voir ?

— Elle acceptera, répondit-il avec un énigmatique sourire.

— Soit ! j'essaierai de vous satisfaire ; madame la comtesse de Valenfleurs va être prévenue.

Julian appela Bernard d'un signe.

Il eut avec lui un entretien de quelques minutes, à la suite duquel son ami s'éloigna en compagnie du policier et du guerrier comanche.

— J'ai fait ce que vous désirez, dit Julian au moribond ; tâchez de prendre un peu de repos.

Le marquis sourit, mais il ne répondit pas.

Julian passa alors dans le premier salon, où Charbonneau et la Venette causaient des événements tragiques dont ils avaient été témoins et acteurs.

— Je suis satisfait de vous, dit Julian à la Venette ; vous avez loyalement rempli vos engagements ; je vous ai promis trente mille francs, en voici quarante ; prenez, ils sont à vous, je vous les donne. Avec cette somme vous pouvez vivre heureux, si vous voulez revenir au bien.

— Je tâcherai, monsieur, mais c'est bien difficile, répondit-il naïvement. Après cela, on dit que l'argent donne l'honnêteté ; peut-être réussirai-je à être honnête, maintenant que je suis riche. J'essaierai toujours, cela ne peut pas nuire.

Il serra précieusement ses billets de banque, remercia, et, sur l'autorisation qui lui fut donnée par Julian, il se hâta de quitter la maison.

Julian rejoignit alors le comte Armand.

Ainsi qu'il l'avait prévu, la jeune fille était un peu pâle ; mais elle causait tendrement avec son fiancé, et, sans se préoccuper de la blessure reçue, les deux amoureux formaient les plus charmants projets d'avenir.

Julian annonça à Vanda l'arrivée prochaine de madame de Valenfleurs, nouvelle qui combla de joie la jeune fille.

Il l'engagea à ne pas parler tout de suite de son égratignure à sa mère afin de ne pas l'effrayer, et de faire disparaître au plus vite tout ce qui pourrait la faire soupçonner.

La jeune fille sourit, remercia le mari de Denizà, et elle mit gentiment les deux hommes à la porte afin de changer de vêtements.

Une demi-heure plus tard, lorsqu'elle les rappela, ils ne purent retenir un cri d'admiration tant elle était ravissante dans sa nouvelle et fraîche toilette.

Julian laissa les deux fiancés tête-à-tête, recommanda à Charbonneau de veiller sur le marquis, et il essaya de s'orienter dans cette vaste demeure dont tous les domestiques s'étaient prudemment enfuis, mais non probablement les mains vides, en apprenant que leur maître avait été blessé et était à l'agonie.

Le coureur des bois se reconnut facilement dans cette enfilade de pièces somptueusement meublées et décorées.

Il atteignit la porte d'entrée précisément au moment où deux voitures, dont l'une était vide, pénétraient dans la cour, dont en fuyant les domestiques avaient laissé la grille ouverte.

Julian alla recevoir madame de Valenfleurs à la portière et s'excusa de lui avoir fait transmettre cette prière d'un mourant.

— Je ne pouvais refuser de venir, répondit-elle avec un sourire triste. Ne m'interrogez point, mon ami, vous saurez bientôt pourquoi. Vous avez assisté à la première scène de ce drame effroyable : Dieu permet que vous assistiez à son dénouement. Conduisez-moi près de cet homme.

Elle prit, par un geste d'une morbidezza charmante, le bras de Julian, car elle était bien faible encore. Malgré elle, malgré son courage, la comtesse se sentait frissonner à la pensée de cette entrevue suprême avec l'homme qui l'avait pendant si longtemps poursuivie d'une haine si injuste.

— Ma fille! parlez-moi de ma fille? demanda-t-elle à Julian.

— Elle vous attend avec une vive impatience; désirez-vous la voir avant?

— Non, interrompit-elle vivement; à ce malheureux homme d'abord... Après je tâcherai d'être heureuse en embrassant mes deux enfants.

Le Mayor semblait assoupi lorsque la comtesse s'approcha de la chaise longue sur laquelle il gisait; cependant il l'entendit venir, car il ouvrit subitement les yeux, fit un effort pour se redresser et s'appuya sur le coude droit.

Julian avait d'un geste ordonné à Charbonneau de se retirer. Ils étaient donc, le moribond, la comtesse et Julian, seuls dans le salon.

— Je vous attendais, Léona, dit le marquis avec un sourire amer; je vous sentais venir à moi. La partie que nous avons entamée, il y a plus de vingt ans, à Saint-Jean-de-Luz, se termine aujourd'hui à Paris. Vous m'avez vaincu. Cela devait être : vous êtes femme ! Je vais mourir; cette fois, je ne m'échapperai plus de ma tombe. Léona, je vous lègue ma fille; mariez-la à votre fils, qu'elle aime jusqu'à vouloir mourir pour lui ! Je vous la lègue. Puisse-t-elle vous être aussi funeste qu'elle l'a été pour moi ! Ce legs est ma dernière vengeance. Mon sang coule dans ses veines; un jour... Acceptez-vous ?

— Vanda est ma fille; elle ne me quittera jamais, répondit-elle avec tristesse. La fatalité qui pèse sur elle me la fait aimer davantage. Désirez-vous la voir ?

— Non, dit-il d'une voix sourde. J'ai voulu la tuer, je me punis; je m'impose cet atroce châtiment !

— Mon Dieu !... murmura la comtesse atterrée.

— Ecoutez-moi, reprit-il brusquement ; dans quelques minutes tout sera fini pour moi. Sachez, madame, qu'à cette heure où je suis étendu vaincu et râlant devant vous, ma haine est peut-être plus forte encore qu'elle ne l'était dans cette nuit fatale de la maison hantée de Louberria, où je vous tenais pantelante sous mon genou et je vous condamnais à une mort horrible !

— Je vous plains et je vous pardonne, monsieur, répondit-elle doucement. Jamais je n'ai rien fait pour justifier cette haine.

— Vous n'avez rien fait, vous qu'un mariage odieux et que la mort seule pouvait rompre avait rivée à mon existence ? s'écria-t-il avec une rage sourde. Je vous haïssais avant de vous connaître, vous que de misérables raisons d'intérêt me contraignaient à épouser sous peine de briser ma carrière militaire. Ce mariage, en me lançant sur une pente fatale, a causé tous mes crimes, fait de moi un bandit et conduit où je suis, moi, le marquis de Garmandia, dont le nom est un des plus beaux de France ! ajouta-t-il avec un rire convulsif qui bientôt se changea en râle.

Il essaya de parler encore, mais en vain.

Une écume sanglante monta à ses lèvres bleuies, une convulsion affreuse tordit tout son corps ; il jeta un cri d'agonie horrible, et il retomba mort.

Son regard glauque, déjà vitreux, resta fixé sur la comtesse.

Son visage convulsé gardait, même après la mort, cette expression de haine implacable qui bouleversait ses traits à ses derniers moments.

La comtesse tomba agenouillée près de ce cadavre hideux, et elle pria !. . . . .

. . . .

. . . .

Dans les premiers jours du mois de mai 1872, au renouveau, le comte Armand de Valenfleurs, ex-officier de l'armée de la Loire, décoré à la bataille de Coulmiers, épousa, à la mairie du septième arrondissement de Paris, mademoiselle Vanda Allacuesta. Miss Lucy Gordon était une des demoiselles d'honneur de la charmante mariée.

La comtesse de Valenfleurs est heureuse entre ses deux enfants, dont le frais et jeune bonheur fait l'admiration de tous ses amis, et ils sont nombreux.

Julian d'Hérigoyen et Bernard Zumeta vivent dans leurs terres de Touraine; leurs enfants poussent comme des champignons.

Charbonneau et Tahera essaient d'oublier les déserts du *Farwest* en chassant toute l'année dans les vastes forêts de leurs amis.

On parle du mariage prochain de miss Lucy Gordon avec don Pancho de Cardenas, mais ce fait mérite confirmation.

M. Pascal Bonhomme plante ses choux à Nanterre; il a définitivement renoncé à la police.

La Marlouze, la maîtresse du tapis franc de la cour de Rome, a couronné son existence accidentée en se faisant dévote; elle s'est affiliée à toutes les congrégations, communie tous les dimanches et ne manque pas un pélerinage à Lourdes, la Salette, Paray-le-Monial et autres lieux.

Elle ne pouvait mieux finir.

— C'est une bien digne femme! dit le curé de sa paroisse quand on lui parle d'elle.

FIN

TABLE DES MATIÈRES

TROISIÈME PARTIE

LES MORTS-VIVANTS

(Suite)

IX. — Comment le comte Armand de Valenfleurs se trouva mêlé, à l'improviste, à des événements forts graves	1
X. — Comment, après avoir fait un excellent souper chez Bérbant, le Mayor, M. Romieux et leur ami le vicomte de Carthias éprouvèrent le besoin de faire une promenade à la campagne.	24
XI. — Ce qui se passa dans la maison des voleurs et de quelle façon généreuse le Mayor et son ami s'acquittèrent envers leurs fidèles associés, et ce qui s'ensuivit.	48
XII. — Dans lequel reparaissent deux de nos personnages fort peu sympathiques, mais qui ont cependant une certaine importance et que nous ne pouvions négliger plus longtemps	70
XIII. — Comment après avoir été très désagréablement surpris avant son dîner, Bernard apprit une douloureuse nouvelle au dessert	95
XIV. — Dans lequel notre ami Bernard Zumeta se décide à prendre la responsabilité.	117
XV. — Où l'on voit reparaître un personnage dont on n'a pas parlé depuis très longtemps, mais que peut-être le lecteur n'aura pas oublié.	142

TABLE DES MATIÈRES

XVI. — Comment M. Pascal Bonhomme, ancien chef de la brigade de sûreté, se trouva seul de son avis, et refusa de donner sa langue aux chiens. . . . 165

XVII. — Dans lequel on voit réunie chez la Marlouze une fort jolie collection de coquins, appartenant à l'armée roulante parisienne. 188

XVIII. — Où il est prouvé que le Loupeur est un bandit complètement dénué de délicatesse, et que le policier a eu tort d'accuser miss Lucy Gordon. 211

XIX. — Où le lecteur assiste aux premiers tâtonnements de la piste de guerre dans la forêt parisienne et aux ébahissements d'un célèbre policier, complètement dérouté par l'emploi de procédés à lui inconnus. 233

XX. — Dans lequel le lecteur est rassuré sur le sort de Fil-en-Quatre, et assiste à une conversation entre coquins, très intéressante. 257

XXI. — Comment le Loupeur reçut une visite à laquelle il ne s'attendait pas, et de quelle façon il quitta son domicile. 282

XXII. — Pourquoi Williams Fillmore, *Alias* Navaja, fit une visite à M. Julian d'Hérigoyen, et ce qui s'en suivit 306

XXIII. — Dans lequel deux fantômes se retrouvent à l'improviste en présence et ce qui en advient. . . 334

XXIV. — Comment les coureurs des bois atteignirent enfin le bout de leur double piste, et comment Felitz Oyandi eut une discussion orageuse avec Dardar, et ce qui s'ensuivit 357

XXV. — Comme quoi le sanglier, forcé dans sa bauge, fit tête à la meute, et fut enfin réduit aux abois. 384

ÉMILE COLIN. — *Imprimerie de Lagny.*

EXTRAIT DU CATALOGUE
DE
E. DENTU, ÉDITEUR
3, place de Valois, 3
PARIS

OUVRAGES DE LOUIS JACOLLIOT

Voyage au Pays des Bayadères, 6ᵉ édition. Un vol. grand in-18 jésus, orné de gravures dessinées par Riou. . . . . 4 fr. »

Voyage au Pays des Brahmes, 3ᵉ édition. Un vol. grand in-18 jésus. Illustrations de E. Géardi. . 4 fr. »

Voyage au Pays des Éléphants, 5ᵉ édition. Un vol. grand in-18 jésus. Illustrations de E. Yon. . . 4 fr. »

Second Voyage au Pays des Éléphants. Illustrations de Riou. . . . . 4 fr. »

Voyage au Pays des Fakirs charmeurs, 3ᵉ édition. Un volume grand in-18 jésus. Illustrations de Mouillon et E. Géardi. . . . . 4 fr. »

Voyage au Pays du Hatschisch, 3ᵉ édition. Un vol. grand in-18 jésus. Illustrations de E. Géardi. 4 fr. »

Voyage au Pays des Perles, 5ᵉ édition. Un vol. grand in-18 jésus. Illustrations de E. Yon. . . 4 fr. »

EXTRAIT DU CATALOGUE DE E. DENTU, ÉDITEUR

Voyage aux ruines de Golconde et à la Cité des Morts. 3ᵉ édition. Un volume grand in-18 jésus. Illustrations de Riou. . . . . 4 fr. »

Voyage au Pays des Palmiers. Un vol. grand in-18 jésus. Illustrations de Ryckebusch et E. Géardi. 4 fr. »

Voyage au Pays des Jungles. Un volume in-18 orné de gravures, par E. Géardi. . . . . 3 fr. 50

Voyage au Pays des Cachemires. Un volume in-18 jésus. . . . . 3 fr. 50

Voyage au Pays des Tigres. Un vol. in-18 jésus. 3 fr. 50

Les ouvrages de M. Jacolliot sont depuis longtemps connus et appréciés du public, et le succès qui les a accueillis, dès leur apparition, est pleinement justifié par l'attrait qu'ils présentent. Il serait difficile, en effet, de trouver une suite de récits dans lesquels l'intérêt soit aussi soutenu et aussi captivant. C'est l'Inde, l'Inde mystérieuse, que M. Jacolliot s'est donné la tâche de nous dépeindre ; c'est cette contrée aux cent merveilles, berceau de notre civilisation, qu'il fait défiler devant nos yeux éblouis, avec ses pagodes, ses bayadères, ses fakirs, ses éléphants, ses légendes.

Il n'y a, d'ailleurs, dans les livres de M. Jacolliot, rien qui ne soit scrupuleusement vrai ; tous les détails sont de la plus rigoureuse exactitude. L'auteur a habité l'Inde pendant de longues années ; il y a même occupé des fonctions importantes, et a parcouru le pays dans tous les sens. C'est le récit dramatisé de ses aventures qu'il nous a donné dans ses différents ouvrages, et certes aucun roman n'est d'une lecture plus émouvante.

EXTRAIT DU CATALOGUE DE E. DENTU, ÉDITEUR

BIBLIOTHÈQUE CHOISIE
DES CHEFS-D'ŒUVRE
FRANÇAIS ET ÉTRANGERS

à 1 franc le volume ; 1 fr. 25 *franco*

Élégamment cartonné en toile anglaise imprimée, 1 fr. 25

Chaque volume de cette nouvelle Bibliothèque est imprimé avec soin sur beau papier vélin glacé, et contient 300 à 350 pages et environ 10,000 lignes.

EN VENTE :

André Chénier. — Œuvres poétiques.	1 vol.
Ovide. — L'Art d'aimer. — Les Amours.	1 —
Hamilton. — Histoire amoureuse de la Cour d'Angleterre.	1 —
Voltaire. — Candide. — Zadig et l'Ingénu.	1 —
Xavier de Maistre. — Œuvres complètes.	1 —
Boccace. — Contes.	1 —
Brillat-Savarin. — Physiologie du goût.	1 —
Diderot. — Contes, Nouvelles et Mélanges.	1 —
P.-L. Courier. — L'Ane d'or. — Daphnis et Chloé.	1 —
Sterne. — Voyage sentimental, suivi des Amours de mon oncle Tobie.	1 —
Suétone. — Rome galante sous les Césars.	1 —
Marguerite de Valois. — Les Contes de la reine de Navarre.	1 —
J. de La Fontaine. — Contes et nouvelles.	1 —
Molière. — Œuvres choisies.	1 —
Brantôme. — Vie des dames galantes.	1 —
Chamfort et Rivarol. — Œuvres choisies.	1 —

EXTRAIT DU CATALOGUE DE E. DENTU, ÉDITEUR

Mirabeau. — Lettres d'amour à Sophie.	1 vol.
Beaumarchais. — Théâtre choisi.	1 —
Lesage. — Le Diable boiteux.	1 —
Goethe. — Werther. — Hermann et Dorothée.	1 —
Voisenon. — Contes légers.	1 —
Piron. — Poésies badines.	1 —
Ch. de Brosses. — L'Italie galante et familière.	1 —
Caylus. — Contes et Facéties.	1 —
Nouveaux contes à plaisir, tirés des Cent Nouvelles nouvelles	1 —
Abbé Prévost. — Manon Lescaut.	1 —
Cazanova. — I. Amours de jeunesse.	1 —
— — II. L'Amour à Venise.	1 —
Grécourt. — Contes et chansons.	1 —
Hoffmann. — Contes fantastiques.	1 —
Stendhal. — Physiologie de l'amour.	1 —
Voltaire. — La Pucelle.	1 —
Gérard de Nerval. — Les Femmes du Caire.	1 —
Parny. — Poésies complètes.	1 —
Augustin Thierry. — Récits des temps mérovingiens.	1 —
Les Heures perdues d'un Cavalier français, par un contemporain de Brantôme.	1 —
Louvet de Couvray. — Les Amours de Faublas.	1 —
Bonaventure Des Périers. — Contes et joyeux Devis.	1 —
Benjamin Constant. — Adolphe, suivi des Aventures du faux chevalier de Warwick, par la marquise de Tencin.	1 —
XXX. — Histoire d'Héloïse et d'Abailard.	1 —
Mme de Staël. — De l'Allemagne.	1 —
***. — Les Quinze Joyes du Mariage.	1 —
Boufflers. — Contes en prose et en vers.	1 —
Diderot. — La Religieuse.	1 —
Henri Heine. — Tableaux de voyage (REISEBILDER).	1 —
Zschokke. — Contes suisses.	1 —

LIBRAIRIE E. DENTU, ÉDITEUR

ŒUVRES
DE
GUSTAVE AIMARD

Format grand in-18 jésus à **3** francs le volume

Première Série

Les Trappeurs de l'Arkansas.. 1
Les Rôdeurs de Frontières.... 1
Les Francs-Tireurs.......... 1
Le Cœur-Loyal............
    La Belle-Rivière. 2 vol.
I. Le Fort Duquesne........ 1
II. Le Serpent de Satin...... 1
    Le Souriquet. 2 vol.
I. René de Vitré........... 1
II. Michel Belhumeur....... 1

Deuxième Série

Le Grand Chef des Aucas.... 2
Le Chercheur de Pistes...... 1
Les Pirates des Prairies...... 1
La Loi de Lynch............ 1
La Grande Flibuste......... 1
La Fièvre d'Or............. 1
Curumilla................. 1
Valentin Guillois........... 1
    Les Bois-Brûlés. 3 vol.
I. Le Voladero............
II. Le Capitaine Kild........ 1
III. Le Saut de l'Elan....... 1

Troisième Série

Balle-Franche............. 1
L'Eclaireur................ 1
    La Forêt Vierge. 3 vol.
I. Fanny Dayton........... 1
II. Le Désert.............. 1
III. Le Vautour Fauve....... 1
Les Outlaws du Missouri.... 1

Quatrième Série

Les Chasseurs d'Abeilles.... 1
Le Cœur de Pierre.......... 1

Cinquième Série

Le Guaranis............... 1
Le Montonéro............. 1
Zeno Cabral............... 1

Sixième Série

Cornelio d'Armor. 2 vol.
I. L'Etudiant en Théologie... 1
II. L'Homme Tigre.......... 1
    Les Coupeurs de Routes. 2 vol.
I. El Platero de Urès....... 1
II. Une Vengeance de Peau-Rouge 1

Septième Série

Les Gambucinos............ 1
Sacramenta............... 1

Huitième Série

La Mas-Horca............. 1
Rosas.................... 1

Neuvième Série

I. Les Aventuriers.......... 1
II. Les Bohèmes de la Mer.. 1
III. La Castille-d'Or........ 1
IV. Le Forestier............ 1
V. Les Titans de la Mer.... 1
    Les Rois de l'Océan. 2 vol.
VI. L'Olonnais............. 1
VII. Vent-en-Panne........ 1
VIII. Ourson Tête-de-Fer... 1

Dixième Série

Le Chasseur de Rats. 2 vol.
I. L'Œil-Gris
II. Le Commandant Delgrès..

Ouvrages divers

Cardenio................. 1
Les Bisons-Blancs.......... 1
La Main-Ferme............ 1
L'Eau-qui-Court........... 1
Les Nuits Mexicaines....... 1
Les Vaudoux.............. 1
Le Roi des Placers-d'Or..... 1
Le Rancho du Pont-de-Lianes. 1
Le Rastréador............. 2
Le Trouveur de Sentiers.... 1
    Les Gentilshommes de Paris. 5 vol.
I. Les Compagnons de la Lune.
II. Passe-Partout..........
III. Le Comte de Warrens...
IV. La Cigale..............
V. Hermosa...............
    Aventures de Michel Hartmann. 2 v.
I. Les Marquards.......... 1
II. Le Chien Noir.......... 1
    Les Sculpteurs Blancs. 2 vol.
I. L'Enigme............... 1
II. Le Sacripant........... 1
    Les Vauriens du Pont-Neuf. 3 vol.
I. Le Capitaine d'Aventure..
II. La Vie d'Estoc et de Taille. 1
III. Diane de Saint-Hyrem... 1

www.ingramcontent.com/pod-product-compliance
Lightning Source LLC
Chambersburg PA
CBHW051837230426
43671CB00008B/984